STEFAN KÜTHE

GIPFEL HELDEN

DAS GANZHEITLICHE *ERFOLGSTRAINING*
FÜR MEHR ZEIT, MEHR GELD,
MEHR LEBEN

Remote
Verlag

www.remote-verlag.de

Bibliografische Information der Deutschen Nationalbibliothek

Die Deutsche Nationalbibliothek verzeichnet diese Publikation in der Deutschen Nationalbibliografie; detaillierte bibliografische Daten sind im Internet über http://dnb. dnb.de abrufbar.

Für Fragen und Anregungen:
info@remote-verlag.de

ISBN Print: 978-1-955655-04-0
ISBN E-Book: 978-1-955655-05-7
ISBN Hardcover: 978-1-955655-22-4

Originalausgabe
Erste Auflage 2021
© 2021 by Remote Verlag, ein Imprint der Remote Life LLC, Powerline Rd., Suite 301-C, 33309 Fort Lauderdale, Fl., USA

Projektleitung: Nico Hullmann
Manuskriptbearbeitung: Katrin Gönnewig, Annika Hülshoff
Umschlaggestaltung:
Wolkenart–Marie-Katharina Becker, www.wolkenart.com
Abbildungen im Innenteil: © Stefan Küthe
Satz und Layout: Melvyn Paulino

Abonnieren Sie unseren Newsletter unter: www.remote-verlag.de

Haftungsausschluss:

Die Verwendung der Informationen in diesem Buch und die Umsetzung derselben erfolgt ausdrücklich auf eigenes Risiko. Verlag und Autor können für etwaige Unfälle und Schäden jeder Art, die sich bei der Verwendung der Informationen ergeben (z. B. aufgrund fehlender Sicherheitshinweise), aus keinerlei Rechtsgrund die Haftung übernehmen. Haftungsansprüche gegen Verlag und Autor für Schäden jeglicher Art, die durch die Nutzung oder Nichtnutzung der Informationen bzw. durch die Nutzung fehlerhafter und/oder unvollständiger Informationen verursacht wurden, sind ausgeschlossen. Folglich sind auch Rechts- und Schadenersatzansprüche ausgeschlossen. Der Inhalt dieses Werkes wurde mit größter Sorgfalt erstellt und überprüft. Verlag und Autor übernehmen keine Haftung für die Aktualität, Richtigkeit und Vollständigkeit der Inhalte des Buches, ebenso nicht für Druckfehler. Es kann keine juristische Verantwortung sowie Haftung in irgendeiner Form für fehlerhafte Angaben und daraus entstandenen Folgen vom Verlag bzw. Autor übernommen werden.

Für die Inhalte von den in diesem Buch abgedruckten Internetseiten sind ausschließlich die Betreiber der jeweiligen Internetseiten verantwortlich. Verlag und Autor haben keinen Einfluss auf Gestaltung und Inhalte fremder Internetseiten. Verlag und Autor distanzieren sich daher von allen fremden Inhalten. Zum Zeitpunkt der Verwendung waren keinerlei illegalen Inhalte auf den Webseiten vorhanden.

Inhalt

*Meinen Eltern
in Liebe und Dankbarkeit gewidmet*

Stefan Küthe

Warum ich Sie in diesem Buch duze

Normalerweise sieze ich meine Geschäftspartner im Berufsleben – es gibt nur drei Ausnahmen:

1. Auf meinem Motivationsseminar Brocken Gipfelhelden, weil Wandergruppen sich typischerweise duzen,
2. wenn ich im Seminar darum gebeten werde, weil es beispielsweise zur Unternehmenskultur gehört und
3. in diesem Buch, weil ...

   a. es sich flüssiger liest,
   b. Sie sich als Leser direkter angesprochen fühlen und
   c. gerade deswegen die Themen leichter verinnerlichen und praktisch umsetzen.

Aus Gründen der besseren Lesbarkeit wird bei Personenbezeichnungen und personenbezogenen Hauptwörtern in diesem Buch die männliche Form verwendet – natürlich sind immer sowohl Frauen als auch Männer gemeint.

Einleitung

Es gibt Menschen, die sind gerade völlig durch den Wind. Digitalisierung, künstliche Intelligenz und dann auch noch Corona – diese unsichere und hochkomplexe Welt bringt sie sowohl im persönlichen Arbeitsumfeld als auch im Privatleben aus dem Gleichgewicht: weniger Geld, ungesunde Ernährung, wenig Zeit für Familie und Freunde, zu wenig Schlaf, keine klaren Ziele und keinen Fokus.

Wenn du mehr aus deinem Leben herausholen willst, bist du hier richtig.

In diesem Buch lernst du ganz konkret, wie du ...

- dich beruflich positionierst,
- hochwirksam kommunizierst,
- dich effektiv organisierst,
- sozial kompetent und proaktiv agierst,
- dich fokussierst, motivierst und Ziele souverän umsetzt,
- dein Mindset und deine innere Einstellung konstruktiv feinjustierst,
- kurz: wie du dich ganzheitlich außergewöhnlich erfolgreich aufstellst, um deine persönlichen Gipfel zu stürmen.

Das Ergebnis: Du verfügst über mehr Zeit, mehr Geld und mehr Leben.

In den letzten rund 30 Jahren habe ich über 1.000 Ratgeber und Fachbücher rund um die Themen Motivation und Erfolg gelesen und die besten Tipps und Techniken praktisch für mich umgesetzt. Gerade deswegen habe ich mich zum Beispiel selbständig gemacht, bin ich auf den Kilimandscharo gestiegen und bin heute wohlhabender als der Durchschnitt. In dieses Buch fließen Ideen und Impulse ein aus Klassikern von beispielsweise Napoleon Hill, Joseph Murphy und Dale Carnegie genauso wie von Vera F. Birkenbihl, Bodo Schäfer, Tony Robbins und Tim Ferris. Auch das ist eine Idee dieses Buches: Du musst diese Bücher nicht alle selbst lesen, sondern du findest sie hier auf rund 400 Seiten zusammengefasst; deine Aufgabe ist es, sie jetzt praktisch umzusetzen.

Darüber hinaus findest du in diesem Buch Zitate herausragender Persönlichkeiten und deren wertvollen Erkenntnisse zum Thema *außergewöhnlicher Erfolg*. Schließlich ist nach Theodor Fontane ein guter Aphorismus die Weisheit eines ganzen Buches in einem einzigen Satz: auf der einen Seite Aussagen der *Klassiker* wie Sokrates, Leonardo da Vinci und Goethe und auf der anderen Seite Impulse brillanter Köpfe aus dem 20. und 21. Jahrhundert wie Albert Einstein und Ralph Waldo Emerson sowie natürlich auch Steve Jobs, Jeff Bezos und Elon Musk. Freu dich also auf rund 300 berühmte Zitate der intelligentesten und einfallsreichsten Vertreter der Menschheitsgeschichte, welche die einzelnen Themen das ganze Buch über begleiten und flankieren.

Wie dieses Buch aufgebaut ist: Die Fülle an Aspekten rund um das Thema *Ganzheitlicher Erfolg mit mehr Zeit, mehr Geld und mehr Leben* sind unterteilt in ...

- einen Überblick, der die wesentlichen Werkzeuge für herausragenden Erfolg kurz und knackig auf den Punkt bringt und
- einen Hauptteil, der ein konkretes Erfolgstrainingsprogramm für deinen außergewöhnlichen privaten und beruflichen Erfolg beschreibt.

Dieses Buch ist also eine Kombination aus klugen Zitaten, praktischen Tipps und bemerkenswerten Beispielen, darunter einige intensive Erlebnisse meiner Kilimandscharo-Besteigung. Dies ergibt für dich ein äußerst spannendes und kurzweiliges Lesevergnügen aus tiefen Einsichten und neuen Ideen, die du als Training für deinen außergewöhnlichen Erfolg nutzen kannst.

Einer der wichtigsten Tipps vorab:

Wenn dir das Buch gefällt, bist du optimistisch, da du nun noch besser weißt, wie du dich zu mehr Erfolg motivieren kannst – aber es kann sein, dass sich im echten Leben und im Umgang mit den anderen noch nicht allzu viel ändert! Vieles geht seinen gewohnten Gang und deine Ergebnisse verbessern sich noch nicht dramatisch. Warum das so sein kann, hat schon Goethe schön beschrieben:

> *Es reicht nicht zu wissen, man muss auch anwenden!*
> *Es reicht nicht zu wollen, man muss auch tun!*

Komm also ins Handeln, wenn du den Weg der außergewöhnlich Erfolgreichen gehen willst!

Ich erhalte regelmäßig Rückmeldungen meiner Seminarteilnehmer: Viele berichten, wie sehr sie sich und ihre Ergebnisse dank der besprochenen Werkzeuge und Tipps steigern konnten. Andere sagen, dass sie die Ideen und Impulse zwar auch sehr gut finden, jedoch nicht konsequent anwenden.

Ich beschäftige mich seit Jahren intensiv mit der Frage, was erfolgreiche von weniger erfolgreichen Menschen unterscheidet:

- Erfolgreiche *handeln*, das sind die Macher und Gestalter, während die anderen – wenn überhaupt – nur darüber *philosophieren,* das sind dann die Erfolgs-Theoretiker.

Manchmal sind es nur Kleinigkeiten, die du verändern oder tun kannst, um dein Ergebnis um 7, 12 oder auch 30 Prozent zu verbessern.

Damit es dir leichtfällt, die vielen Ideen und Impulse praktisch anzuwenden, findest du am Ende jedes Abschnitts eine Zusammenfassung der wichtigsten Kernaussagen und Umsetzungstipps. Außerdem enthält das Buch mehrere Download-Links für Arbeitsblätter und Checklisten. Komm also aktiv ins Handeln und lade dir dazu direkt die erste Umsetzungs-Checkliste herunter, indem du den entsprechenden QR-Code mit deinem Smartphone einscannst:

Alles Gute und außergewöhnlich viel Erfolg,

herzliche Grüße,
dein Stefan Küthe
Leipzig, im August 2021

Die wichtigsten Werkzeuge für außergewöhnlichen Erfolg

> *In Dir muss brennen, was du in anderen entzünden willst.*
>
> Augustinus, römischer Kirchenlehrer

Das rund 1.600 Jahre alte Augustinus-Zitat ist ein hochaktueller Hinweis auf den Unterschied zwischen sehr erfolgreichen und weniger erfolgreichen Menschen. Wie lautet sein Kerngedanke?

1. Sei von deinem Thema begeistert, weil das der Weg ist, wie du andere (Mitarbeiter, Kunden, Freunde ...) davon überzeugst.
2. Sei von eben diesen anderen begeistert, weil das der Weg ist, sie für dich zu gewinnen.
3. Sei insbesondere von dir selbst begeistert, weil das der Weg ist, wie du die anderen für dein Thema entzündest.

Das wahre Geheimnis außergewöhnlichen Erfolgs ist dein Enthusiasmus für dich selbst, die anderen und deine Herzensthemen – nur wenn du selbst brennst, kannst du andere entflammen. Nur wenn du begeistert bist, kannst du Großes erschaffen.

Regelmäßig werde ich in meinen Seminaren und Coachings gefragt, ob es Abkürzungen auf dem Weg zu mehr Glück und Erfolg gibt, ob dafür nicht vielleicht ein Wundermittel existiert. Oder ob es eine Prioritätenliste gibt, die klar aufzeigt, worauf es im Leben wirklich ankommt. Und es gibt sie tatsächlich: sowohl die Abkürzungen als auch das Wundermittel und die Prioritätenliste.

Aus jahrelanger Praxis als Trainer und Coach weiß ich, dass nur wenigen wirklich klar ist, was im Leben wesentlich ist, welche Werkzeuge tatsächlich helfen und welche Bedeutung den einzelnen Methoden zukommt.

Weißt du, was heute über Erfolg und Misserfolg im Leben maßgeblich entscheidet? Hast du dich auch schon einmal gefragt, wie es gelingt, ein glückliches und erfolgreiches Leben zu führen? Kennst du den Unterschied zwischen extrem erfolgreichen und weniger erfolgreichen Menschen?

In den letzten rund 20 Jahren habe ich Zehntausende Teilnehmer als Trainer und Coach begleitet. In diesem Buch erhältst du die Essenz meiner Erfahrungen: Im Wesentlichen geht es um dein Mindset und die fünf Hebel deines Erfolgs.

Dein Mindset entscheidet

Materie folgt immer dem Geist. Das ist ein physikalisches Gesetz: Zuerst existiert deine Gedankenenergie, der die Umsetzung folgt. Zum Beispiel folgt der Idee dieses Buches das monatelange Schreiben desselben. Wenn du darüber nachdenkst, wie du dein Leben gestalten willst – deine Gesundheit, deine Familie und Freunde, deinen Beruf, deine Finanzen, den Sinn deines Lebens –, dann produzieren diese Gedanken einen chemischen Cocktail in deinem Gehirn, der wiederum für deine Gefühle verantwortlich ist. Deine Gefühle steuern maßgeblich dein Verhalten und dein Verhalten bestimmt die Resultate in deinem Leben.

• Fazit: Der Ur-Urgrund deiner jetzigen Lebenssituation ist dein Mindset, also deine Art zu Denken – deine Denkweise!

Aus der Gehirnforschung ist bekannt, dass ein Mensch rund 60.000 Gedanken an einem Tag denkt. Damit ist deine derzeitige Situation auch ein Ausdruck deiner vergangenen Gedanken. Die meisten führen ein relativ stabiles Leben, weil ca. 95 Prozent ihrer Gedanken jeden Tag aufs Neue nahezu identisch sind.

Wenn du also ab sofort etwas anderes denkst und dich daher anders fühlst und deswegen etwas anderes machst als bisher, wirst du feststellen, dass dein Leben anders verlaufen wird.

Wer ist verantwortlich dafür, was du denkst und tust? Nur du allein. Die Qualität deiner Gedanken ist die Ur-Ursache der Qualität deines Lebens: Deinen Gedanken folgen Gefühle, Sprache und Handlungen, daraus ergeben sich deine Gewohnheiten, die wiederum dein Schicksal bestimmen.

Deine Gedanken produzieren dein Schicksal:

- Deine gesamte Lebenssituation ist ein Produkt deiner Gedanken; du bist immer das, was du zu sein glaubst!

Noch stärker als deine Gedanken wirken die Fragen, die du dir im Verlauf eines Tages selbst stellst – Fragetechnik statt Sagetechnik ist das wahre Wundermittel für außergewöhnlichen Erfolg.

Dein innerer Dialog lenkt dein Mindset

Was wäre, wenn du in weniger Zeit mehr leisten könntest? Wie würdest du die gewonnene Zeit einsetzen? Was würdest du mit den zusätzlichen finanziellen Ressourcen machen? Und hast du schon eine Idee, warum dieser Absatz mit gleich vier Fragen beginnt?

Aufgrund der magischen Wirkung von Fragen!

Mit jeder Frage, die du dir selbst stellst, öffnest du – bildhaft gesprochen – eine Schublade in deinem Kopf. Du öffnest dann deinen Geist für das Thema, das du zuvor selbst festgelegt hast. Sobald du eine schlüssige Antwort auf deine eigene Frage gefunden hast, geht diese Schublade wieder zu. Wenn du allerdings spontan keine Antwort auf deine Frage findest, bleibt die Schublade in deinem Kopf offen.

Du suchst jetzt – in einem Selbstgespräch – nach einer passenden Antwort. Dieser innere Dialog umfasst die Summe all deiner bewussten und unbewussten Gedanken. Die Methode, dieses Selbstgespräch mit gezielten Fragen einzuleiten, wird gerne von äußerst erfolgreichen Menschen bewusst eingesetzt, wenn es darum geht, ihr Unterbewusstsein für ein bestimmtes Thema zu aktivieren. Aus der Gehirnforschung ist bekannt, dass unser Gehirn fast immer im Verlauf der kommenden 48 Stunden auf die bis dahin unbeantwortete Frage wieder zurückkommt und Antworten liefert.

Beispielsweise stelle ich mir fast immer kurz vor dem Einschlafen oder morgens unter der Dusche folgende Frage: „Was mache ich ab sofort ganz konkret mit Freude, um auf höchste und beste Weise vollkommen gesund, finanziell frei, glücklich und erfolgreich zu sein?" (Das klingt zwar etwas schräg, ist allerdings von fundamentaler Bedeutung für außergewöhnlichen Erfolg.)

Gehirnscans beweisen, dass diese Frage bis zu zwei Tage und Nächte unbewusst im Gehirn aktiv ist – je emotionaler die Fragen auf dich wirken, desto länger beschäftigt sich dein Gehirn damit.

Das Ergebnis: Es kommen immer wieder spontane Gedanken und Eingebungen, was du mit Freude ganz konkret für deine Gesundheit und deine Finanzen tun kannst, die du dann auch möglichst schnell in die Tat umsetzt – zum Beispiel eine Massage der Thymusdrüse (unter dem Brustbein), um das Immunsystem zu stärken oder eine Idee, wie Immobilien oder Edelmetalle zu kaufen.

Noch ein Beispiel: Während ich dies gerade schreibe, frage ich mich, wann du dieses starke Instrument in deinem Alltag einsetzt.

Hierbei handelt es sich um eine *eingebettete Frage*: Die Aussage wird von den meisten Lesern und Zuhörern als Frage verstanden. Es spielt nämlich keine Rolle, ob ich dich direkt frage oder indirekt, in beiden Fällen öffnet sich die Schublade in deinem Kopf.

Ein weiteres Beispiel: Was wäre, wenn du dir vorstellst, dass dir diese Technik für dein persönliches Glück und deinen Erfolg wirklich weiterhilft?

In dieser Frage befindet sich ein eingebetteter Befehl: Während du als Leser anfängst dir vorzustellen, wie dir diese Technik weiterhilft, hat der Vorgang unbewusst schon längst begonnen. Starke Methode, oder?

Fragen öffnen jedoch nicht nur deinen Geist. Fragetechnik ist generell ein herausragendes Werkzeug in deinem Methodenkoffer als Selbstoptimierer. Du weißt sicher: Wer fragt, der führt. Dieser Klassiker unter den Kommunikationsregeln ist das Geheimnis für erfolgreiche internale Dialoge, also Selbstgespräche, die so überragend wichtig für ein glückliches und zufriedenes Leben sind.

Wenn du dir während eines absichtlich geführten Selbstgesprächs viele zielführende Fragen stellst, lenkst du dein Unterbewusstsein in die von dir gewünschte Richtung. Die Kunst besteht darin, dein Unterbewusstsein arbeiten zu lassen und es über deine Fragen anzuleiten: Statt dich also zu fragen, warum ausgerechnet immer du diese Sorgen und Probleme haben musst, frage dich lieber, was du mit Freude konkret tun kannst, um deutlich günstigere Lebensumstände herbeizuführen.

Es geht am Ende nicht darum, für extremen Erfolg zu kämpfen, sondern darum, einen erwünschten Zielzustand mit Leichtigkeit ins eigene Leben zu ziehen.

Fragen, die du dir gezielt selbst stellst, wirken wie intelligente Werbung im Marketing. Du ziehst deine gewünschten Lebensumstände ohne jeden Druck magisch an – dein Unterbewusstsein liefert dir eine Idee nach der anderen in dein Bewusstsein frei Haus. So also wirst du hochgradig erfolgreich: Mit Sog statt Druck! Deine Fragen wirken in deinem Gehirn wie ein unsichtbares elastisches Band, das dafür sorgt, dass gute Gedanken und Ideen aus deinem Unbewussten in dein Bewusstsein gelangen. Das ist hohe Kunst, die kaum einer praktisch anwendet – fang du jetzt damit an!

Übrigens: Mit diesen gezielten, logischen und systematischen Fragen, die du dir selbst stellst und beantwortest, baust du die bestmögliche Beziehung zu dir selbst auf.

Fazit:

- Ein wesentlicher Unterschied zwischen weniger erfolgreichen und sehr erfolgreichen Menschen besteht also darin, dass Letztere sich selbst konstruktive Fragen stellen, anstatt jeden Tag unbewusst die gleichen Gedanken wiederzukäuen und sich immer wieder in alten Geschichten zu verlieren.
- Fragetechnik statt Sagetechnik ist sowohl in deinen Gesprächen als auch in deinem Selbstgespräch der goldene Schlüssel zu deinem ganzheitlichen Erfolg!

Die fünf Hebel deines Erfolgs

Schauen wir uns nach dem Wundermittel Fragetechnik die fünf Hebel deines Erfolgs an. Diese Hebel zeigen dir, worauf es im Leben maßgeblich ankommt und welche Bedeutung sie für deinen individuellen Lebenserfolg haben.

Die Basis bildet ein starkes Fundament, auf dem die fünf Hebel aufbauen, deren Bedeutung von unten nach oben steigt.

> *Die beiden wichtigsten Tage deines Lebens sind der Tag, an dem du geboren wurdest, und der Tag, an dem du herausfindest, warum.*
>
> Mark Twain, US-amerikanischer Erzähler und Satiriker

Beginnen wir mit dem Fundament: Ist es – bezogen auf langfristigen Erfolg – für dich sinnvoller, deine Stärken zu stärken oder deine Schwächen zu schwächen?

Wenn ich im Seminar diese Frage stelle, erwächst daraus fast immer eine rege Diskussion mit unterschiedlichen Meinungen.

Bezogen auf ein erfüllteres Leben gibt es jedoch nur *eine* glasklare Antwort auf diese Frage: *Stärken stärken*, wenn du erfolgreich sein willst, wenn es dein Ziel ist, das Beste aus deinem Leben herauszuholen.

Ein Beispiel: Angenommen, du sollst als Trainer die Teilnehmer der Olympiamannschaft richtig einsetzen: Würdest du die Läufer schwimmen lassen und die Ringer turnen?

Sicher nicht. Du würdest sie natürlich dort einsetzen, wo sie spitze sind. Es stellt sich daher nur die Frage: Wieso arbeiten sich so viele an ihren Schwächen ab? Es liegt doch auf der Hand, dass du am motiviertesten und leistungsfähigsten bist, wenn du dort hingehst, wo deine Talente, deine natürlichen Begabungen liegen.

Um erfolgreich loszulegen, benötigst du als Erstes ein starkes Fundament. Überleg, welche Talente du hast! Wenn du beispielsweise Verkäufer werden willst, solltest du bestimmte Talente mitbringen. Überdurchschnittliche Verkäufer sind durchweg kontaktfreudig, gehen gerne auf potenzielle Neukunden zu und möchten diese für sich gewinnen. Wenn diese Eigenschaften auf dich zutreffen, dann werde Verkäufer. Und wenn du eher ein stiller Typ bist und lieber Zahlen magst, bist du vielleicht besser in der Buchhaltung aufgehoben.

Wenn du also deine Stärken stärkst (anstatt deine Schwächen zu schwächen), bist du zum einen motivierter, glücklicher und zufriedener und wirst zum anderen auf deinem Gebiet zu einem exzellenten Experten.

Mach dir demnach deine Talente bewusst und bau sie konsequent aus. Halte dich an die beiden Stärkefragen: Mache ich es gern? Mache ich es gut?

Übrigens: Deine Begabungen sind Gaben des Lebens und deutliche Hinweise auf deinen Lebenssinn. Wo deine Gaben liegen, da liegen auch deine Aufgaben.

Hebel Nummer 1: Wissen

Die Eintrittskarte deines beruflichen Erfolgs bildet dein fundiertes Fachwissen. Du spielst nur dann in der ersten Liga, wenn du dir lebenslanges Lernen auf die Fahnen schreibst. Nur etwas zu wissen, reicht allerdings nicht aus: Richtig erfolgreich bist du erst dann, wenn du dein Wissen konsequent in den Alltag umsetzt.

Bau dir also Fachkompetenz auf. Das gibt dir Selbstsicherheit und einen Vorsprung vor deinen Wettbewerbern.

Nicht umsonst gilt der Satz: (Angewandtes) Wissen ist Macht.

Hebel Nummer 2: Kommunikation

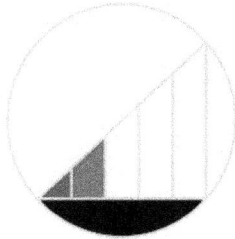

1. Zu rund 55 Prozent wirkst du auf deinen Gesprächspartner über deine Körpersprache, dazu zählen insbesondere Mimik, Gestik und Körperhaltung.

2. Zu etwa einem Drittel beeinflusst du deinen Gesprächspartner über deine Stimme und Aussprache.

3. Knapp 10 Prozent entnimmt er deinem Gesagten, also dem Inhalt. Das bedeutet allerdings nicht, dass du dich nicht mehr inhaltlich auf deine Gespräche vorbereiten sollst: Selbstverständlich bleibt der Inhalt wichtig, aber deine Stimme und Körpersprache sind noch wichtiger.

Zu den stärksten Motivationsinstrumenten gehören ehrlich gemeintes Lob und Anerkennung für deine Gesprächspartner – nichts fördert die Leistung anderer stärker. Aber Vorsicht: Nicht verdientes Lob ist verkleideter Spott.

Der zweite Hebel für mehr Glück und Erfolg ist deine Fähigkeit, hochwirksam mit anderen zu kommunizieren. Dazu zählen der positive erste Eindruck, Stimmigkeit zwischen Inhalt und Körpersprache, ausgefeilte Rhetorik sowie aktives Zuhören. Eine intensive Vorbereitung auf deine Gespräche ist die halbe Miete deines Gesprächserfolgs.

Ein Tipp: Die beste Rhetorikübung der Welt – übe deine Gespräche vor dem Spiegel. Das hilft, Selbstsicherheit aufzubauen und souverän mit möglichen Einwänden umzugehen. Wichtig bei deinen Gesprächen ist es, authentisch und ehrlich zu sein. Wenn du jetzt noch logisch, systematisch und zielgerichtet Fragen stellst, kannst du lenken, was deine Gesprächspartner denken.

Hebel Nummer 3: Soziale Kompetenz

> *Persönlichkeiten werden nicht durch schöne Reden geformt, sondern durch Arbeit und eigene Leistung.*
>
> Albert Einstein, deutscher Physiker

Nicht nur fachliche Kompetenz, sondern insbesondere der dritte Hebel *Soziale Kompetenz* zählt zu den wichtigsten Turbos für herausragenden Erfolg. Es wird unterschieden in soziale Kompetenz im Umgang mit anderen und im Umgang mit uns selbst. Zur sozialen Kompetenz im Umgang mit anderen zählen zum Beispiel:

- Deine Kommunikationsfähigkeit (der zweite Hebel wird der Vollständigkeit halber hier auch aufgelistet)
- Deine Menschenkenntnis (einen Menschen nach einem ersten Eindruck richtig einschätzen können)
- Deine Empathie (dein Einfühlungsvermögen; du siehst die Welt durch die Brille deiner Gesprächspartner)

Gerne übersehen wird die soziale Kompetenz im Umgang mit sich selbst. Dazu zählen zum Beispiel:

- Dein Selbstbewusstsein
- Dein Selbstvertrauen (nur wenn du dir selbst vertraust, vertrauen dir auch die anderen)
- Deine Selbstverantwortung (du bist nicht für alles in deinem Leben verantwortlich, allerdings bist du immer dafür verantwortlich, wie du auf die äußeren Umstände reagierst)

Bitte beachte: Die soziale Kompetenz im Umgang mit dir selbst ist wichtiger als die im Umgang mit anderen – nur wenn du mit dir selbst im Reinen bist, kannst du positiv auf andere ausstrahlen.

Setze täglich die *Goldene Regel* aktiv ein: Behandle die anderen so, wie du gern selbst behandelt werden möchtest. Noch wichtiger ist die *Platinregel*: Behandle die anderen so, wie diese gern behandelt werden möchten.

Zeig während eines Gesprächs echtes Interesse an deinem Gegenüber und seinem Anliegen. Bewahre auch bei kritischen Fragen Ruhe und reagiere selbst in heiklen Gesprächssituationen souverän. Hier hilft übrigens Hebel Nummer 1: Wer fachlich kompetent ist, strahlt mehr Selbstvertrauen aus als ein Blender.

Hebel Nummer 4: Ziele und Strategie

Eine wahre Begebenheit macht die Kraft des vierten Hebels deutlich:

Im Sommer des Jahres 1952 steigt die junge Extremschwimmerin Florence Chadwick in die Fluten des Pazifiks. Sie will als erste Frau der Welt von der Insel Santa Catalina an das 34 Kilometer entfernte kalifornische Festland schwimmen. Das Wasser ist eiskalt und dichter Nebel liegt auf der Wasseroberfläche, sodass sie die Beiboote nur undeutlich erkennen kann, obwohl diese nah bei ihr sind. Mehrere Haiangriffe werden von den Begleitschiffen abgewehrt. Nach 15 Stunden im Ozean ist sie steif vor Kälte und bittet mit letzter Kraft darum, aus dem Wasser gezogen zu werden. Ihre Mutter und ihr Trainer, die sie auf einem Beiboot begleiten, wollen sie noch zum Durchhalten bewegen, aber sie ist am Ende ihrer Kräfte. Die Küste ist zu diesem Zeitpunkt gerade noch 800 Meter entfernt. Am nächsten Tag fragt sie ein Reporter, warum sie so kurz vor dem Ziel aufgegeben habe. Ihre Antwort: „Es war der Nebel. Wenn ich das Land hätte sehen können, hätte ich es geschafft. Es war der Nebel."

Der vierte Hebel deines Lebenserfolgs lautet: Wenn du genau weißt, wohin du willst, und du dir dein Ziel glasklar vor Augen führst, kannst du dein Ziel auch erreichen. Wer nicht weiß, wohin die Reise geht, muss damit rechnen, ganz woanders zu stranden.

Erfolgreiche Menschen verbindet nicht nur, dass sie ihre Ziele und Teilziele klar, konkret und schriftlich fixieren. Sie führen sich den gewünschten Endzustand auch mit mentalem Training bildhaft vor Augen, zum Beispiel mit Zielbildern oder Zielfilmen. Das Unterbewusstsein arbeitet bildhaft, das heißt, es kann am besten Bilder verarbeiten: Ein Bild sagt mehr als tausend Worte. Aus diesem Grund sind Zielcollagen, Ziel-Mind-Maps und Zielposter sehr motivierende und effektive Instrumente zur Zielerreichung, weil der gewünschte Endzustand bildhaft vor Augen geführt wird.

Entwickle also klare Ziele. Die meisten Menschen lassen sich treiben und geraten über diesen Weg ins Hamsterrad. Entscheidend wichtig und motivierend ist es, mittels Salamitechnik deine Ziele über Teilziele bis hin zu einzelnen Wochen- und Tageszielen zu entwickeln, um dein großes Ziel in überschaubare Schritte zu unterteilen.

Hebel Nummer 5: Mindset – deine Innere Einstellung

> *Die größte Entscheidung deines Lebens liegt darin, dass du dein*
> *Leben ändern kannst, indem du deine Geisteshaltung änderst.*
>
> Albert Schweitzer, deutscher Arzt und Philosoph

Auch für den fünften Hebel trifft eine verbürgte Geschichte aus dem 19. Jahrhundert den Nagel auf den Kopf:

Vor über 100 Jahren führte der Londoner Universalgelehrte namens Francis Galton einen Gedankenversuch durch: Bevor er seinen allmorgendlichen Spaziergang antrat, redete er sich permanent ein, er sei der meistgehasste Mann Englands. Nachdem er sich mehrere Minuten diesen Gedanken suggeriert hatte, begann er seinen gewohnten Rundgang:

Die meisten Fußgänger wechselten die Straßenseite, als sie ihn sahen. Ein Hafenarbeiter rempelte ihn im Vorbeigehen, sodass er hinfiel. Die Abneigung gegen ihn hatte sich offenbar auch auf Tiere übertragen. Ein Pferd schlug aus und trat Galton in die Hüfte, sodass er wieder zu Boden ging. Als sich daraufhin eine kleine Menschenmenge ansammelte, ergriffen die Leute Partei – für das Pferd! Worauf Galton die Flucht ergriff, in seine Wohnung zurückeilte und sein Experiment auswertete.

In Bezug auf dein persönliches Glück und deinen Erfolg besitzt diese Francis-Galton-Geschichte eine überragende Bedeutung:

- Du bist das, was du zu sein glaubst!

Frei nach Henry Ford ist es gleichgültig, ob du dir lange genug einredest, ein Verlierer zu sein, oder ob du glaubst, ein Gewinner zu sein: In beiden Fällen wirst du recht behalten.

Völlig zu Recht heißt es: Gewonnen und verloren wird zwischen den Ohren! Der fünfte Hebel ist dein Mindset - deine Art zu denken, die in Summe deine gesamte innere Einstellung zu Gott und der Welt ergibt.

Die Kernaussagen der Francis-Galton-Geschichte besagen also:

- Du bist, was du denkst. (Die Macht deiner Gedanken: Wenn du dein Thema, dein Umfeld und dich selbst liebst, ...)
- Was du denkst, strahlst du aus. (Gesetz *Wie innen, so außen:* ... dann strahlst du deine Leidenschaft für die anderen sichtbar aus ...)
- Was du ausstrahlst, ziehst du an. (Gesetz der Resonanz: ... und du ziehst darüber Menschen an, die gern mit dir zu tun haben.)

Ergänzend dazu heißt es in einem chinesischen Sprichwort (wird fälschlich gerne dem Talmud zugerechnet):

„Achte auf deine Gedanken, denn sie werden zu Worten.
Achte auf deine Worte, denn sie werden zu Handlungen.
Achte auf deine Handlungen, denn sie werden zu Gewohnheiten.
Achte auf deine Gewohnheiten, denn sie werden dein Charakter.
Achte auf deinen Charakter, denn er bestimmt dein Schicksal."

Deine Gedanken wirken also auf dich wie eine Schicksalsproduktionsmaschine: Deine gesamte Lebenssituation und deren Bewertung sind ein Produkt deines Denkens. Dein Denken verursacht deine Gefühle, deine Gefühle bestimmen dein Verhalten, dein Verhalten bewirkt deine Ergebnisse – kurz: dein Denken bewegt die Materie, du gestaltest maßgeblich deine Realität!

Nur mit einem konstruktiven Mindset, also mit einer auf einer konstruktiven Denkweise basierenden inneren Einstellung ist es dir möglich, dich motiviert den täglichen Aufgaben zu stellen und proaktiv auf Ziele zuzugehen.

Viele Leute kommen bei den Hebeln eins bis vier noch ganz gut mit, scheitern aber bei einer konstruktiven inneren Einstellung – doch erst mit zielorientiertem Denken und Handeln sind auch alle anderen Hebel wertvoll.

Erst dann kommt die ganze Kraft der fünf Hebel für massiven Erfolg zur Geltung.

Frei nach dem Motto *Du bist, was du denkst* gehst du so deinen Weg zu ganzheitlichem Erfolg.

Dein ganzheitliches Erfolgstraining für mehr Zeit, mehr Geld und mehr Leben

Basis und 1. Hebel: So bringst du deine wichtigsten Lebensbereiche auf Erfolgskurs

Die Basis für deinen langfristigen Erfolg bilden deine Talente. Mach dir deine Talente bewusst und bau sie konsequent zu deinen Stärken aus. Wenn du anschließend deine Stärken weiter stärkst, bist du zum einen motivierter, glücklicher und erfolgreicher und zum anderen schlussendlich nicht nur stark, sondern erstklassig auf deinem Gebiet.

Der erste Hebel deines Erfolgs ist deine Expertise beziehungsweise deine Fachkompetenz, die deinen beruflichen Erfolg maßgeblich beeinflusst: Ein breites Fachwissen ist dein Ticket in die Champions League.

Dieser erste Hebel *Fachwissen* gilt natürlich nicht nur für deinen Beruf, sondern für all deine erfolgsrelevanten Lebensbereiche. Wenn du ein erfülltes Leben führen willst, achte auf ein ausgewogenes Verhältnis der fünf wichtigsten Bereiche, die das berufliche und private Leben der meisten ausmachen:

1. Neben dem bereits genannten Beruf, für den du idealerweise brennst, zählen dazu ...
2. optimale Gesundheit,
3. erfüllende Beziehungen,
4. finanzielle Freiheit und

5. der Sinn deines Lebens sowie Werte und Prinzipien, nach denen zu leben sich für dich lohnt.

Genau in dieser Reihenfolge erhältst du in diesem Kapitel die wichtigsten Ideen und Impulse, um dich in jeder dieser Kategorien stark aufzustellen.

Im ersten Abschnitt dieses Kapitels geht es um etwas Generelles: wie du dich nämlich als Erstes richtig locker für deinen Erfolg machst. Ein sehr hilfreiches Instrument dafür ist das Lebensrad.

Der zweite Abschnitt dieses Kapitels behandelt die Themen *Beruf, Berufung, Erfolg* und *Freude bei der Arbeit*: Ist dir bewusst, dass du rein rechnerisch den größten Teil deiner produktiven Lebenszeit mit Arbeit verbringst? Da sind diese Fragen von überragender Bedeutung:

- Begeistert dich deine Aufgabe?
- Entspricht dein Beruf deinen Begabungen und Talenten?
- Bringst du anderen Nutzen?

Es folgen die Themen *Gesundheit* und *Grundregeln für ein gesundes Leben*: Hier ist nicht nur die Gesundheit deines Körpers gemeint, sondern auch das Wohlbefinden deines Geistes und deiner Seele. Stress, Angst, Kummer, Sorgen und negative Gedanken beeinträchtigen das Wohlgefühl, blockieren und mindern die Leistungsfähigkeit. Lass diese Erfolgsblockaden los und produziere konstruktive und motivierende Gefühle.

Erfüllende Beziehungen sind für ganzheitlichen Erfolg von größter Bedeutung, deswegen schauen wir uns auch Themen wie *Liebe, Partnerschaft, Kinder* und *Freundschaft* genauer an. Ehe und Partnerschaft sind eine unvergleichliche Quelle für Glück und Erfolg – besonders wenn du in der Lage bist, konstruktiv zu streiten. Klar ist auch: „Ein Freund, ein guter Freund, das ist das Beste, was es gibt auf der Welt."

Beim Thema *Wohlstand* genügt es nicht, einfach nur riesige Geldberge anzuhäufen und Reichtum anzustreben. Wichtig ist, dass dir deine Aufgabe Freude bereitet und deinen Talenten entspricht. Außergewöhnlicher Erfolg und Fülle stellen sich dann automatisch ein.

Frag dich: „Wie ist meine innere Einstellung zu Geld?" Denke und handle wie erfolgreiche Menschen – das ist der schnellste Weg zum Erfolg. Wenn du dir ein gewisses Vermögen aufgebaut hast, sei dir auch weiterhin bewusst: Geld ist nicht alles, aber ohne Geld ist alles nichts. Also verschwende nichts, sondern spare und investiere – auch und insbesondere in dein Wissen.

Was ist eigentlich der Sinn des Lebens? Um diese Kernfrage geht es im letzten Abschnitt des ersten Kapitels. Du erhältst wertvolle Anregungen für deine ganz persönlichen Überlegungen: „Was ist der Sinn *meines* Lebens?" und „Nach welchen Werten möchte ich leben?" Denn dein Wertesystem wirkt wie Leitplanken auf dem Weg zu deinen Zielen. Mach dir bewusst, nach welchen Prinzipien und Grundüberzeugungen du dein Denken, Fühlen und Handeln ausrichtest.

1.1 Zuallererst – wie du dich so richtig locker machst

Allgemein ist die Hast, weil jeder auf der Flucht vor sich selber ist.

Friedrich Nietzsche, deutscher Philologe und Philosoph

Wahrscheinlich kennst du auch Menschen, die – wie auf der Flucht vor sich selbst – von einem Termin zum nächsten hetzen und Schritt für Schritt ihr nächstes Level erreichen wollen, um schließlich zu erkennen, dass ihr Leben in rasendem Tempo an ihnen vorbeieilt. Häufig kinderlos und ohne Hobby drehen sie in ihrem Hamsterrad durch, das nur von innen wie eine Karriereleiter aussieht. Von 2010 bis 2020 nahmen die Krankheitsfälle aufgrund psychischer Erkrankungen um 56 Prozent zu und von 1997 bis 2020 haben sich seelische Erkrankungen in etwa verdreifacht – das ist ganz sicher *nicht* der Weg zu Glück und Erfolg.

Der höhere Mensch hat Seelenruhe und Gelassenheit,
der gewöhnliche ist stets voller Unruhe und Aufregung.

Konfuzius, chinesischer Philosoph

Vielleicht engagierst du dich für Beruf und Reichtum, die anderen lebenswichtigen Bereiche dümpeln aber vor sich hin. Gesundheit, Familie und Freunde sowie der Sinn des Lebens und die Werte, nach denen zu leben es sich lohnt. Ausgebrannte, übergewichtige und geschiedene Männer und Frauen, die nur jede zweite Woche ihre Kinder zu Gesicht bekommen und kurz vor dem Herzinfarkt und Burnout stehen, sind die logische Folge.

> *Maß müssen wir halten.*
>
> *Seneca, römischer Philosoph*

Es ist deutlich intelligenter, dich und deine Kräfte gezielt und fokussiert einzusetzen. Strebe langfristig danach, deine Energie in etwa gleichmäßig auf deine fünf wichtigsten Lebensbereiche zu verteilen. Das ist auf lange Sicht sinnstiftend und das Beste, was du für dich, dein Umfeld und deinen Erfolg tun kannst.

Je eher du damit beginnst, deine Lebensbereiche aufeinander abzustimmen, desto früher wird jeder dieser Bereiche dem anderen dienen und deine Lebensqualität erhöhen. Wenn du regelmäßig Sport machst, wirkt sich das auch auf deinen beruflichen Erfolg aus. Und wenn du immer wieder etwas mit deiner Familie oder deinen Freunden unternimmst, macht dich das garantiert ausgeglichener. Die hohe Kunst des Selbstmanagements besteht darin, deine Lebensbereiche Gesundheit, Beziehungen, Beruf, Finanzen und den Sinn deines Lebens sowie deine Werte und Prinzipien langfristig ins Gleichgewicht zu bringen und dort zu halten.

Stell als Erstes deinen aktuellen Status fest

> *Man kann einen Menschen nichts lehren;*
> *man kann ihm nur helfen, es in sich selbst zu finden.*
>
> *Galileo Galilei, italienischer Universalgelehrter*

Es gibt dazu eine schöne, einfache und effektive Übung, die ich dir sehr ans Herz lege: Reflektiere dein Lebensrad!

Das Lebensrad ist eines der bekanntesten und effektivsten Werkzeuge der Persönlichkeitsentwicklung, das auch ich gerne in den Einzelcoachings mit meinen Klienten erfolgreich einsetze. Es ist auch sehr gut zum Selbstcoaching geeignet.

Es kommt immer dann zum Einsatz, wenn es um eine aktuelle Standortbestimmung in Sachen Zufriedenheit in verschiedenen Lebensbereichen geht.

Das Lebensrad schafft in wenigen Minuten Klarheit über deine Gesamtsituation und in welchen Bereichen eine Veränderung sinnvoll ist. Es hilft dir dabei, Ziele zu konkretisieren und gibt dir Hinweise darauf, welche Bedeutung du den einzelnen Bereichen beimisst.

Damit hilft dir das Lebensrad auch bei der Entscheidung, in welchem Lebensbereich (oder in welchen Lebensbereichen) du eine Veränderung herbeiführen willst.

Damit du diese starke Methode direkt praktisch umsetzen kannst, lädst du dir am besten als Erstes die Lebensrad-Vorlage herunter, indem du den QR-Code mit deinem Smartphone einscannst:

Danach gehst du am besten so vor:

Schritt 1: Reflektiere

Kläre als Erstes deinen Status Quo, indem du beispielsweise die Bereiche farbig ausmalst. Reflektiere intuitiv und schnell auf der Skala von 1 bis 10, wie zufrieden du in jedem der acht Bereiche bist (1 = äußerst unzufrieden, 10 = extrem zufrieden).

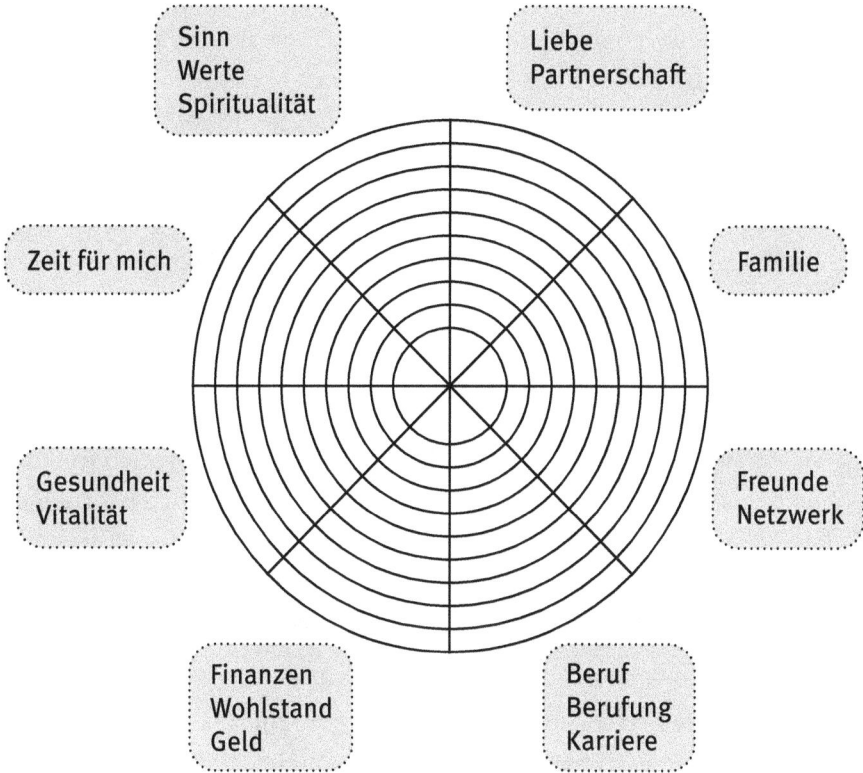

Sinn
Werte
Spiritualität

Liebe
Partnerschaft

Zeit für mich

Familie

Gesundheit
Vitalität

Freunde
Netzwerk

Finanzen
Wohlstand
Geld

Beruf
Berufung
Karriere

Abbildung 1: Lebensrad

Schritt 2: Analysiere

Schau dir dein Lebensrad an und stell dir diese wichtigen und zielführenden Fragen:

- Unabhängig von der Zufriedenheit: Welche drei Bereiche sind mir am wichtigsten? Wo liegen also meine Prioritäten? Wie zufrieden bin ich mit diesen Bereichen?
- Was fällt mir beim Betrachten des Gesamtbildes auf? Was überrascht mich?
- In welchen Bereichen bin ich sehr zufrieden? Woran liegt es?
- In welchen Bereichen habe ich noch Luft nach oben?
- Welche Bereiche meines Lebens werde ich neu justieren, um glücklicher, zufriedener und erfolgreicher zu sein?

Häufig zeigt das Lebensrad auf, dass viele Menschen ihren Fokus auf *Beruf und Arbeit* legen und dabei *Familie*, *Gesundheit* und *Zeit für mich* vernachlässigen.

Schritt 3: Leg als Nächstes den Soll-Zustand pro Bereich fest:

- Welche Werte von 1 bis 10 wären in den einzelnen Kategorien im kommenden Monat, in drei Monaten, in einem halben Jahr oder in einem Jahr ideal (muss nicht immer 10 sein)? Wenn du dir beispielsweise im Bereich Gesundheit eine 5 gibst und dein Ziel eine 8 ist, markiere zum Beispiel das Ziel mit einer anderen Farbe. Diese Fragen helfen dir dabei:

  - Wann wäre alles in dem Bereich so, wie es sein soll?
  - Wie würde sich vollkommene Erfüllung anfühlen?
  - Woran würde ich merken, dass mein Wunschzustand erreicht ist?
  - Was würden andere an mir bemerken?

Schritt 4: Komm ins Handeln

Konzentriere dich auf den wichtigsten Bereich und gib Gas:

- Welche Schritte liegen zwischen meinem heutigen Wert und dem Zielwert?
- Wer außer mir spielt bei der Zielerreichung eine Rolle (Vorsicht bei dieser Frage, du bleibst natürlich für die Zielerreichung verantwortlich)?
- Wie viel Zeit gebe ich mir für die Zielerreichung?
- Welche konkreten einzelnen Schritte (maximal fünf) gehe ich bis wann?
- Was kann ich ab sofort konkret tun, um zufriedener in diesem Bereich zu sein?
- Mit welchem ersten Schritt beginne ich noch heute?
- Einfaches Beispiel für konkrete Maßnahmen im Bereich Gesundheit:
- Mindestens 10 Minuten Sport pro Tag machen (Laufen, Radfahren ...)
- Mindestens 3-mal am Tag Obst und Gemüse essen (Apfel, Banane ...)
- Mindestens 1 Liter Wasser pro Tag trinken

Fazit:

- Das Lebensrad eignet sich ideal für eine Bestandsaufnahme und dafür, dir deine *blinden Flecken* aufzuzeigen. Es zeigt auf einfache und schnelle Weise, in welchen Bereichen deines Lebens noch Luft nach oben ist. Es ist besonders nützlich zu Beginn einer Zielfindungsphase.

Du kannst dieses Werkzeug beispielsweise monatlich oder auch halbjährlich durchführen. So kannst du die Ergebnisse miteinander vergleichen und deine Fortschritte in den einzelnen Bereichen beobachten. Dieses Lebensrad ist auch eine vorzügliche Basis für das Kapitel 4. *Hebel: So erreichst du sicher deine Ziele.*

Und jetzt komm ins Handeln:

- ✓ Wann immer du verkrampfst, bist du nicht auf Erfolgskurs – mach dich als Erstes mal so richtig locker!
- ✓ Sei wie die richtig erfolgreichen Menschen überwiegend heiter und gelassen!
- ✓ Setz deine Kräfte gezielt und fokussiert ein!
- ✓ Balanciere deine fünf wichtigsten Lebensbereiche aus: Gesundheit, Beziehungen, Beruf, Finanzen und den Sinn deines Lebens sowie deine Werte und Prinzipien!
- ✓ Stell deinen aktuellen Status anhand des Lebensrads fest!

1.2 Spitze im Beruf – wie du außergewöhnliche Erfolge feiern kannst

Wie du deine Talente erkennst und entwickelst

Talent bedeutet Energie und Ausdauer. Weiter nichts.

Heinrich Schliemann, deutscher Kaufmann und Archäologe

Lionel Messi spielte schon als Fünfjähriger im Verein Fußball. Seine Eltern wanderten aus Argentinien nach Spanien aus, um ihm die kostspielige Behandlung seiner Hormonstörung zu ermöglichen. Der Jugendtrainer des FC Barcelona war von Messis Talent derart begeistert, dass er ihn nach einem Probetraining sofort einen Vertrag auf einer Serviette unterschreiben ließ. Der 1987 geborene Messi hat es ihm und seinen Eltern mit der sechsmaligen Auszeichnung zum Fußballer des Jahres gedankt. Er hat in den vier Jahren von 2017 bis Anfang 2021 die schwindelerregende Zahl von 555.237.619 Euro verdient und ist damit einer der bestbezahlten Sportler der Welt. 2020 überholte Messi sogar die Fußballlegende Pelé: Er erzielte Ende Dezember sein 644. Tor für den FC Barcelona – noch nie hat ein Fußballer mehr Tore für seinen Klub geschossen.

Wenn du dein Talent erkannt hast und entwickelst, dann macht dir deine Arbeit auch Spaß. Du wirst deutlich erfolgreicher sein als diejenigen, die sich nur an mediengehypten Berufstrends orientieren und ihre natürlichen Begabungen ignorieren, – und darüber hinaus auch glücklicher.

> *Ganz leer läßt der liebe Gott keinen ausgehn;*
> *die Eltern und Erzieher müssen nur ausfindig*
> *machen, wo die Spezialbegabungen liegen.*
>
> *Theodor Fontane, deutscher Schriftsteller und Journalist*

Für den Fall, dass deine Eltern und dein Umfeld dein Talent nicht erkannt haben: Das ist nicht weiter schlimm. Unerfreulich wäre es nur, wenn du selbst deine Fähigkeiten nicht entdecktest.

• Erinnere dich: Was hast du als Kind alles gerne gemacht?

Die Antworten auf diese Frage bringen dir wichtige Impulse für deine wahren Gaben. Finde die Dinge heraus, die dir leicht von der Hand gehen und Spaß machen. Je eher du das weißt, desto eher wirst du beruflichen Erfolg haben. Je eher du damit beginnst, desto besser für dich und dein Umfeld. Fang am besten noch heute damit an, dein Leben in die eigene Hand zu nehmen!

Warum solltest du dich abmühen, um deine Schwächen zu schwächen? So verschwendest du nur wertvolle Ressourcen!

Du investierst auf diese Weise Zeit und Geld in einen Bereich, der ganz offensichtlich nicht zu dir gehört! Du wärst in diesem Fall am Ende zwar nicht mehr schwach auf diesem Gebiet, allerdings in den meisten Fällen nur unterdurchschnittlich bis mittelmäßig aufgestellt.

Da ist es logischerweise deutlich sinnvoller, deine eigenen Stärken zu erkennen und zu fördern: Zum einen bist du glücklicher und zufriedener und zum anderen bist du am Ende nicht nur stark, sondern Weltklasse auf deinem Spezialgebiet.

Stärken stärken ist die Maxime der Gewinner – richte dein Leben konsequent auf deine Stärken aus.

Erinnere dich an die beiden Stärkefragen:

1. Mache ich es gern?
2. Mache ich es gut?

Und mach dir immer wieder klar, dass deine Begabungen die Gaben des Lebens und klarer Fingerzeig auf deinen Lebenssinn sind. Wo deine Gaben liegen, da liegen auch deine Aufgaben!

Ich empfehle dir, diese wichtigen Gedanken mit dem japanischen Lebensprinzip Ikigai zu vertiefen. Wörtlich übersetzt heißt Ikigai *LEBENSWERT* und beantwortet dir die Frage, wofür es morgens wert ist, aufzustehen. Dein eigenes Ikigai findest du heraus, indem du vier kleine Fragen beantwortest:

1. Was liebe ich?
2. Was kann ich am besten?
3. Was braucht die Welt von mir?
4. Wofür werde ich bezahlt?

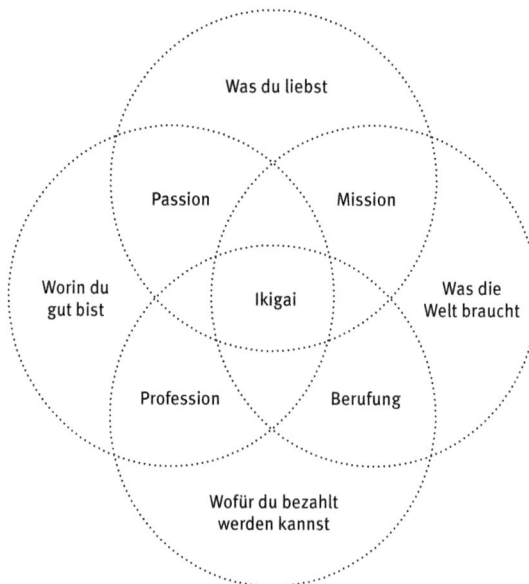

Abbildung 2: Ikigai

Hier der QR-Code für dein ausführliches Ikigai:

Entwickle deshalb konsequent deine Stärken und setz sie praktisch ein. Es spielt dabei keine Rolle, ob du ein Handwerk ausübst, Zahlen liebst oder gerne Geschäftsideen verwirklichst:

- Wenn du ein begnadeter Handwerker bist, wirst du langfristig nur als Handwerker glücklich.
- Wenn du eine große Leidenschaft für Zahlen hast, wirst du langfristig zum Beispiel nur als Kaufmann glücklich.
- Und wenn du gern Geschäftsideen verwirklichst, wirst du langfristig nur als Unternehmer zufrieden und erfüllt sein.

Wenn dir klar ist, in welchem Bereich du wirklich stark bist, wendest du dich an diejenigen Menschen und Unternehmen, die auf diesem Gebiet erfolgreich sind. Geh zu denen, die dein Talent erkennen und dich auf deinem Weg unterstützen und fördern.

- Wichtig: Wenn du glücklich und mit deinem Leben im Reinen bist, tust du das Beste, was du für dich, dein Leben und dein Umfeld tun kannst.

Jeder, der mit sich und der Welt im Einklang ist, hat seinen inneren Frieden. Je eher du damit beginnst, in deine eigenen Stärken zu investieren, desto eher entwickelst du dich zu deinem Vorteil und zum Nutzen des Ganzen.

> *Die Talente sind oft gar nicht so ungleich, im Fleiß*
> *und Charakter liegen die Unterschiede.*
>
> Theodor Fontane, deutscher Schriftsteller und Journalist

Sei als Nächstes beharrlich darin, deine Stärke zur Spitzenklasse zu entwickeln. Es gibt so viele, die mal dies und mal das ausprobieren und sich damit verzetteln. Konzentriere dich auf deine Stärken und bau sie konsequent aus – so überflügelst du auch diejenigen, denen das Leben vergleichbare Talente mit auf den Weg gegeben hat, die aber nichts oder nur wenig daraus machen:

- Vertrau dir selbst!
- Habe Vertrauen in deine Talente!
- Fokussiere dich auf deine Begabungen und stärke deine Talente – das ist das ganze Geheimnis!

Du weißt doch auch, dass Rom nicht an einem Tag erbaut wurde. Baue rund um dein Talent Wissen auf und fang vor allem an, es praktisch anzuwenden: Das ist das feste Fundament für deinen Erfolg!

Wie du Experte für deinen Beruf wirst

Bildung ist ein unentreißbarer Besitz.

Menander, griechischer Dichter

Du hast wahrscheinlich schon davon gehört, wie wichtig deine soziale Kompetenz für deinen Erfolg ist. Eine repräsentative LinkedIn-Umfrage aus dem Jahr 2021 ergab, dass sich Personalentscheider immer stärker an der persönlichen und sozialen Kompetenz der Bewerber orientieren: Für 57 Prozent der Führungskräfte sind Soft Skills wichtiger als Hard Skills.

Was dabei allerdings gern übersehen wird: Du kannst noch so sozial kompetent sein – ohne dein Fachwissen geht gar nichts! Das bestätigt auch eine DIHK-Umfrage: Für vier von fünf befragten Entscheidern ist solides fachspezifisches Wissen äußerst wichtig.

Für dich heißt das konkret: Erwirb dir in einem ersten Schritt die erforderlichen Fertigkeiten und Kenntnisse durch eine Ausbildung oder Weiterbildung. Deine Expertise ist die Voraussetzung, damit du berufstypische Aufgaben selbstständig und eigenverantwortlich meistern kannst. Außerdem wirst du – falls du Unternehmer oder Führungskraft sein solltest – von deinen Mitarbeitern nur dann voll akzeptiert, wenn du das entsprechende Fachwissen aufweist: Fachkompetenz ist also deine Eintrittskarte für deinen beruflichen Erfolg!

Wie hast du dir eigentlich dein Fachwissen, das du täglich in deinem Beruf einsetzt, angeeignet? Wahrscheinlich über einen oder mehrere der folgenden Wege: Ausbildung, Studium, Seminare, Weiterbildungen und Lesen von Fachbüchern.

Wenn du in einem Beruf aktiv bist, der deinen Stärken entspricht, wirst du das Gefühl kennen: Eine neue Aufgabe, ein neues Thema oder ein neues Projekt stehen an und du kannst urplötzlich gar nicht mehr früh genug aufstehen, um daran zu arbeiten (viele kennen dieses Gefühl nur von einem unmittelbar bevorstehenden Urlaub). Du willst sofort mehr wissen, holst dir Informationen aus dem Netz und von Experten, um dich anschließend in die Arbeit zu stürzen. Häufig reicht dein Fachwissen aus, um ein Thema zu verorten. Wenn du allerdings überdurchschnittlich erfolgreich sein willst, musst du mehr wissen als die breite Masse: Sei schlauer als die vielen anderen und du wirst erfolgreicher sein als sie. Je umfangreicher dein Wissen ist, umso größer ist dein Verlangen, mehr zu erfahren – so geht es mir beispielsweise bei den Themen *Führen, Kommunizieren* sowie *Zeit- und Selbstmanagement*. Je mehr du die Zusammenhänge erkennst, desto wahrscheinlicher ist dein außergewöhnlicher Erfolg.

Übrigens haben meine Frau Anja und ich uns Anfang 2021 einen lang gehegten Traum mit unserer eigenen Bibliothek verwirklicht – mit einem besonderen Detail: Es gibt eine verschiebbare Bibliotheksleiter aus Buchenholz, damit wir auch an die Bücher in 2,50 Meter Höhe kommen.

> *Je mehr man schon weiß, je mehr hat man noch zu lernen.*
> *Mit dem Wissen nimmt das Nichtwissen in gleichem*
> *Grade zu, oder vielmehr das Wissen des Nichtwissens.*
>
> *Friedrich Schlegel, deutscher Philosoph und Schriftsteller*

Die Zeiten sind längst vorbei, in denen ein Arbeitsleben aus einer Ausbildung mit anschließender Berufstätigkeit bestand. Heutige Berufsleben sind gekennzeichnet durch permanente Weiterbildung aufgrund der rasend schnellen Veränderungen in der Welt. Eine gute Aus- und Fortbildung dauert inzwischen ein Leben lang! Ob Unternehmer, Selbstständiger, Fach- oder Führungskraft – dauerhaft erfolgreich wirst du nur sein, wenn du dir lebenslanges Lernen zum Ziel setzt und somit immer am Ball bleibst.

Am besten wirst du heute noch aktiv und investierst in dein Wissen:

- Buche ein passendes (Online-)Seminar, das du schon immer erleben wolltest,
- absolviere eine Zusatzausbildung und
- lies permanent Fachliteratur.

Was ich konkret damit meine: Ich habe mittlerweile einen kompletten breiten Leitz-Ordner mit Fort- und Weiterbildungs-Zertifikaten, die ich im Lauf der vergangenen rund 30 Jahre erworben habe – das hat mich nicht davon abgehalten, Ende 2020 eine weitere Ausbildung zum *Zertifizierten Hypnotiseur* zu absolvieren.

> *Lernen ist wie Rudern gegen den Strom.*
> *Hört man damit auf, treibt man zurück.*
>
> Chinesisches Sprichwort

Ist dir eigentlich klar, wie dein Fachgebiet und deine Branche, in der du jetzt arbeitest, in fünf Jahren aussehen werden? So viel ist sicher: Jahr für Jahr veraltet dein Fachwissen. Wieso? Weil in unserer informations- und technologiegeprägten Gesellschaft die Veränderungen unaufhaltsam voranschreiten. Was heute noch auf dem neuesten Stand der Technik ist, kann in wenigen Jahren völlig veraltet sein. Denk zurück an die Entwicklungen in der Computer- oder Handy-Branche: Nokia war uneingeschränkter Marktführer und wurde regelrecht über Nacht von den Smartphones eingeebnet.

Oder Siemens-Handys: Im Jahr 2004 war Siemens mit beachtlichen acht Prozent Marktanteil der fünftgrößte Handyhersteller weltweit. Und hat dann Markttrends verschlafen und Softwareprobleme bekommen mit dem Ergebnis, das die Handysparte an BenQ verkauft wurde und mit diesem neuen Eigentümer Ende 2006 zu Staub zerfiel.

Warum sollte es LG besser ergehen? Im April 2021 gab der südkoreanische Elektronik-Hersteller seine Smartphone-Sparte auf, obwohl das Unternehmen in der ersten Jahreshälfte 2013 zum drittgrößten Handy-Hersteller der Welt hinter Samsung und Apple aufstieg. In den Jahren von 2015 bis 2021 fuhr LG mit seinen Smartphones insbesondere wegen Soft- und Hardware-Fehler dann einen Verlust in Höhe von insgesamt rund 4,5 Milliarden Dollar ein.

- Was heißt das konkret für dich? Ganz genau: Wenn du dein Niveau auch nur annähernd beibehalten willst, musst du dein Fachwissen über den Daumen gepeilt alle fünf Jahre verdoppeln – das ist natürlich abhängig von deiner Aufgabe und Branche.
- Für den Fall, dass du nicht stagnieren, sondern wachsen und dazulernen willst, musst du schlicht und ergreifend noch mehr tun.

Fazit:

Um außergewöhnlich erfolgreich zu sein, musst du dein Fachwissen permanent erweitern. Viele wollen zum Erfolg promenieren und übersehen dabei, dass der Weg zum Erfolg ein Marathon ist.

> *Die Welt ist ein Buch. Wer nie reist, sieht nur eine Seite davon.*
>
> *Augustinus Aurelius, römischer Kirchenlehrer*

Schau dich um in der Welt! Bücher, Seminare, Weiterbildung – alles gut und richtig. Denk allerdings auch daran, deinen Horizont mit Reisen zu erweitern – das wertet indirekt dein Fachwissen auf. Auf Reisen gewinnst du Abstand vom Alltag und erhältst ganz neue Eindrücke von anderen Ländern,

Menschen und Kulturen. Dein Kopf wird frei, es entsteht Platz für kreative Gedanken und du erfährst eine enorme Inspiration für deinen Arbeitsalltag. Für mich waren es besonders die Reisen in die USA, nach Kanada und nach Afrika sowie eine Tour durch die Karibik, die ich als Augenöffner und Horizonterweiterer empfunden habe.

> *Der Experte ist ein Spezialist, der über etwas*
> *alles weiß und über alles andere nichts.*
>
> Ambrose Bierce, US-amerikanischer Journalist und Satiriker

Ich fasse zusammen: Du hast deine Stärken und Talente erkannt, du weißt, welcher Beruf der richtige für dich ist und auf welchem Gebiet du erfolgreich sein willst?

- Dann investiere jetzt genau in diesen Bereich und eigne dir jegliches dazu verfügbares Fachwissen an!
- Nimm diese Herausforderung an und werde der Experte auf deinem Gebiet!
- Werde darüber hinaus zum PR-Experten wie Karl Lagerfeld, Steve Jobs oder Arnold Schwarzenegger, damit die anderen von deiner Expertise erfahren (schön beschrieben in Rainer Zitelmanns *Die Kunst, berühmt zu werden*).

Mach es also wie die Erfolgreichen:

1. Positioniere dich mit deinem exzellenten Fachwissen auf einem bestimmten Gebiet als Spezialist (eine Branche, ein Produkt, eine Zielgruppe etc.).
2. Konzentriere dich auf dein klar abgegrenztes Fachgebiet, das lässt dich höchst produktiv, effektiv und fokussiert arbeiten.
3. Sei in der Lage, immer die besten Lösungen für deine Kunden individuell zu entwickeln (oder online auch für Gruppen). Über die Lösung, die du ihnen lieferst, stellt sich dein Erfolg automatisch ein!

So bietest du anderen optimalen Nutzen

> *Werde also nicht müde, deinen Nutzen zu suchen,*
> *indem du anderen Nutzen gewährst.*
>
> Marc Aurel, römischer Kaiser und Philosoph

Die drei Passauer Studenten Hubertus Bessau, Max Wittrock und Philipp Kraiss gründeten im April 2007 ihr Unternehmen. Bereits im ersten Geschäftsjahr betrug der Umsatz über eine Millionen Euro. Ihre Grundidee: Jeder kann sich aus 80 möglichen Zutaten sein individuelles Müsli selbst zusammenstellen – das ergibt in Summe 566.000.000.000.000 Variationen; alle Zutaten möglichst in höchster Bio-Qualität und aus nachhaltigem und regionalem Anbau. Ziel war und ist es, gesundes, leckeres, innovatives, zukunftsorientiertes, anspruchsvolles und einzigartiges Müsli herzustellen.

Offenbar erfolgreich: Den Kunden den optimalen Nutzen bieten, das war der Grundstein für den Erfolg von mymuesli, das im Jahr 2019 mit rund 700 Mitarbeitern Müsli für mehr als 60 Millionen Euro verkauft hat.

> *Nur vom Nutzen wird die Welt regiert.*
>
> Friedrich Schiller, deutscher Dichter und Dramatiker

Wenn du andere von deinem Angebot begeisterst und überzeugst, dann tust du auch etwas für dich. Biete deinen Mitarbeitern und Kunden mit deinen Leistungen größeren Nutzen, als diese üblicherweise erwarten (das gilt natürlich auch wieder für deinen Partner und deine Kinder). Das ist die Basis deines beruflichen, finanziellen und privaten Erfolgs.

- Frag dich: Welche Probleme der anderen kann ich mit dem, was ich ohnehin gut und gern mache, sinnvoll lösen?

Du selbst profitierst am meisten davon: Je mehr Menschen du einen über-durchschnittlich großen Nutzen bietest und sie damit erfolgreich machst, desto mehr Menschen werden deine Leistungen honorieren und dich indi-rekt bei deinen Zielen unterstützen.

Wovon du besser die Finger lässt: Es gibt Leute, die Gerüchte in die Welt setzen, andere denunzieren, Fakten verdrehen und Daten frisieren, um da-mit anschließend besser dazustehen. In einigen Unternehmen – die du kon-sequent als Kunde, Lieferant und Dienstleister meiden solltest – wird dies manchmal immer noch als Durchsetzungsstärke betrachtet. Erfreulicher-weise zeigt sich immer öfter, dass diese Methoden der sichere Weg jedes noch so erfolgreichen Unternehmens in den Untergang sind. Hier bewahr-heitet sich Dietrich Bonhoeffers Aussage, wonach das Böse den Keim der Selbstzersetzung in sich trägt.

Sorg lieber dafür, dass es so etwas in deinem Umfeld nicht gibt. Unterschei-de sehr genau zwischen den Vorteilen, die du erzielst, indem du anderen nutzt, und subtiler Manipulation, die andere gezielt ausnutzt:

- Es ist genau dieser feine Unterschied, der deinen langfristigen und ganz-heitlichen Erfolg oder Misserfolg ausmacht.

Und jetzt komm ins Handeln:

- ✓ Nachdem du deine eigenen Talente und Stärken erkannt und diese Be-gabungen im Studium oder in der Berufsausbildung aus- und weiter-entwickelt hast,
- ✓ konzentrierst du deine Energie auf eine entsprechende Aufgabe, die du gut und gerne machst, und
- ✓ gibst täglich dein Bestes!
- ✓ So einfach ist das. Wenn jeder Einzelne so denken und handeln würde, hätte die Welt einen großen Schritt nach vorn getan. Sei du Vorbild und fang heute schon damit an!

1.3 Gesund sein – wie du jeden Tag etwas für deine Gesundheit tust

Die drei Säulen deiner Gesundheit: Beweg dich, entspann dich und ernähr dich gesund

Das höchste Glück auf Erden ist gesund zu werden!

Johann Wolfgang von Goethe, deutscher Dichter und Universalgenie

Der Sportler, Familienvater und Banker Patrick Kraft beschreibt in seinem Buch *Mein Weg aus der Depression*, wie er 2010 die Ironman-Distanz in Köln laufen wollte, aber durch einen schweren Radunfall abrupt ausgebremst wurde. Das Ergebnis: Beckenbruch, Operation, zwei Wochen Bettruhe, Gehen unmöglich. Zudem Monate lang noch starke und andauernde Schmerzen. Er geriet in eine Ehe- und Sinnkrise, dachte an Selbstmord und wurde mit der Diagnose *Depression* in eine Klinik eingewiesen. Anschließend stemmte und behauptete er sich gegen die Krankheit und kämpfte sich aus der Klinik heraus zurück ins Leben. Inzwischen betreibt er auch wieder Sport: Allerdings entspannter und mit größerem Spaßfaktor.

Du stehst jeden Tag aufs Neue vor der Entscheidung, den Zustand deiner Gesundheit – und deines Lebens – gedanken- und tatenlos hinzunehmen oder ihn aktiv und tatkräftig zu gestalten, um gesund zu bleiben oder zu werden.

Wer nicht jeden Tag etwas für seine Gesundheit aufbringt, muss eines Tages sehr viel Zeit für die Krankheit opfern.

Sebastian Kneipp, deutscher Priester und Naturheilkundler

„Gesundheit ist nicht alles, aber ohne Gesundheit ist alles nichts", heißt es erstmals in der 1938 erschienenen *Leipziger populäre Zeitschrift für Homöo-*

pathie (das Zitat wird gerne fälschlicherweise Arthur Schopenhauer zuge-rechnet).

Und tatsächlich: Über 90 Prozent der Befragten bestätigen in Umfragen, dass ihnen Gesundheit der wichtigste Wert im Leben sei. Ist es nicht kurios, dass im Vergleich dazu so wenige aktiv etwas dafür tun, gesund zu sein und zu bleiben?

Für ein gesundes Leben brauchst du nur ein paar Grundregeln zu beachten:

- Lass in Mußestunden den Alltag los und entspann dich, indem du bei-spielsweise ein autogenes Training durchführst oder meditierst.
- Beweg dich, idealerweise in der Natur.
- Trink viel Wasser und ernähr dich gesund, vorzugsweise mit frischen Le-bensmitteln aus der Region.

Idee: Meine Frau Anja und ich bestellen beinahe wöchentlich bei einem Bio-bauern aus dem Leipziger Umland. Was hältst du davon, ab sofort über-wiegend gesunde Lebensmittel einzukaufen, zum Beispiel probeweise vier Wochen im Bioladen oder direkt beim Bauern? Klingt gar nicht so kompli-ziert, oder?

> *Deine* Nahrungsmittel *seien deine Heilmittel.*
>
> Hippokrates, griechischer Arzt und Lehrer

Aus Tierknochen gewonnene Gelatine im Wein, aus Erdölderivaten synthe-tisiertes Vanillin im Pudding und Sägemehl als Trägerstoff *natürlicher Aro-men* im Joghurt – in vielen Lebensmitteln finden sich billige Ersatzstoffe, die freiwillig niemand essen würde. Die Schuld an dieser ungesunden Entwick-lung schieben die Hersteller den Konsumenten in die Schuhe: weil gerade in Deutschland die meisten Menschen ohnehin nicht gern Geld für Essen ausgäben. Und: Je höher Kurzarbeit und Arbeitslosigkeit, desto billiger die Lebensmittel.

Führe dir das bitte immer wieder vor Augen: Wenn du an gutem Essen sparst, könntest du auch Zucker in deinen Tank kippen:

- Wenn du erstklassige Ergebnisse erreichen willst, brauchst du auch erstklassige Lebensmittel!
- Dein gesamter Körper ist eine Hochleistungsmaschine, gib ihm nur das gute Super plus.

Eine weitere Grundlage für deine Gesundheit ist ein Leben in einem sozialen Umfeld, in dem du dich wohlfühlst. Wenn du jetzt noch erkennst, dass dein eigenes Leben sinnvoll ist und die von dir angestrebten Ziele durch dich selbst erreichbar sind, dann bleiben dir Gesundheit und Vitalität ein Leben lang erhalten.

> *Lachen ist eine körperliche Übung von*
> *großem Wert für die Gesundheit.*
>
> Aristoteles, griechischer Philosoph

Gesundheit ist nicht nur das Fehlen von Krankheit, sondern ein Zustand körperlichen, geistigen und sozialen Wohlbefindens. Gesundheit ist auch das Gleichgewicht zwischen Körper, Geist und Seele. Außerdem haben Lachforscher herausgefunden, dass Lachen allen dieser drei Bereiche guttut: Eine Minute Lachen hat den gleichen Effekt wie 45 Minuten Entspannungsübungen. Vor Jahren habe ich an einer Lachyoga-Stunde teilgenommen, nach der mir der Bauch vom Lachen wehtat. Es ist wirklich witzig zu erleben, wie Leute, die normalerweise Anzug tragen, durch den Seminarraum hopsen, den Übungspartner abklatschen und dabei Ho-ho-ha-ha-ha singen.

- Merk dir: Jedes Mal, wenn du lachst, fügst du deinem Leben einige Tage hinzu.

> *Als Musiker kann ich nicht anders, als an die Homöopathie*
> *zu glauben, da der Geigenspieler weiß, wie sein gesamter*
> *Ausdruck von der winzigsten, subtilsten, unendlich*
> *kleinen und feinen Tonveränderung abhängt.*
>
> Yehudi Menuhin, US-amerikanischer Musiker

Inzwischen beteiligen sich Krankenkassen an den Kosten für Homöopathie. Außerdem erkennen viele Ärzte an, dass die Schulmedizin zwar die Symptome einer Krankheit behandelt, nicht jedoch die Ursache. Aus diesem Grund kommt es dabei vielfach zu Symptomverschiebungen, zum Beispiel kann eine Asthma-Behandlung mit Cortison zu einer Ekzembildung auf der Haut führen.

Die Homöopathie hat zum Ziel, die Ursache einer Krankheit zu beheben, um die Symptome zum Verschwinden zu bringen – ganz ohne Nebenwirkungen. Wie gefällt dir die Idee, zukünftig deine Gesundheit mit allerkleinsten Kügelchen wiederherzustellen, statt mit der chemischen Keule nur die Krankheit zu wechseln?

So machst du dich frei von Geistesgiften

> *Es wäre zugleich gottlos und töricht, sich einem Kummer*
> *zu überlassen, der den Himmel beleidigt und uns selbst*
> *der Kräfte beraubt, dem Unglück zu widerstehen,*
> *und der Mittel, wieder glücklich zu werden.*
>
> Christoph Martin Wieland, deutscher Dichter

Die Feinde deiner Gesundheit heißen Kummer und Sorgen. Gemeinsam mit ihren Komplizen Furcht und negativem Stress entwickeln sie Angst – und die Angst hat das Zeug, dich aus dem Gleichgewicht zu bringen und deine Gesundheit zu ruinieren.

Lösung: Verwirkliche mutig deine eigenen Ziele und lass Unabänderliches los – das sind deine bewährten Gegenmittel für mehr Gesundheit und Lebensqualität.

> *Sorge wehrt nicht, sie versehrt und zehrt.*
>
> William Shakespeare, englischer Dramatiker und Lyriker

Sorgen sind meist negative Gedanken in Kombination mit diffusen bedrückenden Gefühlen und haben ängstliches Grübeln zur Folge. Mach dir klar: Es gibt einen Unterschied zwischen ungesunden Sorgen und nüchterner Erkenntnis kombiniert mit Lösungsdenken: Es macht einen großen Unterschied, ob du: „Hoffentlich bin ich nicht bald pleite" denkst oder: „Aktuell sind 1723 Euro auf meinem Konto – was mache ich ab sofort konkret mit Freude, um Ende des Monats über 5.000 Euro verfügen zu können?"

Wenn du dir Sorgen machst, dann ist das nicht angeboren, sondern eine im Lauf des Lebens eingeschliffene Gewohnheit. Du hast vielleicht die Sorge, du könntest den Anforderungen deines Berufs nicht genügen oder deine Beziehung könnte scheitern.

Viele beschäftigen sich häufig abends im Bett mit diesen finsteren Gedanken und können deswegen schlecht oder gar nicht einschlafen; am nächsten Morgen stehen sie wie gerädert auf und schleppen sich sorgenvoll durch den Tag. Es gibt auch eine beachtliche Anzahl an Menschen, die einfach nicht abschalten können und den Streit mit dem Partner ewig wiederkäuen oder gedankliche Katastrophenszenarien entwickeln, wenn es um ein wichtiges Gespräch mit dem Chef oder einem wichtigen Kunden geht.

Das erinnert mich dann immer an Arthur Lassens kleine Geschichte vom Mann, der an seinem Arbeitsplatz sitzt und nichts tut, außer den Kopf in die Hände zu stützen und dabei in die Leere zu stieren. Auf die Frage seines Chefs: „Was machen Sie da eigentlich den ganzen Vormittag?", antwortet er mit bitterer Leidensmiene: „Ich mache mir Sorgen um meinen Arbeitsplatz!", und der Chef antwortet: „Und wenn Sie nicht bald arbeiten, ist Ihre Sorge auch berechtigt."

> *Der edle Mensch ist in Frieden mit sich selbst;*
> *der Gemeine macht sich ständig Sorgen.*
>
> *Konfuzius, chinesischer Philosoph*

Führe dir immer wieder vor Augen:

- Die meisten Probleme, die du befürchtest, treten niemals ein.
- In den meisten Fällen ist Sich-Sorgen-Machen also alles andere als öko-nomisch, ganz im Gegenteil ist es destruktiv und selbstzerstörerisch.
- Und sollte sich die Sorge nun doch als berechtigt herausstellen, dann setz sofort alle Hebel in Bewegung, um dieses Thema schnellstmöglich zu lösen. Wenn du beispielsweise einen wichtigen Auftrag nicht erhalten hast, dann setz dich hin (möglichst mit Leuten, die etwas Sinnvolles und Produktives zum Thema beisteuern können) und finde Antworten auf diese Frage: Was kann ich ab sofort konkret mit Freude tun, um den nicht erhaltenen Auftrag mit einem anderen Kunden mindestens auszu-gleichen?

> *Sorgt euch also nicht um morgen; denn der morgige Tag*
> *wird für sich selbst sorgen.*
>
> *Jesus von Nazareth, Begründer des Christentums*

Was kannst du also konkret tun, wenn sich in deinem Kopf Sorgen einnisten wollen? Ausnahmsweise verlegst du dein Handeln in die Zukunft: Verein-bare mit dir, dir nicht sofort Sorgen zu diesem Thema zu machen, sondern erst morgen: Hier und jetzt gehst du lieber aktiv daran, Lösungen für deine Themen zu finden und in die Tat umzusetzen. Häufig spielen die Sorgen von gestern dann keine Rolle mehr.

> *Halte dir jeden Tag dreißig Minuten für deine Sorgen*
> *frei, und in dieser Zeit mache ein Nickerchen.*
>
> Abraham Lincoln, 16. Präsident der USA

Fazit: Mach dir also keine übermäßigen Sorgen, das ist das Sinnvollste und Schlaueste, was du tun kannst. Du hast dann den Kopf für konstruktive Gedanken frei, du kannst dann dein Leben so gestalten, wie du es gern möchtest.

Und was kannst du tun, wenn echte und große Schwierigkeiten oder Probleme in deinem Leben auftauchen?

Wie du mutig etwas riskierst

> *Gott, gib mir die Gelassenheit, Dinge hinzunehmen, die ich nicht*
> *ändern kann, den Mut, Dinge zu ändern, die ich ändern kann,*
> *und die Weisheit, das eine vom anderen zu unterscheiden.*
>
> Reinhold Niebuhr, US-amerikanischer Theologe und Philosoph

Es gibt Menschen, die viel wagen – wenn es um nichts geht. Und sie wagen nichts, wenn es um viel geht. Sie suchen den Kick mit dem Unterwasserscooter und auf dem Mount Everest. Geht es aber darum, beruflich etwas zu wagen, auf neue Ideen zu setzen, findet die Risikofreude ein abruptes Ende. Gerade die Ende der 90er-Jahre geborene Generation Z hat eine Tendenz zum öffentlichen Dienst oder lässt sich in Großunternehmen mit vergleichbaren Hierarchien und geregelter Arbeitszeit anstellen.

> *Am Mute hängt der Erfolg.*
>
> Theodor Fontane, deutscher Schriftsteller und Journalist

Wann bringst du endlich den Mut zur eigenen Verantwortung auf? Dein größtes Risiko ist, kein Risiko einzugehen! Wer hat denn noch den unbeschwerten Pioniergeist der Wirtschaftswunderzeit? Kleinkariertes Sicherheitsdenken hindert am Erreichen großer Ziele!

Möchtest du etwas Neues schaffen? Dann sei kreativ und komm ins Handeln! Genau das ist deine Option, um jenseits des Mittelmaßes große Erfolge zu feiern. Spring über deinen Schatten und geh mutig und tatkräftig auf die unvermeidlichen Schwierigkeiten zu - und dann durch die Schwierigkeiten hindurch. Dein Weg, als Mensch zu wachsen, führt immer durch deine Angst vor der Herausforderung.

Und wenn du ein echtes Problem partout nicht lösen kannst? Dann nimm es gelassen hin: Lerne, lösbare Themen mutig anzugehen und nicht änderbare Dinge hinzunehmen. Und lerne insbesondere, das eine vom anderen zu unterscheiden: Das ist das Sinnvollste, was du für dich und deinen Erfolg tun kannst.

Wie du destruktive Gefühle loswirst

An Ärger festhalten ist, wie wenn du ein glühendes Stück Kohle festhältst mit der Absicht, es nach jemandem zu werfen - derjenige, der sich dabei verbrennt, bist du selbst.

Siddhartha Gautama, Begründer des Buddhismus

Wenn es dir nicht gelingt, unveränderliche Dinge hinzunehmen, oder wenn du enttäuscht und unzufrieden bist, dann entsteht häufig Ärger. Das Ärgerlichste daran ist, dass du dir ausschließlich selbst schadest und damit zeigst, dass du den Anforderungen des Alltags nicht gewachsen bist. Was lange gärt, wird endlich Wut, aus Wut wird Zorn und Zorn kann früher oder später im Herzinfarkt münden.

> *Der Hass ist ein furchtbares, der Neid ein steriles Laster.*
>
> Marie Freifrau von Ebner-Eschenbach, österreichische Schriftstellerin

Negative Emotionen bedrohen ganz grundsätzlich deine Gesundheit: Dazu zählen neben Eifersucht und Schuldgefühlen auch Hass und Neid mit ihren folgenschweren Auswirkungen: Hass ist ein sehr starkes, destruktives Gefühl, mit dem wir anderen Menschen oder bestimmten Situationen die Gewalt über unser Herz und unseren Verstand geben. Die zerstörerische Energie des Hasses fällt auf uns selbst mit beispielsweise Schlaflosigkeit und Bluthochdruck zurück.

Missgünstiger Neid ist ein weiterer sicherer Weg, erfolglos zu bleiben. Bewährte Praxis-Tipps sind:

- Vergleiche dich nicht mit anderen, sondern miss dich an deinen eigenen Leistungen!
- Und feiere selbst kleinste Erfolge – das ist sinnvoller und gesünder!

> *Den Göttern Weihrauch, den Menschen Lob!*
>
> Pythagoras, griechischer Philosoph und Mathematiker

Außerdem gibt es eine erprobte Methode, wie du Missgunst und Neid in Lob umwandelst:

1. Zeige anderen Menschen deine ehrliche Anerkennung!
2. Würdige also das erstklassige Organisationstalent deines Mitarbeiters, lobe die rhetorische Gewandtheit deines Verkäufers!
3. Gestalte Neid – falls du ihn überhaupt kennst – in die Fähigkeit um, anderen offen und ehrlich Komplimente zu machen! Aber Achtung: Ein unverdientes Lob wirkt wie blanker Hohn und Spott.

Wenn du negative Gefühle spürst, frag dich: Wie kann ich sinnvoll darauf reagieren, ohne mir selbst und anderen zu schaden? Du machst dich frei von diesen destruktiven Gefühlsgiften, indem du sie loslässt. Deutlich erfolgversprechender setzt du deine Zeit ein, indem du dich auf dich selbst konzentrierst und an deinen eigenen Zielen arbeitest. Damit löst du dich nicht nur von diesen zerstörerischen Gefühlen, sondern bist darüber hinaus auch von innen heraus zufrieden.

Wie du emotionale Stabilität messen kannst

Der Schlüssel dazu, sich eines glücklichen und erfüllten Lebens erfreuen zu können, ist der Bewusstseinszustand. Das ist das Wesentliche.

Dalai Lama, buddhistischer Mönch und geistliches Oberhaupt Tibets

Um eine Idee davon zu erhalten, wo du emotional gerade stehst, ist das *Modell der Bewusstseinsebenen* hilfreich. Der amerikanische Professor und Wissenschaftler David R. Hawkins hat eine Art Bewusstseinsskala entwickelt, die von 0 bis 1.000 reicht:

0 heißt kein Bewusstsein und 1.000 steht für die höchste von Menschen erreichbare Bewusstseinsebene. Für Hawkins steht die 200 auf dieser Skala für die Schwelle zur Eigenverantwortung: Werte unter 200 bezeichnet er als lebensabgewandt. Der nächste wichtige Grenzwert liegt bei 500, den Hawkins die Schwelle zur Liebe nennt. Zusammenfassend lässt sich sagen:

- Je niedriger dein emotionaler Bewusstseinswert liegt, desto schwieriger bis unmöglich ist es, ein glückliches und erfolgreiches Leben zu führen.
- Erst wenn du den Mut zur Eigenverantwortung übernimmst, kann sich dein Leben nachhaltig zu deinen Gunsten verändern.
- Je höher dein emotionaler Bewusstseinswert liegt, desto machtvoller bist du in deiner Schöpferkraft und desto leichter fällt es dir, all deine Lebensbereiche positiv zu gestalten.
- Logischerweise ist es daher dein vorrangiges Ziel, deine Bewusstseinsebene anzuheben.

Wie du das am besten machst:

- Immer, wenn du beispielsweise Scham, Schuld, Kummer, Sorgen oder Ärger fühlst, ruf dir innerlich *STOPP* zu und mach dir klar, dass du dich gerade in einem unbewussten und destruktiven Zustand befindest.
- Stell dir dann eine der besten Coaching-Fragen, die vielen meiner Klienten wichtige Dienste geleistet hat: „Was kann ich jetzt konkret mit Freude tun, um auf höchste und beste Weise in einen konstruktiven Zustand zu wechseln?"

Probiere es aus, es kann Wunder wirken!

Bewusstseinsebenen nach Hawkins		
Messwert	**Ebene**	**Emotion**
700–1.000	Erleuchtung	unbeschreibbar
600	Frieden	Seligkeit
540	Freude	Heiterkeit
500	Liebe	Verehrung
400	Verstand	Verständnis
350	Akzeptanz	Vergebung
310	Bereitwilligkeit	Optimismus
250	Neutralität	Vertrauen
200	Mut	Bejahung
175	Stolz	Verachtung
150	Wut	Hass
125	Begehrlichkeit	Verlangen
100	Angst	Ängstlichkeit
75	Kummer	Reue
50	Apathie	Hoffnungslosigkeit
30	Schuldbewusstsein	Schuldzuweisung
20	Scham	Erniedrigung

Tabelle 1: Bewusstseinsebenen nach Hawkins

Nutze den QR-Code, um an die detaillierte Übersicht zu gelangen:

Und jetzt komm ins Handeln:

✓ Gestalte tagtäglich aktiv und tatkräftig deinen Gesundheitszustand:

  - Entspann dich regelmäßig (beispielsweise mit autogenem Training),
  - beweg dich möglichst täglich (indem du zum Beispiel in der Natur joggst oder wanderst),
  - ernähre dich gesund (vorzugsweise mit frischen Lebensmitteln aus deiner Region)!

✓ Achte darauf, dass du viel zu lachen hast: Herzhaftes Lachen hält dich jung und attraktiv!

✓ Falls du mal krank sein solltest: Geh behutsam mit chemischen Medikamenten um, wähle möglichst natürliche Arzneimittel!

✓ Vermeide Kummer und Sorgen und stell dir vielmehr zielführende Fragen wie: „Bringt mich das, was ich jetzt gerade mache, meinen wichtigsten Zielen näher?"

✓ Denk nicht in Problemen, sondern in Lösungen!

✓ Riskiere mutig etwas, indem du den ersten oder nächsten Schritt in Richtung deiner Ziele gehst!

✓ Nimm Dinge, die du nicht ändern kannst, gelassen hin!

✓ Überwinde Hass, Ärger und Neid, indem du dich nicht mehr mit anderen vergleichst, sondern nur noch an deinen eigenen Leistungen misst!

✓ Lobe und anerkenne starke Leistungen in deinem Umfeld!

✓ Mach es zu deinem Ziel und arbeite permanent daran, deine Bewusstseinsebene anzuheben!

1.4 Familie und Freunde – wie du erfüllende Beziehungen führst

> *Liebe ist nicht das, was man erwartet zu bekommen,*
> *sondern das, was man bereit ist zu geben.*
>
> Katharine Hepburn, US-amerikanische Schauspielerin

Wenn du neben beruflichem Erfolg auch privates Glück anstrebst, dann kannst du auch eine Menge dafür tun. Es ist meistens so, dass diejenigen am zufriedensten sind, die für einen harmonischen Ausgleich zwischen Berufs- und Privatleben sorgen.

Liebe und Partnerschaft machen stark und bilden auch das Fundament für die berufliche Leistungsfähigkeit. Es ist daher ein großartiger Erfolg, einen liebenden und motivierenden Partner zu haben. Einen Partner, der dich aufbaut und unterstützt und so akzeptiert, wie du eben bist – sei du auch so ein Partner!

Mach aus deiner Partnerschaft den Himmel auf Erden

> *Soweit die Erde Himmel sein kann, soweit*
> *ist sie es in einer glücklichen Ehe.*
>
> Marie Freifrau von Ebner-Eschenbach, österreichische Schriftstellerin

Sprüche wie „Manche Ehe ist ein Todesurteil, das jahrelang vollstreckt wird" (August Strindberg) und „Die Ehe ist eine gegenseitige Freiheitsberaubung im gegenseitigen Einvernehmen" (Oscar Wilde) können erklären, dass die Ehe von Spöttern auch als lebenslange Haft verunglimpft wird. Wenn du aber den richtigen Partner gefunden hast, ist sie eine unerschöpfliche Glücksquelle, die euch zu einer starken Einheit verbindet. Eine widerstandsfähige Beziehung bringt euch beiden reichlich Energie und hilft, äußeren

Stress zu verringern. Die emotionale Unterstützung deines Partners schafft Mut und Zuversicht für die zu bewältigenden Herausforderungen. Da das Leben nicht immer einfach ist, ist gerade in schwierigen Zeiten die Liebe des Partners eine Quelle der Kraft.

Augen auf bei der Partnerwahl – such deinen Partner mit Herz und Verstand aus:

1. Hat er die gleichen Wünsche und Ziele wie du?
2. Passt er auch auf lange Sicht zu dir?
3. Unterstützt ihr euch gegenseitig?

Mit dem idealen Lebenspartner gehst du nach Udo Lindenberg nicht etwa durch dick und doof, sondern durch dick und dünn. Wenn ihr die gemeinsamen Sternstunden teilt, empfindet ihr doppelte Freude. Gemeinsame Tiefpunkte durchleben heißt auch halbes Leid. Glückliche Paare pflegen einen respektvollen Umgang miteinander und beherzigen die drei wichtigsten Regeln jeder erfolgreichen Partnerschaft:

1. Kommuniziere mit deinem Partner!
2. Kommuniziere mit deinem Partner!
3. Kommuniziere mit deinem Partner!

> *In der Ehe ist es wichtig, dass man versteht,*
> *harmonisch miteinander zu streiten.*
>
> *Anita Ekberg, schwedische Schauspielerin und Fotomodell*

Es ist absolut in Ordnung und auch normal, wenn du dich in einer Beziehung auch einmal streitest. Es kommt allerdings darauf an, wie du an einen Streit herangehst: Ein guter Streit wirkt wie ein reinigendes Gewitter, aus dem deine Beziehung entweder gestärkt hervorkommt oder aber geschwächt mit Verletzungen auf beiden Seiten durch Beleidigungen, Unterstellungen und Vorwürfe. Beruflich gilt wie im Privaten: Du bist natürlich auch in einer Beziehung selbst verantwortlich für das, was du denkst, sagst und tust. Frag dich selbst und deinen Partner, wie und warum es zum Streit gekommen ist: So lernst du die Hintergründe für das Verhalten deines Partners besser kennen und du kannst auf dieser Basis Ideen für die Lösung eurer Auseinandersetzung entwickeln.

Es liegt also an euch, ob ihr lust- und lieblos nebeneinanderher lebt oder kreativ miteinander die Herausforderungen des Lebens anpackt und meistert.

> *Die Scheidung ist die Korrektur eines tragischen Irrtums.*
>
> Loriot, deutscher Humorist und Schauspieler

Bis zur Scheidung dauert es im Durchschnitt 15 Jahre, weiß statista, das deutsche Online-Portal für Statistik. Demnach stieg die Zahl der Scheidungen im Jahr 2019 um ein knappes Prozent gegenüber dem Vorjahr und lag bei etwa 149.000.

Sind die Differenzen doch zu groß und kann ein Paar auch nach vielen Gesprächen, Paarberatern und Neuanfängen nicht mehr zueinanderfinden, fällt oft die schwere Entscheidung: Aus und vorbei, die Wege trennen sich. Für zwei von fünf Paaren ist dies das ernüchternde Ende der Wolke sieben. Richte in diesem Fall deinen Blick nach vorn. Doch dies ist erst möglich, wenn es dir und deinem Partner gelingt, dankbar auf die gemeinschaftliche Zeit zurückzuschauen.

Diese Lebenserfahrung lässt die Partner wachsen und innerlich groß werden. Bevor sie endgültig getrennte Wege gehen, sollten sie schlicht und einfach zueinander „Danke" sagen. Denn trotz persönlicher Kränkungen und ganz unabhängig von der Frage nach der Verantwortung hatten sie schöne gemeinsame Momente.

Wie du deine Kinder unterstützt, starke Persönlichkeiten zu werden

> *Gebt den Kindern Liebe, mehr Liebe und noch mehr Liebe,*
> *dann stellen sich die guten Manieren ganz von selbst ein.*
>
> *Astrid Lindgren, schwedische Schriftstellerin*

Kinder lassen sich nicht beliebig zum Weltstar, Wundergeiger oder Mathegenie trimmen. Ganz im Gegenteil gilt, dass jedes Kind seine Anlagen und Interessen hat, mit denen es deine glasklare Bejahung und Unterstützung verdient. Als Vater oder Mutter bist du nach Khalil Gibran der Bogen, von denen sie als lebende Pfeile ausgeschickt werden. Du kannst Angebote machen und Interessen, Stärken und Talente fördern. Was aber schlussendlich daraus wird, liegt nicht in deiner Hand. Nimm es, wie es ist.

Kinder sind ein Geschenk. Wie ist eigentlich dein Verhältnis zu deinen Kindern?

- Hast du einen echten Draht zu ihnen?
- Wie viel Zeit verbringst du mit deinen Kindern?
- Überraschst du deine Kinder auch von Zeit zu Zeit mit einer total verrückten Idee?

Beantworte dir diese wichtigen Fragen. Denn eine gute Beziehung zu deinen Kindern ist gleich nach Gesundheit und Partnerschaft das Wichtigste für deine innere Zufriedenheit.

Ich erinnere mich gerne an die Zeit zurück, als meine drei Töchter noch kleiner waren. Obwohl ich als Trainer immer in allen Himmelsrichtungen unterwegs war, hielt ich mir nach Möglichkeit immer den Mittwochnachmittag frei – Mittwoch war Papa-Tag. Äußerst beliebt waren Ausflüge in den Belantis-Freizeitpark im Leipziger Süden, die Kinder fuhren genauso begeistert Achterbahn wie ich. Nur eine Sache war noch besser: Wenn wir in Räuberzivil in das nahe gelegene Naturschutzgebiet liefen! Meine Kinder als Pippi, Tommy und Annika und ich als Kapitän Langstrumpf. Es ging über Stock und Stein durch den Wald bis zur großen Auenwiese, auf der direkt am Waldrand eine ausrangierte Kuhtränke stand, die wir als Boot nutzten und nach Taka-Tuka-Land übersetzten. Manchmal ging es dann noch weiter bis zum Fluss: Dort setzten wir uns unter eine große, alte Eiche und genossen ein Picknick mit Tee, Butterbroten und hartgekochten Eiern. Immer mal wieder erinnern wir uns mit verklärtem Blick an diese schöne Zeit zurück.

Erzieh deine Kinder nach bestem Wissen und Gewissen mit dem Ziel, dass aus ihnen lebensfähige, selbstständige, ausgeglichene und glückliche Menschen werden. Wenn dir das gelingt, kannst du von einem großartigen Erfolg sprechen!

> *Erziehung besteht aus zwei Dingen: Beispiel und Liebe.*
>
> Friedrich Fröbel, deutscher Pädagoge

Deine Kinder entwickeln sich am ehesten zu selbstständigen und glücklichen Menschen, wenn du als Vater oder Mutter selbst ein glückliches und selbstständiges Leben führst. Erziehung ist Liebe und Vorbild, das wussten sowohl Friedrich Fröbel als auch sein Schweizer Kollege Johann Heinrich Pestalozzi.

- Wichtig: Kinder lernen weniger das, was ihnen ihre Eltern sagen, dafür lernen sie umso mehr, was ihnen ihre Eltern vorleben.

Ursache dafür sind die sogenannten Spiegelneuronen, die erst in den 90er-Jahren des letzten Jahrhunderts von Gehirnforschern entdeckt wurden. Das sind spezielle Neuronen in unserem Gehirn, die spiegelbildlich Gefühle oder Körperzustände anderer Menschen in uns wachrufen, zum Beispiel beim Gähnen. Deine Spiegelneuronen spiegeln das Verhalten der Menschen unseres Umfelds. Sie werden in deinem Gehirn dann aktiv, wenn du …

- anderen dabei zusiehst, wie sie etwas machen (beispielsweise Wandern),
- selber wanderst,
- daran denkst, wie jemand wandert.

Geht es darum, etwas Neues zu lernen, bilden diese Neuronen die Basis für die effektivste Lernmethode: Schau es dir an und mach es dann nach!

Wie jedes andere Kleinkind auch nahmst du deine Eltern als unfehlbare Götter wahr. Das ausgeprägte Filtersystem, das du als Erwachsener im Lauf deines Lebens entwickelst, das dich vor sinnfreien und nicht zielführenden Informationen schützt, existiert bei Kindern noch nicht. Kinder bewerten das Verhalten ihrer Eltern nicht – sie ahmen es einfach nach. Als meine älteste Tochter noch ein Kind war, imitierte sie mich einmal unaufgefordert pantomimisch, nämlich wie ich mit anderen telefoniere: Sie lief mit großer Geste durch den Raum und nickte immer wieder mit dem Kopf – sie hatte mich so exakt beobachtet, dass ich sehr erstaunt war und das Gefühl hatte, in einen Spiegel zu schauen. Also mach dir als Vater oder Mutter immer wieder deine Verantwortung für deine Kinder klar.

- Bewährter Tipp: Verhalte dich einfach so, wie du es dir von deinen Eltern gewünscht hättest!

Von treuen Freunden und hilfreichen Netzwerken

Das erste Gesetz der Freundschaft lautet, dass sie gepflegt werden muss. Das zweite lautet: Sei nachsichtig, wenn das erste verletzt wird.

Voltaire, französischer Philosoph und Schriftsteller

Neben der Familie sind auch treue Freunde, gute Bekannte und ein funktionierendes Netzwerk äußerst wertvoll. Aus Freundschaften kannst du viel Kraft für deinen Beruf und dein Leben schöpfen.

- Hast du echte Freunde und ein tragfähiges Netzwerk aus Spezialisten, auf die du in schwierigen Situationen zählen kannst?
- Können sich deine Freunde und dein Netzwerk auch auf *dich* verlassen?
- Nimmst du dir genügend Zeit für deine Freunde und dein Netzwerk?

Ideen und Impulse von Freunden sind ausgesprochen hilfreich. Deine Freunde sehen die Dinge aus einem anderen Blickwinkel als du selbst und können eine völlig neue Sichtweise ins Spiel bringen. Nutze dieses große Potenzial und frage deine Netzwerkpartner nach deren Meinung, insbesondere in beruflichen Dingen (wenn sie sich in dieser Materie auskennen) – am Ende entscheidest natürlich du.

Mit Kritik können viele Menschen nicht umgehen: Sie fühlen sich schnell angegriffen und verletzt. Anders ist das, wenn du von einem Freund eine Rückmeldung bekommst.

Hier kannst du sicher sein, dass er dir nicht schaden will – im Gegenteil: Du erhältst eine konstruktive Rückmeldung zu deinem Vorteil, damit du etwas ändern und verbessern kannst, um im Ergebnis noch erfolgreicher zu sein! Daher lässt sich die ehrliche Einschätzung eines Freundes leichter annehmen als die Kritik eines Kollegen oder Mitarbeiters.

Konstruktive Kritik ist also eine echte Chance. Sieh in diesen Rückmeldungen eine Bereicherung und ein willkommenes Feedback, um dich weiterzuentwickeln und deine eigene Leistung, dein Verhalten oder deine Einstellung zu verbessern.

Hole dir daher aktiv und regelmäßig ein Feedback in deinem nahen Umfeld (und natürlich auch von deinem Partner):

- Wie wirke ich auf andere?
- Wie wirke ich beim Sprechen (unsicher, dominant, rechthaberisch)?
- Rede ich zu schnell, zu langsam, zu laut?
- Habe ich Eigenarten und Marotten, die anderen auf die Nerven gehen?
- Wie kann ich meine Rhetorik verbessern?

Trag deinen Leuten einfach deine neueste Präsentation zur Probe vor und freu dich über die konstruktive Kritik. Das ist eine produktive und gleichzeitig die preiswerteste Coaching-Form!

> *Gute Beziehungen schaden nur dem, der sie nicht hat.*
>
> Lothar Schmidt, deutscher Schriftsteller und Dramatiker

Es ist also im beruflichen und privaten Umfeld wichtig, tragfähige Netzwerke aufzubauen. Überleg einmal, wie viele Aufträge aufgrund von Empfehlungen innerhalb eines Netzwerks vergeben werden und wie viele heiße Insidertipps im kleinen Kreis ausgetauscht werden, die dir einen großen Wissensvorsprung bringen!

Es kommt sogar vor, dass sich private und berufliche Netzwerke vermischen. In rein beruflichen Netzwerken gilt die Regel, dass man sich gegenseitig hilft zum beiderseitigen Vorteil. Private Netzwerke beruhen dagegen meistens auf freundschaftlichen Beziehungen, bei denen der eigene Vorteil nicht im Vordergrund steht. Was aber nicht ausschließt, dass ihr euch gegenseitig helft, weiterempfehlt, Tipps für Neukundenakquise gebt etc.

Im 21. Jahrhundert ersetzen Netzwerke den einstigen Familienverband: Ich habe beispielsweise einem Nachbarn mit einigen Tipps zu einem bevorstehenden Persönlichkeitstest unterstützt und er hat mir beiläufig einen Entscheider-Kontakt aus seinem Unternehmen genannt. Private Netzwerke sind wie ein soziales Sicherheitsnetz: Wenn du einen Engpass hast und Verstärkung brauchst, ist diese schnell organisiert.

Pflege daher regelmäßig deine freundschaftlichen Kontakte mit Telefonaten, Besuchen und gemeinsamen Aktivitäten.

Und jetzt komm ins Handeln:

Partnerschaft

✓ Mach dir klar, dass eine liebevolle Partnerschaft bereits ein großartiger Erfolg ist!

✓ Führe dir immer wieder die goldene Regel erfolgreicher Beziehungen vor Augen: Kommuniziere, kommuniziere, kommuniziere mit deinem Partner!

✓ Übernimm Verantwortung für das Gelingen deiner Partnerschaft!

✓ Entwickle bei einem Streit gemeinsam mit deinem Partner eine Lösung für die Ursache!

✓ Zieh die Reißleine, wenn die Beziehung selbst nach mehreren Rettungsanläufen nicht mehr funktioniert: Lieber ein Ende mit Schrecken als ein Schrecken ohne Ende!

Kinder

✓ Fördere die Interessen, Stärken und Talente deiner Kinder!

✓ Verbring genügend Zeit mit deinen Kindern, sodass sie dich nicht nur dem Namen nach kennen!

✓ Erzieh deine Kinder nach bestem Wissen und Gewissen mit dem Ziel, dass aus ihnen lebensfähige, selbstständige, ausgeglichene und glückliche Menschen werden – das ist ein großartiger Erfolg!

✓ Sei deinen Kindern ein Vorbild und verhalte dich so, wie du es dir von deinen Eltern gewünscht hättest!

Freunde und Netzwerk

✓ Betrachte Rückmeldungen deiner Freunde nicht als Angriff, sondern als wertvolles Feedback, das dir persönlich weiterhilft und deine Lebensumstände weiter verbessert!

✓ Bring dich immer wieder mit Ideen, Impulsen und tatkräftiger Unterstützung in dein Netzwerk ein!

✓ Pflege also regelmäßig deine freundschaftlichen Kontakte mit Telefonaten, Besuchen und gemeinsamen Aktivitäten!

1.5 Mehr Geld – wie du finanziell frei wirst

Je mehr Freude du an deiner Arbeit hast,
desto besser wird sie bezahlt.

Mark Twain, US-amerikanischer Erzähler und Satiriker

In diesem Kapitel geht es um deinen Reichtum. Bei diesem Thema scheiden sich gern die Geister: Auf der einen Seite gibt es Menschen, die behaupten, Geld allein mache nicht glücklich. Andere sagen, ohne Geld sei alles nichts. Richtig ist: Wenn du Reichtum nur am Geld festmachst, liegst du ohnehin falsch. Geld ist nur dann besonders wichtig, wenn du nicht genug davon hast.

Dein Wohlstand ist keine Frage des Geldes, er hängt vielmehr von deinem Mindset ab, also deiner Denkweise, die schlussendlich deine gesamte geistige Einstellung verursacht.

Für Reichtum – wie auch für die vier anderen Lebensbereiche – gilt das bekannte Gesetz von Ursache und Wirkung. Es besagt, dass jede Wirkung (zum Beispiel ein prall gefülltes Konto) einer Ursache (zum Beispiel eine Aufgabe, die du liebst und die dich glücklich macht) folgt. Je mehr du in deinem Beruf aufgehst, desto fundierter ist dein Fachwissen, umso besser wirst du dafür bezahlt. Dieses Geld spielt dann allerdings nur eine untergeordnete Rolle. Dein Sechser im Lotto ist, dass du den ganzen Tag das machst, was du auch gerne tun willst. Und eine angenehme Begleiterscheinung ist, dass es dir auch viel Geld einbringen kann – wenn das dein Ziel ist.

*   Obacht: Du willst also gern reich sein? Dann fang endlich an, das zu tun, was dir wirklich Freude bereitet!

So denkst und handelst du wie die finanziell Erfolgreichen

Selbstbewusste verwandeln Probleme in Gelegenheiten,
Unsichere machen es unbewusst umgekehrt.

Ernst Ferstl, österreichischer Lehrer und Schriftsteller

Für diese Aussage habe ich schon verärgerte Rückmeldungen erhalten: „Dein Kontostand sagt dir sehr deutlich etwas über deine innere Einstellung aus, mit der du über Geld denkst."

Glaub mir, ich würde diesen Gedanken weder äußern noch in diesem Kapitel aufschreiben, wenn ich nicht schon so oft lebende Beweise dafür erlebt hätte: Menschen, die ein Vermögen gemacht haben (und nicht etwa geerbt), sind immer auch geistig reich und vertrauen sich selbst. Eine Faustregel besagt: Dein Reichtum ist immer in etwa so groß wie dein Selbstvertrauen. Wie reich bist du und wie groß ist dein Glaube an dich selbst?

- Wenn du reich bist, gestaltest du eigenverantwortlich dein Leben voller Vorstellungskraft – Arme machen sich gern zu Opfern der Umstände.
- Wenn du reich bist, konzentrierst du dich auf deine Chancen – Arme nehmen in erster Linie Probleme wahr.
- Wenn du reich bist, handelst du mutig trotz deiner Furcht – Arme lassen sich oft von ihrer Angst beeinträchtigen.

Ich glaube immer noch, dass die beste Methode, um etwas
zu lernen, ist, sich hinzusetzen und ein Buch zu lesen.

Eric Schmidt, US-amerikanischer Informatiker und Manager

Wie kommst du jetzt am schnellsten zu Reichtum?

1. Indem du in einem ersten Schritt herausfindest, wie vermögende Menschen denken und was sie für ihren Reichtum tun.
2. Im zweiten Schritt ahmst du Reiche nach: Du denkst und handelst reich.

Sich an Experten auszurichten und sie zu imitieren wird *Modeling of Excellence* genannt. Wenn du keinen Reichtum-Profi persönlich kennst, dann kauf dir Fachliteratur, zum Beispiel Autobiografien von Menschen, die es vom sprichwörtlichen Tellerwäscher bis zum Millionär gebracht haben. Napoleon Hill beispielsweise präsentiert in seinem Klassiker zum Thema Wohlstand *Denke nach und werde reich* die Lebensregeln von rund 500 außergewöhnlich erfolgreichen Menschen.

Das mit über 10 Millionen verkauften Exemplaren erfolgreichste Finanzbuch der Welt stammt aus der Feder von Bodo Schäfer und heißt *Der Weg zur finanziellen Freiheit*: auch dieses Buch ist uneingeschränkt empfehlenswert.

Lass dich von diesen Büchern inspirieren, sie ergänzen und vertiefen die Ideen und Impulse, die ich in den nächsten Absätzen für dich zu Papier gebracht habe.

> *Ich war reich und ich war arm. Reich sein ist besser.*
>
> Sophie Tucker, US-amerikanische Sängerin und Schauspielerin

Eine Warnung vorab: Ich habe Menschen kennengelernt, denen sind Geldangelegenheiten zu billig. Am liebsten bewegen sie sich in intellektuellen Weltenräumen und raunen vom Verlust der Freiheit, falls du dich zu sehr am Geld orientierst – nur ohne Ballast sei man frei. Ein Verfechter dieser Spezies, mein Nachbar, von dem ich wusste, dass er beim Vermieter permanent mit seiner Mietzahlung in Verzug stand, klopfte vor Jahren in meiner Junggesellenzeit an meine Wohnungstür. Dieser junge Mann war dafür bekannt, dass er es nicht so gern mochte, für sein Geld arbeiten zu gehen. Lieber philosophierte er über die Ungerechtigkeit der Welt und wollte den alten kapitalistischen Geldsäcken das Vermögen abnehmen, um es unter den Armen zu verteilen (zum Verständnis: Er wollte das Geld der fleißigen und schöpferisch tätigen Menschen an Leute wie ihn selbst weiterleiten, denen Arbeit irgendwie lästig war und die sich lieber bekifften und Schnaps tranken). Dieser Nachbar also klopfte an meine Tür und fragte mich, ob ich ihm ein paar Zwiebeln borgen könne, da er gerade knapp bei Kasse sei – wer ist hier wirklich unfrei und wer frei? Ich gestehe: Ausnahmsweise war ich froh, jemandem nicht helfen zu können, da ich nur Tomaten und Gurken in der Küche hatte.

Was hältst du von der Idee, Geld tatsächlich als erleichternde Kraft in deinem Leben einzusetzen, zum Beispiel um deine Wünsche und Ziele zu erfüllen?

Spare und investiere!

Oh, ihr unsterblichen Götter! Sie sehen es nicht ein, die Menschen, welch große Einnahme die Sparsamkeit ist.

Cicero, römischer Staatsmann

Du möchtest Geld also zur unterstützenden Kraft in deinem Leben machen? Da hilft dir insbesondere eins: Sparen, sparen und nochmals sparen! Allerdings gelingt es vielen Menschen selbst bei steigendem Einkommen nicht, ein hübsches Sümmchen anzusparen, um nennenswerte Rücklagen zu bilden. Häufig wird eine Einkommenserhöhung schnell eingepreist, der Lebensstandard steigt und die Sparquote schrumpft oder bleibt gleich.

- Merke: Dich macht nicht etwa *das* reich, was du bekommst, sondern *das*, was du behältst!

Es spielt daher keine Rolle, ob du Groß- oder Geringverdiener bist. Wichtig ist nur, dass du mehr einnimmst, als du ausgibst: Diesen Differenzbetrag kannst du sparen – das ist die einfache und wichtigste goldene Regel für alle, die finanzielle Freiheit anstreben.

> *Reich wird man nicht durch das, was man verdient,*
> *sondern durch das, was man nicht ausgibt.*
>
> Henry Ford, US-amerikanischer Unternehmer

Wenn du 50.000 Euro monatlich verdienst und 55.000 Euro ausgibst, kannst du kein Vermögen aufbauen. Bekommst du 2.500 Euro und gibst 2.200 Euro davon aus, sparst du ansehnliche 300 Euro.

Das sind für mich bis heute die beiden entscheidenden Aussagen aus dem *Weg zur finanziellen Freiheit*, die ich auch dir ans Herz lege:

1. Wenn du schon am Monatsanfang mindestens 10 Prozent deines Einkommens auf ein Extrakonto überweist und
2. wenn du 50 Prozent von jeder Gehaltserhöhung sparst, dann ist das die Basis für dein zukünftiges Vermögen.

Du merkst schon: Dafür musst du keine Raketentechnik studiert haben.

Auch logisch: Je eher du damit beginnst, desto eher bist du reich. Seit Jahren führe ich diese 10-Prozent-Regel konsequent durch, habe mit einem kleinen Betrag begonnen und inzwischen ein kleines Vermögen aufgebaut – der entscheidende Punkt ist das regelmäßige monatliche Sparen!

> *Wenn die Regierung das Geld verschlechtert, um*
> *alle Gläubiger zu betrügen, so gibt man diesem*
> *Verfahren den höflichen Namen Inflation.*
>
> George Bernard Shaw, irischer Schriftsteller

Seitdem im Corona-Jahr 2020 die Europäische Zentralbank (EZB) die Notenpresse angeworfen hat und die Geldmenge flutet, steigt natürlich die Gefahr einer Inflation bis hin zum möglichen Ende des Euro und zur Einführung einer neuen Währung. Die EZB hat die 7.500-Milliarden-Euro-Marke ihrer Bilanzsumme Ende März 2021 überschritten (zum Vergleich: Im Jahr

1999 lag die Bilanzsumme bei rund 697 Milliarden Euro, wir sprechen hier also um eine Steigerung von unglaublichen knapp 1.000 Prozent!). Allein in der Woche vom 19. auf den 26. März hat die EZB ihre Bilanzsumme von 7.162 Milliarden Euro um 343 Milliarden auf 7.505 Milliarden Euro erhöht. In dieser einen Märzwoche betrug also die Gelddruckgeschwindigkeit der EZB rund 567.000 Euro - pro Sekunde! Verglichen mit der 1999er Bilanzsumme in Höhe von 697 Milliarden Euro wurden in nur sieben Tagen 50 Prozent davon neu gedruckt!

Deshalb ist es sinnvoll, einen Teil des Geldes Monat für Monat (wichtig: regelmäßig!) beispielsweise in Vermögen sicherndes physisches Silber (in Form von Münzen, für Gold gilt das Gleiche) beim Edelmetallhändler deines Vertrauens zu investieren. Viele dieser Händler bieten einen speziellen Service an: Die Verwahrung der Edelmetalle erfolgt sicher und für relativ kleines Geld in einem individuellen Schließfach in bankenunabhängigen Tresoren.

> *Beim Bitcoin ist alles möglich, auch das Gegenteil.*
>
> *in Anlehnung an André Kostolanys „An der Börse ist alles möglich, auch das Gegenteil", ungarisch-US-amerikanischer Börsen- und Finanzexperte*

Kryptowährungen wie Bitcoin sind definitiv risikoreicher als Edelmetalle, bieten auf der anderen Seite eine gute Chance auf mehr Geld in Form von steigenden Kursen. Du kennst sicher diese klassische Anlageregel in puncto Sicherheit und Rentabilität: Je höher die Rendite, desto höher das Risiko! Und je geringer das Risiko, desto geringer die Rendite.

Das ist ohnehin eine der besten Anlagemaximen:

- Streu dein Vermögen – und in Krisenzeiten wie diesen am besten in Sachwerte!

> *Geld allein macht nicht glücklich. Es gehören auch noch Aktien, Gold und Grundstücke dazu.*
>
> *Danny Kaye, US-amerikanischer Schauspieler*

Typische Anlageformen sind beispielsweise ...

- Aktien, Aktienfonds und insbesondere ETFs (das sind börsengehandelte Indexfonds),
- festverzinsliche Wertpapiere,
- Immobilien,
- Edelmetalle wie Gold, Silber und Platin,
- Kryptowährungen, insbesondere Bitcoin, und natürlich
- Liquidität (das heißt, dass du über eine Geldreserve verfügst, auf die du sofort zugreifen kannst).

Eine weitere wichtige Anlageregel lautet:

- Vermögen nicht verwalten, sondern gestalten!

Mit anderen Worten: Wenn dir mehr Geld, Vermögen und Wohlstand am Herzen liegen, dann reicht es nicht aus, dein Geld ausschließlich deinem Bankberater zu überlassen, der möglicherweise weniger verdient als du. Du bist und bleibst selbstverständlich für deinen Reichtum selbst verantwortlich!

> *Wenn wir die Zukunft ernst nehmen, dann müssen wir aufhören,*
> *es anderen zu überlassen, sondern selbst aktiv werden.*
>
> Jane Goodall, englische Verhaltensforscherin

Aktien, Aktienfonds und ETFs

- Obwohl **der Deutsche Aktienindex DAX** im August 2021 mit rund 16.000 Punkten ein neues Allzeithoch erreichte (vornehmlich wegen der EZB-Geldflut), stehe ich den meisten Aktien, Aktienfonds und ETFs aktuell skeptisch gegenüber, weil sich meiner Ansicht nach gerade eine große Aktienblase entwickelt, die von einigen bereits „episch" genannt wird. Diese möglicherweise „größte Aktienblase aller Zeiten" wird früher oder später (eher früher) platzen.

Immobilien

- Gleiches gilt für den **Immobilienmarkt**: Nervöses Geld flüchtet in rauen Mengen in diesen beliebten Sachwert und treibt damit die Preise in die Höhe – ich bin mir sicher, dass in nicht allzu ferner Zukunft Immobilien wieder deutlich preiswerter zu haben sind.

Edelmetalle wie Gold, Silber und Platin

- Obwohl einige Marktteilnehmer angesichts der atemberaubenden Fed- und EZB-Aktivitäten bereits von einem Finanz-Tsunami sprechen, sind die **Edelmetallpreise** vergleichsweise moderat gestiegen. Aus meiner Perspektive haben Gold und Platin sowie vor allem Silber ein hohes Wertsteigerungspotenzial (Stand August 2021).

Kryptowährungen, insbesondere Bitcoin

- Auch der **Bitcoin** erzielte mit knapp 65.000 Dollar Mitte April 2021 ein neues Allzeithoch – Glück hatten alle diejenigen, die in 2020 bei einem Preisniveau von 4.000 bis 10.000 Dollar in Satoshis investiert haben (Satoshis sind die kleinste existierende Einheit des Bitcoins; ein Bitcoin entspricht exakt 100.000.000 Satoshi). Obwohl der Preis selbst nach einer Korrektur im Mai 2021 ein hohes Level erreicht hat, rechnen intime Kenner der Kryptoszene mit einem Preis von bis zu 100.000 Dollar bis Ende 2021. Allerdings: Skeptiker hingegen können sich vorstellen, dass der Wert eines Bitcoins auch wieder gegen null tendieren kann. Du siehst schon, Kryptowährungen beinhalten große Chancen und hohe Risiken, um an mehr Geld zu kommen – das ist nichts für schwache Nerven.

> *Wer Geistesgegenwart besitzt, hat Bargeld. Wer keine besitzt, hat sein Vermögen in Landgüter stecken.*
>
> Charles de Montesquieu, französischer Schriftsteller und Philosoph

Barreserve

Kümmere dich um eine Barreserve, auf die du ziemlich schnell zugreifen kannst – ich kenne keinen *Reichen*, der nicht für alle Fälle einen Notgroschen aufbewahrt. Gerade in der Corona-Zeit mit Kurzarbeit und Umsatzausfällen hat sich die Idee der Barreserve sehr bewährt. Der größte Vorteil ist, dass du emotional stabil bleibst, auch wenn du plötzlich eine neue Waschmaschine kaufen musst, weil die alte den Geist aufgegeben hat. Oder wenn das Finanzamt dir den neuen Vorauszahlungsbescheid schickt. Mit einem Geldpuffer kannst du dich auch beruflich umorientieren oder ganz neu aufstellen. Eine Daumenregel besagt, dass du wenigstens drei durchschnittliche Monatseinkommen auf der hohen Kante liegen haben solltest – eher mehr.

Wenn Aktien- und Immobilienblasen platzen, verlieren diese Vermögensformen zum Teil erheblich an Wert – und du kannst jetzt auf eine preiswerte Einkaufstour gehen. Beim bisher folgenreichsten Börsenkrach der Geschichte brach der Wert des US-amerikanischen Dow-Jones-Index von Oktober 1929 bis Sommer 1932 um spektakuläre 86 Prozent ein. Wohl dem, der im Sommer 1932 eine Barreserve hatte und damit in Aktien investieren konnte: In den kommenden rund 20 Jahren hätte er – indem er seine Aktien einfach in seinem Depot hätte liegen lassen – sein Vermögen mit einem Plus von über 630 Prozent vervielfacht.

> *Glück ist, was passiert, wenn Vorbereitung auf Gelegenheit trifft.*
>
> Seneca, römischer Philosoph

Eine weitere wichtige Erkenntnis vergangener Wirtschaftskrisen lautet:

*   In Krisen werden Vermögen neu verteilt.

Vielfach werden die Superreichen noch reicher. Das gilt beispielsweise auch für den aktuell reichsten Mann der Welt, Amazon-Gründer Jeff Bezos, der sich ein Kopf-an-Kopf-Rennen mit Tesla-Chef Elon Musk um den *Reichsten-Titel* liefert. Als Corona-Krisengewinner verdiente Bezos im Sommer 2020 aufgrund steigender Aktienkurse satte 13,2 Milliarden Dollar – in weniger als

15 Minuten! Anfang Januar 2021 wurde Bezos' Vermögen auf unfassbare 193 Milliarden Dollar taxiert, mehr Geld als er hat tatsächlich keiner. (Du merkst sicher schon, dass dies hier keine moralische Betrachtung ist, sondern eine nüchterne Analyse.)

Die gute Nachricht für alle, die etwas weniger Geld als Bezos oder Musk haben: In Krisenzeiten betreten auch ehemals völlig Unbekannte die Wohlstandsbühne – es sind allerdings immer die, die sich mit Herz und Verstand auf diese Situation vorbereitet haben. Nutze daher das voraussichtlich enge Zeitfenster für deinen handfesten Wohlstandsplan, bevor aus der Corona- eine Wirtschafts- und Finanzkrise wird, die die Erde beben lässt.

Komm runter vom Sofa und lade dir dazu deinen Wohlstandsplan herunter:

> *Was wir dringend brauchen, um ökonomische*
> *Stabilität und Wirtschaftswachstum zu erreichen, ist*
> *eine Rückführung des staatlichen Einflusses.*
>
> Milton Friedman, US-amerikanischer Ökonom und Nobelpreisträger

Der Bund der Steuerzahler hat ausgerechnet, dass wir durchschnittlich bis Mitte Juli eines Jahres für den Staat arbeiten und erst danach in die eigene Tasche wirtschaften; die Belastungsquote der Bürger liegt damit bei über 50 Prozent. Das liegt auch daran, dass der Staat die Steuergelder – sehr vorsichtig formuliert – nicht immer optimal einsetzt: Ich war offen gestanden immer mehr als erstaunt, wenn ich die Nachrichten zum Berliner Flughafen BER und zur Hamburger Elbphilharmonie verfolgte. Es überrascht mich schon, wie hier mit dem Steuergeld der Bürger umgegangen wird. Vergleichbare Beispiele sind der Stuttgarter Hauptbahnhof und das Debakel um die Gorch Fock, das Segelschulschiff der Deutschen Marine. Dieses Fiasko in Kurzform:

- Die Gorch Fock wird im Jahr 2010 generalüberholt.
- Trotzdem müssen im Jahr 2012 für rund 10 Millionen Euro Reparaturen durchgeführt werden.
- Seit Dezember 2015 wird das Schiff schon wieder vollumfänglich instand-gesetzt.
- Die Kosten für diese Grundinstandsetzung wurden 2015 mit 10 Millionen Euro veranschlagt; im Jahr 2018 wurden daraus abenteuerliche 135 Millionen Euro – für die Bundeswehr wäre es also schneller und preiswerter gewesen, ein komplett neues Schulschiff zu bauen!
- Der Fertigstellungstermin der Gorch Fock wird ein ums andere Mal nach hinten verlegt, der aktuell festgesetzte Zeitpunkt ist „Spätsommer 2021", ohne einen genauen Termin zu nennen.

Und diese Beispiele sind nur die Spitze des Eisbergs, wie der Staat mit dem Geld seiner Bürger umgeht.

> *Was klagt ihr über die vielen Steuern? Unsere Trägheit nimmt uns zweimal so viel ab, unsere Eitelkeit dreimal so viel und unsere Dummheit viermal so viel.*
>
> Benjamin Franklin, US-amerikanischer Politiker und Schriftsteller

Was ich dir damit sagen will: Wie viele andere auch zahle ich nicht mehr so gerne Steuern wie früher. Das hatte zur Folge, dass meine Steuermoral mit den Jahren kontinuierlich gesunken ist. Selbstverständlich kommen für mich nur legale Möglichkeiten infrage, die Steuerlast nennenswert zu senken. Ein gutes Beispiel dafür ist das Jahr 2020:

Ich war in diesem ersten Corona-Jahr viel unterwegs, mehrere Wochen hielt ich für einen Großkunden jeweils drei Tage hintereinander Präsenzseminare in Berlin. Ein Trainerkollege meinte während des ersten Lockdowns zu mir, dass ich wahrscheinlich der einzige Trainer in Deutschland sei, der noch aktiv beim Kunden vor Ort Seminare hält. Auf der anderen Seite hatten einige Kunden Termine storniert beziehungsweise ins nächste Jahr verlegt; zum Glück biete ich seit 2012 Seminare auch online an und konnte so die entstandenen Umsatzeinbußen mit Online-Seminaren und -Trainings wettmachen. Alles in allem war damit das Jahr 2020 eines meiner umsatzstärksten Jahre.

Das *Stoffekontor* meiner Frau lief sogar noch besser, weil viele Kunden und öffentliche Stellen bei ihr mehrere 10.000 Meter Schlüpfergummi und etliche Baumwollstoffe kauften, um damit Corona-Masken nähen zu können.

Deswegen machte uns unser Steuerberater im Verlauf des Jahres darauf aufmerksam, dass wir aufgrund unserer erfreulichen finanziellen Situation mit erheblichen Steuernachzahlungen zu rechnen hätten.

Früher hätten wir ziemlich bedröppelt und schweigend die Steuern bezahlt, aber seit einiger Zeit haben wir verstanden, dass es dazu eine Alternative gibt. Ein Berater hatte mir mal auf einer Veranstaltung zugerufen: „Steuern zahlen, bist du verrückt, kauf dir dafür lieber einen Edeka." Das ist leicht nachvollziehbar:

Wenn du ein Einkommen oder einen Gewinn von beispielsweise 100.000 Euro erwirtschaftet hast, hast du – vereinfacht dargestellt – zwei Möglichkeiten:

1. Entweder du gibst davon 42.000 Euro dem Finanzamt oder
2. du investierst einen Teil der 100.000 Euro in dein aktuelles oder ein neues Geschäftsfeld und zahlst deswegen spürbar weniger Steuern.

Wenn du dich für Variante zwei entscheidest, handelst du damit im Sinne des Staates: Natürlich will der Staat auf der einen Seite mit Steuergeldern seine Aufgaben finanzieren, auf der anderen Seite ist er sich im Klaren darüber, dass steuermindernde Investitionen zum Beispiel Arbeitsplätze und Wohnräume schaffen. Steuern haben damit auch eine Lenkungsfunktion und es entsteht eine Gewinner-Gewinner-Situation: Der Staat hat etwas davon, die Gemeinschaft hat etwas davon und insbesondere du hast etwas davon, weil du über Investitionen auf legale Weise dein Geld am Finanzamt vorbei in dein Vermögen überführst.

Praxisbeispiel *Investieren*

Und so haben Anja und ich diese Erkenntnisse konkret in die Praxis umgesetzt:

Als ich im Sommer 2018 für meine Kilimandscharo-Besteigung trainierte, hatten meine Frau und unsere Kinder nicht immer Lust, jedes Wochenende auf irgendeinen Gipfel zu kraxeln. Da ich aber auch nicht immer allein gehen wollte, musste ich mir etwas einfallen lassen: An einem Samstag hatte ich versprochen, im Anschluss an einen Aufstieg auf den Gipfel des Kyffhäusergebirges im nahe gelegenen Geiseltalsee mit den anderen baden zu gehen. Zugegebenermaßen ist der Kyffhäuser nicht ganz der Kilimandscharo, dafür gibt es aber eine sehr knackige und steile Trainingsstrecke, die sich sehr gut für die Gipfeltour auf dem Kilimandscharo eignet.

Nach der Wanderung fuhren wir wie vereinbart nach Mücheln, um uns im schönen Geiseltalsee abzukühlen und zu erfrischen. Während wir nach einer geeigneten Badestelle suchten, traute ich meinen Augen kaum: Im Hafen lag eines dieser endcoolen Hausboote, die ich bisher nur aus Hochglanzmagazinen kannte. Unter dem Protest der Kinder gingen wir – ich wie ferngesteuert – auf dieses Hausboot, das tatsächlich für Besichtigungen geöffnet hatte. Auf dem Boot hielt sich ein Berater auf, den ich neugierig mit Fragen löcherte. Es stellte sich heraus, dass am Geiseltalsee alle Hausboote bereits verkauft waren und es nur noch ein Projekt mit neuen Hausbooten an der Ostsee gäbe ... Sofort ging mir unsere 7-Jahres-Zielcollage von 2007 bis 2014 durch den Sinn, auf die wir nämlich ein Foto von einem Haus an der Ostsee aufgeklebt hatten mit der Textunterschrift *Wir haben ein Haus an der Ostsee*.

Außerdem habe ich im Jahr 2013 *Ein Haus am Meer* auf meiner Löffelliste verewigt (zur 7-Jahres-Zielcollage und Löffelliste später mehr).

In der darauffolgenden Woche setzten wir uns mit dem Hausboothersteller aus Berlin in Verbindung und waren Feuer und Flamme für dieses neue Projekt. Allerdings hätten wir weder im Jahr 2018 noch im Jahr 2019 die nötigen finanziellen Mittel aufgebracht, um dieses Hausboot finanzieren zu können. Im Jahr 2020 sah das anders aus: Aufgrund der vielen verkauften Schlüpfergummis und der etlichen Seminare konnten wir unseren Hausboottraum an der Ostsee verwirklichen.

Hatten wir das gesamte Geld für das Hausboot? Nein! Woher kam das Geld? Das hat uns abzüglich unseres Eigenkapitals eine Bank geliehen. Also zahlen wir jetzt zig Jahre dieses Hausboot ab? Nein, diesen Part übernehmen überwiegend unsere Gäste, an die wir das Boot vermieten.

Kurzum: Wir haben nicht nur in unsicheren wirtschaftlichen und finanziellen Zeiten das Geld in einen idealen Sachwert investiert, sondern auch die Steuerlast gehörig verringert. Es geht kaum schöner, oder?

> *Eine Investition in Wissen bringt immer noch die besten Zinsen.*
>
> Benjamin Franklin, US-amerikanischer Politiker und Schriftsteller

Du willst also auch eine größtmögliche Rendite erzielen? Dann investiere dein Leben lang Zeit und Geld in dein Wissen. Was du mit Schule und Universität beginnst, setzt du mit Lesen, Training und Coaching im Berufsleben fort. Das bezieht sich sowohl auf dein spezielles Fachgebiet als auch auf die in diesem Buch beschriebenen Lebensbereiche Gesundheit, Beziehungen, Beruf, Finanzen und Wertesystem.

Frag Experten nach deren Lieblings-Fachbüchern und lies täglich die empfohlene Lektüre. So erhältst du – wie mit diesem Buch – komprimiertes Spezialwissen für wenig Geld. In Sachen Vermögensaufbau habe ich das meiste von Bodo Schäfer gelernt und auf YouTube zum Beispiel viel von Marc Friedrich (das gilt auch für dessen Bücher).

- Wichtig: Natürlich kannst du in einem Buch nachlesen, auf YouTube sehen und in einem Podcast hören, wie du beispielsweise Motorradfahren lernst, jedoch ist damit nicht gewährleistet, dass du dich dann ohne zuvor zu trainieren auf dem Motorrad hältst.

Im echten Leben zeigt sich, dass du in Einzelcoachings auf der einen Seite zwar erst einmal investierst, aber auf der anderen Seite unterstützt und ermutigt wirst von einem Profi, der sich ganz auf dich und das Erreichen deiner Ziele konzentriert. Die vielen Coaches, die mich auf meinem Weg begleitet haben, fungierten immer als Horizonterweiterer, Wegbereiter und Beschleuniger!

Wenn du an einem Coaching mit mir interessiert bist, sprich mich gern an – die Kontaktdaten findest du am Ende des Buches.

Gib und nimm!

> *Wo man nehmen will, muss man geben.*
>
> Laotse, chinesischer Philosoph

Erwartest du von deinem Körper und Geist Höchstleistungen, musst du ihnen zuerst ...

- hochwertige Nahrung und
- genügend Sauerstoff geben.

Dieses einfache Prinzip von Ursache und Wirkung gilt auch für deine Geldangelegenheiten. Möchtest du mehr Geld haben, dann gib als Erstes freudig:

- Du kannst (mehr Geld) nur empfangen, wenn du zuerst anderen echten Nutzen bringst.

> *Die Macht des Geldes wirkt auf den Menschen genau wie jede*
> *andere irdische Macht: wohltätig, solang er sie beherrscht,*
> *verderblich aber, sobald er ihr zu gehorchen beginnt.*
>
> Karl May, deutscher Schriftsteller

Gute Psychotherapeuten wissen, dass *ein* Weg zum Glück über das Glück anderer Menschen führt:

• Mach andere glücklich!

Wenn du einfach nur auf deinem Geld hockst und es hortest, dann macht dich das sicher nicht glücklich, sondern eher einsam. Setz dein Geld daher lieber sinnvoll ein. Gib anderen etwas von deinem Reichtum ab und spende zum Beispiel denen etwas, die weniger haben als du nach dem Motto *Hilfe zur Selbsthilfe*. So habe ich zum Beispiel eine eigene Stiftung gegründet, die *Stiftung Weiterbilden*. Damit signalisierst du deinem Unterbewusstsein, dass du wahrhaft reich bist und in Fülle lebst – du unterstützt nicht nur andere, sondern empfindest selbst dabei Glück. Gerade erst vor wenigen Tagen rief mich die Leiterin eines Kindergartens an und bedankte sich herzlich und überschwänglich für eine Spende. Es ist aber nicht nur das gute Gefühl, das du zurückerhältst. Du erfährst auch das beinahe unglaubliche Phänomen, dass du auf lange Sicht über mehr Geld verfügst als zuvor, einfach aufgrund deines gesteigerten Selbstwertgefühls. Ich schreibe das nur, weil ich es am eigenen Leib erfahren habe: Ende des Jahres 2019 hatte ich mich selbst verpflichtet, mindestens noch sechs Einrichtungen (zumeist für Kinder und Jugendliche) mit Spenden meiner Stiftung zu unterstützen. Und das Jahr 2020 war für mich trotz Corona eines der wirtschaftlich erfolgreichsten Jahre meines gesamten Lebens. Das hängt natürlich nicht nur, aber eben auch mit den Spenden zusammen.

Und jetzt komm ins Handeln:

- ✓ Wenn du reich sein willst, fang endlich an, das zu tun, was dir wirklich Freude bereitet!
- ✓ Fang auch damit an, so zu denken und zu handeln wie Reiche!
- ✓ Dich macht nicht etwa das reich, was du bekommst, sondern das, was du behältst! Fang also als Drittes damit an, regelmäßig monatlich zu sparen – und zwar bereits am Monatsanfang, wenigstens 10 Prozent von deinem Nettoeinkommen!
- ✓ Spare darüber hinaus 50 Prozent von jeder Gehaltserhöhung, das ist die Basis für deinen zukünftigen Wohlstand!
- ✓ Streu dein Vermögen und lege es in Krisenzeiten wie diesen sinnvollerweise in Sachwerte wie Gold, Silber und Kryptowährungen – insbesondere Bitcoin – an!
- ✓ Verwalte dein Vermögen nicht, sondern gestalte es regelmäßig – idealerweise monatlich. Denk dabei an John D. Rockefellers Spruch: „Es ist besser, einen Tag im Monat über sein Geld nachzudenken, als einen ganzen Monat dafür zu arbeiten."
- ✓ Beschäftige dich mit den möglichen Anlageformen wie Aktien, Edelmetalle, Immobilien und Kryptowährungen und fälle anschließend eine Entscheidung, wo du investieren willst: im Idealfall auf einem Gebiet, das du am besten verstehst!
- ✓ Setz deine finanziellen Pläne so schnell wie möglich in die Tat um, da die Wahrscheinlichkeit einer großen Finanz- und Wirtschaftskrise täglich steigt!
- ✓ Mach dich regelmäßig über die aktuellen Entwicklungen schlau!
- ✓ Besprich mit deinem Steuerberater, welche Möglichkeiten zur Steuerersparnis du hast!
- ✓ Liefere deinen Geschäftspartnern einen echten Nutzen, dann werden sie auch bereit sein, dich gut dafür zu bezahlen!
- ✓ Erstklassige Ergebnisse erreichst du nur mit einer erstklassigen Ernährung!
- ✓ Gib anderen von deinem Reichtum ab und spende zum Beispiel denen etwas, die weniger haben als du!

1.6 Sinn und Werte – wie du deinem Leben Bedeutung gibst

Ziel des Lebens ist Selbstentwicklung. Das eigene Wesen völlig zur Entfaltung zu bringen, das ist unsere Bestimmung! Sowie – damit verbunden – die möglichst umfassende Ausschöpfung der individuell gegebenen Möglichkeiten und Talente.

Oscar Wilde, irischer Schriftsteller

Irgendwann hat sich jeder schon einmal die Frage nach dem Sinn des Lebens gestellt, besonders diejenigen, die ihr Dasein als sinnlos wahrnehmen. Viele hetzen Tag für Tag durchs Hamsterrad, finden weder im Privat- noch im Berufsleben Erfüllung und brennen schließlich aus: Eine Coaching-Klientin sah sich selbst als eine *Konzernsklavin*. Seelische Krankheiten, die sich auch auf den Körper auswirken, sind die Folge. Was ist der Sinn des Lebens?

Wir verlangen, das Leben müsse einen Sinn haben – aber es hat nur ganz genau so viel Sinn, als wir selber ihm zu geben imstande sind.

Hermann Hesse, deutsch-schweizerischer Schriftsteller

Seit Jahren stelle ich auf Seminaren den Teilnehmern die Frage nach dem Sinn des Lebens: Sowohl bei den Nachwuchskräften als auch bei erfahrenen Managern schaue ich in große Augen, da sich viele vor diesem Thema gerne drücken.

Seit einer Ewigkeit sind die Menschen auf der Suche nach einer sinnvollen Antwort auf diese fundamentale Frage. Gut zu wissen: Dein Leben hat genau den Sinn, den du ihm gibst. Dabei hat es sich als schlau erwiesen, die individuell vom Leben mit auf den Weg bekommenen Talente auszuschöpfen und das eigene Wesen zu entfalten. Auch wenn es etwas pathetisch klingt:

- Finde und lebe deine Bestimmung!
- Sei, wer du bist, und werde, was du werden kannst (sinngemäß nach dem niederländischen Philosophen Baruch de Spinoza)!

Erinnerst du dich noch an Mark Twains Geistesblitz zum Thema *Lebenssinn*? Deine beiden wichtigsten Tage deines Lebens sind dein Geburtstag und der Tag, an dem du herausfindest, warum du geboren wurdest. Und Friedrich Nietzsche hat diesen geistreichen Gedanken ergänzt um den Hinweis, dass derjenige, der sein *Warum* gefunden hat, auch fast jedes *Wie* erträgt.

> *Sieht der Mensch der Wahrheit furchtlos ins Auge, dann erfasst er, dass sein Leben nur den Sinn hat, den er selbst ihm gibt, indem er seine Kräfte entfaltet: indem er produktiv lebt.*
>
> Erich Fromm, deutsch-US-amerikanischer Philosoph und Psychoanalytiker

Erkenne und entdecke deine Begabungen, sie sind Hinweise des Lebens, was du sinnvollerweise tun solltest:

- So wird aus deinen Talenten deine Lebensaufgabe.
- Entwickle deine Talente zu persönlichen Stärken und entfalte dich auf diesem Gebiet zu einem begeisterten Experten!

Viele Menschen wollen unbedingt bestimmte Ziele ohne Rücksicht auf Verluste erreichen, koste es, was es wolle. Sie setzen sich unter Hochdruck, verkrampfen dabei und blockieren sich dann selbst: Sie ackern im wahrsten Sinne des Wortes bis zum Umfallen.

Sich selbst unter Druck zu setzen beweist nicht nur Schwäche und mangelndes Selbstvertrauen, es ist auch der sichere Weg in den Burnout – die völlige körperliche und seelische Erschöpfung. Es ist häufig so, dass du für hohe Ziele, die dir am Herzen liegen, viel tun musst – dafür kämpfen musst du jedoch nicht. Am besten ist es, dass du deine Kräfte produktiv entfaltest. Fasse dein Ziel ins Auge wie ein Bogenschütze:

1. Bogen anheben,
2. auf das Ziel konzentrieren und anschließend ...
3. loslassen.

Wesentlich für deinen Erfolg ist deine innere Einstellung zu dir selbst und deinem Ziel. Je heiterer, lockerer und selbstbewusster du deinem Ziel entgegengehst, desto sicherer wirst du es erreichen.

Frage dich:

- Wie steht es um die positive Absicht hinter meinem Ziel?
- Wozu will ich es erreichen?
- Welche Werte und Überzeugungen stehen hinter meinem Wunsch, ein bestimmtes Ziel zu erreichen?

Deine Werte legen nicht nur dein Verhalten fest, wie du auf bestimmte Situationen reagierst, sie bilden auch die Basis für dein ganz individuelles Lebensglück und deinen Lebenserfolg.

Die Frage nach dem *Wofür* macht den Blick frei auf deine Grundüberzeugungen und deinen moralischen Kompass, also auf die Summe deiner Wertvorstellungen, nach denen du all deine Entscheidungen fällst: Dein Wertesystem übernimmt die Aufgabe von Leit- und Schutzplanken auf deiner Reise durch dein Leben.

> *Werte kann man nicht lehren, sondern nur vorleben.*
>
> Viktor Frankl, österreichischer Neurologe und Psychiater

Um deinem Wertesystem auf die Spur zu kommen, finde Antworten auf diese Fragen:

- Nach welchen Werten lebe ich?
- Welche sind meine wahren Werte und an welche Werte der Gesellschaft habe ich mich nur angepasst?
- Nach welchen Werten möchte ich leben?
- Welche Rolle spielen beispielsweise Macht und Ehre oder Liebe, Freiheit und Familie in meinem Leben?

Ob deine Werte zum Beispiel religiöser oder philosophischer Natur sind: Sie helfen dir, deine Entscheidungen schnell und klar zu treffen. Je klarer du dir über deine eigenen Werte bist, desto geringer ist die Gefahr, dass du dich nach den Werten anderer entscheidest. Deinen eigenen Wertekanon zu kennen ist hilfreich, um den Sinn deines Lebens zu erkennen.

Selbst die edelmütigsten und uneigennützigsten Menschen arbeiten am Ende des Tages für sich selbst: Wenn sie andere Menschen glücklich machen, machen sie auch sich selbst glücklich.

Ein Leben nach deiner eigenen Werteordnung zu leben, setzt eine ganz besondere innere Einstellung, ein ganz besonderes Mindset voraus:

- Du bist deines eigenen Glückes Schmied!
- Nimm also dein Leben selbst in die Hand und gestalte es so, wie du es gern möchtest!

Zwei meiner wichtigsten Lebensleitlinien lauten:

1. Nimm die Dinge, wie sie kommen!
2. Und sorge mit Mut und Risikobereitschaft immer wieder dafür, dass die Dinge so kommen, wie du dir das vorstellst!

Und jetzt komm ins Handeln:

- ✓ Frag nicht nach dem Sinn des Lebens, gib ihm einen!
- ✓ Sei, wer du bist, und werde, was du werden kannst!
- ✓ Entwickle deine Talente zu persönlichen Stärken und entfalte dich auf diesem Gebiet zu einem begeisterten Experten!
- ✓ Verkrampfe nicht auf deinem Weg zum Ziel, sondern gehe ihn heiter, locker und selbstbewusst, dann wirst du es sicher erreichen!
- ✓ Mach dir klar, nach welchen Werten du lebst und nach welchen du leben möchtest!
- ✓ Nimm die Dinge, wie sie kommen, und sorge dafür, dass sie so kommen, wie du dir das vorstellst!

2. Hebel: So kommunizierst du hochwirksam mit dir selbst und anderen

Wenn du als Macher und Gestalter deine Ziele aktiv ansteuerst, ist eine Fähigkeit von herausragender Bedeutung: professionell und hochwirksam zu kommunizieren mit deinen Mitarbeitern, Kunden und Lieferanten – und selbstverständlich mit deiner Familie und deinen Freunden. Es ist goldwert, wenn es dir gelingt, effektiv und erfolgreich mit anderen zu sprechen und sie zu überzeugen. Deine Art und Weise, was und wie du mit anderen redest, ist maßgeblich verantwortlich für deinen ganzheitlichen Erfolg.

Zu den einzelnen Erfolgsfaktoren zählen ...

- die Bedeutung des ersten Eindrucks,
- deine Körpersprache und Rhetorik und
- wie du in Summe wirkungsvoll mit anderen kommunizierst.

Für den ersten Eindruck gibt es keine zweite Chance: Direkt bei der ersten Begegnung entsteht ein Bild in deinem Kopf und in dem deines Gesprächspartners, für das ihr fortlaufend Bestätigungen sucht. In diesem Kapitel erhältst du die besten Tipps, wie du deinen ersten Eindruck, den du bei anderen hinterlässt, positiv beeinflusst.

Hochwirksam zu kommunizieren ist eine Kunst. Wenn du diese Kunst erlernen möchtest, benötigst du Energie, Konzentration und Übung. Eins ist sicher: Es lohnt sich für dich, und zwar sowohl im Beruf als auch im Privatleben. Du kannst dich und deine Belange, Wünsche und Ziele besser vermitteln und deinen Gesprächspartner und seine Anliegen besser verstehen und darauf eingehen. Zu den wichtigsten Gesprächsführungstechniken zählen aktives Zuhören, die richtige Fragetechnik und die Kunst der Rhetorik, für die du die wichtigsten Regeln in diesem Kapitel erfährst.

2.1 Kraftvolle Körpersprache – wie du Menschen liest und beeinflusst

Die Macht des ersten Eindrucks

> *Für den ersten Eindruck gibt es keine zweite Chance.*
>
> *(Sinngemäß nach) Arthur Schopenhauer, deutscher Philosoph*

Der erste Eindruck entsteht bereits nach wenigen Sekunden und hat eine Signalwirkung auf das gesamte Gespräch. Und weil die wenigsten sich über diesen Zusammenhang im Klaren sind, sind sie auch selten bereit und in der Lage, im Verlauf eines Gesprächs das ursprüngliche Urteil über den Gesprächspartner bewusst zu revidieren:

- Widme dich daher vor allem *den* Menschen, die du zum ersten Mal siehst, in den ersten Momenten eines Treffens voll und ganz und schenke ihnen deine besondere Beachtung.

Es gibt Menschen, die mit ihrer unwiderstehlichen Anziehungskraft eine starke Beziehung zum Gesprächspartner aufbauen und ihn so für sich gewinnen – und manchmal sogar verzaubern. Falls dir dieser Wesenszug fehlen sollte, ist das erstens in Ordnung und zweitens kannst du mit ein paar Techniken und Tricks beeinflussen, wie du bei deinen Gesprächspartnern gut ankommst.

Du entscheidest unbewusst innerhalb der ersten Sekunden, ob dir ein Gesprächspartner sympathisch oder unsympathisch ist. Dieser erste Eindruck wirkt sich entscheidend auf das ganze Gespräch aus und gestaltet maßgeblich deine Beziehung zum Gesprächspartner. Menschen, die dir angenehm sind und die du sympathisch findest, behandelst du entgegenkommend und verständnisvoll, wodurch deine Freundlichkeit dann fast immer auf fruchtbaren Boden fällt und von deinem Gesprächspartner begrüßt und erwidert wird. Wenn du beispielsweise jemanden kennenlernst, der dieselbe Uni wie du besucht hat oder aus derselben Heimatstadt kommt, empfindest du ihn automatisch als sympathisch. Wenn jemand also ganz generell so ähnlich tickt wie du selbst, schwingt er mit dir wie von Zauberhand bewegt auf gleicher Wellenlänge – dafür sorgt der unbewusste *Autopilot* in deinem Kopf.

- Wichtig: Je angenehmer deine Wirkung auf deinen Gesprächspartner ist, desto besser kannst du überzeugen, verhandeln und verkaufen.

In wissenschaftlichen Untersuchungen wurden intuitive Beurteilungen aufwendigen Persönlichkeitstests gegenübergestellt. Das Ergebnis: Die Bewertungen selbst unerfahrener Probanden nach rund 30 Sekunden in Bezug auf Eigenschaften wie Selbstsicherheit und Ausstrahlung sind fast genauso verlässlich wie die detaillierten Tests der Wissenschaftler.

- Erkenntnis: Wenn du gerade zu Beginn eines Gesprächs bewusst und gezielt auf dein Verhalten achtest, kannst du grundlegend beeinflussen, ob du einen guten oder nicht ganz so guten ersten Eindruck hinterlässt.

Den ersten Eindruck, den du bei deinem Gesprächspartner hinterlässt, wird entscheidend durch dessen selektive Wahrnehmung beeinflusst – vice versa gilt natürlich, dass der erste Eindruck, den der andere bei dir hinterlässt, maßgeblich durch deine selektive Wahrnehmung geprägt wird. Das bedeutet, dass jeweils nur bestimmte Aspekte des Gesprächspartners wahrgenommen und andere ausgeblendet werden. Dieses Beachten schafft Verstärkung:

- Wenn du dich auf die positiven Seiten deines Gesprächspartners konzentrierst, so wirst du sie auch finden.
- Suchst du nach negativen Seiten, entdeckst du sie genauso verlässlich.

Dein Gehirn ist nicht in der Lage, alle einwirkenden Informationen gleichzeitig bewusst zu erfassen. Dinge, die dein eigenes Welt- und Selbstbild bestärken, nimmst du stärker wahr als solche, die es negieren. Deshalb lässt du dich eher von Sinnesreizen leiten, die deine Anschauungen bestätigen – das ist das Phänomen der *selektiven Wahrnehmung*. Innerhalb weniger Sekunden vergleichst und beurteilst du die Eindrücke – meist unbewusst – mit bereits im Unterbewusstsein vorhandenen und abgespeicherten Mustern. Dieses Beurteilungssystem ist verantwortlich für deine weitere Wahrnehmung, die überwiegend die einmal getroffene Einschätzung bekräftigt. Mit anderen Worten:

- Landet ein Mensch nach wenigen Momenten in deiner Gehirn-Schublade mit der Aufschrift *sympathisch*, erwartest du im Verlauf des Gesprächs unbewusst weitere Argumente für dieses Vorurteil.
- Sortierst du ihn aber direkt zu Beginn in die Schublade *unsympathisch*, suchst du auch in diesem Fall nach übereinstimmenden Nachweisen.
- Wichtig: Aus dem ersten Eindruck kann auf diesem Weg leicht eine sich selbst erfüllende Prophezeiung entstehen, das heißt dein Gesprächspartner verhält sich dann unbewusst tatsächlich nach deinem ersten Urteil über ihn.

> *Man darf Menschen nicht wie ein Gemälde oder eine*
> *Statue nach dem ersten Eindruck beurteilen, die haben*
> *ein Inneres, ein Herz, das ergründet sein will.*
>
> Jean de La Bruyère, französischer Schriftsteller

Wenn du erkennst, dass dein Gesprächspartner sich ein Bild von dir gemacht hat, kannst du auf zwei Weisen damit umgehen:

1. Entspricht diese Bewertung den Tatsachen, dann bekräftige diesen ersten Eindruck deines Gesprächspartners. Hält er dich beispielsweise für eloquent und angenehm, dann leg dich ins Zeug und zieh alle Register, um sein Urteil zu verstärken.
2. Bist du andererseits der Ansicht, dass sein erster Eindruck von dir nicht zutrifft, dann ändere das Vorurteil deines Gesprächspartners, indem du ihm gute Gründe für eine andere Bewertung lieferst. Hält dich dein Verhandlungspartner beispielsweise aufgrund seines ersten Eindrucks für nicht erfahren genug, dann präsentiere ihm Referenzen und Empfehlungen, die genau das Gegenteil beweisen.

Berücksichtige unbedingt, dass der berühmte Ton die Musik macht und du selbstsicher bist: Das ist die Basis für deinen starken ersten Eindruck. Führe dir auch in schwierigen Situationen vor Augen, dass du in den meisten Fällen schon vor dem Gespräch einen positiven Eindruck hinterlassen haben musst – ansonsten säße jetzt ein anderer deinem Gesprächspartner gegenüber.

Und jetzt komm ins Handeln:

✓ Du hast keine zweite Chance für den ersten Eindruck: Widme dich schon in den ersten Sekunden eines Gesprächs voll und ganz bewusst deinem Gesprächspartner (das gilt insbesondere für *die* Menschen, die du zum ersten Mal siehst) und schenk ihm deine volle Aufmerksamkeit, damit du einen guten ersten Eindruck hinterlässt, der den gesamten Gesprächsverlauf beeinflusst!

✓ Achte in diesen ersten Augenblicken des Kennenlernens oder des Gesprächs zielgerichtet auf ein freundliches und entgegenkommendes Verhalten, um den so überragend wichtigen ersten Eindruck positiv zu beeinflussen und in der Gehirn-Schublade des anderen mit der Aufschrift *sympathisch* zu landen!

✓ Wenn du das Gefühl hast, dass dich dein Gesprächspartner richtig einschätzt, weil du es in die positive Schublade geschafft hast, bestärke ihn in seiner Annahme!

✓ Bist du ins Fach *unsympathisch* oder *nicht kompetent* geraten, setz schnellstmöglich alles daran, sein *Vor-Urteil* und seine (Fehl-)Annahme über dich zu revidieren: Bring deine Referenzen, Erfahrungen und Empfehlungen ins Spiel!

✓ Konzentriere dich im Gespräch auf die angenehmen Seiten deines Gesprächspartners, dann fällt dir die gesamte Kommunikation mit ihm leichter!

2.2 Starker Auftritt – wie du die wichtigsten Körperspracheregeln anwendest

> *Handlung wird allgemein besser verstanden als Worte. Das Zucken der Augenbraue, und sei es noch so unscheinbar, kann mehr ausdrücken als hundert Worte.*
>
> Charlie Chaplin, englischer Schauspieler und Regisseur

Vielleicht kennst du diesen kurzen Dialog:

„Deiner Körpersprache nach zu urteilen, ist heute nicht so unbedingt dein Tag, kann das sein?"
„Was hat mich verraten?"
„Die Axt."

Nicht immer ist Körpersprache so eindeutig zu erkennen wie in diesem kleinen Beispiel und es lohnt sich, auch die Feinheiten der körpersprachlichen Signale zu kennen, um außergewöhnlich erfolgreiche Gespräche führen zu können.

Mach dir als Erstes klar: Mit dem Mund können wir lügen – der Körper sagt immer die Wahrheit. Und der Körper spricht ständig, ob du willst oder nicht. Auch wenn du nichts sagst – dein Körper spricht einfach weiter. Zur Körpersprache zählen insbesondere (in der Reihenfolge ihrer Bedeutung) …

- Mimik (das sind die sichtbaren Bewegungen der Gesichtsoberfläche, kurz: Veränderungen der Miene),
- Gestik (damit ist die Gesamtheit der Gesten gemeint, die als Arm- und Handbewegungen deine Sprache begleiten oder manchmal ersetzen),
- Körperhaltung (in Kurzform ist damit gemeint, ob du beispielsweise mit hängenden Schultern oder aufrecht mit einer geraden Haltung mit jemandem sprichst) und
- Kleidung (die künstliche Hülle, die deinen Körper umgibt; kurz: das, was du anhast).

Worauf es bei der Körpersprache ankommt

Diese Signale der Körpersprache deines Gegenübers geben viel darüber preis, was der andere gerade denkt und fühlt. Wenn du also diese Signale zu lesen weißt, kannst du deinen Gesprächspartner bis ins Detail entschlüsseln. Und wenn dir außerdem klar ist, dass du selbst umso glaubwürdiger, authentischer und vertrauensvoller wirkst, je besser deine eigene Körpersprache und Stimme mit deinen Aussagen übereinstimmen, dann verfügst du über ein robustes Fundament für einen außergewöhnlich starken und erfolgreichen Auftritt. Mach dir vor deinen Gesprächen immer wieder aufs Neue bewusst, dass es in erster Linie auf deine Körpersprache, dann auf deine Stimme und erst anschließend auf dein gesprochenes Wort ankommt. Das gilt für Small Talk, Verhandlungen, Mitarbeitergespräche genauso wie für die Gespräche mit deinem Partner, den Freunden und deinen Kindern. In diesem Abschnitt erfährst du, ...

1. worauf es bei der Körpersprache ankommt, um bei deinen Gesprächspartnern einen starken Eindruck zu hinterlassen und
2. wie du seine Körpersprache besser deuten kannst.

Die wichtigsten Körpersprache-Regeln für einen starken Eindruck

> *Was wir sind, sind wir durch unseren Körper. Der Körper ist der Handschuh der Seele, seine Sprache das Wort des Herzens. Jede innere Bewegung, Gefühle, Emotionen, Wünsche drücken sich durch unseren Körper aus.*
>
> Samy Molcho, israelisch-österreichischer Körpersprache-Experte

Fast 90 Prozent aller über die Sinnesorgane aufgenommenen Informationen nimmst du über den Sehsinn wahr – deswegen werden wir Menschen auch gern Augentiere genannt: Pro Sekunde gelangen circa 10.000.000 Bits über die Augen ins Gehirn. Das entspricht ungefähr einem Datenvolumen von 10.000 Buchseiten. Logischerweise ist es daher vor allem dein Äußeres, mit dem du Sympathie oder Ablehnung hervorrufst. Um also einen ersten guten Eindruck beim Gesprächspartner zu hinterlassen, beachte folgende Regeln:

- Hab ein waches Auge auf alles, was dein Gesprächspartner wirklich von dir sehen kann: Pflege also speziell deine Haare, dein Gesicht und deine Hände, sie sind meist das Einzige, was nicht von deiner Kleidung verdeckt wird.
- Wichtig sind eine offene Körpersprache und eine aufrechte Haltung: So wirst du eher als aufgeschlossene und aufrechte Persönlichkeit wahrgenommen.
- Halte Blickkontakt: Starr den anderen allerdings nicht andauernd an, sondern lass deine Augen wandern. Statt dem Gesprächspartner immer in die Augen zu schauen, kannst du den Blick auch mal auf seine Nase oder seine Augenbrauen richten.

> *Der Klang der Stimme verrät den Zustand der Seele.*
>
> Helmut Glaßl, deutscher Maler und Aphoristiker

- Verändere beim Sprechen Lautstärke, Betonung und Redegeschwindigkeit: Damit wirkst du interessanter. Probier das einmal mit einem einfachen „Ja" aus und lass dich überraschen, was du aus diesem Wörtchen alles herauskitzeln kannst.
- Statt mit hängenden Schultern und schlaffen Armen zu sprechen, bring besser deine Arme und Hände beim Reden zum Einsatz: Kommentiere und unterstreiche so deine Aussagen, das wirkt engagierter. Rede mit Händen und Armen oberhalb deiner Gürtellinie – dies wird unbewusst als positiver Bereich aufgefasst. Auch eine lebhafte Mimik wirkt sympathisch (wenn du ein eher temperamentvoller Typ bist und es zur dir passt). Sie signalisiert deinem Gesprächspartner, dass du dich für ihn und sein Thema interessierst.
- Steh mit beiden Beinen fest auf dem Boden der Tatsachen: Du hast dann einen festen Standpunkt und trittst souverän auf.

- Beobachte auch aufmerksam die Körpersprache deines Gegenübers: Sie ist Ausdruck seiner Seele! Gespräche verlaufen leichter, harmonischer und erfolgreicher, wenn du sie interpretieren kannst.

Das Händeschütteln stammt aus dem Mittelalter. Unsere Ahnen machten über den Händedruck deutlich, dass sie in ihrer rechten Hand keine Waffe trugen. In westlichen Ländern signalisierte in der Vor-Corona-Zeit ein kräftiger Händedruck – insbesondere unter Männern – Selbstvertrauen, Willensstärke und Durchsetzungskraft. Wer dagegen einen sehr schwachen Händedruck hatte, wurde als unsicher und nachgiebig wahrgenommen.

Deine Körpersprache sagt mehr als viele Worte

Ein freundliches Lächeln ist eine Weide für die Augen und Balsam für die Seele.

Dieter Uecker, deutscher Autor

Deine Augen sind der Spiegel deiner Seele: Mit einem strahlenden Lächeln und leuchtenden Augen weckst du bei deinem Gesprächspartner Wohlwollen, ein Verlegenheitslächeln lässt dich schüchtern und unsicher erscheinen.

- Einfacher und sehr wirkungsvoller Tipp: Erinnere dich vor und auch während des Gesprächs an heitere Situationen, dein Lächeln wirkt dann authentisch. Das klingt unglaublich, wirkt aber – probier es aus!

Apropos: Dein Gesicht wird dir geschenkt, aber lächeln musst du schon selbst. Für ein Lächeln setzt du weniger Muskeln ein als für ein ernstes Gesicht – und ein freundliches Gesicht kommt in den meisten Situationen besser an als ein ernstes. Lächle und die Welt lächelt zurück!

Wie du über deine Körpersprache, Stimme und Inhalte auf andere wirkst

> *Körpersprache muss man lesen können. Aber letztendlich bleibt es immer Interpretation.*
>
> Samy Molcho, israelisch-österreichischer Körpersprache-Experte

Körpersprache:

Auch in deinen Gesprächen sagt ein Bild mehr als 1.000 Worte:

Nach einer berühmten Studie des US-amerikanischen Psychologen Albert Mehrabian nimmt dein Gesprächspartner rund 55 Prozent seiner Informationen über deine Körpersprache wahr, wenn es um die Kommunikation von Gefühlen und Überzeugungen geht. Wenn also deine inhaltliche Aussage nicht mit deiner Körpersprache kongruent (deckungsgleich) ist, dann glauben deine Gesprächspartner eher deiner Mimik und Gestik als deinem Gesagten. Aus dieser Perspektive betrachtet ist also die Körpersprache das wichtigste Element der Kommunikation, weil dein Gesprächspartner spürt, ob du zu dem stehst, was du ihm gerade sagst. Wenn beispielsweise deine Körperhaltung nicht mit deinen Inhalten übereinstimmt, irritierst du deinen Gesprächspartner und er wird eher deiner Körperhaltung glauben als deinen Worten. Wie beschrieben, zählen zu den körpersprachlichen Signalen insbesondere Mimik und Gestik sowie Körperhaltung und Kleidung.

> *Es ist etwas Schönes um eine Stimme, die wie Musik klingt.*
>
> Otto von Leixner, deutscher Schriftsteller

Stimme:

Zu etwa 38 Prozent beeinflusst du deinen Gesprächspartner über deine Stimme, wenn dein Stimmklang nicht kongruent mit deinen Inhalten wahrgenommen wird: Deinem Tonfall wird dann mehr Bedeutung beigemessen als der Aussage an sich – der Ton macht also die Musik, ebenso wie lautes oder leises sowie schnelles oder langsames Sprechen und darüber hinaus das Heben oder Senken der Stimme. Aus diesem Blickwinkel ist deine Stimme das zweitwichtigste Element für deine Gespräche.

- Kurzum: Wenn deine Stimmlage nicht zum Gesagten passt, kannst du deinen Gesprächspartner nicht überzeugen.
- Oder positiv formuliert: Nur wenn Tonfall und Inhalte übereinstimmen, nimmt dir dein Gesprächspartner deine Aussagen auch ab.

Ehrlichkeit ist das Fundament jeder menschlichen Beziehung, im Privaten wie im Beruflichen.

Bernhard Bueb, deutscher Pädagoge und Autor

Inhalte:

Für den Fall, dass deine körpersprachlichen und stimmlichen Signale nicht deckungsgleich mit deinen inhaltlichen Aussagen sind, vertraut dein Gesprächspartner nur sieben Prozent deinem Gesagten, also dem Inhalt. Das bedeutet allerdings nicht, dass du dich nicht mehr inhaltlich auf deine Gespräche vorbereiten sollst: Selbstverständlich bleibt der Inhalt wichtig, aber deine klare Stimme und eine deinen Aussagen entsprechende authentische Körpersprache sind noch wichtiger, um deine Gesprächspartner für dich aufzuschließen. Erst dann sind sie bereit, dir offen zuzuhören und zu vertrauen. Sei insbesondere selbst von dem überzeugt, was du sagst, nur dann kannst du deine Gesprächspartner überzeugen.

Achte darauf, dass Körpersprache, Stimme und Aussagen deckungsgleich sind

Die meisten Menschen konzentrieren sich in erster Linie bewusst auf die Inhalte. Die wesentlichen Informationen jedoch, die über Körpersprache und Stimme vermittelt werden und denen sie am meisten Glauben schenken, nehmen sie überwiegend unbewusst wahr. Was also kannst du tun, um wirkungsvoller zu kommunizieren?

- Achte darauf, dass du offen, ehrlich und authentisch bei deinem Gesprächspartner ankommst: Das ist der direkte Weg für ein faires und erfolgreiches Gespräch.

> *Das Große ist nicht, dies oder das zu sein,*
> *sondern man selbst zu sein.*
>
> *Søren Kierkegaard, dänischer Schriftsteller*

Charismatische Menschen kommunizieren authentisch und konstruktiv. Sei offen und ehrlich – und bring das Gesagte in Einklang mit deiner Körpersprache. Deine Ausstrahlung erhöhst du nicht dadurch, dass du Gesten einübst, die du nicht innerlich spürst:

Wenn du dir selbst auch in den Gesprächen mit anderen treu bleibst, erkennen sie dich an deinem aufrechten Gang!

> *Der erste Eindruck zählt. Und der letzte bleibt.*
>
> *Deutsches Sprichwort*

Der letzte Eindruck, den du am Ende eines Gesprächs bei deinem Gegenüber hinterlässt, beeinflusst überdurchschnittlich stark die Erinnerung deines Gesprächspartners. Zuvor besprochene Themen können mit deinem letzten

Eindruck überdeckt werden. Lässt beispielsweise deine Konzentration gegen Gesprächsende nach, kann dich das um deinen Gesprächserfolg bringen.

Beispiel: Nach einem sehr angenehmen und konstruktiven rund 30-minütigen Telefongespräch mit einer Personalentwicklerin eines guten Kunden verabschiedete sich meine Gesprächspartnerin mit einem „Und tschüss!" und einem krachenden Auflegen ihres Hörers von mir und ließ mich verdutzt und mehr als irritiert mit dem Telefon in der Hand zurück. Hatte ich etwas Falsches gesagt oder gemacht? Vielleicht im Verlauf des Telefonats oder ganz zum Schluss? So dachte ich eine Weile über das Gespräch nach und hatte darüber die Inhalte nahezu vergessen. Zum Glück mache ich mir während meiner Gespräche immer handschriftliche Notizen, sodass ich den Anruf schnell rekonstruieren konnte. Was war also schlussendlich die Ursache für das seltsame Ende des Telefonats? Bei unseren nächsten Gesprächen stellte sich heraus, dass es sich bei ihrem „Und tschüss!" einfach nur um eine Angewohnheit handelte, mit der sie sich von ihren Gesprächspartnern verabschiedete - und das Donnern ihres Hörers beim Auflegen sollte dynamisch wirken.

Sei also bis zum Abschluss des Gesprächs interessiert und aufmerksam und halte vor allem eine starke Beziehung zu deinem Gegenüber aufrecht, bis du dich verabschiedet hast. Versetze deinen Gesprächspartner mit deiner freundlichen und verbindlichen Art in eine angenehme Stimmung, dann wird er sich gern an dich erinnern.

Und jetzt komm ins Handeln:

- ✓ Leg besonderen Wert auf die Pflege deiner Haare und Hände sowie deines Gesichts!
- ✓ Achte in deinen Gesprächen auf eine offene Körpersprache und aufrechte Haltung!
- ✓ Halte Blickkontakt zu deinen Gesprächspartnern!
- ✓ Trainiere bewusst deine Stimme und spiele mit deinem Stimmklang!
- ✓ Unterstreiche deine Aussagen mit Gesten, die zu dir und deinem Temperament passen!
- ✓ Steh mit Stand- und Spielbein fest auf dem Boden der Tatsachen!

- ✓ Nimm deinen Gesprächspartner aufmerksam als Ganzes wahr!
- ✓ Bring dich vor deinen Gesprächen in eine gute Stimmung, indem du dich beispielsweise an angenehme und heitere Situationen erinnerst!
- ✓ Lächle und die Welt lächelt zurück!
- ✓ Sei offen, ehrlich und authentisch in deinen Gesprächen!
- ✓ Achte darauf, dass deine Körpersprache und Stimme mit den Inhalten deiner Aussagen deckungsgleich sind!
- ✓ Der letzte Eindruck bleibt: Sei bis zum Gesprächsende interessiert und aufmerksam und halte vor allem eine starke Beziehung zu deinem Gegenüber aufrecht, bis du dich verabschiedet hast!

2.3 Intuitive Kommunikation – wie du deine genialen Spiegelneuronen nutzt

Mit der Entdeckung der Spiegelneurone
begannen die Neurowissenschaften zu verstehen,
was das Theater seit jeher wusste!

Peter Brook, englischer Theaterregisseur

Peter Brook spricht damit die ungewöhnlichen Nervenzellen an, die 1995 von italienischen Forschern entdeckt wurden. Das Besondere: Diese Spiegelneuronen werden nicht nur aktiv, wenn du eine Handlung selbst vornimmst – sondern auch, wenn du dabei zusiehst, wie jemand anders sie ausführt (siehe dazu auch Kapitel *1.4 Familie und Freunde*).

Diese genialen Neuronen in deinem Gehirn sind die Erklärung für ...

- deine Freude, wenn du – vor dem Fernseher sitzend – mit deinen Lieblingssportlern mitfieberst (ich denke dabei zum Beispiel an das Halbfinale der Fußball-WM 2014 gegen Brasilien, das ich stehend und hüpfend vor dem Fernseher verbrachte),
- dein Schmerzempfinden, wenn du andere dabei beobachtest, wie sie sich verletzen (wie zum Beispiel bei den vielen Fouls an Bastian Schweinsteiger im WM-Finale 2014),

- dein Lächeln, wenn du beispielsweise im Büro von Mitarbeitern oder Kollegen angelächelt wirst (das gilt auch für Gähnen und schlechte Stimmung) und
- deine emotionale Achterbahnfahrt bei mitreißenden Theateraufführungen und aufwühlenden Filmen.

Wenn du im Fernsehen oder Radio einen bestimmten Sender sehen oder hören möchtest, musst du einen bestimmten Sender einstellen, ansonsten empfängst du nur Flimmern und Rauschen. Um ein brillantes Bild zu sehen oder einen klaren Ton zu hören, werden elektromagnetische Wellen (Satellitenfrequenzen) von der Erde zu Satelliten und von dort wieder zurückgesendet. Die unterschiedlichen Frequenzen gewährleisten, dass der Empfang der Sender untereinander nicht gestört wird. Der gleiche Grundsatz gilt, wenn du mit anderen Menschen sprichst: Nur wenn du auf der gleichen Wellenlänge schwingst wie dein Gesprächspartner, kannst du ihn für dich gewinnen. Unbewusst ahmst du über die Spiegelneuronen deinen Gesprächspartner nach, um dich in ihn hineinfühlen zu können. Nutze diese Erkenntnisse der Gehirnforscher, indem du ganz bewusst und gezielt deinen Gesprächspartner behutsam imitierst:

- Schlägt dein Gesprächspartner seine Beine übereinander? Dann machst du das auch (aber nur in dieser Gesprächssituation, um ihn zu spiegeln; ansonsten können übereinandergeschlagene Beine so unschöne Dinge wie Krampfadern und Haltungsschäden verursachen).
- Neigt er seinen Kopf leicht zur Seite? Deute das Gleiche an.
- Spricht er schneller als gewohnt? Dann erhöhe auch du deine Sprechgeschwindigkeit.

Spiegle auch das Vokabular und insbesondere die Körpersprache, damit vertiefst du eure Kommunikation und stellst eine starke Beziehung zu ihm her. Zahllose Tests beweisen, dass deinem Gegenüber dein Imitieren nicht auffällt, sondern dass du vielmehr in annähernd allen Fällen ein engeres Vertrauensverhältnis zu ihm aufbaust. Spiegeln bedeutet also dein Angleichen von Stimme, Stimmlage und Körpersprache an den anderen, um auf gleicher Welle zu liegen und zu harmonieren. Dein Gesprächspartner fühlt sich im wahrsten Sinne des Wortes von dir angesprochen, er ist offen für deine Themen und übersieht in seiner guten Stimmung eher mögliche inhaltliche Schwachstellen deines Angebots oder Anliegens.

Liegst du dann auf gleicher Wellenlänge mit deinem Gesprächspartner, kannst du den nächsten Schritt gehen: Übernimm die Führung des Gesprächs, indem du zum Beispiel gezielte Fragen stellst und über diesen Weg die Gedanken des anderen lenkst. Oder du veränderst deine Körpersprache und lehnst dich beispielsweise nach vorn, während deine Hände das Gesagte aktiv unterstreichen: Mit dieser einfachen und effektiven Technik kannst du jetzt das Gespräch nach deinem Gusto beeinflussen.

Und jetzt komm ins Handeln:

- ✓ Fang am besten im privaten Umfeld an und ahme Körpersprache, Tonfall und Vokabular deiner Gesprächspartner behutsam nach! Konkret heißt das: Imitiere beispielsweise sein Lächeln, den geneigten Kopf, das *Sich-nach-hinten-lehnen* und *Sich-nach-vorn-beugen*, die Beinstellung, usw.
- ✓ Spiegle also den anderen, bis du das Gefühl hast, mit ihm auf einer Wellenlänge zu schwingen!
- ✓ Liegt ihr dann auf gleicher Welle, kannst du auf den Verlauf des Gesprächs Einfluss nehmen, indem du die Führung übernimmst: Nutze dazu zielgerichtete Fragen oder führe deinen Gesprächspartner über Körpersprache, die du aktiv einsetzt!
- ✓ Beobachte dich in nächster Zeit einmal selbst im Gespräch mit anderen: Du wirst feststellen, dass du mittels Spiegeltechnik mit deinen Gesprächspartnern einfach besser zurechtkommst!
- ✓ Wichtig: Mit Spiegeln ist kein plumpes Nachäffen gemeint, sondern ein behutsames Nachahmen!

2.4 Angewandte Psychologie – wie du mit den anderen sprichst statt an ihnen vorbei

Aus vielen Worten entspringt ebenso viel Gelegenheit zum Missverständnis.

William James, US-amerikanischer Psychologe und Philosoph

Am 7. September 2010 hielt ich meine bis dahin wohl erfolgreichste Lesung *Goethe für Manager* bei meinem Lieblingsbuchhändler im erzgebirgischen Schwarzenberg:

Die Lesung ist ausverkauft und in der Buchhandlung suchen die Zuhörer die letzten freien Stühle. Es gelingt mir, in den kommenden rund 90 Minuten, die Teilnehmer mit einer Mischung aus Texten und Unterhaltung zu begeistern, sodass sich am Veranstaltungsende rund 30 Gäste fein säuberlich für die Signierstunde anstellen, um das Buch mit einem Autogramm oder einer Widmung von mir zu erhalten; ein sehr angenehmes und erbauliches Hochgefühl – mein Ego fühlt sich geschmeichelt. Gut gelaunt und möglichst geistreich plaudere ich mit jedem ein paar Worte, signiere, widme und spüre das Wohlwollen der Anwesenden. Mit einem Strahlelächeln wende ich mich einer Dame mit hübschem Gesicht zu und begrüße sie mit den warmen Worten:

„Ein kleiner Gruß gefällig?" und meine natürlich damit, ob ich ihr einen kleinen Gruß in ihr frisch erworbenes Goethe-Buch schreiben soll.

„Nein, nicht klein" antwortet sie für die entspannte Situation etwas zu spitz. Ich schaue ihr irritiert in die Augen und weiß nicht so recht, was ich gerade falsch gemacht habe. Sie erklärt: „Nur weil ich klein bin, müssen sie das Thema nicht gleich aufs Trapez bringen. Sie dürfen wissen, dass ich auf dieses Thema sehr sensibel reagiere." Sagt sie und schaut mich in einer Mischung aus „Da bist du platt, was?" und „Hoffentlich war ich nicht zu schnippisch" an. Ich bin tatsächlich ganz perplex und denke: „Du bist doch wenigstens 1,55 m und ich wäre im Traum nicht darauf gekommen, dass du dir wegen deiner Körpergröße einen Kopf machst". Dann mutmaße ich in Gedanken:

„Den Spruch hast du sicher mit deiner Psychologin trainiert", und sage lächelnd: „Verzeihen Sie bitte, das 'klein' bezog sich natürlich nur auf die Widmung".

Jetzt ist *sie* überrascht und lächelt ein wenig verlegen zurück: „Ach so ... ja, es wäre reizend von Ihnen, wenn sie eine Widmung schreiben könnten. Das war wirklich eine hochspannende Lesung ..."

> *Um effektiv kommunizieren zu können, müssen wir realisieren,*
> *dass wir alle unterschiedlich dahingehend sind, wie wir die*
> *Welt wahrnehmen. Wir müssen dieses Verständnis als eine*
> *Anleitung für unsere Kommunikation mit anderen verwenden.*
>
> Tony Robbins, US-amerikanischer Motivationstrainer

Jeden Tag aufs Neue werden wir mit Schwierigkeiten bei der Kommunikation konfrontiert. Wirkungsvoll miteinander reden ist gar nicht so einfach. Immer wieder einmal fallen vorwurfsvolle Worte wie: „Da hast du aber nicht richtig zugehört", oder: „Da hast du mich aber falsch verstanden." Wie kannst du solche Aussagen schon im Vorfeld verhindern?

Die hohe Kunst der erfolgreichen Gesprächsführung gelingt gerade dann, wenn du *mit* dem anderen sprichst, statt an ihm vorbei.

> *Wie sprechen die Menschen mit Menschen? Aneinander vorbei!*
>
> Kurt Tucholsky, deutscher Schriftsteller

Es gibt unzählige Methoden für gelungene Gesprächsführung. Mein Favorit ist das *Inselmodell* der Trainerin Vera F. Birkenbihl, bei der ich die Ausbildung zum zertifizierten Birkenbihl-Trainer gemacht habe.

Stell dir einen in einem Kreis stehenden Menschen vor. Dieser Kreis symbolisiert seine Insel, die seine Meinungen, Überzeugungen und Vorurteile – in

Summe also sein Welt- und Selbstbild – widerspiegelt. Dieser Mensch hält sich für den Mittelpunkt dieser Welt und damit seines persönlichen Universums. Wenn nun jeder auf seiner Insel allein bleibt und sich die einzelnen Inseln der Menschen nicht überschneiden, dann sprichst du nicht *mit* deinem Gesprächspartner, sondern an ihm vorbei: Vielfach interessieren sich die Menschen mehr für ihre eigenen Bedürfnisse als für die ihrer Gesprächspartner. Wenn du beispielsweise einen Freund fragst: „Lass uns endlich von dir sprechen: Was hältst du von meiner neuen Uhr?", bleibst du hartnäckig auf deiner Insel.

> *Die Menschen bauen zu viele Mauern und zu wenig Brücken.*
>
> Isaac Newton, englischer Naturforscher

Ein bekannter Grundsatz der Kommunikation besagt:

- Je ähnlicher uns ein Mensch in seinem Denken und Handeln ist, desto eher wollen wir mit ihm kommunizieren.

Um beim Inselbild zu bleiben: Je mehr Gemeinsamkeiten du mit deinem Gesprächspartner hast, desto eher überschneiden sich eure Inseln. Das heißt also auch: Von den Inseln der Menschen, die andere Standpunkte vertreten als du, bist du durch das Meer getrennt. Wie lässt sich diese Distanz zwischen euren Inseln überwinden? Geh auf den anderen zu und bau eine Brücke von deiner zu seiner Insel. Praktisch angewandt heißt das:

- Stell ihm Fragen: An seinen Antworten erkennst du, wo er sich gedanklich gerade aufhält – jetzt befindest du dich auf seiner Insel.

Gerade Antworten auf die Frage nach dem vergangenen oder nächsten Urlaub sowie seinen Hobbys liefern dir wertvolle Informationen über Verhalten und Vorlieben deines Gesprächspartners.

Es gibt einen zweiten Weg, um auf die Insel des anderen zu gelangen: Vergrößere deine eigene Insel! Je weiter dein Horizont und je größer dein Erfahrungsschatz ist, umso besser kannst du mit anderen Menschen sprechen: Ich habe auf einer Messe einen Standbesucher sofort für mich aufgeschlossen und gewonnen, weil ich seinen Geburtsort Greetsiel kannte, einem Ortsteil der Gemeinde Krummhörn mit rund 1.500 Einwohnern im Landkreis Aurich. Als ich diesem Mann erzählte, wie sehr ich es genossen hatte, im Greetsieler Eiscafé ein Cappuccino mit Blick auf den malerischen Hafen zu schlürfen, hatte er glänzende Augen.

Selbst wenn dein Gegenüber nur über ein relativ begrenztes Wissen verfügt: Fachsimple mit deinen Kunden über Branchenneuheiten und mit deinen Kindern über Harry Potter.

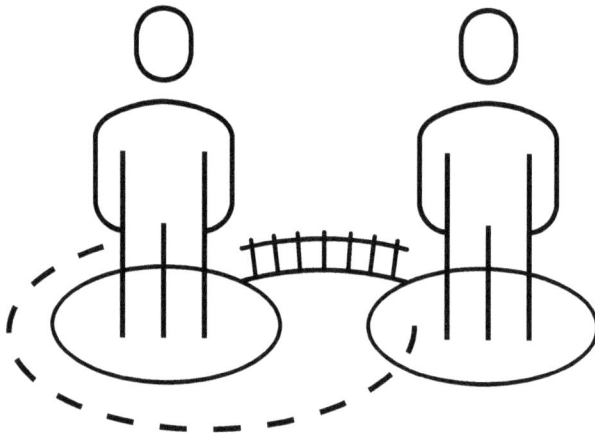

Abbildung 3: Inselmodell nach Vera F. Birkenbihl

Es gibt eine einfache und zugleich sehr effektive Methode, ohne Umweg direkt ins Gehirn deines Gesprächspartners zu gelangen: Setz die Du-Argumentation ein! Damit begibst du dich direkt auf die Insel deines Gesprächspartners und gehst auf seine Belange und Meinungen ein: „Sie erhalten die Nachricht bis spätestens morgen früh …" ist deutlich wirksamer als „Ich bin nicht sicher, ob ich es bis heute Abend schaffe, die Nachricht zu senden …", weil du exakt denselben Nutzen aus der Perspektive des Gesprächspartners beschreibst. Mit der Ich-Botschaft bleibst du also auf *deiner* Insel, mit der Du-Argumentation landest du direkt im Kopf deines Gesprächspartners.

Und jetzt komm ins Handeln:

✓ Sprich mit deinem Gesprächspartner, statt an ihm vorbei!

- ✓ Das gelingt dir am besten, wenn du dich auf das Weltbild deines Gegenübers einlässt!
- ✓ Seine Weltsicht erfährst du am schnellsten, wenn du nicht etwa mutmaßt, was er möglicherweise denkt, sondern indem du ihn konkret nach diesen Themen fragst!
- ✓ Wenn es zur Situation passt: Frag deinen Gesprächspartner nach Inhalten wie Urlaub, Hobbys, Heimatregion und seinen eigenen Kindern – das sind starke Themen, die dich tief in seine Seele blicken lassen!
- ✓ Erweitere deinen Horizont, indem du täglich auch dein Allgemeinwissen trainierst: Lebe den Grundsatz des lebenslangen Lernens, damit bist du immer ein gefragter Gesprächspartner!
- ✓ Setz immer, wenn dein Gegenüber etwas Erfreuliches von dir erhält, die Du-Argumentation ein, damit bist du direkt in seinem Kopf und seiner Welt!

2.5 Eiserne Regeln – wie dir jedes Gespräch gelingt

Es ist nicht entscheidend, was ich sage,
sondern was der andere hört.

Vera F. Birkenbihl, deutsche Managementtrainerin

Für den Fall, dass du deine Gespräche ab sofort erfolgreicher führen möchtest, beachte diese beiden eisernen Kommunikationsregeln:

1. Wahr ist nicht, was du deinem Gesprächspartner sagst, sondern was bei ihm ankommt.

Deine unbewusste Annahme, dass jeder sofort versteht, was du mit deiner Aussage meinst, ist der häufigste Auslöser für scheiternde Gespräche. Ein schönes Beispiel habe ich auf YouTube gesehen: Zwei Amerikaner, die offenbar gemeinsam deutsch lernten, hielten sich ihre Bäuche vor Lachen, nachdem sie folgenden Satz gelesen hatten: „Wenn Sie auf der Straße ein Hindernis sehen, dürfen Sie es nicht *um*fahren, sondern müssen es um*fahren*."

2. Du erzielst dann gute Gesprächsergebnisse, wenn du dich für den Erfolg deiner Unterredungen und Besprechungen verantwortlich fühlst. Du spielst dann in der ersten Liga, wenn du im Zweifel bist und trotzdem den Mut aufbringst, dich bei deinem Gegenüber danach zu erkundigen, ob er dich richtig verstanden hat.

Je aktiver du zuhörst, desto besser kannst du kommunizieren

> *Erst verstehen, dann verstanden werden.*
>
> Stephen R. Covey, US-amerikanischer Autor

Es ist tatsächlich eine hohe Kunst, deine eigenen Gedanken verständlich auszudrücken und dich eindeutig mitzuteilen. Auf der anderen Seite bist du idealerweise geschickt und aufgeweckt genug, die Aussage deines Gesprächspartners so zu verstehen, wie er sie de facto meinte. Um zwischen den Zeilen zu erkennen, was der andere tatsächlich ausdrücken möchte, hilft dir ein Perspektivenwechsel: Nimm den Standpunkt des anderen ein, indem du die Dinge von dessen Insel aus betrachtest – sieh die Welt durch seine Brille. Beobachte deinen Gesprächspartner. Wie du inzwischen weißt, wird ein Gespräch nicht nur über Sprache gesteuert. Spürbar mehr nimmst du beispielsweise über den gesenkten Kopf mit leerem Blick des Gegenübers, sein zur Schau gestelltes Augenrollen und das rhythmische Tappen seiner Fußspitzen auf den Boden wahr. Der bekannte US-amerikanische Bestseller-Autor Stephen R. Covey hat dieses für gelingende Gespräch so wichtige Fingerspitzengefühl mit einer prägnanten Kommunikationsregel auf den Punkt gebracht:

- „Erst verstehen, dann verstanden werden" - genau das ist der goldene Schlüssel für deinen Gesprächserfolg.

Sprich in **k**urzen, **k**nappen und **k**laren Sätzen (die 3-K-Formel) – von Bürokratenbegriffen wie Grundstücksverkehrsgenehmigungszuständigkeitsübertragungsverordnung (dieses Wort gibt es wirklich) rate ich dir dringend ab.

Wieder einmal hilft dir auch hier das Wundermittel Fragetechnik:

- Frag einfach nach, wenn sich dein Gesprächspartner missverständlich ausgedrückt hat, zum Beispiel mit: „Habe ich dich da richtig verstanden, dass ..."

Schon die alten Chinesen wussten: Sei lieber ein Narr für fünf Minuten, indem du nachfragst, als ein Leben lang ein Narr zu sein, indem du schweigst.

> *Die Natur hat dem Menschen eine Zunge gegeben und zwei Ohren,*
> *damit wir doppelt so viel von andern hören, als wir selbst reden.*
>
> *Epiktet, griechischer Philosoph*

Eine der wichtigsten Gesprächsführungstechniken ist das aktive Zuhören. Du kannst diese Methode ideal in der Kommunikation mit anderen einsetzen, um deine Gesprächsergebnisse merklich zu verbessern.

Das aktive Zuhören wird im Alltagstrott oft stiefmütterlich behandelt. Setzt du es bewusst ein, stellst du ein positives Klima her und legst damit das Fundament für erfolgreiche Gespräche.

Und jetzt komm ins Handeln:

✓ Beachte in all deinen Gesprächen die beiden eisernen Regeln der Kommunikation:

1. Wahr ist nicht etwa das, was du dem anderen sagst, sondern das, was er empfängt!
2. Das bedeutet: Du führst insbesondere dann erfolgreiche Gespräche, wenn du dich verantwortlich fühlst für exakte Kommunikation!

✓ Deine Gespräche gelingen dann am besten,

1. wenn du im ersten Schritt deinen Gesprächspartner wirklich verstehst,
2. um von ihm in einem weiteren Schritt verstanden zu werden!

✓ Um deinem Gesprächspartner besser aktiv zuhören zu können, sind diese Schritte ideal:

– Hör aktiv hin!
– Signalisiere deinem Gesprächspartner, dass er dir etwas bedeutet, schau ihm in die Augen und konzentriere dich auf ihn. So kannst du seine Sachbotschaften und die Hinweise durch seine Körpersprache am günstigsten wahrnehmen und deuten!
– Zeig ihm über eigene körpersprachliche Signale wie Blickkontakt und Kopfnicken, dass du ihn verstehst, ihn anerkennst und dich für sein Thema interessierst. Deine aufrichtige und freundliche Art bringt dir bei deinem Gesprächspartner einen Sympathiebonus ein!
– Dass du deinem Gegenüber aufmerksam zuhörst, unterstreichst du mit deinem *sozialen Grunzen*: Das sind Äußerungen wie „Hm", „Aha" oder „Ja"!
– Überprüfe auch, ob du deinen Gesprächspartner richtig verstanden hast! Formuliere dazu bestimmte Gesprächsabschnitte um und wiederhol das Gesagte mit Verständnisfragen: „Sie sagten eben, dass der Sender einer Botschaft verantwortlich für exakte Kommunikation sei. Was genau meinen Sie damit?" Das hilft beiden, sich gegenseitig besser zu verstehen. Außerdem gibst du deinem Gesprächspartner das Gefühl, dass du dich für ihn und seine Themen interessierst und das Gespräch konstruktiv gestalten willst!

2.6 Das Wundermittel – wie du mit Fragen führst

Klug fragen können, ist die halbe Weisheit.

Francis Bacon, englischer Philosoph und Staatsmann

Wie du bereits weißt, gehört die Fragetechnik zu den wichtigsten Gesprächsführungstechniken – allerdings können sie nur die wenigsten professionell anwenden. Damit du ab sofort in deinen Gesprächen davon profitieren kannst, erhältst du in diesem Abschnitt die Kernaussagen und Beispiele zur Macht der Fragetechnik.

Bei Fragearten wird grundsätzlich zwischen offenen und geschlossenen Fragen unterschieden:

1. Offene Fragen werden W-Fragen genannt, weil das Fragewort mit einem *W* beginnt. Beispiele für W-Fragen sind: „Was ist Ihnen wichtig?", „Wo sehen Sie die Ursachen?", „Wie gehen wir jetzt sinnvollerweise vor?"
2. Geschlossene Fragen werden auch als Entscheidungsfragen bezeichnet, da sie fast immer eine Entscheidung herbeiführen. Dein Gesprächspartner gibt dann eine kurze, klare Antwort, in aller Regel „Ja" oder „Nein". Beispiele für solche Fragen sind: „Können wir unter dieses Thema einen Schlussstrich ziehen?", „Sind Sie damit einverstanden?", oder; „Können Sie mir das bitte bis morgen per E-Mail zukommen lassen?"

Auf offene Fragen erhältst du vergleichsweise umfassende Informationen. Du lernst die Hintergründe und erfährst die Sicht der Dinge deines Gegenübers in allen Einzelheiten. Im Übrigen stellst du durch offene Fragen tendenziell einen besseren Draht her als durch geschlossene – du kommst dadurch intensiver ins Gespräch mit deinem Gegenüber.

Geschlossene Fragen machen dir den Weg frei für ein kurzes, klares und verbindliches Gespräch – du kommst schneller zu einem Ergebnis.

So setzt du offene und geschlossene Fragen im Verlauf eines Gesprächs am besten ein:

- Offene Fragen eignen sich besonders am Anfang und in der Mitte eines Gesprächs.
- Zu geschlossenen Fragen greifst du gegen Ende und ganz am Schluss eines Gesprächs – und dann, wenn du dich ohnehin kurzfassen willst.

Für deine Gespräche ist es wichtig zu wissen, dass eine beachtliche Anzahl an Menschen das ungute Gefühl haben, ihren Gesprächspartnern nicht gewachsen zu sein, weil eben diese das Gespräch durch Fragen lenken. Merk dir daher diese wertvollen Fragetechnikregeln:

- Es geht nicht darum, in einem Gespräch mehr sagen zu können als der andere.
- Stattdessen geht es darum, das Gespräch in Richtung deines Gesprächsziels zu steuern – und das erreichst du vorrangig mit dem Wundermittel Fragetechnik.
- Es ist einleuchtend, dass auch du deine Ansichten klar äußerst. Um allerdings das Gespräch in deine gewünschte Richtung zu lenken, ist es von entscheidender Bedeutung, die richtigen Fragen zu stellen.
- Falls dein Gegenüber vom Thema abschweift, führe ihn mit deinen Fragen immer wieder zum Ausgangsthema zurück, bis ihr eine zufriedenstellende Antwort oder Lösung gefunden habt.

Erinnerst du dich an eine der wichtigsten Kommunikationsregeln, die bereits am Anfang dieses Buchs genannt wurde: Wer fragt, der führt!

Abgesehen davon hängt dein Gesprächserfolg nicht nur davon ab, gezielt Fragen zu stellen. Dein Gesprächspartner spürt bewusst oder unbewusst, wenn du es übertreibst und ihn mit deinen Fragen zu sehr in eine Ecke drängst. Das wirkt dann stark beeinflussend und du läufst Gefahr, dass der andere sich hinters Licht geführt fühlt.

Auf einer Abendveranstaltung im Leipziger Porsche-Werk hatte ich es mal mit einem Fragetechnik-Profi – einem Verkaufstrainer – zu tun, der auch ziemlich gut darin war, mit Fragen zu führen. Anfänglich bin ich noch gern auf seine Fragen eingegangen, bis ich irgendwann das Gefühl hatte, wie eine Zitrone ausgequetscht zu werden, ohne dass mein Gegenüber etwas von sich preisgab. Also stellte ich auch nur noch Fragen und wir beide gaben keine Antworten mehr. Ohne es verabredet zu haben, fungierten wir jetzt jeweils als Sparringspartner für dieses ungeplante praktische Kommunikationstraining und wir vergnügten uns eine Weile damit. Anschließend führten wir bei einem Bier ein ganz normales und angenehmes Gespräch.

- Was du daraus lernen kannst: Wirklich gute Gespräche führst du immer dann, wenn du auf eine ausgewogene Mischung setzt aus ...

  - ergebnisorientierten Fragen,
  - verständnisvollem Eingehen auf die Sichtweise deines Gesprächspartners und
  - dem Vertreten eines eigenen klaren Standpunktes.

> *Ob ein Mensch klug ist, erkennt man an seinen Antworten.*
> *Ob ein Mensch weise ist, erkennt man an seinen Fragen.*
>
> Nagib Mahfuz, ägyptischer Schriftsteller

Wenn du deinem Gesprächspartner zielgerichtete Fragen stellst, dann öffnest du damit seinen Geist. Wenn du ihn ergebnisorientiert fragst, lenkst du seine Gedanken in einen von dir vorgegebenen Denkrahmen. Stellst du deinem Gesprächspartner intelligente Fragen zu Themen, die du für wichtig erachtest, so erhältst du die gewünschten Informationen. Die Qualität der Antworten hängt logischerweise von der Qualität deiner Fragen ab:

- Trainiere ab sofort, bewusst logische, systematische und zielgerichtete Fragen zu stellen: Zum einen erhältst du klare Antworten und zum anderen gewinnst du darüber hinaus wertvolle Zeit.

Mit deinen Fragen lenkst du die Gedanken deines Gegenübers auf den gewünschten Verlauf eures Gesprächs. Dieser Grundsatz wird gern als *das* Geheimnis für erfolgreiche Gesprächsführung im beruflichen und privaten Bereich bezeichnet:

- Wenn du während eines Gesprächs viele zielführende Fragen stellst, dann erfährst du nicht nur, wo sich der andere gerade gedanklich befindet und was er von dir erwartet.

- Du leitest das Gespräch auch in die von dir gewünschte Richtung. Die Kunst besteht darin, dein Gegenüber reden zu lassen und über Fragen den Dialog zu *führen*.

Wenn du diese Kunst beherrschst, erfährst du nahezu alles von deinem Gesprächspartner – manchmal mehr, als dieser ursprünglich sagen wollte.

> *Wissen ist nicht genug; wir müssen Wissen anwenden können. Der Wille allein reicht nicht; wir müssen handeln.*
>
> Bruce Lee, sinoamerikanischer Kampfkünstler und Schauspieler

Damit du deine Fragetechnik ganz konkret trainieren kannst, gehen wir jetzt mit praktischen Beispielen in medias res. Diese ausgewählten Fragearten mit jeweils einem anschaulichen Beispiel haben sich im Berufs- und Arbeitsalltag praktisch bewährt:

- Verständnisfragen: „Habe ich Sie da richtig verstanden, dass...?"

  → Du klärst, ob du die Aussagen des anderen richtig erfasst hast.

- Direkte Fragen: „Was ist es, was Sie davon abhält?"

  → Du erkundigst dich nach dem maßgeblichen Grund, weswegen der andere (noch) nicht zustimmt; eine starke Frage besonders für Verkäufer.

- Methode *Pfeile werfen*: „Liegt es am Preis, der Sie davon abhält, vom Angebot zu profitieren?"

  → Du arbeitest speziell bei wortkargen Gesprächspartnern mit wahrscheinlichen Annahmen, wenn der andere sich bei Entscheidungen ziert.

- Geschlossene Fragen (Ja-/Nein-Frage): „Ist das der ideale Weg zum Ziel?"

  → Du führst eine schnelle Entscheidung herbei und hältst das Gespräch kurz.

- Offene Fragen: „Wie macht sich das bemerkbar?"

  → Du holst dir mit offenen Fragen Informationen und erfährst die Hintergründe.

- Werte-/Motiv-Fragen: „Warum ist Ihnen gerade das am wichtigsten?"

  → Du findest den emotionalsten Beweggrund des anderen heraus (und dieses wichtigste Motiv kannst du natürlich ab diesem Zeitpunkt immer wieder im Verlauf eures Gesprächs für deine Argumentation nutzen).

- Skalierungsfragen: „Wie wichtig ist Ihnen dieses Thema auf einer Skala von 1 bis 10, wenn 1 absolut unwichtig und 10 höchste Priorität bedeutet?"

  → Du erfährst (gerade von einsilbigen Gesprächspartnern), wie sie eine bestimmte Situation einschätzen – äußerst hilfreich, wenn es um Gefühle geht.

- Bumerangfragen: „Sind Sie wirklich der Meinung, dass wir jetzt über dieses Thema sprechen sollten?"

  → Du wirfst eine Aussage oder Frage auf deinen Gesprächspartner zurück mit dem häufigen Ergebnis, dass dieser seine Aussage oder Frage wieder zurückzieht.

- Zurückstellungsfragen: „Darf ich auf dieses Thema später zurückkommen?"

  → Du machst dem anderen auf eine höfliche Art und Weise klar, dass du gerne auf seinen Hinweis oder seine Frage eingehst, allerdings erst zu einem späteren Zeitpunkt – wird gerne in Reden und Präsentationen verwendet.

- Alternativfragen: „Möchten Sie das Standard- oder lieber das Premium-Angebot?" oder im privaten Umfeld „Trinken wir den Kaffee bei dir oder bei mir?"

  → Du machst dem anderen zwei Angebote, von denen dieser meist eine Möglichkeit auswählt. Der große Vorteil dieser Methode besteht darin, dass es gleichgültig ist, für welche Variante sich der andere entscheidet – du hast dein Ziel in jedem Fall erreicht (Verkauf eines Angebots beziehungsweise gemeinsam einen Kaffee trinken).

- Gegenfragen: „Wie genau meinen Sie das?"

  → Auch mit der Gegenfrage spielst du wie bei der Bumerangfrage den Ball dem Fragesteller zurück: Dieser ist dann meist überrascht und formuliert seine Ausgangsfrage um, während du Zeit gewinnst und dich neu sortieren kannst.

- Multiple-Choice-Fragen: „Welche Variante gefällt Ihnen am besten – dies, das oder jenes?"

  → Die Langform der Alternativfrage: Du gibst dem anderen das gute Gefühl, aus vielen Möglichkeiten auswählen zu können – natürlich präsentierst du ihm nur Optionen, die auch für dich passen.

- Kontroll- oder Meinungsfragen: „Wie gefällt Ihnen das?" oder „Was halten Sie davon?"

  → Du überprüfst, wie der andere zu deinem Thema oder Angebot steht.

- Hypothetische Fragen: „Angenommen, wir finden für dieses Thema eine Lösung, wären Sie dann einverstanden?"

  → Diese Frageart wird auch die *Wunderwaffe* genannt: Du nimmst deinen Gesprächspartner in eine gedankliche Zukunft mit, in der sein Problem bereits gelöst ist – und bei einem „Ja" deines Gesprächspartners brauchst du ihm nur noch deine Lösungsideen zu präsentieren, die du dir im Vorfeld des Gesprächs bereits zurechtgelegt hast.

- Welt-/Insel-Fragen: „Was verstehen Sie darunter?"

  → Du tauchst in die Welt des anderen ein und erfährst, was er beispielsweise unter den Wolkenwörtern *soziale Gerechtigkeit* oder *Gender Mainstreaming* versteht – diese Frageart funktioniert auch sehr gut bei weniger vernebelten Formulierungen. (Unter *Wolkenwort* verstehe ich eine Worthülse oder ein Nebelwort, also Begriffe, die man wie einen

Aal nicht zu fassen bekommt, selbst wenn man sich ihnen vorsichtig nähert.)

- Eingebettete Fragen: „Ich frage mich, wann du diese kraftvollen Fragearten in deinem Alltag praktisch umsetzt?"

    → Wenn du in einem Gespräch schon viele Fragen gestellt hast oder dein Gesprächspartner eher wenig auskunftsfreudig ist, stellst du nicht ihm, sondern dir selbst die Frage. Fast immer beschäftigt sich der andere dann auch mit diesem Thema. Also: Wann wirst du welche dieser Fragearten wo einsetzen?

Interessante Selbstgespräche setzen einen klugen Partner voraus.

Herbert George Wells, englischer Schriftsteller

Das interrogative Selbstgespräch – wie du fragend mit dir selbst sprichst

Gehirnforscher haben mittels Gehirnscans herausgefunden, dass eine sich selbst gestellte Frage bis zu 48 Stunden unbewusst in deinem Hirn weiterwirkt. Diese phänomenale Erkenntnis ist noch nicht zur breiten Masse vorgedrungen, obwohl sie für außergewöhnlichen Erfolg von fundamentaler Bedeutung ist. Mach dir diese Zusammenhänge immer wieder bewusst:

- Alle konstruktiven Fragen, die du dir selbst stellst, beinhalten nachgewiesenermaßen für dein Selbstbild und damit für deine Selbstwirksamkeitserwartung positive Annahmen, die dein Verhalten lenken. (Die Selbstwirksamkeitserwartung bezeichnet deine Zukunftserwartung, aufgrund deiner eigenen Fähigkeiten gewünschte Handlungen erfolgreich selbst ausführen zu können.)
- Beispiel (diese Frage stelle ich mir inzwischen seit Jahren mit kontinuierlich besseren Ergebnissen): „Was mache ich heute ganz konkret mit Freude, um auf höchste und beste Weise vollkommen gesund und finanziell frei, glücklich und erfolgreich zu sein?"

1. Annahme: Du machst heute etwas ganz gezielt.
2. Annahme: Du erlebst bei allem, was du heute machst, Freude.
3. Annahme: *Du* bist verantwortlich, *du* hast die Kontrolle (und nicht der Staat, dein Chef oder dein Partner) – es liegt in deinen Händen.
4. Annahme: Du bist vollkommen gesund und finanziell frei, glücklich und erfolgreich, und zwar nicht irgendwie, sondern auf höchste und beste Weise.

Wie kannst du diese spektakuläre Erkenntnis für dich nutzen? Auch beim interrogativen Selbstgespräch gehen wir mit praktischen Beispielen direkt in die Vollen, damit du diese starke Technik sofort in deinen Alltag umsetzen kannst. Anhand dieser Beispiele kannst du dir eigene Fragen kreieren und so die magische Wirkung von Fragen konstruktiv und zielführend nutzen:

- „Was kann ich aus meinen Fehlern dieses Tages (dieser Woche, dieses Monats, dieses Jahres, des letzten Jahres ...) hinsichtlich meiner nicht erreichten Ziele lernen?"
- „Welche Handlungsschritte kann ich heute aktiv in Angriff nehmen, um glücklich und erfolgreich meine wichtigsten Tagesaufgaben zu meistern?"
- „Welchen Nutzen und Gewinn genieße ich heute Abend, wenn ich meine Tagesziele erreicht habe?"
- „Wie kann ich motiviert und mit Freude meine wichtigsten Aktivitäten zur Zielerreichung täglich umsetzen?"
- „Was habe ich heute konkret geleistet?"
- „Was mache ich heute ganz konkret mit Freude, um sicher meine Ziele zu erreichen?"
- „Wie kann ich das Erreichen meiner Ziele heute so gestalten, dass es mir Freude bereitet?"
- „Wie motiviere ich mich für das Umsetzen meiner Ziele am besten?"
- „Was passiert heute Abend Erfreuliches, wenn ich meine Tagesziele geschafft habe?"
- „Welche Wertschätzung und welchen Zuspruch erhalte ich, wenn ich meine Jahresziele erreicht habe?"
- „Welche guten Gefühle empfinde ich heute Abend mit der Zielerreichung?"

- „Was mache ich heute ganz gezielt, um bei meinen konkreten wichtigsten Aktivitäten Freude zu erleben?"
- „Welche positiven Effekte hat das Erreichen meiner Ziele auf meine Familie, Freunde und meiner sozialen Umgebung?"

Wichtig: Hüte dich vor der Warum-Frage, sie führt fast immer in die Vergangenheit und liefert dir die Gründe und Beweise dafür, dass du oder andere schuld sind an deiner (ungünstigen) Situation und dass dies in Ordnung ist. Fatalerweise navigiert dich die Warum-Frage nicht zu einer konkreten Ursache, die du mit einem aktiven Selbstmanagement verändern könntest, sondern zu alten Geschichten, die du nicht mehr korrigieren kannst. Ein Beispiel:

- Wenn du dich (wie so viele) insgeheim fragen würdest „Warum bin ich immer der Idiot, warum muss das immer mir passieren?", dann wirkt das selbstzerstörerisch und demotiviert dich.
- Wenn du demotiviert bist, kann das unbewusst einen Teufelskreis auslösen, der bis hin zur Depression führen kann. Demotivation verhindert zuverlässig das Erreichen deiner Ziele!
- Um es noch klarer auf den Punkt zu bringen: Wenn du dich fragst, warum du immer der Idiot bist, liefert dir dein Unterbewusstsein nach einiger Zeit die entsprechenden Antworten wie „Das hat dir schon deine Lehrerin gesagt, als du 13 warst: Komm mal bitte an die Tafel – ach nein, du nicht, du kannst das eh nicht", hast du damals vielleicht gehört. Und so ähnlich hat dir das eventuell auch dein Vater gesagt, als du 15 warst: „Wenn du so weitermachst, wird aus dir maximal ein Straßenkehrer."
- Fazit: Die Warum-Frage führt also meistens zu Frust und hindert dich unbewusst am Erreichen von mehr Lebensglück und Zufriedenheit – lass also die Finger davon!

Eine wichtige Ausnahme bildet allerdings folgende Frage: „Warum fällt es mir so leicht, sogar herausragenden Erfolg zu erreichen?" Diese *Afformation* genannte Warum-Frage (nicht zu verwechseln mit Affirmationen = Bejahungen, Bestätigungen) lenkt deine Gedanken in eine konstruktive und lösungsorientierte Richtung. Mit ihrer Hilfe sucht dein Unbewusstes nach entsprechenden Antworten, die dich tatsächlich aufbauen und für eine gute Stimmung sorgen. So kehren sich selbst gestellte negative Fragen in ihr Gegenteil um. Statt dich im Selbstgespräch „Warum gelingt mir das schon wieder nicht?" zu fragen, formulierst du diese Frage ab sofort z. B. in „Warum gelingt es mir diesmal?" um. Mit einer konstruktiven Warum-Frage richtest du dein Unterbewusstsein auf eine lösungsorientierte Antwort aus.

Weitere Beispiele für gehirn-gerechte Afformationen:

- Statt „Warum muss das immer mir passieren?" fragst du dich ab sofort z. B. „Warum finde ich jetzt gleich eine gute Lösung für meine Situation?"
- „Warum bin ich ab sofort selbstsicher?"
- „Warum bin ich so glücklich?"
- „Warum geht es mir jeden Tag in jeder Hinsicht besser und besser?"
- „Warum bekomme ich von Tag zu Tag mehr Anerkennung für meine Arbeit?"
- „Warum darf ich körperlich und geistig gesund sein?"
- „Warum genieße ich es so sehr, jeden Tag Liebe zu geben und zu empfangen?"
- „Warum funktioniert es jeden Tag aufs Neue, ein Leben in Fülle und Wohlstand zu genießen?"
- „Warum gelingt es mir, entspannt und mit Freude meinen idealen Partner zu finden?" (Stell dir diese Frage nur, falls du aktuell noch keinen idealen Partner hast.)

> *Wer geschickt fragt, lenkt unsere Aufmerksamkeit auf viele Dinge und lässt uns viele andere entdecken, auf die der Befragte vielleicht niemals von selbst gekommen wäre.*
>
> Niccoló Machiavelli, italienischer Staatsmann

Über die vielen genannten Vorteile des *Wundermittels Fragetechnik* hinaus gewinnst du mit gezielten Fragen den Gesprächspartner für dich. Aus psychologischer Sicht wirkt jede ehrlich gemeinte Frage auf deinen Gesprächspartner – bewusst oder unbewusst – als Bauchpinsler und Streicheleinheit: Fragen signalisieren dein Interesse an der *Insel* des anderen:

- Erkundige dich beispielsweise danach, wie seine Geschäfte laufen oder wie es seinen Kindern geht, dann wird er sich dir und deinem Anliegen wohlgesinnt öffnen.
- Wichtig: Achte allerdings darauf, dass dich diese Themen wirklich interessieren, ansonsten läufst du (zu Recht) Gefahr, als Heuchler wahrgenommen zu werden!

Wie an diesem Abschnitt leicht erkennbar wurde, bin ich leidenschaftlicher Anhänger geschickt eingesetzter Fragetechnik. Sie ist eines der überragenden Werkzeuge auch in deinen Gesprächen. Der Erfolg deiner Fähigkeit, im Beruf und auch im privaten Bereich Gespräche erfolgreich zu führen und zu verhandeln, steht und fällt mit dem Einsatz bewusst gestellter Fragen.

Mit jeder Frage öffnest du – bildhaft gesprochen – eine Schublade im Kopf deines Gesprächspartners. Verwendest du zum Beispiel zu Beginn eines Gespräches – natürlich nur in einer passenden Situation – beiläufig die bereits genannte *eingebettete Frage* „Ich denke schon seit gestern darüber nach und frage mich, wie wir dieses Thema am besten lösen können", öffnest du den Geist deines Gesprächspartners exakt für die Lösung dieses Themas, das du soeben festgelegt hast, obwohl du dich *selbst* gefragt hast.

Sobald dein Gegenüber eine schlüssige Antwort auf diese Frage gefunden hat, geht diese Schublade in seinem Kopf wieder zu. Wenn du allerdings im Gespräch selbst keine Antwort auf deine Frage lieferst und dein Gesprächspartner auch keine befriedigende Antwort findet, bleibt die Schublade in seinem Kopf offen. Unbewusst ist er auf der Suche nach einer passenden Antwort. Diese Methode wird gern von guten Kommunikatoren verwendet, um ihre Gesprächspartner für ein bestimmtes Thema aufzuschließen. Es kann gut sein, dass er im Verlauf des Gesprächs auf die unbeantwortete Frage wieder zurückkommt, indem er jetzt zum Beispiel selbst fragt: „Was hältst du denn von der Idee, dass wir ..." Jetzt hat er angebissen, der Köder hat ihm geschmeckt und nun hast du ihn an der Angel: Eine sehr gute Ausgangssituation, um ihm dein Anliegen besser verkaufen zu können.

Fragen öffnen jedoch nicht nur den Geist, sie sind auch die herausragenden Werkzeuge in deinem Methodenkoffer. Du weißt bereits:

- Wer fragt, der führt das Gespräch und den Gesprächspartner.
- Wer fragt, der lenkt das Gespräch in seine gewünschte Richtung.
- Wer fragt, der gewinnt das Vertrauen des Gesprächspartners, er gewinnt also den Gesprächspartner für sich.
- Und: Wer fragt, erzeugt Sog – es geht auch darum, dass du den anderen mit deiner freundlichen, sympathischen und souveränen Art für dich einnimmst. Und dass du eine starke Beziehungsebene zu ihm aufbaust und er gern auf dich zukommt.

Und jetzt komm ins Handeln:

- ✓ Stell offene Fragen, wenn du Informationen brauchst oder Hintergründe erfahren willst – meist zu Beginn eines Gesprächs!
- ✓ Willst du eine schnelle Entscheidung herbeiführen oder ein Gespräch kurzhalten, dann stell geschlossene Fragen – überwiegend gegen Ende eines Gesprächs!
- ✓ Stell ergebnisorientierte Fragen, geh verständnisvoll auf deinen Gesprächspartner ein und vertritt einen festen Standpunkt – das ist die Kurzformel für deine erfolgreichen Gespräche!
- ✓ Nutze jede Gelegenheit, bewusst logische, systematische und zielgerichtete Fragen zu stellen: Zum einen erhältst du klare Antworten und zum anderen gewinnst du darüber hinaus wertvolle Zeit!
- ✓ Führe dir regelmäßig die verschiedenen Fragearten vor Augen und wende sie praktisch an: Das ist dein Weg zur Fragetechnik-Meisterschaft!
- ✓ Leite ab sofort dein Unterbewusstsein mit zielführenden interrogativen Selbstgesprächen an, zum Beispiel mit Fragen wie „Was mache ich heute ganz konkret mit Freude, um auf höchste und beste Weise vollkommen gesund und finanziell frei, glücklich und erfolgreich zu sein?"!
- ✓ Vermeide die Warum-Frage, wenn sie dich in die Vergangenheit führt, die du ohnehin nicht mehr ändern kannst!
- ✓ Nutze im Gegensatz dazu Warum-Fragen in Gestalt von Afformationen, wenn du sie konstruktiv und lösungsorientiert formulierst wie „Warum geht es mir jeden Tag in jeder Hinsicht besser und besser?"!

✓ Stell gezielt Fragen, um ...

- – sowohl das Gespräch als auch deinen Gesprächspartner zu führen,
- – das Gespräch in die von dir gewünschte Richtung zu lenken,
- – das Vertrauen des Gesprächspartners für dich zu gewinnen und
- – einen Sog zu erzeugen, damit dein Gegenüber immer wieder gern auf dich zukommt!

2.7 Verbal-Aikido – wie du auf die sanfte Art jeden überzeugst

> *Einwände sind eine Hilfe für den Verkäufer. Kein Kunde erhebt Einwände gegen ein Angebot, das ihn völlig unberührt lässt.*
>
> Heinz M. Goldmann, deutscher Verkaufs- und Managementtrainer

In den meisten beruflichen Gesprächen geht es darum, ein bestimmtes Ziel zu erreichen. Beispielsweise möchte eine Führungskraft den Mitarbeiter für eine neue Idee, ein neues Projekt oder eine neue Aufgabe gewinnen und ihn motivieren (ihn also dazu bewegen), sich dafür einzusetzen. Naturgemäß sind nicht sofort alle von diesen Veränderungen begeistert und bringen aus diesem Grund entsprechende Einwände oder Vorwände.

Meine Trainerpraxis zeigt: Viele Führungskräfte und deren Mitarbeiter aus nahezu allen Branchen haben Mühe, Einwände als solche zu erkennen. Falls sie die Bedenken der Gesprächspartner doch bewusst wahrnehmen, sind sie oft nicht in der Lage, zwischen einem berechtigten Einwand und einem vorgeschobenen Vorwand zu unterscheiden. Handelt es sich um einen echten Einwand, fehlen ihnen die Sprachmuster, elegant damit umzugehen.

Stell dir folgende Situation vor: Du als Führungskraft sprichst mit deinem Mitarbeiter Max und stellst ihm deine Vorstellungen für die Digitalisierung des Vertriebs vor und möchtest ihn davon überzeugen. Du hast dich schon seit Wochen bis ins Detail mit diesem Thema beschäftigt und entsprechend fundiert stellst du ihm deine Ideen vor. Doch dann sagt dieser:

„Das alte System tut es auch und außerdem sind die Hard- und Software-kosten viel zu hoch, ohne dass viel dabei herauskommt."

Dein Redefluss gerät ins Stocken. In diesem Moment fällt dir dazu nicht viel ein und du fängst zu lavieren an.

In einem Gespräch nach einer überraschenden Frage oder einem kritischen Einwand auf der Leitung zu stehen, ist selbst für *alte Hasen* ein Schreck-gespenst. Denn in schwierigen Gesprächen verhält es sich wie in der Ab-schlussprüfung: Was dir hinterher einfällt, hilft dir nicht mehr.

- Eine der wichtigsten Regeln einer gelungenen Einwandbehandlung lau-tet daher: Eine gute Gesprächsvorbereitung ist die halbe Miete.

Was Einwände für *Normalos* bedeutet

Was empfindet ein durchschnittlich begabter Kommunikator bei einem Einwand? Er ärgert sich, fühlt sich persönlich angegriffen und findet keinen Weg, den anderen dennoch für sein Ziel zu gewinnen. Anstatt jetzt über Fragetechnik den Gesprächspartner zum Lösungsdenken anzuregen und ihn über diesen Weg geschickt zu überzeugen, setzt der durchschnittliche Redner seine Ziele auch gegen Widerstände durch mit der möglichen Folge, dass seine Gesprächspartner daraufhin verschnupft reagieren.

Mit dieser inneren Einstellung stellen sie sich oft selbst ein Bein. Sie halten oft wie folgt gegen die (zum Teil berechtigten) Einwände:

- Sie widersprechen dem anderen („Nein, das sehen Sie falsch"),
- sie verdeutlichen, es besser als der Gesprächspartner zu wissen („Ich sage Ihnen mal, wie es richtig ist"),
- sie werden persönlich („Sie sind noch nicht lang genug dabei, um das zu verstehen").

Was würdest du jetzt als Gesprächspartner empfinden? Vielleicht hast du recht und vielleicht gewinnst du die Diskussion, allerdings hast du die Zu-stimmung des anderen verloren.

Was Einwände für geschulte und erfahrene Kommunikatoren bedeutet

Welche Geisteshaltung ist bei Einwänden demnach erfolgversprechend?

Berechtigte Einwände sind immer ein Signal des anderen, dass er grundsätzlich mit deiner Idee oder einem neuen Ziel einverstanden ist. Er malt sich vielleicht bereits in Gedanken aus, wie er mit dem neuen Projekt oder der neuen Aufgabe umgeht. Daher sind Einwände ...

- eine gute Gelegenheit, zu erfahren, was im Kopf des anderen vorgeht und
- eine sehr gute Chance, mit einer professionellen Einwandbehandlung den anderen für dein Thema zu motivieren.

Vielfach gilt es, nur noch ein kleines Detail zu klären, um den Gesprächspartner zu gewinnen beziehungsweise zu begeistern.

> *Nur eine papierne Scheidewand trennt uns öfters*
> *von unseren wichtigsten Zielen, wir dürfen sie*
> *keck einstoßen, und es wäre getan.*
>
> *Johann Wolfgang von Goethe, deutscher Dichter und Universalgenie*

- Was ist die wesentliche Voraussetzung für eine gelungene Einwandbehandlung? Bereite dich darauf vor!
- Mach dir klar, welche Einwände und Fragen kommen können, und entwickle dafür mehrere Lösungsmöglichkeiten!

Wenn du diese zwei Ideen praktisch umsetzt, kannst du Einwände als Gelegenheit nutzen, um das Gespräch zum Vorteil deines Gesprächspartners und in deinem Sinne zu beeinflussen.

Die Technik der Erfolgreichen: Die Gewinner-Gewinner-Verhandlungsstrategie

Auch bei der Einwandbehandlung gilt: Je häufiger du übst, zum Beispiel mit deinem Spiegelbild oder noch besser mit einem Coach oder Sparringspartner, desto sicherer und souveräner agierst du auch im echten Gespräch. Vergegenwärtige dir immer wieder, dass berechtigte Einwände ein grundsätzliches Interesse an deinem Thema signalisieren, nur zum Beispiel nicht zum jetzigen Zeitpunkt oder zu den aktuell von dir genannten Bedingungen. Es gibt ein erstklassiges Schema, mit dem du kompetent Einwände von Vorwänden unterscheidest und berechtigte Einwände souverän behandelst: es handelt sich dabei um die Gewinner-Gewinner-Verhandlungsstrategie GGVS (Verbal-Aikido-Schema).

Die Gewinner-Gewinner-Verhandlungsstrategie liefert dir den roten Faden für den überlegenen Umgang mit Einwänden deines Gesprächspartners. Aufgrund seiner friedlichen geistigen Haltung nenne ich dieses Vorgehen auch gerne *Verbal-Aikido*: Du setzt deinem Gesprächspartner keinen Widerstand entgegen, sondern regst ihn zum konstruktiven Denken an und gewinnst ihn für deine Lösungen.

Zum besseren Verständnis auch hier ein konkretes Beispiel:

1. Schritt: NEIN

Nachdem du deinem Gesprächspartner ein *Angebot* (Beispiel: Digitalisierung des Vertriebs) gemacht hast, antwortet dieser mit „Nein".

- Tipp: Betrachte dieses NEIN aus einer neuen Perspektive – in Wahrheit ist es ein Akronym und bedeutet ...

  → **N – noch**
  → **E – eine**
  → **I – Information**
  → **N – nötig!**

Es ist nämlich nur noch eine Information nötig, um sinnvoll mit dem Einwand umgehen zu können – und dazu musst du nur wissen, weshalb der andere „Nein" gesagt hat: Stell ihm deswegen im nächsten Schritt sinnvollerweise die Warum-Frage!

2. Schritt: Die Warum-Frage

Statt jetzt loszupoltern, wägst du ab, was genau hinter dem berechtigten Einwand beziehungsweise vorgeschobenen Vorwand steckt: Mit der Warum-Frage („Darf ich nach dem Grund fragen?" oder „Woran liegt es?") findest du den Einwand (oder Vorwand) heraus. Das Argument deines Gesprächspartners lautet zum Beispiel: „Hohe Hard- und Softwarekosten, ohne dass etwas dabei herauskommt".

3. Schritt: Der Stoßdämpfer

Federe den Einwand oder Vorwand mit einem *Stoßdämpfer* ab, wie zum Beispiel mit: „Verstehe" oder „O. K." Du zeigst über diesen Weg Verständnis, ohne damit dem anderen recht zu geben.

4. Schritt: Angenommen-Frage

Dann hinterfrag den Einwand / Vorwand mit einer Angenommen-Frage nach dem Muster:

- „Angenommen, ich könnte Ihnen aufzeigen, dass Ihnen das neue System einige Vorteile für ihren Arbeitsalltag bringt, wäre es dann interessant für Sie?"

  → Bei einem „Ja" handelt es sich dann mit hoher Wahrscheinlichkeit um einen berechtigten Einwand und du kannst dem anderen jetzt die Vorteile eines digitalen Vertriebs präsentieren (zum Beispiel auf der einen Seite mittel- und langfristige Zeit- und Kostenersparnisse und andererseits die Skalierbarkeit des Angebots).

  → Bei einem „Nein, auch dann nicht" handelt es sich offenbar um einen Vorwand. Bildlich gesprochen ist der Vor-Wand eine Wand, die der Gesprächspartner vor einen wahren Grund zieht, um sich hinter ihr verstecken zu können. Er nennt den echten Grund nicht, weil es für ihn peinlich oder frustrierend wäre. Vielleicht ist der Mitarbeiter von der neuen Hard- und Software momentan noch überfordert. Wenn du also den Verdacht hast, dass das Argument deines Gesprächspartners ein Vorwand ist, ist es sinnvoll, mit dem nötigen Fingerspitzengefühl den wahren Grund zu erfragen. Manchmal ist es an dieser Stelle auch günstiger, aus dem Gespräch auszusteigen, weil du genügend Zeit hattest, dich auf das Gespräch und vor allem auf das Thema vorzubereiten, der andere hingegen nicht. Vielleicht ist er einfach damit überfordert, wovon du ihn gerade überzeugen willst und reagiert deshalb abweisend. Wenn du also das Gespräch an dieser Stelle abbrichst, hältst du wenigstens die Beziehungsebene aufrecht und kannst zu einem späteren Zeitpunkt ein neues Gespräch suchen, auf das du dich und insbesondere dein Gesprächspartner sich dann besser vorbereitet haben.

Das Verbal-Aikido-Schema bei wahrscheinlichem Vorwand

Es gibt eine weitere gute Möglichkeit, wie du vorgehen kannst, wenn du bei einem Argument deines Gesprächspartners mit hoher Wahrscheinlichkeit von einem Vorwand ausgehst:

1. Schritt: Du präsentierst dein Angebot und der andere antwortet mit einem „Nein"

2. Schritt: Die Außerdem-Frage

Wäge auch in diesem Fall ab, was genau hinter dem Einwand beziehungsweise Vorwand steckt. Das Argument des anderen lautet auch diesmal: „Hohe Hard- und Softwarekosten, ohne dass etwas dabei herauskommt". Wenn du dir ziemlich sicher bist, dass es sich dabei um einen Vorwand handelt, machst du mit der Außerdem-Frage weiter: „Gibt es neben den Hard- und Softwarekosten noch etwas, was aus Ihrer Sicht dagegenspricht?"

- Antwortet dein Gesprächspartner mit einem „Nein", dann handelt es sich dabei sehr wahrscheinlich um einen echten Einwand. Präsentiere ihm deine plausible Lösungsidee (zum Beispiel die mittel- und langfristigen Zeit- und Kostenersparnisse).

- Bei einem „Ja" handelt es sich wahrscheinlich um einen Vorwand. Geh dann wie folgt vor:

3. Schritt: Den wahren Einwand herausfinden

Falls der andere den wahren Einwand noch nicht genannt hat, frag ihn ganz konkret danach (wenn es die Situation und die Beziehungsebene zulässt):

- „Was ist es, was Sie davon abhält?"
- Mögliche Antwort: „In Wahrheit befürchte ich, bei einer neuen Software-Einführung wieder viele Überstunden machen zu müssen, das gibt zu Hause wie beim letzten Mal so richtig Ärger."

4. Schritt: Wer fragt, der führt – mit der Angenommen-Frage

- „Angenommen, ich könnte Ihnen aufzeigen, dass bei diesem neuen System Überstunden ausgeschlossen wären, wäre es dann O. K. für Sie?"
- „Hm. Ja, dann fände ich es in Ordnung – aber wie soll das denn funktionieren?"
- „Wir planen, die Software-Installation von einem externen Dienstleister durchführen zu lassen und Sie und Ihre Kollegen erhalten während der Arbeitszeit eine entsprechende Anwender-Schulung – wäre das ein gangbarer Weg für sie?"
- „Unter diesen Umständen würde es passen, dann fände ich es sogar ziemlich gut."
- „Dann freut es mich sehr, dass wir eine einvernehmliche Lösung gefunden haben."

Und jetzt komm ins Handeln:

- ✓ Wenn du mit Gegenwind oder Widerstand rechnest, bereite deine Gespräche und Besprechungen umso sorgfältiger vor: Eine gute Vorbereitung ist die halbe Miete (in Wahrheit sind es eher 90 Prozent deines Gesprächserfolgs)!
- ✓ Vergegenwärtige dir regelmäßig, dass ein Gewinner-Mindset in Einwänden ...

- eine gute Gelegenheit erkennt, um zu erfahren, was im Kopf des anderen vorgeht und
- eine sehr gute Chance sieht, mit einer professionellen Einwandbehandlung den anderen für dein Thema zu motivieren!

✓ Ergo: Mach dir klar, welche Einwände und Fragen kommen können, und entwickle dafür dann mehrere Lösungsmöglichkeiten!
✓ Um das Verbal-Aikido-Schema in meinem Kopf zu verankern, habe ich eher Monate als Wochen gebraucht: Du kannst nur von der Gewinner-Gewinner-Verhandlungsstrategie profitieren, wenn du sie übst, übst und nochmal übst!

2.8 Profi-Redner - wie du als Rhetor und Storyteller andere beeindruckst

> *Das Argument gleicht dem Schuss einer Armbrust - es ist gleichermaßen wirksam, ob ein Riese oder ein Zwerg geschossen hat.*
>
> Francis Bacon, englischer Philosoph und Staatsmann

Bei Argumentations- und Überzeugungstechnik-Seminaren bin ich immer wieder aufs Neue überrascht, wie schwer sich viele Teilnehmer selbst mit einfachen Methoden tun. Du erhältst daher in diesem Abschnitt die wichtigsten fünf Ideen zum besseren Argumentieren und Überzeugen – ich wünsche anregende Lektüre.

1. Zeig auf, dass und weshalb dein Thema für deine Zuhörer wichtig ist und stell direkt zu Beginn deiner Argumentation *eine spannende These* auf, die deine Kernaussage auf den Punkt bringt: „Wenn du nicht nur ein bisschen, sondern außergewöhnlich erfolgreich sein willst, ist es sinnvoll und zielführend, sich auf *ein* praxisbewährtes Konzept wie die *Fünf Hebel des Erfolgs* zu konzentrieren."
2. *Begründe* deine Aussagen - je nachvollziehbarer deine Begründung ist, desto eher werden deine Zuhörer deiner Argumentation folgen: „Nur mit

diesem einen konkreten Konzept entgehst du der Gefahr, dass du dich in zu vielen Techniken und Methoden verlierst und am Ende resigniert aufgibst."

3. Liefere deinem Gesprächspartner *Beweise in Form von Beispielen und Bildern*. Präsentiere sowohl Fakten als auch nachvollziehbare Vergleiche, die sich möglichst tief im Gedächtnis deines Zuhörers verankern: „Schau dir die Spitzensportler an: Bei denen ist es völlig logisch und selbstverständlich, dass sie sich natürlich nur auf eine einzige Sportart festlegen. Wenn Konstanze Klosterhalfen beispielsweise selbst nach einem halben Jahr verletzungsbedingter Pause Ende Februar 2021 den deutschen Rekord über 10.000 Meter läuft, dann doch nur, weil sie sich auf die Sportart Mittel- und Langstreckenlauf fokussiert hat – und nicht zusätzlich auf Ringen und Judo.

   Bei Nobelpreisträgern ist es übrigens haargenau dasselbe. Einstein hat sich zum Beispiel sein Leben lang auf Physik und Quantenphysik konzentriert – das war der entscheidende Grund für seine genialen Erkenntnisse und schlussendlich für seinen Nobelpreis."

   Wenn du mehr als einen Beweis bringen willst, nenne den zweitwichtigsten Beleg direkt zu Beginn und schließe deine Beweiskette mit dem wichtigsten Beweisgrund ab.

4. *Leite eine Konsequenz* für deinen Gesprächspartner *ab* und fordere ihn zum Handeln auf: „Entscheide dich also für die *Fünf Hebel deines Erfolgs* und fang endlich an, außergewöhnlich erfolgreich zu sein."

5. Berücksichtige für eine überzeugende Argumentation auch diese generellen Regeln:

   a. Strukturiere deine Argumente und konzentriere dich auf die wichtigsten drei von ihnen (deine Zuhörer können in den seltensten Fällen mehr als drei Inhalte gleichzeitig aufnehmen).

   b. Umstrittene Sachverhalte erfordern einen erhöhten Begründungsaufwand – halte kontrovers diskutierte Themen möglichst aus deiner Argumentation heraus.

   c. Bereite dich auf mögliche Gegenargumente und Einwände vor, damit du schlagfertig reagieren kannst.

   d. Nenne ganz bewusst mögliche Ausnahmen, damit machst du deine Argumentation umso glaubwürdiger.

Sei Meister im Geschichten erzählen

*Einen einzelnen Menschen ins Scheinwerferlicht zu rücken
und ihn, wie flüchtig auch immer, zu charakterisieren,
ist ein hervorragendes Mittel, den Leser (und Zuhörer;
Anmerkung des Autors) emotional zu berühren.*

Seth Godin, US-amerikanischer Autor

„Die Passagiere saßen still da, manche lasen Zeitung, andere waren in Gedanken verloren, einige hatten die Augen geschlossen und ruhten sich aus. Es war eine ruhige, friedliche Szene. Dann stieg ein Mann mit seinen Kindern ein. Die Kleinen waren laut und ungestüm, die ganze Stimmung änderte sich abrupt. Der Mann setzte sich neben mich und machte die Augen zu. Er nahm die Situation offenbar überhaupt nicht wahr. Die Kinder schrien herum, warfen Sachen hin und her, zerrten sogar an den Zeitungen der anderen Fahrgäste. Sie waren sehr störend. Aber der Mann neben mir tat gar nichts. Es war schwierig, nicht davon irritiert zu sein. Ich konnte nicht fassen, dass er so teilnahmslos war, dass er seine Kinder dermaßen herumtoben ließ und nichts dagegen tat, überhaupt keine Verantwortung übernahm. Es war deutlich, dass sich auch alle anderen in der U-Bahn ärgerten. Mit aus meiner Sicht ungewöhnlicher Geduld und Zurückhaltung sprach ich ihn schließlich an: ‚Ihre Kinder stören wirklich sehr viele Leute hier. Könnten Sie sie nicht vielleicht etwas mehr unter Kontrolle bringen?‘ Der Mann hob die Augen, als ob er sich zum ersten Mal der Situation bewusst würde, und sagte leise: ‚Oh, Sie haben recht. Ich sollte etwas dagegen tun. Wir kommen gerade aus dem Krankenhaus, wo ihre Mutter vor einer Stunde gestorben ist. Ich weiß nicht, was ich denken soll, und die Kinder haben vermutlich auch keine Ahnung, wie sie damit umgehen sollen.‘"

Als ich die Geschichte aus Stephen R. Coveys Long- und Bestseller *Die sieben Wege zur Effektivität* zum ersten Mal in der Hörbuchfassung hörte, bekam ich feuchte Augen. Und obwohl ich die Geschichte kenne – wann immer ich sie lese oder höre, werde ich emotional von ihr gepackt: Das ist die Macht der Geschichten, die Macht des Storytellings!

Zum Beispiel könnte ich in meinen Seminaren den Teilnehmern sagen: „Die meisten von uns nehmen einfach an, dass die Art und Weise, in der wir die Dinge sehen, auch die Art und Weise ist, wie die Dinge sind oder wie sie sein sollten. Nur manchmal verhalten sich die Dinge eben anders, als sie zu sein scheinen." Diese Aussage ist völlig korrekt und die meisten stimmen ihr gedanklich zu, sie haben sie VERSTANDen. Wenn ich allerdings die Geschichte vom Mann im Zug vorab erzähle, sitzt die Botschaft hundertprozentig, weil sie an eine Emotion gekoppelt ist – manchmal meine ich, dann eine Stecknadel fallen hören zu können.

> *Die mächtigste Person der Welt ist der Geschichtenerzähler.*
> *Der Geschichtenerzähler legt die Vision, die Werte und die*
> *Agenda einer ganzen Generation fest, die kommen wird.*
>
> Steve Jobs, US-amerikanischer Unternehmer

Das ist es, was gute Geschichten ausmacht: Ohne gouvernantenhaft erhobenen Zeigefinger sind sie uns in Form von Anekdoten, Gleichnissen und Legenden behilflich, auch komplizierte Zusammenhänge zu verstehen. Im besten Fall führen sie den Leser oder Gesprächspartner zu einer Erkenntnis oder einem erweiterten Horizont und motivieren ihn zu einem veränderten Verhalten.

Gerade in der Geschäftswelt erlebt die Geschichte als *Storytelling* zu Recht eine Renaissance. Infolge ihrer plastischen Sprache, die zielgerichtet die Gefühlswelt der Zuhörer anspricht, werden selbst komplexe Inhalte transparenter:

- Nutze die Macht der Geschichten im Umgang mit anderen, inspiriere zum Beispiel in Besprechungen und in Gesprächen deine Mitarbeiter und Kunden.

Kommunikationspsychologisch betrachtet gelten Geschichten aus gutem Grund als extrem wirksame Werkzeuge, weil sie als starke psychische Wahrnehmungsfilter wirken und auf den oder die Zuhörer unterschwellig Einfluss nehmen: Manchmal ist ein Schwank aus deiner Jugend weit mehr wert als 100 PowerPoint-Folien.

Wie du mittels klarer Rhetorik andere für dich gewinnst

Reden lernt man durch reden.

Cicero, römischer Staatsmann

Eine Präsentation ist eine hervorragende Gelegenheit, mehr über einen Redner zu erfahren und ihn genauer kennenzulernen. Als Sprecher stellst du nicht nur ein spezifisches Thema vor, du präsentierst vor allem dich selbst. Dein effektivstes Werkzeug dabei ist deine Rhetorik: die hohe Kunst, andere über Sprache, Stimme und Körpersprache zu überzeugen.

Wenn du deine Rhetorik perfektionierst, dankt sie es dir mit vielen Vorteilen: Als geübter Rhetor (Redner) bist du in der vorzüglichen Lage, dich verständlich auszudrücken und andere in Gesprächen und Besprechungen für dich einzunehmen und auch für deine Sachverhalte zu gewinnen. Herausragende Redner lieben die Kunst der Rhetorik. Sie wissen:

• Reden lernst du nur, indem du redest!

Der gute Redner wird Vergleiche anwenden und Beispiele vorbringen.

Cicero, römischer Staatsmann

Bei einem wichtigen Kunden wurde ich vor einiger Zeit als Trainer für eine dreivierteltägige Verkaufsschulung eingeladen: Die ersten beiden Stunden waren für einen anderen Redner reserviert, den ich nicht kannte und der insbesondere einige Verkaufskennzahlen präsentieren musste. Sicherheitshalber sollte ich während seines Vortrags schon anwesend sein, sodass ich direkt im Anschluss an seine Präsentation übernehmen konnte. Spätestens

15 Minuten nach Beginn seines Vortrags begannen meine Augen zu flattern und danach habe ich wenigstens eine weitere halbe Stunde mit dem Schlaf gerungen: Nichts wirkt so ermüdend wie eine fahle Rede.

Eine klare Botschaft wirkt hingegen wahre Wunder: Über den Erfolg deiner Rhetorik entscheidet nicht die Anzahl deiner Wörter, sondern wie überzeugend und wirkungsvoll du sprichst. Als charismatische Persönlichkeit musst du dir nicht auf die Brust klopfen und hast doch etwas Substanzielles zu sagen. Hohle Phrasen werden von deinen Zuhörern berechtigterweise als Lebenszeitdiebe erkannt – konzentriere dich auf deine Nettobotschaft, also die Essenz deiner Aussagen!

Bring klar zum Ausdruck, dass du die hohe Sprachkunst beherrschst, indem du auch schwierige Zusammenhänge leicht verständlich artikulierst. Das sind deine Zutaten für eine einleuchtende Botschaft:

- Dein gefestigtes Wertesystem,
- zielgerichtete Gedanken,
- sinnvolle Vergleiche,
- klare Beispiele,
- dich kurzfassen und
- intensives Vorbereiten und Trainieren deiner Rede!

Und wie kannst du deine Zuhörer entzünden?

1. Sei von deinen eigenen Ideen und Zielen begeistert, um deine Zuhörer davon zu überzeugen!
2. Sei von deinen Zuhörern begeistert, damit du sie für dich gewinnst!
3. Und sei insbesondere von dir selbst begeistert, um deine Zuhörer für dein Thema zu entflammen!

Falls du noch ein leuchtendes Vorbild suchst: Der auf der TED-Talks-Website mit rund 70 Millionen Klicks am häufigsten aufgerufene Vortrag, der mit einer unterhaltsamen und bewegenden Rede seine eigene Botschaft mit den Gefühlen des Publikums verknüpft, ist der des Meister-Rhetors Sir Ken Robinson.

Und jetzt komm ins Handeln:

✓ Bereite gerade wichtige Gespräche vor, indem du deine Hauptargumente schriftlich formulierst:

- Deine spannende These,
- entsprechend überzeugende Gründe,
- deutliche Beweise in Form von Bildern und Beispielen und
- die logische Konsequenz mit klarer Handlungsaufforderung an deine Gesprächspartner!

✓ Werde ein starker Storyteller, indem du gute Geschichten sammelst:

- Anekdoten, die du selbst mit Erkenntnisgewinn erlebt hast und
- Erzählungen aus deinem Umfeld oder aus Büchern, wie beispielsweise die vom erbosten Mann im Zug!

✓ Du lernst reden durch reden – nutze ab sofort jede gute Gelegenheit, vor Publikum zu sprechen:

- Zum Üben beispielsweise auf Familienfeiern und
- für deinen beruflichen Erfolg bei Projektpräsentationen oder auf Kongressen (ich habe beispielsweise im Jahr 1999 an der Leipziger Volkhochschule begonnen)!

2.9 Feedback auf Augenhöhe – wie du deine Kritik konstruktiv formulierst

> *Selbstkritik ist die beste Kritik; aber die Kritik*
> *durch andere ist eine Notwendigkeit.*
>
> Karl Popper, österreichisch-britischer Philosoph

Sei großzügig mit deinem Lob – wenn es etwas zu loben gibt. Und gib, auch wenn es schwerfällt, deinem Gesprächspartner ein aufrichtiges Feedback, wenn es etwas konstruktiv zu kritisieren gibt: Auf den kommenden Seiten erhältst du die wichtigsten Ideen und Techniken dazu.

Es gibt – vereinfacht dargestellt – nur zwei grundlegend unterschiedliche Formen, Kritik zu äußern. Schau dir im nächsten Beispiel beide Möglichkeiten an und beobachte, welches Gefühl sie in dir auslösen und wie du darauf reagieren würdest.

Stell dir vor, du und ich sind Kollegen und ich habe dir vor Kurzem erzählt, dass ich in eine bevorzugte Wohngegend umziehen werde. Ich habe zwar nicht ausdrücklich gesagt, dass du das für dich behalten sollst, habe es aber unausgesprochen vorausgesetzt. Heute bin ich von anderen Kollegen breit grinsend auf meinen Umzug angesprochen worden („Du hast wohl im Lotto gewonnen?") und weiß daher, dass du ihnen davon erzählt haben musst (da ich niemandem außer dir davon berichtet habe). Mir stehen jetzt mehrere Möglichkeiten zur Verfügung, wie ich darauf reagieren kann – die beiden Beispiele stelle ich dir im Folgenden vor:

Reaktion 1: „Immer musst du alles weitertratschen! Dir kann man nichts anvertrauen. Du bist echt das letzte Quatschfass!"

Oder:

Reaktion 2: „Ich habe mitbekommen, dass du den Kollegen davon erzählt hast. Mir ist das unangenehm, dass sie davon etwas erfahren haben. Deshalb habe ich eine Bitte an dich: Wenn wir zukünftig private Dinge besprechen, behalte es bitte für dich. Ist das O. K. für dich?"

Und? Wie hast du innerlich reagiert auf die beiden Aussagen?

Die meisten Teilnehmer, mit denen ich diese Beispiele im Seminar bespreche, sagen, dass sie sich bei Reaktion 1 angegriffen fühlen und den Impuls haben, sich zu verteidigen oder zum Gegenangriff übergehen. Bei Reaktion 2 fühlen sie sich eher betroffen, einige sagen, dass sie sich wahrscheinlich entschuldigt hätten. Häufig wird die zweite Variante als klarer und treffender wahrgenommen als die erste.

Was war nun der Unterschied zwischen Reaktion 1 und Reaktion 2?

Die Sätze aus Aussage 1 werden aggressiver wahrgenommen als die aus Aussage 2. Bei der ersten Reaktion wird der Gesprächspartner angegriffen und bei der zweiten das eigene Erleben geschildert. Darüber hinaus wird die zweite Variante als angemessener und konstruktiver empfunden als die erste. Der entscheidende Unterschied ist, dass in der ersten Reaktion *Ich-Botschaften* und in der zweiten *Du-Botschaften* verwendet werden.

Die erste Reaktion sendet also Botschaften, die den Gesprächspartner angreifen und ihm die Schuld zuschieben. Diese Botschaften beginnen häufig mit *Du* beziehungsweise *Sie*, weil sie das Fehlverhalten des anderen herausstellen. Eine solche Du- oder Sie-Botschaft ist wie ein ausgestreckter Zeigefinger.

Beispiele sind:

- „Immer musst *du* alles weitertratschen!"
- „*Dir* kann man nichts anvertrauen." Und: „*Du* bist echt das letzte Quatschfass!"

Dagegen stellt die zweite Reaktion die eigene Wahrnehmung in den Mittelpunkt. Hier wird die eigene Sichtweise und zum Teil auch das eigene Gefühl geschildert. Solche Sätze beginnen häufig mit dem Wort *Ich* und werden deshalb *Ich-Botschaften* genannt.

Beispiele sind:

- „*Ich* habe mitbekommen, dass du den Kollegen davon erzählt hast."
- „*Mir* ist das unangenehm, dass sie davon etwas erfahren haben."
- „Deshalb habe *ich* eine Bitte an dich: Wenn wir zukünftig private Dinge besprechen, behalte es bitte für dich."
- Du- oder Sie-Botschaften, wie zum Bespiel „Immer musst *du* alles weitertratschen!", lösen überwiegend Widerwillen und Widerspruch aus. Dein Gegenüber rechtfertigt sich, da ihm die Schuld in die Schuhe geschoben wird. Verletzung und Ärger sind weitere typische Reaktionen auf Du-Botschaften.

Ich-Botschaften hingegen lösen meist Betroffenheit aus. Dein Gegenüber wird nachdenklich und ist eher zu einer Klärung des Themas bereit.

Kurzum: Wenn du an einer langfristig starken Beziehung zu deinem Gesprächspartner interessiert bist und Kritik konstruktiv formulieren willst, setz sinnvollerweise gerade in schwierigen Gesprächssituationen Ich-Botschaften ein.

Die magische 3-W-Formel

Es gibt keine Fakten. Es gibt nur unsere Wahrnehmung davon.

Leo Tolstoi, russischer Schriftsteller

Die Ich-Botschaft ist demnach die wichtigste Technik, die du in Konfliktsituationen als Sender einer Nachricht einsetzen kannst, um das Gespräch konstruktiv zu gestalten.

Dabei haben sich drei Schritte als hilfreich herausgestellt, die auch als 3-W-Formel bezeichnet werden – wobei nicht immer jeder einzelne Schritt notwendig und die Reihenfolge ebenfalls nicht entscheidend ist.

In jedem Fall gibt dieses Schema deiner konstruktiven Kritik eine gute Struktur:

1. Wahrnehmung: Du beschreibst so konkret wie möglich die Situation beziehungsweise das störende Verhalten aus deiner eigenen Sicht. Beispiel: „Mir ist aufgefallen, dass du gestern und heute jeweils 30 Minuten zu spät zur Arbeit erschienen bist." Es kann also auch bei der Ich-Botschaft ein *Du* oder *Sie* vorkommen. Wenn du auf den Punkt kommen willst, ist es wichtig, dem Gesprächspartner sein unerwünschtes Verhalten klar aufzuzeigen.

2. Wirkung: Du schilderst die Auswirkungen auf dich, zum Beispiel: „Ich musste in beiden Fällen Maxine für dich einsetzen, obwohl sie mit dem KI-Projekt ausgelastet ist." Und möglicherweise nennst du deine eigenen Gefühle, beispielsweise: „Das ärgert mich." Danach ist es in vielen Fällen

von Vorteil, den Gesprächspartner zu Wort kommen zu lassen, indem du beispielsweise fragst: „Woran liegt es?", oder: „Was ist denn da los?"

3. Wunsch: Danach formulierst du die eigenen Wünsche und Erwartungen, beispielsweise: „Ich bitte dich, ab sofort wieder pünktlich zu sein", oder: „Ich erwarte, dass du ab sofort wieder pünktlich erscheinst." Je nach Situation kannst du dann mit einer Frage abschließen: „Einverstanden?", oder: „Ist das für dich in Ordnung?"

Dieses Schema dient dir als konkrete Hilfe beim Ansprechen von Konflikten und beim Formulieren von Kritik. Es soll dir allerdings keine Fesseln anlegen – verwende es, wenn es passt und ändere es nach deinen Wünschen. Es ist nicht immer nötig, jeden einzelnen Schritt zu gehen. So kann es sein, dass du es als unpassend empfindest, Gefühle zu zeigen, zum Beispiel, weil es sich um eine Kleinigkeit dreht oder weil du dich nicht angreifbar machen willst. Deshalb kannst du natürlich auch auf Aussagen wie „Das ärgert mich" verzichten.

In meinen Seminaren ergibt sich manchmal die Frage, ob Ich-Botschaften im echten Leben tatsächlich umsetzbar sind und ob Ich-Botschaften denn tatsächlich den Du-Botschaften vorzuziehen sind:

Meiner Praxiserfahrung nach geht es gar nicht darum, Ich-Botschaften als Stein der Weisen anzusehen und Du-Botschaften an den Pranger zu stellen. Vielmehr hat es sich im Alltag gezeigt, dass schlichtweg die Wirkung zwei Paar Stiefel sind:

- Du-Botschaften führen häufig zur Verschärfung und
- Ich-Botschaften glätten eher die Wogen eines Konfliktes.

Im Sinne einer konstruktiven Gesprächsführung empfehle ich dir daher also den Einsatz von Ich-Botschaften. Allerdings ist es wichtig, darauf zu achten, dass sie zur dir selbst und zur Situation passen. Im Unterschied zum Vorurteil, dass Ich-Botschaften relativierend und beschönigend sind, können sie auch kämpferisch sein: „Ich bin sehr verärgert" oder „Ab sofort erwarte ich, dass ..." sind beispielsweise klare und deutliche Aussagen.

Und jetzt komm ins Handeln:

✓ Sei großzügig mit deinem Lob – wenn es etwas zu loben gibt!

✓ Gib deinem Gesprächspartner ein aufrichtiges Feedback, wenn es etwas konstruktiv zu kritisieren gibt!

✓ Verwende bei deinen Feedbacks in erster Linie *Ich-Botschaften*, weil sie im Gegensatz zur häufig konfrontativen *Du-Botschaft* bei deinem Gesprächspartner fast immer konstruktiver ankommen!

✓ Nutze die magische 3-W-Formel: Du beschreibst einfach deine ...

  – Wahrnehmung („Mir ist aufgefallen ...“),
  – die Wirkung auf dich oder die Situation („Das hat zur Folge ...“) und anschließend
  – deinen Wunsch an das Verhalten deines Gesprächspartners („Ich wünsche mir ...“)!

✓ Wichtig: Erweise dir selbst den Gefallen und entwickle die Fähigkeit, Ich-Botschaften gezielt anzuwenden, um auch schwierige Gespräche souverän meistern zu können!

3. Hebel: Soziale Kompetenz – so entwickelst und stärkst du deine Persönlichkeit

Wie gelingt es dir, nicht nur fachlich brillant, sondern auch menschlich herausragend zu sein? Mach den dritten Hebel *Soziale Kompetenz* zu deinem Turbolader für herausragenden Erfolg. Neben fachlichen Mängeln können vor allem fehlende soziale Kompetenzen zur Erfolgsbremse werden. Beuge dem vor, indem du deine Persönlichkeit konsequent entfaltest. Führe dir immer wieder vor Augen, dass du nicht nur sozial kompetent mit deinem Umfeld umgehst, sondern auch mit dir selbst.

Zur Erinnerung: Sozial kompetent im Umgang mit anderen bist du, wenn du zum Beispiel ...

* wirkungsvoll mit ihnen kommunizierst (der zweite Hebel, den wir im vorangegangenen Kapitel ausführlich besprochen haben),
* einen Menschen nach einem ersten Eindruck richtig einschätzt (also deine Menschenkenntnis) und
* die Welt durch die Brille deines Gesprächspartners siehst (damit ist dein Einfühlungsvermögen gemeint).

Und sozial kompetent im Umgang mit dir selbst bist du dann, wenn du zum Beispiel ...

- selbstbewusst bist (du bist dann im Klaren über dich selbst: woher du kommst, wo du gerade stehst und wohin du noch willst),
- dir selbst vertraust (denn nur wenn du dir selbst vertraust, vertrauen dir auch die anderen) und
- Verantwortung für dich selbst übernimmst (du bist nicht für alles in deinem Leben verantwortlich, allerdings liegt die Reaktion auf die äußeren Umstände immer in deinen Händen).

Damit ist deine Persönlichkeitsentwicklung ein maßgebliches Thema für deinen außergewöhnlichen Erfolg. Neben den bereits genannten Soft Skills zählen dazu auch wertvolle Eigenschaften wie Teamfähigkeit und Vorbildfunktion. Mit den Feinheiten der sozialen Kompetenz ließe sich ein ganzes Buch füllen: Deswegen erhältst du in diesem Kapitel die Kernaussagen, auf die es ankommt, um ganzheitlich herausragend erfolgreich zu sein.

Um andere einschätzen zu können, ist es von großer Bedeutung, dass du dich erst einmal selbst besser kennenlernst: Damit beschäftigt sich der erste Abschnitt.

Darüber hinaus ist es wichtig, deine Gesprächspartner zu beobachten und zu erkennen, um welchen Persönlichkeitstypus es sich bei ihnen handelt. Je besser du sie erkennst, desto punktgenauer kannst du auf sie eingehen. Eine große Hilfe zur Selbst- und Menschenkenntnis war die individuelle DISG-Auswertung meines Verhaltens- und Persönlichkeitstyps – mehr zu diesem Thema erfährst du im zweiten Abschnitt dieses Kapitels.

Persönlichkeitsentwicklung heißt immer auch Persönlichkeitswachstum – und dein Wachstum findet nur außerhalb deiner Komfortzone statt. *Raus aus der Komfortzone und rein ins Leben* heißt daher der dritte Abschnitt dieses Kapitels. Nur wenn du die Erfolgsverhinderer Bequemlichkeit, Angst und Hemmungen überwindest, wirst du ganzheitlich erfolgreich sein. Viele Menschen rühren sich in ihrer Komfortzone nicht von der Stelle und verharren innerhalb ihrer Grenzen. So bringen sie jedes Wachstum zu Fall und das lässt ihr Selbstvertrauen sinken. Wie kannst du dir ein starkes Selbstvertrauen aufbauen? Die Grundlage für ein starkes Selbstvertrauen ist immer ein gesundes Selbstwertgefühl. Je mehr du deinen eigenen Wert schätzt, desto eher wirst du dir selbst vertrauen. Dabei kann dich zum Beispiel ein Erfolgstagebuch unterstützen. Mach dir bewusst: Mit jedem Projekt, das du in trockene Tücher gebracht hast, wächst dein Selbstvertrauen – du befindest dich dann in einer Art Glücksspirale. Weitere starke Eigenschaften, die beruflich wie privat eine wesentliche Rolle spielen, runden diesen Abschnitt ab.

Schau in den Spiegel und du siehst den Menschen, der für dich verantwortlich ist: Fang bei dir selbst an! Verantwortung für dich selbst zu übernehmen heißt, dass du dein Leben selbst in deine eigenen Hände nimmst und nicht etwa eine Marionette des Zufalls bist. Deine soziale Kompetenz zeigst du durch Achtung, Anerkennung, Wertschätzung, Ehrlichkeit, Gerechtigkeit und Vorbild. Spätestens seit der Corona-Krise genießen insbesondere diese Werte und ethisches Handeln wieder ein hohes Ansehen!

Auch Teamfähigkeit zählt heute zu den herausragenden sozialen Fähigkeiten. Einsame Wölfe und Einzelkämpfer laufen dem Erfolg meist hinterher und kommen nicht halb so weit wie Teamspieler. Du hast immer auch eine Vorbildfunktion – ganz gleich ob gegenüber deinen Mitarbeitern, Kunden, Freunden oder Kindern: Gib immer ein gutes Vorbild ab! Ein gutes Vorbild sagt mehr als tausend Worte.

Sehr gut kann ich mich an ein Führungsseminar erinnern, in dem sich die Teilnehmer über ihre Führungskräfte lustig machten und ihr Unternehmen sarkastisch die *Kuschel GmbH* nannten. Grund dafür war, dass sich einige Mitarbeiter alle Freiheiten herausnehmen und ihren Vorgesetzten auf der Nase herumtanzen konnten, ohne mit Konsequenzen rechnen zu müssen. Deswegen beschäftigt sich der nächste Abschnitt mit sozial kompetenter und konsequenter Führung – freu dich jetzt schon auf die Geschichte mit dem Pferd!

Auf der einen Seite wirken immer mehr Menschen angestrengt, gestresst und haben immer weniger Zeit. Andere dagegen vergeuden ihre Zeit und schlagen sie tot. Führe dir jeden Tag aufs Neue vor Augen: Zeit ist dein kostbarster Schatz! Einmal verstrichene Zeit ist für immer verloren. Du nutzt deine Zeit dann sinnvoll, wenn du Tag für Tag das tust, was dir wirklich wichtig ist, und dabei dein Bestes gibst – das gilt natürlich auch für die alltäglichen Dinge. Merk dir: Das Gestern ist endgültig passé, aus und vorbei. Daraus kannst du zwar noch etwas lernen, aber nichts mehr ändern. Lass also das

Vergangene los. Damit dir die Stunden eines Tages nicht wie Sand zwischen den Fingern zerrinnen, behandelt ein weiterer Abschnitt das große Thema *Zeit- und Selbstmanagement*. Deine oberste Regel lautet ab sofort: Mach das Wichtigste zuerst! Und finde eine klare und deutliche Antwort auf die Frage, was das Wichtigste ist! Diese Frage kannst nur du selbst beantworten; die Antwort hängt davon ab, welche Ziele du erreichen möchtest.

Es gibt zig gute Tipps und unterschiedlichste Methoden, Stress wirkungsvoll abzubauen – am einfachsten beispielsweise durch Sport und Schlafen. Wie Stress entsteht, welche Stresstypen es gibt und wie du wirksam Stress abbauen kannst, um langfristig überragend erfolgreich zu sein, erfährst du im letzten Abschnitt dieses Kapitels.

Die (Selbst-)Liebe setzt deinem Leben die Krone auf: Die Liebe zu deinem Partner und deinen Kindern, die idealerweise bedingungslos und ohne Erwartung ist. Aber auch die Liebe zu deiner Arbeit und deinen Kunden ist wesentlich. Nur wenn du mit Liebe und Passion an dein Tagewerk gehst, kannst du ein rundum erfülltes Leben führen.

3.1 Selbstreflexion – wie du dich selbst und andere erkennst

> *Erkenne dich selbst.*
>
> Inschrift am Apollotempel von Delphi

Am Anfang steht die Erkenntnis: Eine erfolgreiche Lebensweise beginnt immer bei dir selbst! Je besser du dich selbst kennst, desto leistungsfähiger und erfolgreicher kannst du dein Leben gestalten.

Wenn tief empfundenes Glück und Erfolg zu deinen Zielen zählen, entscheide dich für einen klaren, konsequenten und geradlinigen Weg. Beachte, dass dies ein schmaler Weg ist – die Masse nutzt eine breite Straße, die allerdings meist nur zum Durchschnitt führt. Glück und Erfolg erreichst du also nur, wenn du dich selbst gut kennst. Es ist daher gut zu wissen, was dir wirklich wichtig ist und wie du dich in bestimmten Situationen verhältst. Deine Gefühle und dein Verhalten werden von deinen Gedanken gelenkt. Wenn du diesen Zusammenhang erkennst und beginnst, dich selbst zu beobachten, bist du in der Lage, dich und andere zu erkennen. Du siehst also: Selbsterkenntnis ist nicht nur eine der wichtigsten Voraussetzungen für ein erfülltes Leben, sondern auch der sicherste Weg, andere Menschen sowie ihr Denken und Verhalten zu erkennen und zu verstehen.

> *Beobachtung seiner selbst ist eine Schule der Weisheit.*
>
> Baltasar Gracián y Morales, spanischer Schriftsteller

Die wenigsten zeigen sich geneigt, ins Handeln zu kommen, wenn sie die unmissverständliche Aufforderung *Erkenne dich selbst* hören, weil sie sofort an die alten Griechen und die hohe Philosophie denken. Dabei ist es in Wahrheit viel einfacher:

- Setz einfach deinen gesunden Menschenverstand ein,
- beobachte dich bewusst selbst und
- im Ergebnis lernst du dich und deine Gesprächspartner besser kennen.

Was immer du bei anderen wahrnimmst, hat auch mit dir zu tun und kann dir dabei helfen, etwas über dich selbst zu lernen.

> *Du siehst die Welt nicht so wie sie ist, du*
> *siehst die Welt so wie du bist.*
>
> Mooji, jamaikanischer Philosoph

Hast du das auch schon mal erlebt? Du könntest deinen Mitarbeiter auf den Mond schießen, weil er nicht mitdenkt, nicht kreativ ist, nur Dienst nach Vorschrift macht und überhaupt von nichts eine Ahnung hat!

Das hat auch mit dir selbst zu tun. Alle, mit denen du in Kontakt stehst, und jede Lebenslage, in der du dich befindest, sind das Endergebnis und damit der Spiegel deines Bewusstseins. Dein Bewusstsein wird geprägt durch deine Gedanken und deine innere Einstellung dir selbst und der Welt gegenüber. Du kannst also im Außen nur das wahrnehmen, was du in deinem Inneren mit deiner Geisteshaltung kreiert hast. Wenn dein Mitarbeiter dir also mal wieder so richtig den letzten Nerv raubt, dann trägst du dafür mit deiner Bewertung der Situation die Verantwortung. Dieses elementare Lebensgesetz heißt *Wie innen, so außen* und ist auch als Resonanz- oder Spiegelgesetz bekannt.

> Das Gesetz der Anziehung zieht dir alles an, was du brauchst, je nach der Art deines Gedankenlebens. Ihre Umwelt und finanzielle Situation sind die perfekte Reflexion Ihres gewohnten Denkens. Der Gedanke regiert die Welt.
>
> Joseph Murphy, irischer Autor

Steht ein Mitarbeiter bei dir und den Kollegen ganz oben auf der Beliebtheitsskala, achtet er sich bewusst oder unbewusst auch selbst. Ein nicht gern gesehener Mitarbeiter dagegen liegt häufig im Dauerstreit mit sich selbst und seine Kollegen gehen ihm nach Möglichkeit aus dem Weg.

Das sind zwei wesentliche Kernaussagen für deinen Erfolg:

1. Dein Gehirn dient als innerer Projektor, der dein Leben als bewegte Bilder projiziert und die äußere Welt fungiert als Leinwand, die diesen Film widerspiegelt.
2. Deine Außenwelt ist damit der Spiegel deiner Innenwelt (deiner inneren Einstellung, die von deinem Glaubenssatzsystem gespeist wird).

Am besten erkennst du dich in anderen Menschen – am allerbesten in deinen eigenen Kindern. Diese Erkenntnis fällt nicht immer leicht; es ist auch manchmal schwer zu akzeptieren, dass die Ursache für das Verhalten anderer in deiner eigenen Geisteshaltung zu finden ist.

Das ist ein breit verbreitetes Phänomen: Die meisten fühlen sich für ihre Erfolge verantwortlich; an Misserfolgen und Problemen allerdings sind regelmäßig die anderen schuld.

- Merk dir: Dich grundsätzlich für jede Lebenssituation verantwortlich zu fühlen (zumindest in den Bereichen, auf die du tatsächlich Einfluss nehmen kannst), lässt dich nicht mehr Opfer sein, sondern zum Gestalter deines Lebens werden!

Denk diesen Gedanken einmal ehrlich und konsequent zu Ende!

Das kannst du besonders gut üben, wenn du mit deinen Kindern aktiv bist. Du wirst feststellen: Gerade kleinere Kinder machen sich unbewusst deine Sprache, Körpersprache und Gewohnheiten zu eigen.

Wenn deine Kinder beispielsweise schnell ungeduldig oder laut werden, reflektieren sie damit ungefiltert und ehrlich dein Verhalten: Kinder sind deine großen Lehrmeister, in ihnen erkennst du dich sehr oft selbst.

Kennst du das Spiegelgesetz? Es zählt zu den wertvollsten psychologischen Erkenntnissen und besagt, dass die Menschen aus deinem Umfeld dir äußerlich reflektieren, was du an Werten und Überzeugungen in dir trägst.

Bist du der Ansicht, dass dein Mitarbeiter wichtige Aufgaben nicht strukturiert, sondern konfus und chaotisch bearbeitet? Bringt dich das auf die Palme und willst du, dass er sich bessert? Das kann für dich ein wichtiger Hinweis darauf sein, dass du dich selbst mit strukturiertem Arbeiten schwertust und deine Aufgaben gern systematischer erfüllen würdest.

Hat dir jemand aus deinem Umfeld schon mal zurückgemeldet, dass du bei wichtigen Aufgaben zu einem chaotischen Arbeitsstil neigst und ist dir deswegen innerlich der Kragen geplatzt? Dann hat er deine offene Flanke erwischt! Tangiert dich sein Vorwurf jedoch eher peripher, dann ist es ein Indiz für sein eigenes Chaos, das er auf dich projiziert.

Wenn die fröhliche Art deines Mitarbeiters ganz nach deinem Geschmack ist und er dir auch deswegen ans Herz gewachsen ist, hast du in ihm deine eigene beschwingte und heitere Seite entdeckt, die du auch an dir selbst sehr wertschätzt.

> *Wie man in den Wald hineinruft, so schallt es heraus.*
>
> *Deutsches Sprichwort*

Und so kannst du das Spiegelgesetz konkret für dich nutzen:

Wenn es dich zur Weißglut treibt, dass dein Mitarbeiter zum Feierabend seinen Schreibtisch nicht aufräumt und mit Papier übersät schlampig hinterlässt, dann reflektiert dir dein Leben eine große Lernchance:

Nach dem Psychiater Carl Gustav Jung spiegeln dir deine Vorwürfe und Beschuldigungen gegen andere Menschen immer deinen eigenen *Schatten*. Diese eigene *dunkle Seite* stößt dich ab und fasziniert dich (unbewusst) zugleich. Humanmediziner und Autor Rüdiger Dahlke beschreibt in seinem Buch *Das Schatten-Prinzip* eine einfache Methode mit dem Namen *Das Spiel der Wandlungen*. Mit dieser Übung kannst du deine Schattenseiten erkennen, annehmen und integrieren, um anschließend offener, sympathischer und toleranter dir selbst und anderen gegenüber zu sein.

Beim *Spiel der Wandlungen* geht es um die Umkehrung der Verantwortung. Diejenigen, die dir deinen *Schatten* zeigen, werden damit entlastet und dein Leben verändert sich in Richtung persönliches Wachstum. Darüber hinaus erhältst du dadurch weitere Handlungsmöglichkeiten. Dein ganzer Ärger, dein Frust und deine Wut können damit langfristig und nachhaltig verschwinden. Mit dieser Übung gelingt es dir, ursprünglich anklagende Aussagen in psychologisch entwicklungsförderliche Hinweise für dich selbst zu wandeln.

Statt der Aussage ...

a. „Mein Mitarbeiter ärgert mich" kannst du dir zusätzlich noch drei weitere Betrachtungsebenen anschauen, die deinen eigenen Schatten direkt enthüllen, nämlich ...
b. „Ich habe ihn geärgert",
c. „Ich habe mich geärgert" und
d. „Er hat sich geärgert".

- Bei a) handelt es sich um die Ausgangsbeschuldigung,
- bei b) um die Umkehrung beziehungsweise Wandlung – dadurch gibst du die Opferrolle auf und übernimmst selbst die Verantwortung mit dem Ergebnis, dass du deine Handlungsfähigkeit zurückerhältst;
- c) und d) dienen dir als zwei weitere spannende Varianten zum Reflektieren.

Die Umkehrung b) „Ich habe ihn geärgert" und c) „Ich habe mich geärgert" tragen am meisten zur Lösung bei, da das Thema dann in deinen Händen liegt – an der Ausgangsbeschuldigung a) und Variante d) kannst du direkt nichts ändern (allerdings indirekt über dein verändertes Verhalten, das eine andere Resonanz beim Mitarbeiter erzeugen kann).

Ohne noch weiter auf Inhalte einzugehen, lässt sich jede Anklage a) im Sinne solch einer Verantwortungsumkehr in ihr Gegenteil b) verwandeln. Die Varianten b), c) und d) helfen in aller Regel weiter als die ursprüngliche Beschuldigung a) – wenn du wirklich willens bist, wirst du meistens auch fündig. Der Seitenwechsel von a) nach b) führt dich vom *Ausgelieferten* zum *Gestalter*: Sobald du die Wandlung zustande bringst, kannst du sofort damit anfangen, etwas zu ändern, nämlich deine Gedanken, damit deine Gefühle und schlussendlich dein Verhalten gegenüber dem vermeintlichen Verursacher. Statt schlecht über ihn zu denken, kannst du ihm dankbar sein für die wichtigen Lektionen des Lebens – Coach und Autor Robert Betz nennt ihn deswegen gern deinen *Arschengel*: Wenn du deine Lektion aus dem Verhalten deines *Arschengels* und deinen daraus entstandenen Gefühlen gelernt hast, hat er seine Mission erfüllt. Der *Arsch* ist jetzt ab und es bleibt der Engel – er hat dich stärker gemacht und lässt dich dein Leben ab sofort besser meistern. Wie du in den Wald hineinrufst, so schallt es zurück: deine (ehrliche) Freundlichkeit ihm gegenüber kommt als Bumerang zu dir zurück, das alte Thema ist aufgelöst; du hast diesen Teil deiner Geschichte integriert und damit losgelassen – du bist persönlich gewachsen und von diesem Thema frei. Tu dir (und deinem Mitarbeiter) diesen Gefallen: Spring im wahrsten Sinne des Wortes über deinen alten Schatten – du selbst profitierst am meisten davon.

Wenn du diese Arbeit geleistet hast, kannst du deinem Mitarbeiter ohne Weißglut, sondern – ganz im Gegenteil – entspannt und gelassen, ein Feedback zu seinem unordentlichen Schreibtisch geben – schau dir dazu noch einmal den Abschnitt *Formuliere deine Kritik konstruktiv* im zweiten Kapitel an.

- Darüber hinaus lautet eine der wohl wichtigsten Regeln für ein erfolgreiches Leben:

  - Akzeptiere, was ist!
  - Nimm an, was ist!
  - Liebe, was ist!

> *Sage mir, mit wem du umgehst, so sage ich dir,*
> *wer du bist; weiß ich, womit du dich beschäftigst,*
> *so weiß ich, was aus dir werden kann.*
>
> Johann Wolfgang von Goethe, deutscher Dichter und Universalgenie

Die Fähigkeit, einen Menschen aufgrund eines ersten Eindrucks richtig einzuschätzen, wird zu Recht *Menschenkenntnis* genannt. Je besser du einen Gesprächspartner kennst und je genauer du weißt, wie er voraussichtlich auf dein Verhalten reagieren wird, desto besser kannst du mit ihm umgehen und ihn beeinflussen.

Deine Persönlichkeit wird stark geprägt durch den Umgang mit anderen Menschen; du passt unbewusst dein Verhalten und deine Entwicklung deinem Umfeld an. Oder hast du schon einmal einen Grufti aus der Schwarzen Szene als Vorstandsvorsitzenden auf einer Hauptversammlung gesehen?

Praxisbeispiel *Auf ein starkes Team achten*

Du bist der Durchschnitt der fünf Menschen,
mit denen du die meiste Zeit verbringst.

Jim Rohn, US-amerikanischer Motivationstrainer

Punkt sechs Uhr war es so weit: Völlig erschöpft stand ich auf dem Kraterrand des Kilimandscharos und schaute in einen der schönsten Sonnenaufgänge, den ich je gesehen habe.

Mit dem Aufstieg auf das Dach Afrikas hatte ich eines meiner größten Ziele erreicht – ein Löffellisten-Ziel (das sind Ziele, die du erreichen willst, bevor du den Löffel abgibst; mehr dazu liest du im vierten Kapitel).

Bei dieser Expedition habe ich so viel über das Leben gelernt, dass ich vielleicht dazu noch ein eigenes Buch schreiben werde. Eine meiner wichtigsten Erkenntnisse war:

• Achte darauf, mit welchen Weggefährten du dich umgibst!

Das schlussendlich 12 der gestarteten 15 Teilnehmer tatsächlich den Kraterrand erreichten, hing ganz wesentlich mit den wahren Helden des Kilimandscharos zusammen – unseren Trägern. Während wir mit rund 6 bis 8 kg Gewicht im Tagesrucksack unterwegs waren, hatten die Träger um die 15 kg auf ihrem Rücken (und manchmal auf dem Kopf!).

Neben uns Teilnehmern und den Trägern bestand das Team zusätzlich aus Guides, Assistant Guides, Köchen und Hilfspersonal – in Summe unglaubliche rund 60 Leute.

Achte, würdige und ehre dein enges Umfeld, weil diese Menschen dein Denken, deine Gefühle und dein Verhalten am stärksten beeinflussen:

- Mit wem verbringst du eigentlich deine meiste berufliche und private Zeit?
- Von wem aus deinem Umfeld erhältst du Rückenwind?
- Nach welchen Treffen fühlst du dich wohl und bereichert?
- Wer raubt dir Energie (Energievampire)?
- Mit wem möchtest du mehr und mit wem weniger unternehmen?
- Wen also möchtest du noch kennenlernen und wen eigentlich nicht mehr sehen?

Wenn du ein großes Ziel erreichen willst, gelingt das nur gemeinsam mit einem starken Team – achte sorgfältig darauf, mit welchen Gefährten du dich auf den Weg machst. Deine Zukunft wird maßgeblich bestimmt durch den Einfluss anderer Menschen auf dich. Welche Konsequenzen kannst du daraus ziehen? Richtig, orientiere dich an erfolgreichen Menschen!

Wähle ganz gezielt ...

- die Tätigkeit aus, die du auch dann tun würdest, wenn du kein Geld dafür bekämst, sondern wenn du sogar Geld dafür bezahlen müsstest,
- das Unternehmen aus, für das du von Herzen gern arbeiten möchtest,
- die Mitarbeiter aus, die dir nahe sind und gemeinsam mit dir Erfolge feiern möchten,
- den Lebenspartner aus, mit dem du gemeinsam durch dick und dünn gehst,

um deine Lebensvision Schritt für Schritt in die Tat umzusetzen.

Und jetzt komm ins Handeln:

✓ Die meisten trampeln auf der breiten Straße Richtung Durchschnitt – wenn du überdurchschnittlich erfolgreich sein willst, entscheide dich für einen klaren, konsequenten und geradlinigen Weg. Beachte, dass dies ein schmaler Weg ist!

✓ *Erkenne dich selbst* heißt ab sofort für dich:

- Setz einfach deinen gesunden Menschenverstand ein,
- beobachte dich bewusst selbst und
- im Ergebnis lernst du dich und deine Gesprächspartner besser kennen!

✓ Führe dir täglich vor Augen, dass dir deine Außenwelt wertneutral deine Innenwelt spiegelt. Wenn du also andere Ergebnisse als bisher erzielen willst, musst du deine von deinem Glaubenssatzsystem gespeiste innere Einstellung zu dir selbst und den Dingen um dich herum ändern! (Wie genau, erfährst du noch ausführlicher in den nächsten Kapiteln.)

✓ Dich grundsätzlich für jede Lebenssituation verantwortlich zu fühlen (zumindest in den Bereichen, auf die du tatsächlich Einfluss nehmen kannst), lässt dich nicht mehr Opfer sein, sondern zum Gestalter deines Lebens werden!

✓ Wann immer du anderen etwas vorwirfst und es dich aufregt, nutze das *Spiel der Wandlungen*: Wenn du es konsequent anwendest, wirst du über die befreiende Wirkung verblüfft sein!

✓ Achte darauf, mit welchen Weggefährten du dich umgibst!

3.2 Persönlichkeitstypen – wie du dich selbst und andere besser verstehst

> *Menschenliebe ist das Wesen der Sittlichkeit,*
> *Menschenkenntnis das Wesen der Weisheit.*
>
> Konfuzius, chinesischer Philosoph

Wie wäre es, wenn du die Bedürfnisse anderer, beispielsweise deiner Mitarbeiter, erkennen könntest? Fragen wie ...

- „Was denkt der wohl?",
- „Was erwartet er genau von mir?" oder
- „Welche Infos braucht er noch?"

beschäftigen viele Mitarbeiter im beruflichen Alltag im Umgang mit ihren Kollegen und eigenen Führungskräften. Auch diese Fragen treiben sie um:

- „Warum komme ich mit einigen Menschen gut aus und mit anderen wiederum nicht?"
- „Und woran liegt es, dass ich mit einigen Leuten ein starkes Team bilden kann und mit anderen nicht?"

Die Antworten auf diese Fragen sind recht komplex. Viele Konflikte in Unternehmen und Teams gehen auf verschiedene Verhaltensweisen der einzelnen Mitarbeiter zurück. Es ist allerdings ein Irrglaube, dass du deine Kollegen und Mitarbeiter, Kunden und Führungskräfte mal eben auf die Schnelle ändern kannst. Menschen sind nun einmal so, wie sie sind. Das liegt an vielen Faktoren, zu denen die Erziehung, das Umfeld, die persönlichen Erfahrungen und die Kultur eines Menschen beitragen.

Andere verändern zu wollen ist daher sinnlos. Ein wirksamer Hebel sieht anders aus. Es geht darum, wie du auf verschiedene Situationen flexibel reagieren kannst. Und darum, zu verstehen, warum Menschen in welchen Situationen *wie* handeln – und dabei helfen dir Persönlichkeits- und Verhaltensmodelle. Mit ihnen erhältst du Einsichten über dich selbst und die Menschen deines Umfelds. Du siehst dich dann selbst und andere Menschen in einem neuen Licht – wie du selbst und die anderen tatsächlich sind.

Du bekommst also die Möglichkeit, auch andere Verhaltensstile kennenzulernen und dadurch leichter zu verstehen. Dir erschließt sich dann das Verhalten deiner Gesprächspartner besser und du kannst leichter auf sie eingehen.

Unter den vielen Persönlichkeits- und Verhaltensmodellen ist das DISG-Modell das bekannteste. Es liefert dir Klarheit für viele wichtige Bereiche des (Arbeits-)Alltags:

- Vom Zeitmanagement
- über den Verkauf und
- der Personalauswahl
- bis hin zur Führungskräfteentwicklung und
- über die bessere Zusammenarbeit in Teams sowie
- den typgerechten Umgang mit einzelnen Mitarbeitern und Kollegen –

natürlich kannst du dieses starke Tool auch privat anwenden.

Dieses Modell ist bei vielen Personalern und Mitarbeiter – manchmal nach anfänglicher Skepsis – sehr beliebt, weil es so einfach und gut verständlich sowie präzise in der Auswertung und in den Ergebnissen ist: In einem Einzelcoaching schaute mich ein Abteilungsleiter bei der rund 25-seitigen Auswertung seines Verhaltens- und Persönlichkeitsstils skeptisch an und meinte, da habe ich wohl vorab ein ausführliches Gespräch mit seiner Chefin geführt. Das hatte ich natürlich nicht, sondern ausgefeilte Algorithmen hatten seine Online-Antworten auf rund 80 Fragen analysiert, die er am Rechner in rund 10 bis 15 Minuten ausgefüllt hatte. Bei meiner eigenen Analyse habe ich es genauso erlebt: Ich habe mich eins zu eins wiedererkannt und darüber hinaus hatte ich das Gefühl, dass die Algorithmen gerade bei meinen Schattenthemen exakter über mich Bescheid wussten als ich selbst. Und weil das so unglaublich klingt, ergänze ich dieses Thema um wissenschaftlich fundierte Erkenntnisse der Cambridge Universität:

- Mit 10 Likes deiner Lieblingsseiten auf Facebook kann dich die Software zuverlässiger einschätzen als ein durchschnittlicher Mitarbeiter oder Arbeitskollege,
- ab 70 Likes kennt sie dich besser als ein guter Freund,
- bei 150 Likes durchschaut dich die Software besser als deine Eltern und
- ab 300 Likes kann sie dich besser einschätzen als dein Lebenspartner.
- Einer geht noch: Wenn du mehr als 300 Facebook-Likes vergeben hast, kann dich die Technik besser einschätzen, als es deine eigene Wahrnehmung erlaubt!

Dieses Phänomen habe ich außerdem mit einem weiteren außergewöhnlichen (und auch kostspieligeren) psychologischen Test an mir selbst festgestellt: Anhand meiner Ergebnisse wurde für mich sichtbar, dass diese Analysen auch unbewusste Motive ans Tageslicht befördern und tiefergehende Schlüsse auf mein Innenleben zuließen. Das war schon ein bisschen erschreckend – die Computeranalyse wusste mehr über mich als ich über mich selbst.

Fazit: Mit einer Analyse deines Verhaltens- und Persönlichkeitsstils lernst du dich selbst besser kennen und andere Menschen anhand ihres Denkens und Handelns richtig einzuschätzen. Dadurch wird der Umgang mit ihnen erleichtert: Viele Reibereien, Missverständnisse und Unstimmigkeiten kannst du dann schon im Vorfeld vermeiden. Ich bin zertifizierter DISG-Trainer, sprich mich gerne an, wenn du daran interessiert bist oder Fragen beziehungsweise Wünsche dazu hast.

> *Alles, was uns an anderen irritiert, kann uns zu einem*
> *tieferen Verständnis von uns selbst führen.*
>
> Carl Gustav Jung, Schweizer Psychiater

Wenn du also deine Mitarbeiter im Arbeitsalltag etwas genauer beobachtest, kannst du deren individuellen Stärken und Herausforderungen besser erkennen. Verhaltens- und Persönlichkeitsmodelle sind vielfältig einsetzbar und unterstützen dich beim individuellen Eingehen auf deine Mitarbeiter. Die Analyse beschreibt wertfrei das Verhalten anhand von vier Persönlichkeitsstilen. Sie ...

- hilft also nicht nur bei der Selbstreflexion,
- sondern unterstützt dich auch dabei, Kollegen, Mitarbeiter und Kunden in einem anderen Licht zu betrachten,
- deckt deine bevorzugten Verhaltensweisen und die deiner Mitarbeiter im Arbeitsalltag auf,
- ist dir behilflich dabei, die richtigen Menschen für die richtigen Aufgaben zu finden,
- lässt Teammitglieder effektiver miteinander sprechen,
- verbessert die Resultate der Teamarbeit und bringt dein Unternehmen auf diese Weise nach vorn und ist eine mitentscheidende Ursache für euren Höhenflug.

Nur wenn du die Leute in deinem Umfeld besser verstehst, kannst du klare und intensive Beziehungen zu ihnen aufbauen. Und wenn die Beziehungsebene zu ihnen stimmt, erzielst du passgenaue Gesprächsergebnisse und kannst leichter mit deinen Mitarbeitern zusammenarbeiten.

Wenn du mit diesem starken Werkzeug arbeiten willst, berücksichtige diese wichtigen Grundsätze:

- Diese Methode steckt Menschen nicht in Schubladen, sondern hilft dir zu verstehen, wie du sie unterstützen kannst.
- Die unterschiedlichen Stile sind weder gut noch schlecht – sie sind zwar verschieden, aber gleichwertig.
- Jeder Stil hat seine Stärken und Schwächen.
- Jeder Mensch trägt Elemente aller vier Stile in sich, sodass es manchmal schwerfällt, deinen Gesprächspartner richtig einzuschätzen.

> *Nehmen Sie die Menschen, wie sie sind, andere gibt's nicht.*
>
> *Konrad Adenauer, 1. Bundeskanzler der Bundesrepublik Deutschland*

Was zeichnet also die vier Persönlichkeitstypen des DISG-Verhaltens- und Persönlichkeitsmodells im Detail aus? Jeder Typ hat individuelle Besonderheiten:

Der DOMINANTe D-Typ ist vor allem ...

- direkt,
- ergebnisorientiert,
- bestimmt,
- willensstark und
- energisch.

D-Typen erkennst du an ihrer Entschlossenheit und an ihrem starken Willen. Sie nehmen Herausforderungen pragmatisch an und sind handlungs- und zielorientiert.

Der INITIATIVe I-Typ ist schwerpunktmäßig ...

- extrovertiert,
- begeistert,
- optimistisch,
- ausgelassen und
- lebhaft.

I-Typen kannst du daran festmachen, dass sie gerne im Mittelpunkt stehen, Ideen austauschen und ihr soziales Umfeld inspirieren.

Der STETIGe S-Typ ist überwiegend ...

- ausgeglichen,
- entgegenkommend,
- geduldig,
- bescheiden und
- taktvoll.

S-Typen sind hilfsbereite Menschen, die nicht die große Bühne suchen, sondern gern hinter den Kulissen agieren. Sie arbeiten gleichmäßig und berechenbar und sind darüber hinaus gute Zuhörer.

Der GEWISSENHAFTe G-Typ ist in erster Linie …

- analytisch,
- reserviert,
- präzise,
- zurückgezogen und
- systematisch.

G-Typen sind dafür bekannt, dass sie großen Wert auf Genauigkeit legen; du erkennst sie häufig an ihrer systematischen Arbeitsweise. Offen Gefühle zu zeigen ist nicht ihr Ding, sie vertrauen lieber ihrem logischen Menschenverstand.

Die Handlungsmotive der einzelnen Verhaltens- und Persönlichkeitsstile

Jeder Mensch mit seinem individuellen Verhalten wird motiviert durch unterschiedliche Prioritäten:

- Aktion (D- und I-Typ)
- Begeisterung (I-Typ)
- Zusammenarbeit (I- und S-Typ)
- Unterstützung (S-Typ)
- Stabilität (S- und G-Typ)
- Genauigkeit (G-Typ)
- Herausforderung (G- und D-Typ)
- Ergebnisse (D-Typ)

Diese Prioritäten sind Handlungsmotive, die – abhängig vom individuellen Verhaltens- und Persönlichkeitsstil – Menschen besonders wichtig sind. Diese Prioritätenliste hilft, die Menschen in deinem sozialen Umfeld noch treffsicherer einschätzen und beschreiben zu können.

Grafisch sieht das wie folgt aus:

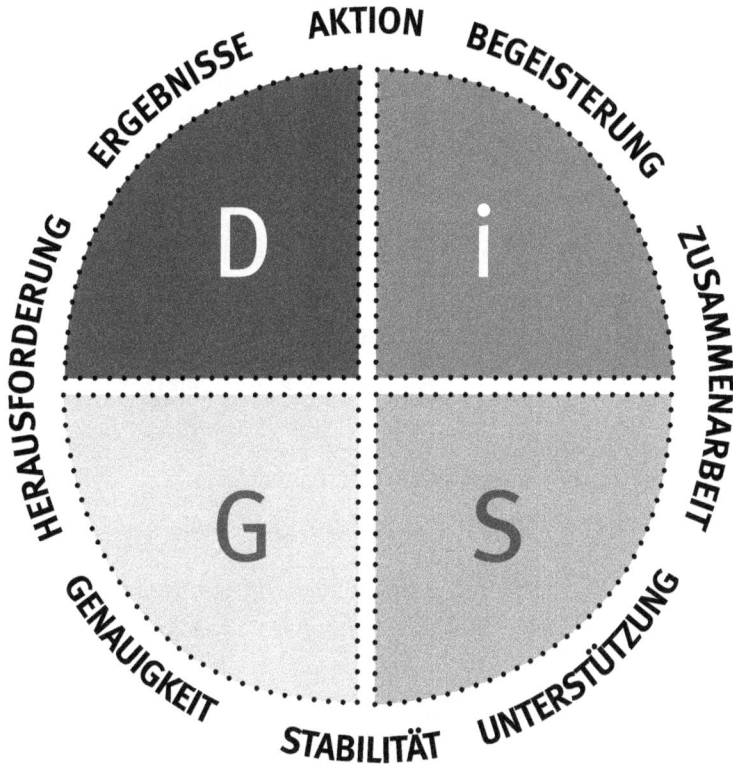

Abbildung 4: DISG-Modell

Konkrete Tipps für deinen Arbeitsalltag im Umgang mit den acht wichtigsten Persönlichkeitstypen

Anhand der Grafik wird klar, dass es neben den vier Grundtypen acht weitere Typen gibt, die sogenannten Mischtypen. Je genauer du deine Mitarbeiter, Kunden und Lieferanten einschätzen kannst (wie immer gilt das auch für dein privates Umfeld), desto punktgenauer kannst du auch mit ihnen umgehen:

Du erhältst nachstehend konkrete Tipps im Umgang mit den wichtigsten acht Verhaltens- und Persönlichkeitstypen, die mir sowohl im Berufs- als auch Privatleben eine große Hilfe sind und dafür sorgen, dass du selbst mit den eigenwilligsten Menschen gut klarkommst:

Wie du ideal mit einem *D-Typen* sprichst:

- Sprich kurz, knapp und klar!
- Tritt selbstbewusst auf und komm aufs Wesentliche konzentriert zum Punkt!
- Wichtig (gerade für eher introvertierte Typen): Lass dich von der nass-forschen und manchmal nicht gerade feinen englischen Art der Dominanten weder einschüchtern noch unterkriegen, denn das ist meistens ...

  - nicht persönlich gemeint,
  - sondern soll für schnelle Ergebnisse sorgen;
  - besonders stark ausgeprägte D-Typen können einfach nicht anders.

Wie du effektiv mit einem *DI-Typen* umgehst (also mit starker D- *und* I-Ausprägung):

- Am liebsten spricht er mit Menschen, die, wie er, etwas bewegen wollen.
- Wer nicht unter Dampf steht und energisch anpackt, ist für ihn uninteressant.
- Rede nicht um den heißen Brei herum, denn der Dominant-Initiative bevorzugt klare Ansagen!
- Sprich also klar, eindeutig, engagiert und begeistert!
- Sei mit ganzer Seele und großem Einsatz dabei!

Wie du erfolgreich mit einem *I-Typen* redest:

- Er schätzt das Gespräch mit allen, die genauso kommunikationsfreudig sind wie er selbst.
- Der Initiative liebt es, sich mit anderen auszutauschen, und zwar nicht nur sachlich, sondern auch persönlich.
- Sprich frei heraus und herzlich!
- Gib geistreiche Geschichten zum Besten!

Wie du bestmöglich mit einem *IS-Typen* (mit starker I- *und* S-Ausprägung) kommunizierst:

- Der Initiativ-Stetige ist ein bodenständiger, unkomplizierter und offener Typ und umgibt sich am liebsten mit Menschen, die so ähnlich sind wie er selbst.
- Um ihn für deine Sachthemen abzuholen, steigst du am besten auf der Beziehungsebene ins Gespräch ein, indem du Raum für Persönliches gibst (zum Beispiel „Wie war Ihr Urlaub?" – stell diese Frage aber nur, wenn es dich wenigstens ein bisschen interessiert)!
- Sprich mit ihm wohlwollend und mit persönlicher Note!

Wie du optimal mit einem *S-Typen* sprichst:

- Der S-Typ ist der empathischste unter allen Typen: Sprich gefühlvoll und mit offenem Herzen!
- Er ist harmonisch veranlagt und verabscheut schnelle Veränderungen: Geh also behutsam und geduldig vor!
- Wenn du ihm eine neue Idee präsentierst: Zeig sie ihm Schritt für Schritt auf!
- Sprich also eher in einem maßvollen Tempo und geh methodisch vor!

Wie du ideal mit einem *SG-Typen* (mit starker S- *und* G-Ausprägung) redest:

- Am günstigsten überzeugst du den Stetig-Gewissenhaften mit deinen sachlichen Argumenten, nachdem du das Gespräch in einer angenehmen Atmosphäre begonnen hast!
- Räume ihm genügend Zeit ein, das Gehörte in Ruhe zu durchdenken!
- Sei also sowohl freundlich und sympathisch als auch sachlich!
- Für ihn ist Zuverlässigkeit ein hoher Wert, komme also nicht zu spät zu einem Termin und halte deine Zusagen ein!

Wie du am besten mit einem G-Typen kommunizierst:

- Steig eher schnell in die Sachverhalte ein, Small Talk und persönliche Themen fährst du auf das Notwendigste herunter!
- Achte auf präzise und plausible Argumente und ein moderates Sprechtempo!
- Kommuniziere sachlich und exakt!

Wie du produktiv mit einem *GD-Typen* (mit starker G- *und* D-Ausprägung) umgehst:

- Beziehe das Gespräch mit einem Gewissenhaft-Dominanten insbesondere auf den geplanten Gesprächsgegenstand!
- Sei dabei konkret, verschone ihn mit Banalem und Binsenweisheiten!
- Betone die neuen und interessanten Aspekte, überzeuge ihn mit deiner Fachkompetenz!
- Kommuniziere also sachlich und kompetent!

Falls du Mitarbeiter hast – kennst du deinen eigenen Führungsstil?

> *Ein Beispiel zu geben ist nicht die wichtigste Art,*
> *wie man andere beeinflusst. Es ist die einzige.*
>
> Albert Schweitzer, deutscher Arzt und Philosoph

Es ist wichtig und spannend für deinen Führungserfolg, zu wissen, was du für einen Führungsstil hast. Was die verschiedenen Führungstypen auszeichnet und mit welchen Herausforderungen sie sich beschäftigen, erfährst du in diesem Abschnitt:

Die dominante Führungskraft:

D-Führungskräfte legen großen Wert auf Resultate. Dabei legen sie auch Wert auf die Kontrolle über die Zielerreichung. Sie haben die Tendenz, ihre Mitarbeiter zu Ergebnissen zu drängen. Zwar geben sie ihren Mitarbeitern gern Feedback, tun sich allerdings meist schwer mit Rückmeldungen, die sie selbst betreffen. Häufig fehlt dann den Mitarbeitern der Mut, Probleme offen anzusprechen.

Die initiative Führungskraft:

I-Führungskräfte lassen sich schnell begeistern für neue Ideen und innovative Projekte. Im Ergebnis kommt es dann manchmal zu unübersichtlichen Situationen, weil es ihnen nicht immer leichtfällt, die vielen Projekte auch koordiniert zu einem guten Ende zu bringen. Verliert sie den Überblick, so kann sich das gleichermaßen auf ihre Mitarbeiter übertragen. I-Führungskräfte geben gern und oft Feedback, sie kommunizieren offen und freundlich.

Die stetige Führungskraft:

S-Führungskräfte erledigen ihre Aufgaben verlässlich und erwarten dies auch von ihrem Team. Viele Mitarbeiter setzen gern andere Prioritäten, deswegen ist es in diesen Fällen für S- Führungskräfte wichtig, die Initiative zu ergreifen. Gerade für sie ist es eine psychische Belastung, ihren Mitarbeitern ein schnelles, klares und offenes Feedback zu geben. Eine weitere Herausforderung besteht im Bewahren des Gleichgewichts zwischen ihren Fachaufgaben und der Führungsaufgabe.

Die G-Führungskraft:

G-Führungskräfte arbeiten planmäßig mit einem strukturierten System. Sie gehen analytisch vor und haben einen Hang zur Perfektion. Es ist ihnen wichtig, dass sie selbst und ihre Mitarbeiter klar festgelegte Zeiten einhalten. Das Setzen und Einhalten von Prioritäten sind dabei ebenso wichtig wie das exakte Erledigen von Projekten, die bis in die Einzelheiten geplant sind. G-Führungskräfte neigen dazu, manchmal zu wenig mit ihrem Team zu sprechen und vernachlässigen regelmäßiges Feedback.

Führe jeden Mitarbeiter individuell

Um jemanden zielgerichtet zu bewegen, muss man wissen, was diesen Menschen bewegt.

Andreas Staeck, deutscher Autor

Jede Führungskraft zeichnet etwas anderes aus und muss mit verschiedenen Herausforderungen umgehen. Das Bewusstsein über deinen eigenen Führungsstil ist ein wichtiger Schritt, dich zu einer erfolgreichen Führungskraft zu entwickeln.

Wie jeder andere auch vereinst du alle vier Stile, nur eben unterschiedlich stark ausgeprägt.

Mitarbeitergespräche und die Beobachtung konkreter Situationen geben dir mehr Sicherheit, deine Teammitglieder besser einschätzen zu können. Je länger ihr euch kennt, miteinander gesprochen und gearbeitet habt, desto mehr Hinweise bekommst du auf das unterschiedliche Verhalten deiner Mitarbeiter.

Aus dieser Perspektive braucht jeder Mitarbeiter sinnvollerweise einen anderen Führungsstil. Das soll dir klarmachen, dass es im Geschäftsleben unerlässlich ist, flexibel mit den verschiedenen Menschen umzugehen. Diese Beispiele veranschaulichen es:

- Dein Mitarbeiter verliert sich permanent in neuen Ideen und bringt seine Projekte nicht zu Ende (ein Indiz für einen I-Mitarbeiter)? Führe ein Gespräch mit ihm, um gemeinsame Ziele zu definieren, feste Endzeiten zu besprechen und einen roten Faden bereitzustellen.
- Deine Mitarbeiterin geht buchstäblich in den vielen Details ihrer Aufgaben unter und möchte alles perfekt machen (ein Indiz für eine G-Mitarbeiterin)? Mach ihr bewusst, dass es in den meisten Fällen nicht um Per-

fektionismus, sondern um den Fokus auf ein bestimmtes Ziel zu einem bestimmten Zeitpunkt geht.

- Dein Mitarbeiter möchte auf Biegen und Brechen ein schnelles Resultat erreichen und lässt elementare Details seines Projekts schleifen (ein Indiz für einen D-Mitarbeiter)? Hilf ihm, die Dinge entspannter vorzubereiten und mach ihn darauf aufmerksam, dass dir bei diesem wichtigen Vorhaben Qualität mehr am Herzen liegt als Geschwindigkeit.

Deine Führung ist auch immer mitverantwortlich für ein positives Arbeitsklima. Dazu gehört logischerweise, dass ihr hochwirksam im Team kommuniziert. Inzwischen weißt du, wie entscheidend wichtig es dafür ist, die unterschiedlichen Persönlichkeitstypen deiner Mitarbeiter im Hinterkopf zu behalten und zu berücksichtigen. Vielfach erschweren unbewusste Blockaden deiner Mitarbeiter eure Gespräche, die du als Führungskraft erkennen und wie Steine aus dem Weg räumen musst. Deine Mitarbeiter und ihre Eigenarten so zu akzeptieren, wie sie nun einmal sind, und ihr individuelles Potenzial aus ihnen herauszukitzeln, sind wichtige Kriterien deiner erfolgreichen Mitarbeiterführung.

Und jetzt komm ins Handeln:

✓ Setze dich intensiv mit Verhaltens- und Persönlichkeitstypen auseinander:

- Mit einer Analyse deines Verhaltens- und Persönlichkeitsstils lernst du dich selbst besser kennen und andere Menschen anhand ihres Denkens und Handelns richtig einzuschätzen und ...
- dadurch wird der Umgang mit ihnen erleichtert: Viele Reibereien, Missverständnisse und Unstimmigkeiten kannst du dann schon im Vorfeld vermeiden!

✓ Reflektiere auch immer wieder deinen Führungsstil: Forciere deine Stärken und behalte deine Schwächen im Blick!

✓ Frage dich regelmäßig, was deine Mitarbeiter für Persönlichkeitstypen sind und führe sie dann flexibel nach ihrem individuellen Stil!

✓ Akzeptiere deine Mitarbeiter, wie sie sind, und hole das Beste aus ihrem individuellen Potenzial heraus!

3.3 Raus aus der Komfortzone – wie du deine Grenzen überschreitest

Nur wenn du deine Grenzen überwindest, kannst du wachsen

> *Wenn du aufwächst, wird dir beigebracht, wie die Welt funktioniert und wie du in ihr leben solltest. Das solltest du nicht zu sehr infrage stellen – gründe eine kleine Familie, hab ein bisschen Spaß und spare ein bisschen Geld. Das ist ein sehr limitiertes Leben. Das Leben kann viel aufregender sein, wenn du eine Sache erkannt hast: Alles um dich herum, das du Leben nennst, wurde von Menschen gemacht, die auch nicht smarter als du sind. Du kannst das aber ändern, du kannst das beeinflussen und du kannst deine eigenen Dinge entwickeln, die dann auch für andere gut sein können. Wenn du das gelernt hast, wirst du nie mehr derselbe sein.*
>
> *Steve Jobs, US-amerikanischer Unternehmer*

Es gibt Menschen, die wohnen in einer Steinkiste und fahren mit einer kleinen Metallkiste in eine Betonkiste, um dort in eine noch kleinere Kunststoffkiste zu schauen. Von Zeit zu Zeit schieben sie dabei Papier von links nach rechts. Und zwar so lang, bis sie irgendwann in eine Holzkiste gelegt werden. Wenn du mehr aus deinem Leben herausholen willst, bist du hier richtig.

Vielleicht kennst du eine meiner Lieblingsgeschichten, die von einem bulgarischen Weltmeister im Gewichtheben handelt, der von einem Reporter gefragt wurde:

„Wenn Sie trainieren und zehnmal ein Gewicht stemmen, welche der zehn Wiederholungen ist die wichtigste?"

Was meinst du, wie der Weltmeister antwortete?

Er hätte zum Beispiel sagen können: „Die erste." Das wäre eine kluge Antwort gewesen, weil es ein offenes Geheimnis ist, dass auch die längste Reise mit dem ersten Schritt beginnt. Genauso schlau wäre es gewesen, wenn er „Alle Wiederholungen sind wichtig" erwidert hätte: Bekanntermaßen kommt es auf jeden einzelnen Schritt auf dem Weg zum Ziel an. Nun hätte der Gewichtheber ebenso antworten können: „Die zehnte." Auch das wäre intelligent gewesen, weil wir schließlich nicht für das Beginnen, sondern für das Beenden bezahlt werden. Was also hat der Weltmeister geantwortet? Er sagte:

„Die elfte."

Das, was du jeden Tag aufs Neue tust, wird zur Routine und damit zum Alltagstrott. Es gibt so viele Menschen, die es sich in dieser kleinen Welt gemütlich eingerichtet haben. Sie führen ein aufgeräumtes und überschaubares Leben – und hoffen im Stillen auf ein Wunder oder den Lottogewinn. In dieser Komfortzone fühlen sie sich im sicheren Hafen, es herrschen auf den ersten Blick Schutz und Sicherheit. Mach Dir Tag für Tag immer wieder klar:

1. Es ist in Ordnung, wenn du in deiner Komfortzone verharren willst. Sei dann aber auch bereit, den Preis dafür zu zahlen und der lautet aus gutem Grund *Stillstand ist Rückschritt*.
2. Wenn du wirklich erfolgreich sein willst, dann bedeutet das, dich permanent weiterzuentwickeln.
3. Dein persönliches Wachstum findet nur außerhalb deiner Komfortzone statt!

> *Es gibt keine Grenzen. Weder für Gedanken noch für Gefühle.*
> *Es ist die Angst, die immer Grenzen setzt.*
>
> Ingmar Bergmann, schwedischer Regisseur

Es drängt sich also die Frage auf:

• Warum verharren so viele Menschen in der Komfortzone und wieso überwinden so wenige deren Grenzen, um in die Wachstumszone zu gelangen?

Die größten Erfolgsverhinderer lauten Bequemlichkeit und durch Angst entstandene Blockaden und Hemmschuhe:

Angst vor ...

- Misserfolg,
- Überanstrengung,
- sozialer Ausgrenzung,
- Entlassung,
- Krankheit und
- schlussendlich vor dem Tod.

Insbesondere diese Bremsklötze verursachen Unsicherheit und Gehemmtheit, sie verhindern konstruktives Denken, lassen uns keine Entscheidungen treffen und bremsen unser Handeln: Chancen und Möglichkeiten werden vertan und vielversprechende Potenziale liegen brach.

Führe dir das immer wieder vor Augen: Wenn du dich nicht mehr veränderst, fällst du zurück, wirst engstirnig und borniert: du läufst dann mit Scheuklappen durch dein kleines Leben. Es gibt keine Ausrede für deinen Aufenthalt in der Komfortzone, wenn du etwas bewegen willst – denk immer an den Preis, den du für dieses Leben bezahlen musst: Es ist dieses vage Gefühl, die Kontrolle über dein Leben und den Anschluss an die Welt zu verlieren, kurz: Opfer und Sklave der Mächtigen zu werden.

> *Das größte Lebenshemmnis ist das Warten, das sich*
> *an das Morgen klammert und das Heute verliert.*
>
> Seneca, römischer Philosoph

Wenn du deine Blockaden nicht auflöst, werden es diese inneren Barrieren sein, die dich erfolglos werden lassen:

Sie werden dich daran hindern,

- aussichtsreiche Geschäfte abzuschließen,
- erstklassige Chancen zu ergreifen und
- erfolgversprechende Möglichkeiten zu nutzen.

Anstatt die echten Herausforderungen des Lebens - beispielsweise die Gründung eines Start-ups, eine feste Partnerschaft und eigene Kinder – anzunehhmen und aktiv anzugehen, damit du deine Ideen und Ziele rasch in die Tat umsetzen kannst, zauderst und zögerst du dann halbherzig vor dich hin.

- Nur damit das glasklar ist: Es sind deine Blockaden im Kopf, dein ramponiertes Mindset, die dich zurückhalten und nicht erfolgreich sein lassen!

> *Fake it till you make it. (Tu so als ob, bis du es kannst.)*
>
> *Englische Redensart*

Und was kannst du jetzt konkret tun, um Ängste und Blockaden zu überwinden?

Das ist tatsächlich eine Frage deines Mindsets, deiner inneren Einstellung: Lebe und arbeite nach dem Motto *Handle mutig und du wirst mutig*!

Achte genau auf diese Reihenfolge: du musst erst Dinge wagen, die du dir normalerweise nicht zutraust. Wenn du dann trotzdem ins Handeln kommst, wächst dein Selbstwertgefühl, selbst dann, wenn nicht alles sofort funktioniert.

Das ist dein Weg in die Wachstumszone: Obwohl du nicht sicher sein kannst, wie es ausgeht, ...

1. präsentierst du trotzdem deine neu entwickelte Idee vor deinen Kollegen und Kunden,
2. setzt du dennoch beim Kunden den höheren Preis durch und
3. nimmst du dir den nächsthöheren Berg vor, auch wenn klar ist, dass dort oben die Luft dünner wird!

> *Mut ist, wenn man Todesangst hat, aber sich*
> *trotzdem in den Sattel schwingt.*
>
> *John Wayne, US-amerikanischer Schauspieler*

Die meisten Menschen unterliegen einem weit verbreiteten Irrtum: sie wollen erst dann mutig sein, wenn sie selbstbewusst genug sind. Dieser Denkfehler verhindert zuverlässig deinen Erfolg und das gilt natürlich wieder sowohl im Beruf als auch im Privaten:

- Hör auf zu jammern!
- Und lass es bleiben, den anderen die Schuld in die Schuhe zu schieben und dich als Opfer zu fühlen: So gibst du nämlich deine Macht an andere ab, du bist dann buchstäblich ohnmächtig!
- Fang also an, ein Gestalter zu sein! Sei lieber Macher als Opfer und übernimm konsequent die Verantwortung für dein Leben – das ist der Weg, der dich aus der Ohnmacht befreit!

> *Säen wir nur aus, und warten wir wie der*
> *Bauer geduldig bis zur Ernte.*
>
> Don Bosco, italienischer Priester und Ordensgründer

Das ist die Lösung: Du musst zuerst Mut säen, damit du nach einiger Zeit Selbstvertrauen ernten kannst! Kein Bauer käme auf die Idee, sich auf seinen Acker zu stellen und von seinem Land eine gute Ernte zu fordern, wenn er nicht zuvor gesät hätte; interessanterweise handeln viele Menschen exakt nach diesem Prinzip und geben dann dem Schicksal die Schuld für ihre Erfolglosigkeit.

Was heißt eigentlich Schicksal? Schicksal setzt sich aus zwei Worten zusammen, nämlich *schicken* und *Sal*. Sal stammt vom lateinischen *salus* ab und heißt übersetzt *Wohl* oder *Heil*. Dementsprechend heißt Schicksal nichts anderes als *geschicktes Heil*. Gemeint ist also, dass wir auch schwierige Situationen annehmen und an ihnen wachsen können. Sei also mutig und handle, dann wirst du an Statur gewinnen! Es ist klüger, proaktiv zu agieren, statt nur zu reagieren – produziere insofern ab sofort MACH-sal statt SCHICK-sal!

Mach also genau das, wovor du Angst hast! Richte beispielsweise für dein Zeitmanagement eine *Stille Stunde* ein, um ohne Unterbrechungen Themen konsequent erledigen zu können. Anfänglich musst du dich vielleicht immer wieder überwinden. Hältst du das jedoch für rund einen Monat durch, fällt es dir immer leichter und es wird dir zu einer neuen zielführenden Gewohnheit. Wenn du diesen Punkt erreicht hast, bist du wieder offen für etwas Neues, um noch besser zu werden.

> *Das Leben beginnt außerhalb deiner Komfortzone.*
>
> Neale Donald Walsch, US-amerikanischer Autor

Deine Persönlichkeit entwickelst du immer nur außerhalb der engen Komfortzone. Es ist der durch deine Ziele ausgelöste innere Motivationsturbo, der dich Hindernisse auf dem Weg zum Ziel überwinden und die Grenzen deiner kleinen Welt durchbrechen lässt.

Hinter diesen Grenzen warten deine persönlichen Herausforderungen, das Leben fordert dich im wahrsten Sinne des Wortes heraus – sonst müsste es ja nach Vera F. Birkenbihl *Hereinforderungen* heißen.

> *Das Geheimnis des Glücks ist die Freiheit, und*
> *das Geheimnis der Freiheit ist der Mut.*
>
> Perikles, griechischer Staatsmann

Den Preis für ein Leben in der Komfortzone kennst du: Stillstand, Stagnation und Erstarrung. Lass uns gerechterweise einen Blick auf den Preis für das Leben in der Wachstumszone werfen:

- Hier findest du wenig Sicherheit, dafür ein erhöhtes Risiko.
- In ihr aktiv zu sein kann für dich auch heißen, bei einzelnen Projekten mit wehenden Fahnen unterzugehen.

Doch was wäre es für ein Leben, wenn du nicht den Mut aufbrächtest, etwas zu riskieren?

Der Lohn für dein Leben in der Wachstumszone ist nämlich umso höher:

- Du gewinnst deine persönliche Freiheit zurück! Während die anderen bei jedem Problem zum Chef laufen und um Hilfe bitten, suchst du selbstständig nach Lösungen und handelst zielorientiert.
- Du gehst die Dinge gedanklich flexibler und viel bewusster an als früher. Vielleicht wurden früher deine Entscheidungen von deiner Angst beeinflusst, ab heute vertraust du immer häufiger deiner inneren Stimme!

Wie du unerschütterliches Selbstvertrauen aufbaust

*Niemand kommt mit Selbstvertrauen auf die Welt.
Jene Menschen, die Selbstsicherheit ausstrahlen, frei
von Furcht sind und sich überall zurechtfinden, haben
ihr Selbstvertrauen nach und nach erworben.*

David J. Schwartz, US-amerikanischer Autor

Selbstvertrauen haben dir nicht deine Eltern vererbt, du musst es dir Zug um Zug erwerben. Der Grundstein für dein Selbstvertrauen wurde dennoch in deiner Kindheit gelegt. Je mehr positive Emotionen du als Kind erlebtest, je mehr du beachtet, anerkannt und wertgeschätzt wurdest, desto leichter fiel es dir, diese aufbauenden Gefühle zu verinnerlichen und dir selbst zu vertrauen. Wie war das damals bei dir?

Auch die Ursachen für ein schwach ausgeprägtes Selbstvertrauen gehen vielfach auf die Kindheit zurück, in der die Eltern und auch Freunde uns abstraften, wenn wir uns anders als gewünscht verhielten. Das klang dann beispielsweise so:

- „Weil ich das sage!"
- „Warum hast du das kaputt gemacht?"
- „Dafür bist du noch zu klein."
- „Ich sage es jetzt zum allerletzten Mal."

Das ist ein sicherer Weg, Kinder einzuschüchtern, zu verunsichern und zu entmutigen.

> *Ein geringes Selbstwertgefühl ist wie eine Fahrt*
> *durch das Leben mit gezogener Handbremse.*
>
> Maxwell Maltz, US-amerikanischer Autor

Falls deine Eltern diese Zusammenhänge nicht kannten und deine Erziehung in den Sand gesetzt haben: Wie kannst du jetzt ein starkes Selbstvertrauen aufbauen? Basis für dein starkes Selbstvertrauen ist dein gesundes Selbstwertgefühl. Je mehr du deinen individuellen Wert schätzt, desto eher wirst du dir selbst vertrauen. Häufig ist es so, dass wir uns selbst viel unattraktiver wahrnehmen, als wir es tatsächlich sind. Wir sind unzufrieden mit uns selbst, weil wir uns unnötig oft selbst an den Pranger stellen. Leute mit den höchsten Erwartungen an sich selbst streuen sich oft selbst Asche auf ihr Haupt, weil sie ihre eigenen Anforderungen nicht erfüllen können.

- Verzichte also auf Perfektion!
- Strebe nicht das Maximum, sondern das Optimum an (wie du wahrscheinlich schon weißt, erreichst du mit 20 Prozent deiner investierten Zeit oftmals 80 Prozent deiner Ergebnisse)!
- Nimm dich vor allem so an, wie du bist; diese Selbstakzeptanz ist deine Basis für mehr Selbstvertrauen!

> *Selbstvertrauen ist das erste Geheimnis des Erfolges.*
>
> Ralph Waldo Emerson, US-amerikanischer Schriftsteller

Dir ist hoffentlich spätestens jetzt klar geworden: Eine gesunde Selbstachtung ist eines der Geheimnisse deines außergewöhnlichen Erfolgs! Du und dein Selbstwertgefühl wachsen mit jedem gelungenen Projekt, du befindest dich dann in einer Art Glücksspirale. Vertrau auf dein Wissen und deine Erfahrung, Gutes und sehr Gutes geleistet zu haben. Je mehr kleine und große Erfolge du in deinem Leben verzeichnest, desto ausgeprägter wird dein Selbstvertrauen, auch größere Aufgaben zu übernehmen. Bruchlandungen und Rückschläge interpretierst du dann als Hinweise darauf, wie du es beim nächsten Mal besser machen kannst. Energisch und enthusiastisch machst du dich auf deinen Weg zu grandiosen Erfolgen, weil du jetzt weißt:

- Je mehr du dir selbst und deinen Fähigkeiten vertraust, desto eher gestaltest du dein Leben nach deinen eigenen Vorstellungen!

Wer an sich selber glaubt, glaubt auch an andere.

Volkmar Frank, deutscher Aphoristiker

Noch ein Gedanke zum Thema *Führung*: Niemand lässt sich gern von einem anderen anleiten, dem es an Selbstvertrauen und Einsatzfreude fehlt. Je größer dein Glaube an dich selbst ist, desto stärker ist auch deine Wirkung nach außen. In dem Maß, in dem du dir selbst vertraust, vertrauen dir gleichermaßen die anderen.

Untätigkeit führt zu Zweifel und Angst. Handeln führt zu Selbstvertrauen und Courage. Wenn du die Angst überwältigen willst, sitze nicht zu Hause rum und denke darüber nach. Geh raus, und leg los!

Dale Carnegie, US-amerikanischer Autor

Vielleicht hast du schon mal vom berühmten Schmetterlingseffekt gehört: Schlägt ein Schmetterling in Brasilien mit den Flügeln, kann er damit einen verheerenden Tornado in Texas auslösen. Dieses bildhafte Beispiel besagt, dass selbst kleine Auslöser (in deinem Verhalten) zu großen Veränderungen (zum Beispiel im Hinblick auf dein Selbstvertrauen) führen können. Leg also mit einer kleinen Veränderung los. Je kleiner du anfängst, desto höher ist die Wahrscheinlichkeit, dass du aus der Veränderung eine Gewohnheit machst. So ist es beispielsweise sinnvoller, jeden Tag für 15 Minuten Sport zu treiben als zweimal in der Woche für eine Stunde. Das permanente Anwenden wird auf diesem Weg zu einem Autopiloten in deinem Kopf für Erfolg.

Mach es wie viele gestandene Persönlichkeiten und führe ein Erfolgstagebuch: Schreib im Lauf des Tages oder am Abend deine kleinen und großen Erfolge stichwortartig darin auf – das ist die Basis für grenzenloses Selbstvertrauen, mit dem du ein Leben nach deiner eigenen Vision erschaffst.

Und jetzt komm ins Handeln:

✓ Dein persönliches Wachstum und dein herausragender Erfolg finden nur außerhalb deiner Komfortzone statt: Entwickle dich permanent weiter!

✓ Führe dir das immer wieder vor Augen: Wenn du dich nicht mehr veränderst, läufst du Gefahr, zurückzufallen sowie engstirnig und borniert zu werden!

✓ Denk immer an den Preis, den du für dieses Leben in deiner Komfortzone bezahlen musst: Opfer und Sklave der Mächtigen zu werden!

✓ Damit das glasklar ist: Es sind deine Blockaden im Kopf, dein ramponiertes Mindset, die dich zurückhalten und nicht erfolgreich sein lassen!

✓ Lebe und arbeite nach dem Motto *Handle mutig und du wirst mutig*!

✓ Fang also an, ein Gestalter zu sein! Sei lieber Macher als Opfer und übernimm konsequent die Verantwortung für dein Leben – das ist der Weg, der dich aus der Ohnmacht befreit!

✓ Produziere ab sofort MACH-sal statt SCHICK-sal!

✓ Mach also genau das, wovor du Angst hast!

✓ Verzichte auf Perfektion und strebe nicht das Maximum, sondern das Optimum an!

✓ Nimm dich vor allem so an, wie du bist; diese Selbstakzeptanz ist deine Basis für mehr Selbstvertrauen!

✓ Je mehr du dir selbst und deinen Fähigkeiten vertraust, desto eher gestaltest du dein Leben nach deinen eigenen Vorstellungen!

✓ Führe ein Erfolgstagebuch: Schreib deine Erfolge stichwortartig darin auf – das ist die Basis für dein grenzenloses Selbstvertrauen!

3.4 Eigenverantwortlich handeln – wie du dein Leben in die eigenen Hände nimmst

Eigenverantwortung

> *Wenn Sie aufhören, sich und anderen Schuld*
> *zu geben, und dafür in die Eigenverantwortung*
> *gehen, werden Sie eine Art Wunder erleben.*
>
> *Rüdiger Dahlke, deutscher Humanmediziner und Autor*

Nimm dein Leben in die eigenen Hände – das ist wahre Eigenverantwortung. Aufgrund der mit deinem freien Willen bewusst getroffenen Entscheidungen beeinflusst du maßgeblich den Lauf deines Lebens:

- Du verursachst deine Lebensumstände absichtsvoll selbst, nur du selbst kannst dich verwirklichen!

Denn: Wenn du keinen freien Willen hättest, wärst du nur ein Lakai des Zufalls. Ganz im Gegensatz dazu bist du verantwortlich für all das, was du tust und lässt. Selbstverständlich bist du nicht (allein) verantwortlich für Naturkatastrophen, Corona oder gesellschaftliche Missstände, allerdings bist du immer dafür verantwortlich, wie du damit umgehst. Dies nannte der Psychologe und Begründer der Logotherapie Viktor Frankl unsere *letzte Freiheit*: Was immer auch passiert, du bleibst ein selbstbewusstes Wesen. Du entscheidest immer selbst, wie du reagierst.

Gib endlich die Verliererstrategie auf, den anderen in schwierigen Situationen immer die Schuld in die Schuhe zu schieben und dich andauernd zu rechtfertigen. Je eher dir das gelingt, desto eher setzt du deine Lebensziele selbstverantwortlich in die Tat um.

Ein praktisches Beispiel: Einer deiner Freelancer hat maßgebend ein Projekt vergeigt, indem er Termine und Absprachen nicht eingehalten hat. Du hast jetzt zwei Möglichkeiten: Entweder du gibst ihm und seinem katastrophalen Zeitmanagement dafür die Schuld. Oder du fragst dich, welchen Anteil der

Verantwortung du an der Situation trägst, weil zu einer Beziehungsstörung immer zwei gehören. Werde also aktiv, um die Situation zu ändern:

1. Führe deinen Freelancer *an der kurzen Leine* (d. h. stimme dich häufiger, zum Beispiel täglich, mit ihm zum Projekt ab),
2. mach noch eindeutiger klar, was du von ihm erwartest, oder ...
3. finde einen neuen leistungsfähigeren Freelancer!

Was alle Erfolgreichen miteinander verbindet, ist die Fähigkeit, den Graben zwischen Entschluss und Ausführung äußerst schmal zu halten, wie es so schön bei Management-Vordenker Peter Drucker heißt: Wenn du dich also entschieden hast, komm gleich danach schnell ins Handeln! Wenn du weiter nach Schuldigen suchst, bleibst du ein *Problemdenker*, wenn du Verantwortung übernimmst und schnelle Entscheidungen triffst, wirst du zum *Lösungsdenker* und dein Erfolg ist unaufhaltbar.

- Die Lösung all deiner Probleme ist **DIL**: **D**enk **i**n **L**ösungen!

> *Der Weg zum Ziel beginnt an dem Tag, an dem du die hundertprozentige Verantwortung für dein Tun übernimmst.*
>
> Dante Alighieri, italienischer Dichter und Philosoph

Mein geschätzter Kollege und Entert(r)ainer Alexander Munke hat sich das Wort VERANTWORTUNG etwas genauer angeschaut und ist dabei einem umfangreichen Verantwortungskonzept auf die Spur gekommen: In der VERANTWORTUNG finden sich mithin einige kleine Wörter, die dir in Summe eine klare Handlungsanleitung zu deinem Erfolg aufzeigen:

- Verantw**ORT**ung: Standort - wo befindest du dich?
- Verant**WO**rtung: Ziel - wo möchtest du hin?
- Verantw**ORTUNG**: Orte dein Ziel!
- Ver**ANTWORT**ung: Such keine Schuldigen, sondern finde Antworten auf die Fragen, *warum* du deine Ziele erreichen möchtest und *wie* du es tust!
- Veran**TWO**rtung: Two - es gehören immer zwei dazu – stimme dich mit den anderen (Partner, Chef, Mitarbeiter, Kunden, Lieferanten, ...) ab!
- Verant**WORT**ung: Gib den anderen dein Wort, auf das sie sich verlassen können!
- Verantwor**TUN**g: Tu es – geh jetzt ans Werk, mach dich auf den Weg zum Ziel!
- Ve**RAN**twortung: Nicht zaudern, sondern *ran an den Speck*!
- Ver**ANT**wortung: Sei fleißig wie eine Ameise auf deinem Weg! Mach immer etwas mehr, als andere von dir erwarten, du bekommst dann immer etwas mehr, als du erwartest!
- **VERA**ntwortung: Vera = wahr, sei zu dir selbst und allen anderen offen und ehrlich!

Wie du sozial kompetent mit anderen umgehst

> *Die Welt verändert sich durch dein Vorbild,*
> *nicht durch deine Meinung.*
>
> Paulo Coelho, brasilianischer Schriftsteller

Pure Freude am Wasser – so lautet das Motto der GROHE AG aus Düsseldorf, die sich auf die Herstellung von Sanitärprodukten und Armaturen konzentriert. Das Unternehmen beschäftigt rund 6.000 Mitarbeiter und hat im Jahr 2019 einen Umsatz in Höhe vom 1,28 Milliarden Euro erwirtschaftet.

Während aktuell China, Indien und Afrika die *Top Five* der schmutzigsten Flüsse der Welt unter sich ausmachen (mit rund 400.000 Tonnen Plastikmüll jährlich, die über die Flüsse in die Weltmeere gelangen), unterstützt GROHE das Projekt Pacific Garbage Screening. Dieses Projekt will die Ozeane von Müll befreien, diesen Müll wiederverwerten und ein öffentliches Bewusstsein für Nachhaltigkeit fördern. Darüber hinaus zählt größtmögliche Nachhaltigkeit neben Qualität, Technologie und Design zu den Kernwerten der Marke. GROHE lässt den schönen Worten Taten folgen:

So wird mit High-Tech-Produkten ...

* Wasser effizienter genutzt,
* dabei Energie eingespart sowie
* Abfall vermieden und recycelt.

Das zeigt: Wirtschaftlicher Erfolg und ethisches Handeln sind keine Gegensätze, sondern möglich und machbar! Schätzungen zufolge beruht *Geschäftserfolg* zu wenigstens 25 Prozent auf gelebter Unternehmenskultur.

Das gilt nicht nur für Kunden- und Lieferantenbeziehungen, sondern insbesondere auch für den Unternehmensalltag:

* Anerkenne und wertschätze deine Mitarbeiter!
* Biete ihnen Aus- und Weiterbildungsmöglichkeiten an!
* Wecke das Potenzial in ihnen, sei Vorbild!
* Sei dabei ehrlich, gerecht und verantwortungsbewusst!

Deine Mitarbeiter revanchieren sich mit überdurchschnittlichen Leistungen, Treue zum Unternehmen und einem geringen Krankenstand.

Geh mit bestem Beispiel voran und erwarte von anderen nichts, was du nicht selbst zu tun bereit bist. Wenn du anderen ein gutes Leitbild bist, sind sie eher bereit, dir und deinen Ideen zu folgen. Gleichgültig, ob du als Führungskraft, Vater oder Mutter, Partner oder einfach nur als Gesprächspartner Vorbild bist – dadurch beeinflusst du andere am meisten.

Sei Leitstern und Vorbild!

> *Jede Arbeit ist wichtig, auch die kleinste. Es soll sich keiner einbilden, seine Arbeit sei über die seines Mitarbeiters erhaben. Jeder soll mitwirken zum Wohle des Ganzen.*
>
> *Robert Bosch, deutscher Unternehmer und Erfinder*

Du bist dann teamfähig, wenn du dich einer Gruppe anderer Menschen anschließen und in ihr produktiv und konstruktiv zusammenarbeiten kannst. Dazu gehört auch, ...

- dich mit anderen auszutauschen,
- im Konfliktfall eine konstruktive Lösung zu finden und
- mit den anderen Mitgliedern gemeinsam an einem Strang zu ziehen – und zwar in dieselbe Richtung!

Teamarbeit heißt insbesondere Zusammenarbeit, in der du und deine Kollegen, Mitarbeiter und Lieferanten sich gegenseitig mit praktischem Wissen bereichern und voneinander lernen. Stellst du ein Team zusammen, dann ist es deine vornehmliche Aufgabe, gewissenhaft für eine ausgewogene Teamstruktur zu sorgen: Teamfähigkeit gehört zu den herausragenden sozialen Kompetenzen; entscheidender Erfolgsfaktor deines Unternehmens sind die eigenen Mitarbeiter.

> *Bei Vorbildern ist es unwichtig, ob es sich dabei um*
> *einen großen toten Dichter, um Mahatma Gandhi oder*
> *um Onkel Fritz aus Braunschweig handelt, wenn es*
> *nur ein Mensch ist, der im gegebenen Augenblick ohne*
> *Wimpernzucken gesagt oder getan hat, wovor wir zögern.*
>
> Erich Kästner, deutscher Schriftsteller

Von einem Inhaber eines Autohauses wurde ich vor einem Verkaufsseminar gebeten, mich bei den Seminarteilnehmern nach ihrer Meinung zum Unternehmensleitbild zu erkundigen, auf das er großen Wert legte. Gesagt, getan, befragte ich die Teilnehmer während der Schulung auch danach: „Wie stehen Sie eigentlich zum Leitbild Ihres Unternehmens?" Die Reaktion war verblüffend: Erst Schweigen, dann Murmeln und anschließend die Antwort des Wortführers der Gruppe: „Welches Leitbild?"

Unternehmer, Selbstständige und Führungskräfte dienen als Vorbilder, weil Mitarbeiter sich (eher unbewusst) an ihnen – wie Kinder an ihren Eltern – orientieren. Es reicht nicht aus, einige klangvolle Werte aufzulisten und den Mitarbeitern ein neumodisches Leitbild in Hochglanzprospekten in die Hand zu drücken. Um Werte wie ...

- Ehrlichkeit,
- Gerechtigkeit und
- Verantwortungsbewusstsein

zielgerichtet in die Tat umzusetzen, muss sich vor allem die erste Führungsriege zum Leitbild bekennen: *Der Fisch fängt am Kopf an zu stinken* – sei du Vorbild und lebe deinen Mitarbeitern die Unternehmenswerte vor!

Konsequent führen – Konsequenz als Erfolgsfaktor

> *Das Geheimnis des außerordentlichen Menschen ist*
> *in den meisten Fällen nichts als Konsequenz.*
>
> Siddharta Gautama, Begründer des Buddhismus

Stell dir folgende Situation vor:

Vor mehr als 300 Jahren reiten ein Mann und eine Frau gemeinsam auf einem Pferd zu ihrer Hochzeit. Sie reiten schon eine Zeit lang, als das Pferd auf einmal scheut. Der Mann steigt ab, beruhigt das Pferd und sagt: „Eins." Daraufhin reiten sie weiter. Nach einer Weile scheut das Pferd ein zweites Mal. Der Mann hält das Pferd wieder an, versucht, es zu beruhigen, und sagt dann: „Zwei." Sie setzen ihren Ritt fort und schließlich scheut das Pferd ein drittes Mal. Der Mann steigt ab, lässt seine Braut ebenfalls absteigen und sagt: „Drei", zieht seine Pistole und erschießt das Pferd. Seine Frau sagt aufgeregt zu ihm: „Aber das kannst du doch nicht machen, wir sind auf dem Weg zu unserer Hochzeit!" Daraufhin der Mann: „Eins" ...

Diese rustikale Geschichte stelle ich gern auf meinen Seminaren zum Thema *Konsequenz in der Führung* vor. Ich erinnere mich daran, wie Seminarteilnehmer eines guten Kunden auf diese Geschichte reagierten: Sie nannten ihr eigenes Unternehmen die *Kuschel GmbH*, weil ihre Führungskräfte nicht bis drei, sondern eher bis 30 und darüber hinaus gezählt hatten: Diese Form der Führung muss scheitern!

Auch in Einzelcoachings mit Unternehmern, Geschäftsführern und Führungskräften stößt der Begriff *Konsequenz* auf eher verhaltene Resonanz. Unverständlicherweise, weil Konsequenz eine entscheidende Zutat guter Führung ist:

- Sie dient den Mitarbeitern als Leitplanke, bis wohin du als Führungskraft ein Auge zudrückst und ab wann du entschlossen einschreitest.

Du kannst in Sachen Spitzenerfolg viel von Top-Sportlern lernen – führe dir das Ergebnis vor Augen, wenn ein Läufer nicht konsequent und diszipliniert vor einem Wettkampf trainiert: Die anderen machen das Rennen und er rangiert dann meist nur *unter ferner liefen*. Das gilt genauso im Business: Die Eigenschaften Konsequenz und Disziplin machen dich zur Top-Führungskraft und zum Erfolgsmenschen.

Wichtig: Dein stringentes Führen ist nicht zu vergleichen mit einem tyrannischen Despoten, der selbst bei kleinsten Fehlern mit eiserner Hand drakonische Strafen verhängt. Ganz im Gegensatz dazu handelt es sich bei konsequenter Führung zuallererst um das Festlegen und Einhalten klarer Führungs- und Teamregeln wie zum Beispiel:

- Wir erreichen gemeinsam unsere klaren Ziele.
- Wir kommunizieren offen und klar miteinander.
- Wir geben uns regelmäßig konstruktives Feedback.
- Wir halten ein Versprechen ein, wenn wir es zugesagt haben.
- Wir gehen respektvoll und fair miteinander um.
- Wir bereiten unsere Besprechungen sorgfältig vor, fangen pünktlich und vollzählig ohne Smartphone an, erstellen ein Ergebnisprotokoll und hören pünktlich wieder auf.
- Wir halten die vereinbarten Regeln strikt und konsequent ein.

Beispielsweise habe ich einmal als Angestellter meinen Geschäftsführer nach der in Aussicht gestellten Gehaltserhöhung gefragt, an die er sich dann nur noch schemenhaft erinnern konnte und mein Ansinnen ablehnte: Damit war mein Verhältnis zu ihm schwer gestört und mein erster Impuls, dieses Unternehmen besser zu verlassen. Das ist Wortbruch, das ist nicht konsequent – wenn du langfristig überdurchschnittlich erfolgreich sein willst, dann geht das gar nicht! Konsequenterweise habe ich das Unternehmen dann später tatsächlich verlassen.

Der entscheidende Punkt ist allerdings, dass die Mitarbeiter dir auf der Nase herumtanzen werden, sobald sie mitbekommen, dass du dich pflaumenweich verhältst, selbst wenn sie wiederholt die Regeln nicht einhalten.

Wahrscheinlich wirst du auch Situationen erleben, in denen du dich schwertun wirst, deinem Mitarbeiter gegenüber konsequent zu sein: Tu es dennoch! Denn wenn du keine Konsequenzen ziehst, bekommst du gleich zwei Quittungen dafür:

1. Deine Mitarbeiter werden dir nicht mehr vertrauen und
2. du wirst dir selbst nicht mehr vertrauen – das ist noch bitterer!

Und jetzt komm ins Handeln:

✓ Triff bewusste Entscheidungen: du verursachst damit deine Lebensumstände absichtsvoll selbst – nur du selbst kannst dich verwirklichen!
✓ Halte den Graben zwischen Entschluss und Ausführung so schmal wie möglich!
✓ Übernimm ausnahmslos die Verantwortung dafür, wie du mit deinen Lebensumständen umgehst!
✓ DIL: Denk in Lösungen - sei ein Lösungsdenker!
✓ Geh anderen mit bestem Beispiel voran und erwarte von ihnen nichts, was du nicht selbst zu tun bereit bist!
✓ Leg größten Wert auf ausgewogene und produktive Teams und zieh mit den Teammitgliedern an einem Strang – in dieselbe Richtung!
✓ Sei du Vorbild und lebe deinen Mitarbeitern die Unternehmenswerte vor!
✓ Sei diszipliniert und konsequent – das ist dein Weg zur Top-Führungskraft und zum Erfolgsmenschen!

3.5 Dein kostbarstes Gut – wie du bestmöglich mit deiner Zeit umgehst

Deine Vergangenheit ist vergangen, deine Zukunft noch in den Sternen stehend

> *Es gibt nur zwei Tage im Jahr, an denen man nichts tun kann. Der eine ist Gestern, der andere Morgen. Dies bedeutet, dass heute der richtige Tag zum Lieben, Glauben und in erster Linie zum Leben ist.*
>
> Dalai Lama, buddhistischer Mönch und geistliches Oberhaupt Tibets

Für außergewöhnlich erfolgreiche Menschen wie dich gibt es zwei Zeiträume, die du ganz locker und entspannt betrachtest:

1. Das ist zum einen deine Vergangenheit – sie ist nichts weiter als eine Erinnerung, und
2. zum anderen deine Zukunft – sie ist nichts weiter als spekulatives Stochern im Nebel.

Für dich gibt es nur eine wahrhaftig wichtige Zeit:

- das Hier, das Jetzt, die Gegenwart!

> *Hake jeden Tag ab und betrachte ihn als erledigt.*
> *Du hast dein Bestes getan. Irrtümer und Fehler sind*
> *immer möglich. Vergiss sie so schnell wie möglich.*
>
> Ralph Waldo Emerson, US-amerikanischer Schriftsteller

Deine Vergangenheit mit all ihren Ausrutschern und Irrtümern ist vorbei, sie steht nicht mehr in deiner Macht. Und damit stehst du nicht allein: Selbst die schönsten, reichsten und berühmtesten Menschen teilen dieses Los:

Nichts und niemand kann das Gewesene zurückbringen. Was auch immer du gedacht, gefühlt, gesagt, getan hast:

- Du kannst es nicht mehr wandeln!

> *Das, was wir Zukunft nennen, existiert einzig und allein als Gedanke im Kopf.*
>
> Eckhart Tolle, deutscher spiritueller Lehrer und Autor

Auch die kommende Zeit mit all ihren möglichen Gelegenheiten und Un-wägbarkeiten hast du noch nicht im Griff. Du kannst niemals deine Zukunft zu fassen bekommen, sie liegt unzugänglich außer deiner Reichweite. In Wahrheit ist es so, dass noch nicht einmal der nächste Sonnenaufgang sicher ist. Deine Zukunft muss dich also nicht unruhig schlafen lassen, sie ist schlicht und einfach noch nicht da.

> *Verweile nicht in der Vergangenheit, träume nicht von der Zukunft. Konzentriere dich auf den gegenwärtigen Moment.*
>
> Siddharta Gautama, Begründer des Buddhismus

Führe dir das jeden Tag aufs Neue vor Augen:

1. Lass deine Vergangenheit los!
2. Und mach dich von der Zukunft frei!
3. Nur dieser *eine* Tag ist wirklich echt!

Heute ist der einzige Tag, an dem du konkret etwas Konstruktives für deine Berufung und deine Familie tun kannst. Deine gute alte Zeit von morgen ist heute:

- Achte, nutze und genieße diesen Tag!

Carpe Diem – heute ist dein bester Tag

> *Jeder Tag ist ein kleines Leben – jedes Erwachen und Aufstehen*
> *eine kleine Geburt, jeder frische Morgen eine kleine Jugend,*
> *und jedes Zubettgehen und Einschlafen ein kleiner Tod.*
>
> Arthur Schopenhauer, deutscher Philosoph

Mach dir immer wieder klar:

• Jeder einzelne Tag ist wie ein neues Leben.

Du bist dann glücklich und erfolgreich, wenn du jedem neuen Tag energie-geladen und voller Tatkraft und Hingabe wie einem neuen Leben entgegen-siehst!

Jeder Tag ist auf seine Weise wie ein eigenes, kleines und feines Leben. Mit deinem Erwachen beginnt es und mit dem Einschlafen endet es. Aus dieser Perspektive betrachtet kannst du jeden einzelnen Kalendertag abrechnen, ob du gemäß deiner Bestimmung dein Bestes gegeben und das Beste aus ihm gemacht hast.

> *Fang jetzt zu leben an und zähle jeden Tag als ein Leben für sich.*
>
> Seneca, römischer Philosoph

Erkenne: Jeder Tag ist einzigartig! Wenn dir klar ist, dass es für deinen Erfolg, dein Glück und was immer du anstrebst nur diesen einzigen Tag gibt, dann weißt du auch seinen Wert zu schätzen. Dieser Tag heißt HEUTE und findet im Hier und Jetzt statt.

> *Vergangenheit und Zukunft gibt es nicht, es gibt nur eine unendlich*
> *kleine Gegenwart. In dieser eben vollzieht sich das Leben.*
>
> *Leo Tolstoi, russischer Schriftsteller*

Selbst der einzelne Tag ist als Zeiteinheit zu groß: Was einige Minuten oder Stunden zurückliegt, kannst du nicht mehr ändern und das gilt auch für die Zeit, die noch vor dir liegt. Die einzige Zeiteinheit, in der du wirklich aktiv etwas tun kannst, ist dieser Moment. Und wenn du dir klarmachst, dass dein Leben nichts anderes als ein Zyklus aus einzelnen Momenten ist, wirst du jeden Augenblick genießen, selbst wenn du einmal nicht bester Laune bist.

> *Denke daran, dass die Gegenwart alles ist, was du hast.*
> *Mache das Jetzt zum Mittelpunkt deines Lebens.*
>
> *Eckhart Tolle, deutscher spiritueller Lehrer und Autor*

Es bleibt dir also nur *dieser eine Moment*, in dem du energiegeladen etwas tun kannst. Das Sinnvollste, was du tun kannst, ist, jederzeit entschlossen dein Bestes zu geben. Was auch immer du für deine Zukunft planst, dafür etwas tun kannst du nur in der Gegenwart.

> *... halten Sie immer an der Gegenwart fest. Jeder*
> *Zustand, ja jeder Augenblick ist von unendlichem Wert,*
> *denn er ist der Repräsentant einer ganzen Ewigkeit.*
>
> *Johann Wolfgang von Goethe, deutscher Dichter und Universalgenie*

Das ist eine meiner Lieblingserkenntnisse:

- So wie jede Zelle eines Menschen in ihrem Kern den Bauplan des gesamten Körpers enthält, so liegt in jedem Augenblick die Weisheit des ganzen Lebens.

Wenn du dir das klarmachst, fängst du an, bewusst zu leben. Dann fängst du an, dich auf all die Dinge, die du machst, mit Leib und Seele einzulassen und dich dem Moment hinzugeben. Auf diesem Weg erreichst du den Zustand, den der wohl weltweit bekannteste Glücksforscher, Professor Mihály Csíkszentmihályi, *Flow* nennt. Das ist der Status, in dem du Zeit und Raum vergisst und in dem du im wahrsten Sinne des Wortes *im Fluss* des Lebens bist.

> *Die wichtigste Stunde ist immer die Gegenwart, der bedeutendste Mensch immer der, der dir gerade gegenübersteht, und das notwendigste Werk ist immer die Liebe.*
>
> Meister Eckhart, deutscher Theologe und Philosoph

Das gilt auch und besonders für deine Beziehung zu Menschen:

- Der Mensch, der dir gerade gegenübersteht, ist immer der wichtigste!

Das ist das kleine Einmaleins der Sozialkompetenz – ob es deine Kunden, deine Mitarbeiter, dein Partner oder deine Kinder sind. Einer meiner Leitsätze lautet: Mein wichtigster Kunde ist immer der, mit dem ich in diesem Moment telefoniere oder der, der mir gerade im Coaching oder Training gegenübersitzt!

> *Jeden Tag seines Lebens eine feine, kleine Bemerkung einzufangen – wäre schon genug für ein ganzes Leben.*
>
> Christian Morgenstern, deutscher Dichter und Schriftsteller

Das Leben im *Jetzt* leitet dich an, das Wesentliche vom Unwesentlichen und das Wichtige vom Dringenden zu trennen: Dieses *Prioritätensetzen* ist die Königsdisziplin im Zeitmanagement.

Die Gegenwart lehrt dich *auch*, dich über die kleinen Dinge des Lebens zu freuen: Nimm gerade sie bewusst wahr, zum Beispiel die Vogelstimmen beim Sonnenaufgang im Frühling oder rote Mohnblumen am Wegesrand.

Die vielen kleinen Freuden sind es, die dich à la longue glücklich machen, und nicht etwa der eine große Glücksmoment.

Du bist der Pilot

> *Die schlechte Nachricht ist: Die Zeit vergeht wie im Flug.*
> *Die gute Nachricht: Du bist der Pilot.*
>
> Michael Altshuler, US-amerikanischer Autor und Redner

Fakt ist: Auch wenn du jetzt noch relativ jung bist und vergleichsweise alt wirst: Du verfügst über nicht mehr als rund 200.000 Stunden verplanbarer Zeit. Und wenn du schon einmal ältere Menschen gefragt hast, ob die Zeit im Alter wieder – wie in der Kindheit – langsamer vergeht, wirst du wissen: Je älter der Mensch, desto schneller vergeht die gefühlte Zeit. Diesem Phänomen sind auch Zeitforscher auf die Spur gekommen: Im Laufe eines Lebens verändert sich die Reizverarbeitung im Gehirn. In unseren ersten rund 30 Jahren verarbeitet das Hirn mehr Eindrücke in kurzer Zeit. (In diesem Zusammenhang ist es interessant zu wissen, dass unser Gehirn ohnehin erst mit rund 25 Jahren ausgewachsen ist.) Durch die Vielzahl an neuen Eindrücken nehmen junge Menschen die Zeit verlängert wahr. Mit zunehmendem Alter wird meist weniger wirklich Neues erlebt und daher werden immer weniger Reize verarbeitet: Das Gehirn wird langsamer und die gefühlte Zeit vergeht schneller. Um diesen Prozess zu verhindern oder wenigstens zu verlangsamen, empfehle ich dir das konsequente und regelmäßige Ausbrechen aus deiner persönlichen Komfortzone:

- Bereise beispielsweise neue Kontinente,
- finde neue Hobbys,
- lerne neue Leute kennen.

Mach dir außerdem klar, dass selbst nach vorsichtigen Schätzungen jeder Mensch im Schnitt nicht einmal annähernd die Hälfte seines Potenzials nutzt. Zieh daraus die logische Konsequenz und mach dir jeden Tag aufs Neue klar, was du wirklich willst und in welchen Schritten du deine Ziele sinnvollerweise erreichen willst.

> *Prioritäten zu setzen und die Zeit gut zu nutzen, kann man*
> *nicht in Harvard lernen. Viele der Fähigkeiten, auf die es*
> *im Leben ankommt, muss man sich selbst beibringen.*
>
> Lee Iacocca, US-amerikanischer Manager und Buchautor

Bevor du dich in Richtung Ziel auf den Weg machst, erinnere dich an das Alpha und das Omega des Zeit- und Selbstmanagements:

1. Nutze jeden Augenblick!
2. Trenne das Bedeutende vom Unbedeutenden!
3. Tue dann das Wichtigste zuerst!

Wenn du weißt, was deine entscheidenden Ziele sind, dann bist du auch in der Lage, die Arbeit eines jeden Tages sinnvoll zu ordnen.

Und jetzt komm ins Handeln:

- ✓ Lass deine Vergangenheit los!
- ✓ Mach dich von der Zukunft frei!
- ✓ Achte, nutze und genieße diesen Tag!
- ✓ Betrachte jeden einzelnen Tag wie ein neues Leben und mach das Beste aus ihm!

- ✓ In jedem Augenblick liegt die Weisheit des gesamten Lebens: Lebe bewusst und lass dich mit Leib und Seele auf jeden einzelnen Moment ein – du bist dann im Fluss des Lebens!
- ✓ Koste jede Sekunde deines Lebens aus!
- ✓ Handle nach der Maxime *Der Mensch, der dir gerade gegenübersteht, ist immer der wichtigste*!
- ✓ Trenne das Bedeutende vom Unbedeutenden!
- ✓ Mach das Wichtigste zuerst!

3.6 Mehr Zeit – wie du effektiver, effizienter, produktiver und fokussierter wirst

**Eine der wichtigsten Regeln deines Lebens:
Mach das Wichtigste zuerst!**

> *Man muss Übersicht schaffen und behalten, laserscharf auf die wichtigsten Aufgaben fokussieren, konsequent Prioritäten setzen.*
>
> Ivan Blatter, Schweizer Produktivitätstrainer

In meinen Zeitmanagementseminaren führe ich mit den Teilnehmern immer gerne folgende Übung durch, die ich aus Stephen R. Coveys Buch *Der Weg zum Wesentlichen* kenne:

Als Erstes stelle ich ein Goldfischglas auf einen Tisch und lege fünf große Steine hinein, sodass kein weiterer mehr ins Glas hineinpasst.

Dann frage ich: „Ist das Glas voll?" und die meisten antworten „Ja" (da dieses starke Experiment inzwischen einigermaßen bekannt ist, grinsen manchmal auch einige Teilnehmer und sind dann fast immer so freundlich, das Ergebnis nicht vorwegzunehmen).

Danach mache ich immer gerne eine Kunstpause und hole einen Beutel mit Kieselsteinen hervor. Den Kies streue ich über die großen Steine und schüttle das Glas, damit sich der Kies gleichmäßig verteilt. Anschließend frage ich die Teilnehmer mit einem Schmunzeln im Gesicht: „Ist das Glas jetzt voll?" Die meisten ahnen dann, worum es bei diesem Experiment geht und antworten „Vermutlich nicht" oder so ähnlich.

Tatsächlich zaubere ich dann einen Sack mit Sand hervor und verteile den Sand zwischen den großen Steinen und Kieselsteinen, bis das Goldfischglas randvoll ist und sage:

„Nur wenn Sie die großen Steine als Erstes in das Glas legen, wird später noch der Sand hineinpassen. Wenn Sie allerdings mit dem Kies oder Sand beginnen, verzetteln Sie sich mit den Kleinigkeiten und haben keine Zeit mehr für die wirklich wichtigen Dinge. Was sind Ihre großen Steine des Lebens?"

> *Zu einem großen Manne gehört beides: Kleinigkeiten als Kleinigkeiten und wichtige Dinge als wichtige Dinge zu behandeln.*
>
> Gotthold Ephraim Lessing, deutscher Dichter

Erfolgreiche Menschen schieben das Unwichtige auf und erledigen zuerst das Wichtige. Lass deswegen die nachfolgenden bewährten Methoden ab sofort deine Handlungsmaxime sein:

- Schreib täglich, am besten am Vorabend, die wichtigsten Aufgaben auf, die du am nächsten Tag erledigen möchtest!
- Ordne die Aufgaben nach ihrer Bedeutung und nummeriere sie durch!
- Fang am nächsten Morgen mit der wichtigsten Aufgabe an und bring sie zu Ende, ohne etwas anderes zu beginnen!
- Überprüfe dann deine Prioritäten und erledige danach die neue wichtigste Aufgabe!
- Wenn zwischenzeitlich weitere Aufgaben hinzugekommen sind, ordne diese in deine Aufgabenliste ein!
- Wann immer du eine Aufgabe erledigt hast, frag dich: Welche Aufgabe ist jetzt die wichtigste?

- Am Ende des Tages hast du vielleicht nicht alle, aber die wesentlichen Dinge geschafft!

Die wichtigste Zeit- und Selbstmanagementregel lautet also in Kurzform:

1. Arbeite nach Prioritäten, mach das Wichtigste zuerst!
2. Frag dich regelmäßig: Wenn ich nur eine einzige Aufgabe erledigen könnte, welche wäre das?
3. Setze diese dann in die Tat um!

> *Prioritäten setzen heißt auswählen, was liegenbleiben soll.*
>
> Helmut Nahr, deutscher Mathematiker und Unternehmer

Eines der wesentlichen Geheimnisse erfolgreicher Menschen ist, dass sie sich mit Haut und Haaren auf die eine Aufgabe fokussieren, die gerade vor ihnen liegt. Du bist dann unübersehbar leistungsstärker als diejenigen, die sich in ihren Projekten verlieren. Erfolgreiche sind in der Lage, ihre zahlreichen *Baustellen* zu ordnen.

- Merk dir einfach: Mach das Wichtigste zuerst!

Und das ist meist anspruchsvoller, als es im ersten Moment klingt. Es ist an der Tagesordnung, dass ungeplante Aufgaben wie aus dem Nichts auftauchen, die zu allem Überfluss auch noch äußerst *dringend* erscheinen. Vergegenwärtige dir dann regelmäßig, dass diese Aufgaben aus heiterem Himmel letztendlich fast immer nichts anderes bewirken als Ablenkung und Zeitdiebstahl. Mach daher die *wichtigen* Aufgaben zu deiner ersten Priorität, also Aufgaben, die eine überdurchschnittliche Rendite erwarten lassen. Üblicherweise reichen eine oder zwei große wichtige Aufgaben am Tag, die du zu deiner persönlich besten Tageszeit in Angriff nimmst, um eine erstklassige Arbeitsleistung zu erreichen. Es liegt auf der Hand, dass du für überdurchschnittlichen Erfolg ein Höchstmaß an Konzentration benötigst, über die du immer dann verfügst, wenn du dich besonders fit, aktiv und leistungsfähig fühlst. Laut REFA-Normkurve (das ist eine statistische Leistungskurve) ist für die meisten Menschen die beste Tageszeit der Zeitraum zwischen 9 und 12 Uhr – achte auch darauf, ob du eher *Lerche* (Tagesmensch) oder *Eule* (Nachtmensch) bist.

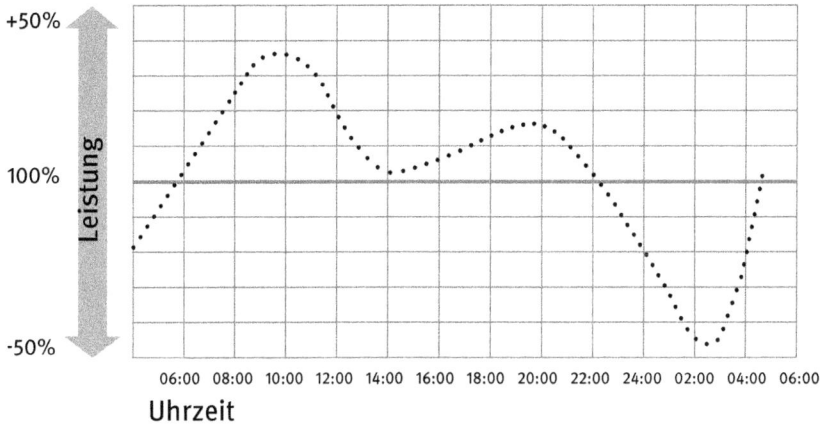

Abbildung 5: REFA-Normkurve

Weisheit ist zu wissen, was man als Nächstes tun sollte, Fähigkeit ist zu wissen, wie es geht, und Tugend, es einfach zu tun.

David Starr Jordan, US-amerikanischer Zoologe und Botaniker

An dieser Stelle ist es wichtig, mit einem alten Irrglauben aufzuräumen und dir das ineffizienteste Zeit- und Selbstmanagementwerkzeug der Welt zu präsentieren: gemeint ist *Multitasking*.

Und der Irrglaube lautet, du könntest mehrere Dinge parallel nebeneinander erledigen. Die einfache Wahrheit ist: Unser Gehirn arbeitet bei anspruchsvollen Aufgaben seriell und kann daher nur Schritt für Schritt arbeiten. Wenn du beispielsweise Auto fährst und telefonierst, dann kann dein Gehirn sich immer nur auf eine Sache wirklich konzentrieren – entweder auf das Telefonieren oder das Autofahren. Wenn du also gerade telefonierst, hast du beim Autofahren den sogenannten *Tunnelblick* und in diesem Moment ist deine bewusste Wahrnehmung stark eingeschränkt.

Dazu ein Beispiel aus eigenem Erleben: Ich war auf dem Weg zum Kunden mit rund 150 km/h auf der Autobahn unterwegs und wollte auf der linken Spur überholen. Der Wagen vor mir fuhr allerdings schwankend von der linken auf die mittlere Spur und wieder zurück, sodass ich annahm, dass der Fahrer vielleicht betrunken oder krank wäre. Als ich ihn dann allerdings überholen konnte, sah ich beim Vorbeifahren, wie er hektisch in sein Smartphone sprach und dabei nervös gestikulierte. Er nahm nicht einmal wahr, dass er von mir überholt wurde. Das war tatsächlich ein abschreckendes Beispiel.

Mach dir also klar, dass du schon dann Energie verschwendest, wenn du zwei Aufgaben gleichzeitig bearbeitest. In Wahrheit schwächst du deinen Fokus bereits dann, wenn du dich gedanklich mit der nächsten Aufgabe beschäftigst, die noch vor dir liegt, während du dich mit der aktuellen Aufgabe befasst.

- Zusammengefasst heißt das: Unabhängig davon, ob du männlich oder weiblich bist: Erledige immer nur eine Aufgabe nach der anderen, und zwar mit absteigender Wichtigkeit!

Das ist es, was im Endergebnis herausragend Erfolgreiche von den eher weniger Erfolgreichen unterscheidet.

> *Beende das Zaudern! Immer hat Aufschub*
> *denen, die bereit standen, geschadet.*
>
> Marcus Annaeus Lukan, römischer Dichter

Hast du dir auch schon mal etwas fest vorgenommen und es dann doch nicht gemacht?

Dann ruf dir die gute alte 72-Stunden-Regel in Erinnerung: Wenn du einen Vorsatz, einen Plan oder einen guten Einfall in die Tat umsetzen willst, dann beginne damit innerhalb der nächsten 72 Stunden. Wartest du länger als diese drei Tage, tendiert die Wahrscheinlichkeit gegen null, dass du jemals damit anfangen wirst. Der Grund dafür liegt auf der Hand: Zu viele neue

Informationen überlagern deinen guten Einfall, der dann in die Tiefen deines Unterbewusstseins sinkt. Je länger du das Umsetzen verschiebst, desto wahrscheinlicher ist es, dass du nie beginnen wirst. Positiv formuliert heißt das:

1. Der erste - möglichst schnelle - Schritt ist immer der wichtigste!
2. Nutze deine Tatkraft, sobald du eine gute Idee hast - dieser Impuls hat große Chancen, von dir in die Praxis umgesetzt zu werden!

Das gilt natürlich auch für die Erkenntnisse aus diesem Buch:

• Markiere dir die Tipps, die du anwenden möchtest, und fang sofort damit an!

Du musst ein Projekt nicht innerhalb dieser drei Tage beenden, sondern es einfach nur beginnen. Kommst du - warum auch immer - nicht dazu, weil zu viele Termine einen sinnvollen Start nicht zulassen, schreib dir deine Idee auf deine To-do-Liste: So stellst du sicher, dass du sie nicht vergisst.

Zur Erinnerung: Ausgesprochen erfolgreiche Menschen verbindet die Kompetenz, den Graben zwischen Entschluss und Handlung sehr klein zu halten. Wenn du dich also entschieden hast, tue sofort ein erstes Mal aktiv etwas dafür - selbst wenn es nur eine Kleinigkeit wie ein kurzes Telefonat ist!

> *Das Aussortieren des Unwesentlichen ist*
> *der Kern aller Lebensweisheit.*
>
> Laotse, chinesischer Philosoph

Für dich heißt konsequentes Zeitmanagement ab sofort:

1. Ordne die anstehenden Aufgaben nach Prioritäten und
2. plane diese Aufgaben in einen überschaubaren Zeitrahmen ein!
3. Schreib dir die Aufgaben für deinen Arbeitstag auf, damit du selbst in Stressphasen einen roten Faden an der Hand und deine Prioritäten im Blick hast!

4. Dieser Tagesplan dient gleichzeitig als Tagesziel: Er motiviert dich und lässt dich aktiv werden!

Indem du für jede Aufgabe die erforderliche Zeit schätzt, strukturierst du deinen Tag in sinnvolle Zeiteinheiten, in denen du dich ausschließlich auf *eine* Aufgabe fokussierst. Es zeigt sich immer wieder, dass du tatsächlich in etwa den Zeitraum benötigen wirst, den du dafür eingeplant hast. Bekannt geworden ist dieses Phänomen als Parkinsonsches Gesetz: Deine Arbeit dehnt sich in genau dem Maß aus, wie Zeit für ihre Erledigung zur Verfügung steht.

PS: Wenn dich interessiert, mit welchem seit Jahren optimierten Tagesplan ich arbeite (mit Anleitung):

> *Es ist nicht zu wenig Zeit, die wir haben, sondern*
> *es ist zu viel Zeit, die wir nicht nutzen.*
>
> Seneca, römischer Philosoph

Einige weitere wichtige Tipps für mehr Produktivität:

1. Arbeite mit Zeitblöcken, in denen du gleichartige Aufgaben erledigst!
2. Stell dazu dein Telefon um oder schalte deinen Anrufbeantworter ein, damit du ungestört arbeiten kannst!

Während meiner Bürotage arbeite ich beispielsweise nach dem Mittagessen gegen 13 Uhr in einem Schwung meine E-Mails in einem Zeitblock ab. Vor einiger Zeit hatte ich einen Telefonservice eines externen Dienstleisters gebucht, dessen geschulte Mitarbeiter meine Anrufe professionell entgegennahmen, während ich konzentriert meine E-Mails bearbeitete.

Mit dieser einfachen Methode arbeitest du sehr effektiv, weil du energie- und zeitraubende Ablenkungen durch Kunden, Lieferanten oder Mitarbeiter vermeidest: Mit jeder neuen Störung kommt es zum sogenannten *Sägeblatteffekt*, weil du dich nach jeder Unterbrechung wieder neu ins Thema eindenken und einarbeiten musst. Jede Unterbrechung erfordert folglich eine zusätzliche Anlauf- und Konzentrationszeit, die du durch das Umstellen des Telefons, mit einem Anrufbeantworter oder einem Telefonservice einsparst.

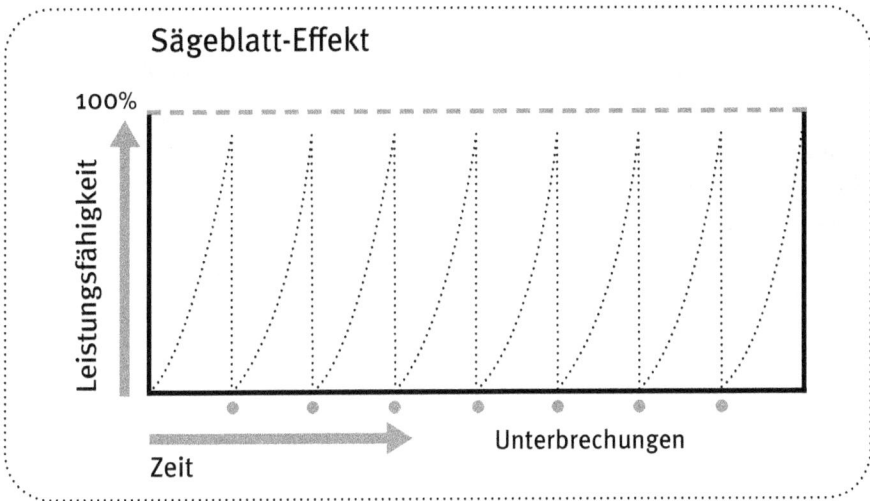

Abbildung 6: Sägeblatt-Effekt

Wenn du also zum Beispiel störungsfrei an deinem wichtigsten Projekt – am besten direkt morgens als Erstes – arbeiten möchtest, dann reserviere dir dafür eine *stille Stunde* und sei in dieser Zeit nicht ansprechbar. Das funktioniert zwar nicht immer perfekt, du kannst allerdings fast immer fokussierter und damit auch produktiver arbeiten.

Um das noch einmal auf den Punkt zu bringen:

- Wenn du nur diesen einzigen Gedanken – die *stille Stunde* – ab sofort in deinem Arbeitsleben praktisch umsetzt, kannst du deinen persönlichen Erfolgs-Quantensprung machen: Komm also ins Handeln!

> *Was aber ist Deine Pflicht?*
> *Die Forderung des Tages.*
>
> Johann Wolfgang von Goethe, deutscher Dichter und Universalgenie

Weiter geht's:

- Verplane höchstens zwei Drittel deiner Arbeitszeit, da die Dinge bekanntlich manchmal anders kommen, als du denkst!

So bewältigst du auch unerwartete Aufgaben und Zeitdiebe, die du nicht völlig vermeiden kannst. Ohne diese *Pufferzeiten* kann das Arbeiten mit einem Tagesplan enttäuschend sein, weil du ihn aufgrund von Unterbrechungen nicht oder nur teilweise erfüllen kannst. Wenn also aus heiterem Himmel ein Problem auftritt und deine Entscheidung notwendig ist, ohne die zum Beispiel ein Top-Kunde einen wichtigen Auftrag stornieren würde, passt dein Zeiteinsatz rund um dieses ungeplante Thema perfekt in die Pufferzeit deines Tagesplans. Du tust dann das Beste, was du tun kannst, nämlich *das*, was die Situation von dir fordert.

> *Es gibt Diebe, die von den Gesetzen nicht bestraft werden*
> *und dem Menschen doch das Kostbarste stehlen: die Zeit.*
>
> Napoleon I. Bonaparte, französischer General und Kaiser der Franzosen

Es gibt Menschen und Tätigkeiten, die viel Zeit kosten und dir schlussendlich nur überschaubare Resultate bringen: das sind deine großen *Zeitdiebe*. Dazu gehören häufig beispielsweise ...

- ungeplante Anrufe,
- unangemeldete Besucher und
- unproduktive Besprechungen.

Außerdem tun sich viele Menschen schwer mit dem Delegieren und sie können auch nicht *Nein* sagen. Das Unangenehmste aber sind manchmal Hunderte ungelesener E-Mails und die Stapel mit ungelesenen Unterlagen und Fachzeitschriften sowie die unbequemen Aufgaben, die nie richtig erledigt wurden: Sie wirken wie Zeit-, Kraft- und Motivationsdiebe, die jederzeit deinen Tagesplan zu sprengen drohen.

> *Eat that frog. (Iss den Frosch.)*
>
> *Amerikanisches Sprichwort*

Der Persönlichkeitstrainer und Bestseller-Autor Brian Tracy beschäftigt sich in seinem gleichnamigen Buch mit dem amerikanischen Sprichwort „Eat that frog." Das heißt in etwa so viel wie: Wenn du gleich morgens als Erstes einen lebendigen Frosch verspeist, kannst du heiter und gelassen in den Tag gehen. Wahrscheinlich war der Frosch das Schlimmste, was dir an diesem Tag passieren konnte. Ins Alltagsleben übersetzt heißt das: Wenn du jeden Tag mit der wichtigsten und schwierigsten Aufgabe beginnst und konsequent erledigst, kannst du den restlichen Tag entspannt angehen. Außergewöhnlicher Erfolg wird sich dann wie von selbst einstellen.

Beginne also deine Arbeit immer mit der wichtigsten Aufgabe, die häufig auch die unangenehmste ist. Du hast morgens die meiste Kraft, den größten Schwung und die höchste Konzentration, das Heft in die Hand zu nehmen – alles vorzügliche Bedingungen, die erfolgsrelevanten Aufgaben mit Elan zu meistern.

Du erkennst: Ein durchschnittlich Talentierter, der in der Lage ist, klare Prioritäten zu setzen und die wichtigen Aufgaben schnell zu einem guten Ende zu bringen, wird sehr viel weiterkommen als ein brillanter Kopf, der viel redet und große Pläne schmiedet, sie aber nicht energisch anpackt. Wenn du also morgens gleich zwei Frösche vor dir siehst, dann schling den hässlichsten zuerst hinunter. Und wenn du schon Kröten schlucken musst, bringt es dir nichts, dich erst hinzusetzen und sie lange anzustarren. Schluck die Kröte sofort und erlebe dann die angenehme und zu neuen Taten animierende Wirkung.

> *Das Aufschieben wichtiger Geschäfte ist eine der gefährlichsten Krankheiten der Seele.*
>
> Georg Christoph Lichtenberg, deutscher Physiker und Schriftsteller

Aufgaben vor sich herzuschieben ist ein weitverbreitetes Phänomen. Steuererklärungen und Zahnarztbesuche sind bekannte Beispiele dafür, dass viele plötzlich meist andere und unwichtigere Beschäftigungen vorziehen – und sei es das Stöbern auf Instagram und Facebook!

Dieses Kuriosum, unangenehme Dinge ständig vor sich herzuschieben, ist als Prokrastination und *Aufschieberitis* bekannt und weit verbreitet. Die Folgen sind geläufig: Die unerledigte Arbeit wächst zu einem Berg an, der nicht mehr zu bewältigen ist. Ist dieser Punkt erreicht, machen sich viele ans Werk, um die Schuldigen für ihr Problem zu suchen.

Schütz dich vor der Aufschieberitis, indem du dich nicht von Nebensächlichkeiten ablenken lässt und du dich immer wieder auf das Wesentliche fokussierst. Du bist dann auf der Gewinnerstraße, wenn du konsequent die drei großen A vermeidest:

1. **A**blenkungen,
2. **A**usreden und
3. **A**ngst vor Misserfolg.

> *Wenn Du willst, dass dir eine leichte Aufgabe richtig schwer erscheint, schieb sie einfach auf.*
>
> Olin Miller, US-amerikanischer Unternehmer

Im Arbeitsalltag hat sich insbesondere das *Sofort-Prinzip* bewährt, das dich entscheidend weiterbringt:

1. Erledige alle Aufgaben sofort, wenn sie nicht mehr als drei Minuten deiner Zeit kosten! Was du gleich erledigst, ist besser als eine weitere Kleinst-Aufgabe auf deiner To-do-Liste. Es ist die nicht enden wollende Flut bereits aufgeschobener Tätigkeiten, die dich den Überblick und die Lust an der Arbeit verlieren lässt: Zwing dich, bei jedem Blatt Papier und jeder E-Mail sofort eine Entscheidung zu treffen!
2. Bearbeite E-Mails nur zu bestimmten Tageszeiten und maximal drei Mal, zum Beispiel morgens (um dir einen Überblick zu verschaffen), mittags und bevor du dein Büro verlässt.
3. Und entscheide: sofort erledigen, wenn die Aufgabe innerhalb von drei Minuten abgeschlossen ist, sofort in die To-do-Liste aufnehmen, falls sie länger dauert, oder sofort löschen, wenn die E-Mail unwichtig ist.

Sei besonders beim Löschen großzügig: Sollte die E-Mail doch wichtig gewesen sein, wird sich sicher jemand bei dir melden.

Aufgaben nur ein einziges Mal in die Hand zu nehmen, bringt dir zwei große Vorteile:

1. Zum einen nutzt du deine intuitiven Ideen beim ersten Durchlesen sofort,
2. zum anderen schaffst du dir Zeit für die wirklich wichtigen Projekte, die dich nach vorn bringen.

> *Auch der längste Marsch beginnt mit dem ersten Schritt.*
>
> Laotse, chinesischer Philosoph

Das Trägheitsgesetz besagt, dass sich jeder Körper einer Änderung seiner Geschwindigkeit widersetzt: Einen stehenden Zug anzuschieben ist nahezu unmöglich, einen rollenden Zug anzuhalten ist noch schwieriger.

Was heißt das konkret für dein Zeitmanagement? Nimm dir insbesondere bei unangenehmen Aufgaben zunächst einen kleinen Schritt vor – damit

hast du den schwersten Schritt bereits getan. Du baust damit *Momentum –
Schwung für deine Aufgabe –* auf. Wenn das lästige Projekt dann Fahrt auf-
nimmt, fällt es dir leichter, die nächsten Schritte zu gehen. Und wenn dein
Vorhaben erledigt ist, belohnst du dich mit einer Kleinigkeit, die dir Freude
bereitet! Ich bringe beispielsweise immer erst ein Thema zu einem guten
Ende, bevor ich mir eine neue Tasse Kaffee gönne.

Die vier wichtigsten Buchstaben deines Zeitmanagements

Diese vier Buchstaben haben das Zeug, deine Welt zu verändern. Wenn du
am richtigen Ort zur richtigen Zeit den richtigen Ton triffst, dann können
sie dein Zeitmanagement revolutionieren. Wahrscheinlich ahnst du schon
längst, um welche vier Buchstaben es sich hierbei handelt:

* N E I N – Nein.

Wenn du also das Gefühl hast, fremdbestimmt zu werden, sag einfach häufiger „Nein"!

Beachte allerdings: Ein hartes „Nein" kann deinen Gesprächspartner verletzen. Deswegen erhältst du nachfolgend drei Beispiele, wie du es so elegant
wie möglich formulieren kannst:

1. **„Nein, weil ..."**

   Du lieferst in diesem Fall eine Begründung, warum du eine Aufgabe
   nicht übernehmen kannst. Im echten Leben hört sich das zum Beispiel
   wie folgt an:

   „Nein, das geht heute nicht, weil ich um 16 Uhr noch einen Termin mit
   Maria habe, wir besprechen die aktuelle Produktneueinführung."

2. **„Nein, allerdings ..."**

   Du bietest eine Alternativlösung an. Das klingt dann beispielsweise so:

   „Nein, weil ich um 16 Uhr noch einen Termin mit Maria habe und wir das
   IT-Projekt besprechen. Allerdings können wir das direkt morgen Früh um
   8 Uhr zusammen erledigen."

Und das kannst du dann noch mit dem *Wundermittel Fragetechnik* kombinieren, indem du zum Beispiel Meinungsfragen stellst wie „Passt das so für dich?" oder „Wollen wir es so machen?"

3. **„Ja, wenn ..."**

Du stellst eine Bedingung – das hört sich folgendermaßen an:

„Ich kann diese Aufgabe nur übernehmen, wenn Max das Webinar-Projekt übernimmt, weil wir ansonsten den Online-Terminplan nicht halten können."

Du siehst: das sind drei sehr effektive Möglichkeiten, ...

*   so elegant wie möglich „Nein" zu sagen,
*   selbstbestimmt deine eigenen Aufgaben zu erledigen und
*   darüber hinaus noch reichlich Zeit zu sparen.

Wie du sinnvoll ohne „mach' ich kurz selbst" die Aufgabe inklusive Verantwortung delegierst

Um den Kopf frei zu haben für die wesentlichen A- und B-Aufgaben (also die *wichtigen* Aufgaben), ist es für dein Zeitmanagement besonders effektiv, die (unwichtigeren) C-Aufgaben so weit wie möglich zu delegieren.

Die drei wichtigsten Impulse für professionelles Delegieren lauten:

1. Eine weit verbreitete und gefährliche Einstellung vieler Führungskräfte heißt „Das mache ich kurz selbst". Damit liegen sie kurzfristig meist richtig und sie sind tatsächlich in vielen Fällen schneller als diejenigen, die in diesem Bereich noch nicht so geübt sind. Falls das auch deine Maxime ist, bleiben auf lange Sicht diese weniger wichtigen C-Aufgaben immer bei dir! Mach dir diesen einfachen Zusammenhang klar, dann fällt es dir auch leichter, diese Themen tatsächlich abzugeben. Langfristig wirst du damit signifikant entlastet und du gewinnst Zeit für das Wesentliche.

2. Gib nicht nur die Aufgabe ab, sondern auch die Verantwortung. Damit erfüllst du das prägnante Motto vom *Fördern durch Fordern*. Du erzielst damit diesen Effekt:

- Du hast nicht nur die Aufgabe delegiert, sondern auch deinen Mitarbeiter motiviert!

3. Auf Seminaren höre ich häufig: „Herr Küthe, Ihre Ideen gefallen mir gut, nur habe ich niemanden, an den ich die Aufgaben delegieren kann". Meine Antwort: „Seien Sie kreativ, holen Sie sich einen Lehrling in Ihre Abteilung, einen Praktikanten oder einen Diplomanden. Und wenn diese alle nicht verfügbar sind, geben Sie Ihre Aufgaben einem externen Dienstleister." Dazu zwei Beispiele:

   a. Als ich noch Führungskraft im Marketing war, habe ich von meinem Geschäftsführer einen weiteren Mitarbeiter angefordert, der mir allerdings nicht bewilligt wurde. Daraufhin habe ich Folgendes gemacht: Die Aufgaben, die im Unternehmen hätten erledigt werden können, habe ich ausgelagert an einen externen Dienstleister, in diesem konkreten Fall an eine Werbeagentur. Die Agentur hat dann das erledigt, was wir mit entsprechendem Personal auch selbst hätten erledigen können.

   b. Wenn meine Frau und ich im Herbst beruflich stark eingebunden sind und daher keine Zeit für unseren Garten haben, die Bäume aber geschnitten werden müssen, dann schalten wir natürlich unseren Gärtner ein und der übernimmt dann diese Aufgabe für uns. Das Schönste: Es handelt sich dabei um sogenannte haushaltsnahe Dienstleistungen und an diesen Kosten kannst du das Finanzamt beteiligen.

Fazit: Kein Dirigent spielt alle Instrumente selbst, gib also insbesondere die vielfach dringenden, aber meist nicht so wichtigen C-Aufgaben mit leichtem Herzen ab.

Wie du erfolgreich deinen Tag beendest und mit Schwung den neuen startest

Wer vorsieht, ist Herr des Tags.

Johann Wolfgang von Goethe, deutscher Dichter und Universalgenie

Einer der wesentlichen Grundsätze des Zeitmanagements lautet:

• Plane den kommenden Tag bereits am Vorabend,

  – entweder zu Hause oder
  – noch besser im Büro!

Ein schriftlicher Tagesplan – und dabei kann es sich um ein weißes Blatt Papier mit deinen handschriftlichen Notizen handeln – für den nächsten Tag hat einen überragenden Vorteil:

• Dein Unterbewusstsein befasst sich bereits am Abend und in der Nacht mit den Aufgaben des kommenden Tages und strukturiert sie entsprechend. Du wirst überrascht sein, wie motiviert und schwungvoll du die Aufgaben am nächsten Arbeitstag angehst und wie leicht sie dir von der Hand gehen. Außerdem hast du dank dieser Methode den Kopf frei für den Feierabend.

Wer einen Fehler gemacht hat und nicht korrigiert, begeht einen zweiten.

Konfuzius, chinesischer Philosoph

Wenn du stringent und diszipliniert deine geplanten Aufgaben in die Tat umgesetzt hast, kannst du glücklich und zufrieden deinen Arbeitstag vollenden. Ein kurzes Reflektieren über den vergangenen Arbeitstag ist wertvoll und erkenntnisreich, stell dir daher regelmäßig diese Fragen:

- Habe ich meine Tagesziele erreicht?
- Welche Tätigkeiten gilt es auf welchen Termin zu übertragen?
- Was ist gut gelaufen?
- Was hat nicht so gut funktioniert und wie mache ich es in Zukunft besser?
- Wie sieht mein Tagesablauf morgen aus?
- Und wie verbringe ich den Abend?

> *Das köstlichste Gut, das ein vernünftiger*
> *Mensch besitzt, ist seine freie Zeit.*
>
> *Paul Ernst, deutscher Schriftsteller und Journalist*

Nach der Arbeit machen viele einen beliebten Fehler: Sie fahren nach dem Büro wieder in die eigenen vier Wände, ohne sich im Klaren darüber zu sein, wie sie den Abend gestalten möchten. Natürlich gilt in deinem Privaten dieselbe Regel wie im Beruf: Ohne klare Vorstellung, was und wie du etwas machen willst, vergeudest du kostbare Zeit, ohne dass etwas Sinnvolles geschieht. Die Grundlage für einen schönen Abend im Kreis deiner Familie oder deiner Freunde ist eine konkrete Idee:

- Lieber zum Griechen oder ins Kino?
- Ins Konzert oder doch eher das neue Buch?
- Radfahren mit den Kindern oder mit dem Partner an die frische Luft gehen?
- Party machen oder kontemplativ meditieren?

Und jetzt komm ins Handeln:

✓ Halte dich täglich an eine der wichtigsten Regeln deines Lebens: Mach das Wichtigste zuerst!

✓ Frag dich regelmäßig: Wenn ich nur eine einzige Aufgabe erledigen könnte, welche wäre das? Setze diese dann in die Tat um!

✓ Berücksichtige vor allem für deine wichtigsten Aufgaben deine individuelle Leistungskurve: die meisten Menschen sind morgens zwischen 9 und 12 Uhr am produktivsten!

✓ Vergiss Multitasking! Endgültig! Jetzt!

✓ Erledige immer nur eine Aufgabe nach der anderen, und zwar mit absteigender Wichtigkeit!

✓ Plane für das Erledigen deiner Aufgaben einen überschaubaren Zeitraum ein!

✓ Schreib dir die Aufgaben für deinen Arbeitstag auf, damit du selbst in Stressphasen einen roten Faden an der Hand und deine Prioritäten im Blick hast!

✓ Dieser Tagesplan dient gleichzeitig als dein Tagesziel: Er motiviert dich und lässt dich aktiv werden!

✓ Nutze die 72-Stunden-Regel: Wenn du einen Plan oder einen guten Einfall hast, dann beginne innerhalb der nächsten 72 Stunden mit dessen Umsetzung – wartest du länger, wirst du wahrscheinlich niemals damit anfangen!

✓ Sei produktiver, indem du ...

    – mit Zeitblöcken arbeitest, in denen du gleichartige Aufgaben erledigst und

    – stell dazu dein Telefon um oder schalte deinen Anrufbeantworter an, damit du ungestört arbeiten kannst!

✓ Verplane höchstens zwei Drittel deiner Arbeitszeit: Erstens kommt es anders, zweitens als du denkst!

✓ Wenn du morgens gleich zwei Frösche vor dir siehst, dann schling sofort den hässlichsten zuerst hinunter und erlebe dann die angenehme und motivierende Wirkung!

✓ Schütz dich vor der Aufschieberitis, indem du konsequent die drei großen **A** (**A**blenkungen, **A**usreden und **A**ngst vor Misserfolg) vermeidest!

- ✓ Halte dich konsequent an das Sofort-Prinzip: Erledige alle Aufgaben sofort, wenn sie nicht mehr als drei Minuten deiner Zeit kosten!
- ✓ Wenn du das Gefühl hast, fremdbestimmt zu werden, sag einfach häufiger „Nein"!
- ✓ Denk regelmäßig an das Zauberwort *Delegieren*: Delegiere nicht nur die Aufgaben, sondern auch die entsprechende Verantwortung!
- ✓ Reflektiere den vergangenen Arbeitstag, um kontinuierlich besser zu werden!
- ✓ Plane den kommenden Tag am besten noch am Vorabend im Büro!
- ✓ Gestalte natürlich auch deinen Feierabend: Nimm dir Zeit für dich selbst, deine Familie, deine Freunde!

3.7 Mehr Lebensfreude – wie du ganz konkret Stress abbaust

Es gibt zig gute Tipps und unterschiedliche Methoden, Stress wirkungsvoll abzubauen – am einfachsten beispielsweise durch Sport und Schlafen. Wie Stress entsteht, welche Stresstypen es gibt und wie du wirksam Stress abbauen kannst, erfährst du in diesem Abschnitt.

Ein weiser Mann wurde gefragt, was ihn am meisten wundere.
Seine Antwort:
„Der Mensch.
Denn er opfert seine Gesundheit,
um Geld zu machen.
Dann opfert er sein Geld, um seine Gesundheit wiederzuerlangen.
Und dann ist er so ängstlich wegen der Zukunft, dass er die
Gegenwart nicht genießt; das Resultat ist, dass er nicht in der
Gegenwart lebt.
Er lebt, als würde er nie sterben, und dann
stirbt er und hat nie wirklich gelebt."

Die Antwort wird dem Dalai Lama zugerechnet, buddhistischer
Mönch und geistliches Oberhaupt Tibets

Wie Stress entsteht

Was passiert, wenn du kein aktives Zeit-, Selbst- und Stressmanagement anwendest?

Es entsteht schlicht und einfach negativer Stress. Stress ist allerdings nicht gleich Stress. Es wird unterschieden in ...

- Eu-Stress und
- Dis-Stress.

Eu und *Dis* sind zwei griechische Vorsilben: *Eu* steht für *wohl* und *gut* und *Dis* steht für *das Gegenteil von etwas*. Du kennst wahrscheinlich das *Eu* aus Euphorie (Hochgefühl) und das *Dis* aus Disharmonie (Missklang, Missstimmung). Wenn du *Eu*-Stress fühlst, dann wird dein Körper aktiviert. Und wenn du *Dis*-Stress empfindest, dann werden Körper und Geist belastet.

Der Begriff *Stress* kommt ursprünglich aus dem Englischen und heißt nichts anderes als *Druck* oder *Anspannung*. Auch in der Werkstoffkunde wird Stress als Begriff benutzt, wenn ein Material gedehnt, gebogen oder einem Druck ausgesetzt wird.

Diese Begriffe lassen sich gut auf uns Menschen übertragen: Wenn du in Stress gerätst, also in negativen Dis-Stress, dann wirst du bildhaft gesprochen körperlich und geistig *gedehnt*. Das ist auch phasenweise in Ordnung, wenn du dir anschließend ausreichend Zeit für Erholungsphasen gönnst. Wenn du entsprechende Pausen machst, kannst du Stress abbauen und zu alter Stärke zurückkehren.

Stress durch geistige und körperliche Anspannung

Stress ist daher immer nur dann gefährlich, wenn wir keine Erholungsphasen haben, keine Pausen machen und sich den Stress weiter ausdehnen lassen. Der Körper macht sich dann bemerkbar, und zwar in Form von Krankheit. Wenn wir darauf immer noch nicht reagieren, dann kann der Körper am Stress zerbrechen und im Extremfall mit Burnout und Depression reagieren – wenn du nichts dagegen unternimmst.

Stress abbauen durch regelmäßige Pausen

Nichts bringt uns auf unserem Weg besser voran als eine Pause.

Elizabeth Barrett-Browning, englische Dichterin

Gönn dir regelmäßig Pausen und Erholungsphasen, dann findest du immer wieder zur alten Form zurück.

- Denk an deine Schulzeit zurück: Auch für uns Erwachsene ist eine 5-Minuten-Pause nach 45 Minuten intensivem Arbeiten sinnvoll.
- Nach 2 Stunden ist es Zeit für eine Kaffeepause: Gönn dir für rund 15 Minuten einen guten heißen Kaffee oder Tee, den du in Ruhe genießt.
- Spätestens nach 4 Stunden Arbeit empfiehlt sich eine lange Pause, für die du dir mindestens 30 Minuten nimmst (um zum Beispiel Mittag zu essen).

Wenn du nur *diesen einen* Pausen-Tipp praktisch umsetzt, wirst du abends wacher, fitter und tatendurstiger sein. Erinnere dich: Wenn du es nicht tust, drohen schlimmstenfalls Burnout und Depression – und dann kostet es viel Zeit und Geld, zur alten Form zurückzukehren.

So gehst du sinnvollerweise mit Stress um

Als Erstes ist es für dich wichtig zu wissen, dass die vielen E-Mails, Telefonate und Besprechungen beispielsweise gar nicht *der* Stress sind. Der Stress bei uns Menschen ist immer eine körperliche Reaktion auf einen Stressor. Das ABC-Modell des US-Amerikaners Albert Ellis bringt diesen Zusammenhang sehr schön auf den Punkt:

A = Auslöser > B = Bewertung > C = Konsequenz

Das A steht für einen Auslöser, den Ellis das *activating event*, also das *aktivierende Ereignis* nennt. Als Auswirkung entsteht immer eine Konsequenz (das ist das C für *consequence*), die dieser Auslöser verursacht hat – das ist das Ursache-Wirkungs-Prinzip.

In unserem Gehirn läuft dieser Prozess allerdings mit einem Zwischenschritt ab: Nach dem *aktivierenden Ereignis* kommt es in unserem Gehirn zu einer *inneren Bewertung*: Das ist das B aus Ellis' Modell, und dieses B steht für *beliefs*, also für *Glaubenssätze* beziehungsweise ein *Glaubenssatzsystem*. Dieses Glaubenssatzsystem – es beinhaltet unsere jahrelangen Programmierungen und Gedankenmuster – bewertet jetzt diesen Auslöser und *erst dann* kommt es zu einer Konsequenz. Bezogen auf unser Thema *Stress abbauen* heißt das: Ein externes Ereignis wird zunächst in unserem Gehirn – meist unbewusst – bewertet und erst *danach* kommt es zu einer Stressreaktion (oder bei anderer Bewertung eben nicht).

Zwei Beispiele für das ABC-Modell

Ein Beispiel aus dem privaten Umfeld:

1. Du stehst an einer Ampel und ein anderes Fahrzeug fährt dir von hinten in deinen neuen BMW (Auslöser).

   - Variante 1: Du sagst dir selbst, dass der andere Fahrer dafür büßen muss (Bewertung), steigst wutentbrannt aus deinem Wagen und streckst ihn mit einem gezielten Fausthieb in die Magengrube nieder (Konsequenz).
   - Variante 2: Du fragst dich selbst, wie du dieses Thema am besten und schnellsten lösen kannst (Bewertung) und erkundigst dich dann beim anderen, bei wem er sein Auto versichert hat (Konsequenz).

Beispiel aus dem beruflichen Umfeld:

2. Stell dir diese Situation vor: Du bekommst einen Stapel neuer Aufgaben von deinem Geschäftsführer. Du hast jetzt zwei Möglichkeiten, wie du damit umgehst:

- Du kannst dir entweder sagen: „Oh nein, der Stapel bedeutet jede Menge Überstunden und wahrscheinlich muss ich den ganzen Kram noch mit ins Wochenende nehmen, das ist echt grauenhaft – warum immer ich."
- Oder du bewertest alternativ dazu die Situation wie folgt: „Wow, der Chef gibt mir so eine verantwortungsvolle Aufgabe, der vertraut mir, das finde ich sehr, sehr gut. Allerdings wird jetzt die Zeit für das aktuelle Projekt ziemlich eng: Ich spreche ihn einfach an und frage, ob Sophie dieses Projekt übernehmen kann."

Erkenntnisse aus dem ABC-Modell

- Du bist nicht für alles verantwortlich, was dir passiert.
- Du bist also nicht verantwortlich dafür, wenn dir von hinten jemand ins Auto fährt.
- *Du bist allerdings immer verantwortlich dafür, wie du damit umgehst!*
- Das B für Bewertung in deinem Gehirn ist entscheidend für deine Reaktion auf die Umstände.

Das B für Bewertung ist der Sitz unserer inneren Einstellung. Erinnerst du dich an Viktor Frankls fundamentale Erkenntnis? Er hat diese *Bewertungsmaschine* unsere *letzte große Freiheit* genannt.

> *Alles kann man einem Menschen nehmen,*
> *außer seine letzte Freiheit:*
> *in jeder Situation seine Einstellung zu wählen!*
>
> Viktor Frankl, österreichischer Neurologe und Psychiater

- Die Kernaussage des ABC-Modells lautet: Du bist nie für alles verantwortlich, du bist allerdings *immer* verantwortlich dafür, wie du mit einer Situation umgehst.

Bei einem intelligenten Stressmanagement geht es darum, dass du ein optimales Stresslevel erzielst. Das heißt konkret, dass du den negativen Dis-

Stress möglichst reduzierst und den positiven Eu-Stress so weit wie möglich forcierst.

Die drei Stresstypen und wie sie ihren Stress abbauen

Es werden drei *Stresstypen* unterschieden – im Einzelnen sind das ...

- der Gesundheitsmuffel,
- der Verspannte und
- der Chaot.

Jeder von uns ist eine Mischung aus diesen drei Typen und einer davon ist immer am stärksten in uns ausgeprägt. Finde heraus, zu welchem Stresstypen du am ehesten zählst, während du dir ihre Beschreibungen anschaust:

Der *Gesundheitsmuffel* ist wie folgt gekennzeichnet:

- Bei erhöhtem Dis-Stress macht er weniger Sport. Es ist allerdings so, dass er auch vor dem erhöhten Stressanfall wenig Sport gemacht hat.
- Außerdem isst er mehr und ungesünder.
- Und darüber hinaus neigt er auch dazu, sich mit einem Glas Bier zusätzlich oder einem Gläschen Rotwein zu belohnen. Für ihn ist das der gerechtfertigte Ausgleich für die Mehrarbeit und den Mehrstress.

Kurzum: Der Gesundheitsmuffel reagiert in erster Linie körperlich auf mehr Stress.

Den *Verspannten* erkennst du an diesen Merkmalen:

- Er nimmt seine Arbeit gern mit nach Hause – manchmal in seiner Aktentasche und manchmal nur in seinem Kopf.
- Er kann abends schlecht einschlafen und denkt die ganze Zeit an die unerledigten Aufgaben.
- Manchmal fällt er, wenn überhaupt, erst um 3:00 Uhr morgens in den Schlaf. Und am nächsten Morgen wacht er wie gerädert auf und schleppt sich wieder zur Arbeit.

Besondere Kennzeichen des *Chaoten* sind:

- Den Chaoten hat das Chaos fest im Griff. Sein Büro sieht immer so aus, als wäre es mit Papier geflutet worden.
- Überall lauern Schwierigkeiten: Seine Kollegen meiden ihn inzwischen, weil die meisten Gespräche unnötig lang sind und oft ergebnislos verlaufen.
- Seine Freundin will sich von ihm trennen, weil in der Küche noch die Umzugskartons vom letzten Jahr stehen.

Wesentliche Erkenntnisse der Gehirnforschung zu Stress

Viele glauben, das Gehirn sei *ein* Organ, was jedoch nicht stimmt, weil es nämlich aus mehreren Einzelorganen besteht. Die wichtigsten sind (vereinfacht dargestellt) ...

- der Hirnstamm,
- das limbische System und
- das Denkhirn.

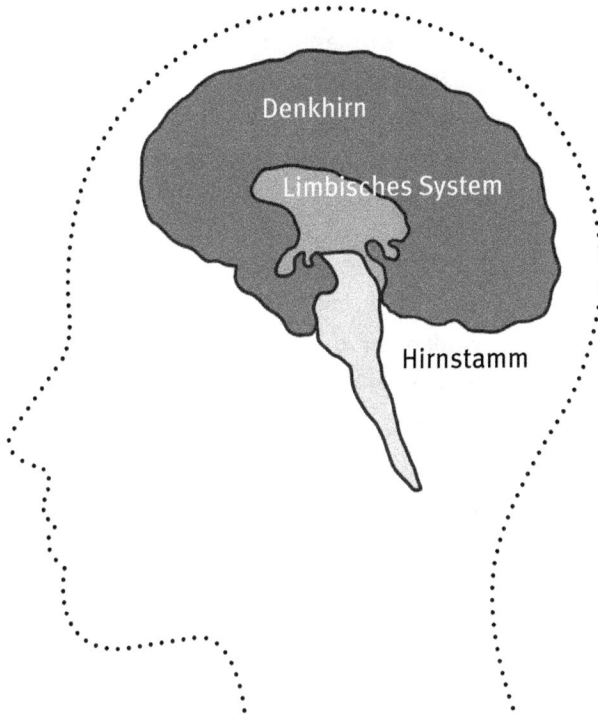

Abbildung 7: Das dreiteilige Gehirn (vereinfacht)

Der untere Teil des Gehirns, der Hirnstamm, wird auch Reptilienhirn genannt. Dieser Hirnstamm war sehr wichtig für unsere Vorfahren, die seinerzeit noch im Lendenschurz unterwegs waren. Wenn zum Beispiel ein Mammut auftauchte, war der Gehirnstamm dafür verantwortlich, in blitzartiger Geschwindigkeit darauf zu reagieren: „Nehme ich den Kampf auf, laufe ich lieber weg oder stelle ich mich tot?"

Das Reptilienhirn ist dafür verantwortlich, dass unser Körper einen chemischen Cocktail aus sogenannten Stresshormonen produziert, die dafür sorgen, dass wir kämpfen, flüchten oder uns tot stellen.

• Wichtig: Bis heute tragen wir dieses Reptilienhirn in uns – wie vor 100.000 Jahren!

Stress im 21. Jahrhundert

Es kann also auch heute noch zu dieser Ur-Kampf-Flucht-Reaktion kommen, wenn uns zum Beispiel ein unwirscher Kunde erklärt, dass er uns den wichtigsten Auftrag unserer Laufbahn wahrscheinlich nicht geben wird: „Lieber Herr Lieferant, es tut mir leid, das wird leider nichts mit dem Auftrag."

In schwierigen Gesprächssituationen laufen wir Gefahr, in den Kampf-Flucht-Modus zu wechseln und damit unsere Denkleistung zu verringern. Und in diesem Moment wollen wir kämpfen oder fliehen, weil unser Reptilienhirn aktiv wird, Stresshormone ausschüttet und uns damit angriffs- und fluchtbereit macht. Da du logischerweise deinen Gesprächspartner nicht einfach körperlich angreifen oder aus dem Büro flüchten kannst, fluten die Stresshormone deinen Körper, ohne dass du sie abbauen kannst. Du kannst weder kämpfen noch fliehen und deswegen bleiben die Stresshormone im Körper und vergiften dich auf diese Weise. Dieses Phänomen wird auch deswegen das *toxische Sitzen* genannt. Das toxische Sitzen ist also das Problem – und wie lautet jetzt die Lösung?

Die Lösung: Stress abbauen mit dem BEME-Prinzip!

Der Begriff BEME ist ein Akronym, bei dem jeder einzelne Buchstabe eine Methode aufzeigt für ein proaktives Zeit-, Selbst- und Stressmanagement. So steht das **B** für **B**ewegung, das erste **E** steht für **E**ntspannung, das **M** für **m**entale Techniken und das zweite **E** für **E**ntrümpeln.

1. B wie Bewegung:

> *Vogel fliegt, Fisch schwimmt, Mensch läuft.*
>
> *Emil Zatopek, tschechoslowakischer Leichtathlet*

Die Lösung für das toxische Sitzen ist vor allem das **B** aus **BEME** und dieses B steht für *Bewegung*: Sie sorgt dafür, dass du Stresshormone im Körper abbaust.

* Glasklare Empfehlung: Es ist optimal, wenn du dich einmal täglich für 30 Minuten bewegst – idealerweise gehst du im Wald joggen, weil beim Laufen gerade in der Natur der ganze Körper aktiviert wird.

Weil ausgerechnet Gesundheitsmuffel bei der letzten Aussage gern die Hände über dem Kopf zusammenschlagen, wählst du mindestens die Minimallösung:

* Beweg dich mindestens dreimal wöchentlich und im Idealfall für jeweils 30 Minuten!

Mach am Anfang Mikroschritte

Wenn dir die 30 Minuten zu viel sind, dann wähl eben (am Anfang) 10 Minuten. Und wenn du der Meinung bist, dass Waldlauf und Joggen absolut nicht zu dir passen, dann geh einfach zügig um den Block.

Tipp: Zieh alle Register, bezieh alles mit ein, was sinnvoll ist! Wenn ich beispielsweise nicht gerade Seminare oder Coachings gebe, dann fahre ich mit meinem Rad ins Büro. Dieses liegt in der vierten Etage und natürlich lasse ich den Aufzug links liegen und gehe alle vier Treppen zu Fuß hoch.

Stress abbauen durch Trampolinspringen

Wenn es im Winter zu kalt ist, um draußen zu laufen oder Rad zu fahren, dann trainiere ich auf einem Trampolin mit einem Durchmesser von rund 1,20 m im Bad, wenn ich zu Hause bin. Außerdem habe ich mir ein zweites Trampolin für mein Büro gegönnt – Trampolinspringen ist eine hocheffektive Möglichkeit, sich gelenkschonend zu bewegen:

- Es aktiviert die **Lymphgefäße,**
- dabei wird dein **Immunsystem** gestärkt, die **Venenpumpe** aktiviert und
- **Stoffwechsel** und **Knochenaufbau** angeregt, mit dem Ergebnis, dass du dich voller Kraft und Energie fühlst!

Durch Bewegung Stress abbauen ist eines der wichtigsten Werkzeuge, mit dem du dem Wohl deiner Gesundheit dienst. Meine klare Empfehlung: Wenn du lange fit und leistungsfähig sein willst, beweg dich regelmäßig!

Achte auch auf deine Ernährung

Das zweite wichtige Werkzeug insbesondere für Gesundheitsmuffel ist die *Ernährung.* Merk dir beim Thema Ernährung ganz einfach die *Formel WOG:*

- **WOG** steht für **W**asser, **O**bst, **G**emüse.

Führe dir dazu folgende Eckdaten vor Augen: Die Erde besteht aus rund 70 Prozent Wasser und das gilt auch für deinen Körper – da liegt es doch auf der Hand, großzügig Wasser zu trinken. Die Daumenregel lautet:

- Trink rund 1,5 bis 2 Liter Wasser am Tag!

Für Obst und Gemüse gibt es eine weitere Daumenregel:

- Iss fünfmal täglich Obst und Gemüse!

Die Engländer wissen: „An Apple a day keeps the doctor away" – also ein Apfel am Tag und dein Arzt kennt dich nur noch deinem Namen nach.

Mach dir klar, dass eine gesunde Ernährung die Basis für deine Leistungsfähigkeit ist und damit wesentlicher Bestandteil eines aktiven Stressmanagements!

2. E wie Entspannen:

> *Entspannung bedeutet, sich aktiv auf etwas*
> *anderes einlassen zu können.*
>
> Frank Berzbach, deutscher Psychologe und Autor

Das erste **E** aus **BEME** steht für *Entspannung*. Das wichtigste Handwerkszeug für Verspannte – und die natürlichste Form zum Entspannen – ist der Schlaf. Ausreichend Schlaf hält dich dauerhaft fit, gesund und leistungsfähig. Es empfehlen sich durchschnittlich zwischen siebeneinhalb bis achteinhalb Stunden Schlaf. Die absolute Untergrenze von fünf Stunden solltest du nur in absoluten Ausnahmefällen unterschreiten.

Die wichtigsten Tipps zum *Stress abbauen*

- Mit einem *Schlafphasenwecker* wirst du nicht mehr mit einem hektischen Klingeln geweckt, sondern behutsam über eine Lampe, die die Sonne nachahmt und die mit der Zeit immer heller wird. Als Klingelton kannst du dir beispielsweise Vogelgezwitscher einstellen.
- Wenn du mit dem Auto unterwegs bist: Eine weitere Idee für den *Verspannten* ist der *Schlüsselschlaf*, den ich als Außendienstmitarbeiter kennengelernt habe. Wann immer du das Gefühl hast, nicht mehr 100-prozentig fit zu sein, fahre mit deinem Auto rechts ran, stell deinen Sitz zurück, nimm danach den Autoschlüssel in die Hand, die du durch das Lenkrad steckst und schließe anschließend die Augen. Du fällst dann nach einigen Minuten, mit etwas Übung nach wenigen Sekunden, in die Alpha-Phase, also in einen schlafähnlichen Zustand, in dem du auch sonst kurz vor dem Einschlafen bist. Sobald du diese Phase erreichst, öffnet sich die Hand und der Schlüssel fällt auf den Boden. Dabei macht er ein schepperndes Geräusch, das dich weckt und du fühlst dich nach diesen circa 10 bis 15 Minuten tief entspannt und kannst wieder mit neuer Kraft deiner Arbeit nachgehen. Pass allerdings auf, dass du das Klimpern des Schlüssels hörst. Wenn nicht, schläfst du möglicherweise eine Stunde

und fühlst dich danach wie gerädert. Achte also darauf, mit dem Schlüsselgeräusch wieder wachzuwerden.

- Diese Idee des Schlüsselschlafs haben große Unternehmen wie *Google, Nike oder Pizza Hut* aufgegriffen und nennen das Ganze *Powernap*. Den Mitarbeitern werden Ruheräume zur Verfügung gestellt, in die sie sich zum Beispiel mittags für 20 bis 30 Minuten zurückziehen und dort ihren Powernap machen können. Nicht etwa, weil diese Unternehmen ein besonders gutes Herz haben, sondern weil sie die überzeugenden Argumente für ein Mittagsschläfchen kennen. Mit Powernaps ...

  - arbeitest du konzentrierter und bist reaktionsfähiger,
  - bist du deswegen produktiver,
  - baust du Stress ab und beugst Stress vor,
  - stärkst du dein Herz-Kreislauf-System und fällst seltener wegen Krankheit aus,
  - bist du emotional ausgeglichener und
  - bist du tatkräftig, fit und erholt, um anschließend wieder effektiv arbeiten zu können.

- Eine weitere gute Möglichkeit ist es, einer *entspannenden Lieblingstätigkeit* nach Feierabend nachzugehen – das kann ein beruhigendes Bad oder ein inspirierender Waldspaziergang sein. Meine Frau und ich setzen uns beispielsweise im Winter gern vor unseren Kamin und schauen in die lodernden Flammen: Das ist Balsam für die Seele! Es ist auch gut denkbar, dass du von einer Anhöhe in ein Tal oder vom Strand über das Meer schaust, das sind alles entspannende Tätigkeiten zum Feierabend.

  - Auch hier gilt: Nimm dir dafür mindestens 30 Minuten Zeit. Diese 30 Minuten bringen dich wieder in deine Mitte zurück.

- Zwei weitere Entspannungstechniken sind das *Autogene Training* und die *progressive Muskelentspannung*: Beinahe täglich führe ich eine Kombination dieser beiden Entspannungsübungen durch. Das sieht dann wie folgt aus: Spann deinen Körper mehrfach an und lasse danach wieder los, wiederhole danach dieses Procedere zwei- bis dreimal, um danach zum *Autogenen Training* überzugehen. In dieser anschließenden Entspannungsphase beginnst du mit deinen Autosuggestionen, also mit formelhaften

Sätzen wie zum Beispiel „rechter Arm schwer und warm". Je offener du für diese Technik bist, desto leichter wird sie für dich funktionieren. Ich erinnere mich gern an mein erstes Autogenes Training: Der Arm wurde tatsächlich schwerer und wärmer. Es folgt der linke Arm, dann die Beine und anschließend der ganze Körper. Danach bist du in einer Art Schwebezustand. Seitdem ich das erlebt habe, bin ich 100-prozentiger Anhänger und Verfechter der *progressiven Muskelentspannung* und des *Autogenen Trainings*. Falls du dich noch nicht damit beschäftigt hast, kann ich dir das wirklich sehr empfehlen. Das sind nachgewiesenermaßen sichere Wege für dich, ruhiger zu werden, zu entspannen und Stress abzubauen.

· Es folgen einige weitere Entspannungstechniken, die dir als Impulse und Inspirationsquellen dienen sollen:

- *Yoga* aus Indien, besonders bei Frauen sehr beliebt
- *Thai Chi*, das sind meditative Bewegungsformen
- *Meditation*, sie dient dazu, deinen Körper und deinen Geist ruhig werden zu lassen
- *Atemtechniken*, die sich sogar im Büro leicht durchführen lassen: Meist reicht es tatsächlich aus, dass du deinen Atem beobachtest. Es genügt schon, wenn du beispielsweise 60 Sekunden lang beobachtest, wie du einatmest und sich deine Bauchdecke dabei hebt, danach wieder ausatmest und sie sich wieder senkt. Wenn du auf deinen Atem achtest, wirst du dadurch automatisch ruhiger. Beim Thema *Atemtechniken* gibt es viele schöne Varianten zum Stress abbauen– beschäftige dich damit, es lohnt sich! In Tony Robbins Buch *Das Power Prinzip* habe ich eine Atemtechnik kennengelernt, die ich lange Zeit täglich mindestens einmal durchgeführt habe. Sie hilft, den Körper von müde auf kraftvoll und gleichzeitig entspannt umzustellen. Das funktioniert so: Du atmest durch die Nase eine Zeiteinheit (ZE) ein, hältst dann die Luft für vier ZE im Bauch und atmest dann für zwei ZE durch den Mund wieder aus. Für Einsteiger empfiehlt sich die Variante zwei Sekunden einatmen, acht Sekunden die Luft halten und vier Sekunden die Luft wieder ausatmen. Wenn dir diese Übung leicht gelingt, kannst du die Zeiteinheiten steigern: Führe diese Übung immer zum Beispiel nach dem Mittagessen durch, wenn du eine Runde um den Block drehst. Der Trick dabei ist, dass du dabei einfach die Schritte

zählst, das heißt vier Schritte einatmen, 16 Schritte die Luft anhalten und dann acht Schritte die Luft wieder ausatmen. Denk daran, dass dies kein Hochleistungssport ist, sondern dass du Stress abbauen möchtest. Sei also locker und fühl dich wohl dabei. Das Ergebnis ist regelmäßig verblüffend: Du bist energiegeladen und doch entspannt. Viel Erfolg beim Ausprobieren!

Fazit:

Teste die Entspannungstechniken einfach mal in Ruhe durch, suche dir danach deinen persönlichen Favoriten aus und wende ihn dann dauerhaft an. Das ist ein sicherer Weg, langfristig ruhiger und gelassener zu werden.

3. M wie Mentaltechniken:

> *Mit mentaler Stärke ist alles möglich, auch das,*
> *was die meisten für unmöglich halten.*
>
> *Thomas Schlechter, deutscher Mentaltrainer*

Mentale Techniken sind ein vorzügliches Instrument, insbesondere für den Stresstypen *Verspannte*, um ruhig und gelassen durch den Tag zu kommen. Es gibt Hunderte dieser mentalen Techniken, daher lernst du hier exemplarisch eine Variante zum Stress abbauen kennen, die sich in der Praxis bewährt hat. Es handelt sich um ein Zusammenspiel aus Autosuggestionen und Visualisierungen, die du so praktisch anwenden kannst:

Entspann dich zum Beispiel mit einem *Autogenen Training*.

Danach sprichst du Autosuggestionen – das sind die formelhaften Wiederholungen bestimmter Zielaussagen, die du erreichen möchtest. Eine Autosuggestion (griechisch-lateinisch: Selbstbeeinflussung) ist der Prozess, durch den du dein Unbewusstes trainierst, an etwas zu glauben. Du erhältst dazu gleich ein praktisches Beispiel.

Visualisiere anschließend diese formelhaften Kernaussagen.

Stress abbauen mit Autosuggestionen

Ein sehr praktisches Hilfsmittel für Autosuggestionen ist die sogenannte *3-P-Formel*, eine einfache und praktische Anleitung für zielführende Selbstbeeinflussung:

1. Das erste **P** steht für *Persönlich*, das heißt jeder Satz deiner Autosuggestion fängt mit einem „ich" an.
2. Das zweite **P** steht für *Präsens*, also für die Gegenwart und das heißt praktisch umgesetzt „ich bin", „ich habe", „ich mache" irgendetwas.
3. Für dieses *irgendetwas* steht das dritte **P**, etwas *Positives*. Das heißt für jeden Satz, den du mit einem „ich" beginnst, empfiehlt sich ein positives Ende, wenn dich diese Formel wirklich unterstützen soll.

Das klingt dann beispielsweise so: „Ich bin entspannt", „ich bin ruhig" und „ich bin gelassen". Such dir einfach die Formel heraus, die dir am ehesten zusagt und am besten gefällt. Sag danach deine Wunschkombination formelhaft hintereinander auf:

„Ich bin ruhig, ich bin entspannt, ich bin gelassen, ich bin organisiert, ich liebe meine Arbeit, ich arbeite konzentriert" usw.

Stress abbauen mit unterstützenden Visualisierungen

Während du diese Autosuggestionen in einem entspannten Zustand aufsagst, visualisierst du kraftvolle Bilder vor deinem geistigen Auge und siehst dich dann beispielsweise …

- in deinem Büro, das aufgeräumt ist,
- an deinem Schreibtisch, der ordentlich und sauber ist,
- vor einem einzigen Projekt, das vor dir liegt und das du in einer entspannten Arbeitsatmosphäre bearbeitest.

Wenn du nur dieses eine Beispiel – das sich möglichst gut für dich anfühlt – in die Praxis umsetzt, kannst du schon deinen persönlichen Quantensprung machen.

Das ist also meine Empfehlung an dich:

- Entspann dich,
- sprich die Autosuggestionen, die zu dir passen,
- visualisiere diese Autosuggestionen und
- diese Methode wird sich mittel- und langfristig extrem positiv auf dein Verhalten und Empfinden auswirken und hilft darüber hinaus, deinen Stress abzubauen.

Wenn du jetzt denkst, dass dies alles zu aufwendig sei, dann probiere es doch einfach 30 Tage aus. Denn wenn du erst einmal die Wirkung erlebt hast, wirst du diese Methode nicht mehr missen wollen, dann führst du sie auch langfristig durch. Also, auf geht's!

4. E wie Entrümpeln

> *In einem aufgeräumten Zimmer ist auch die Seele aufgeräumt.*
>
> Ernst von Feuchtersleben, österreichischer Arzt und Lyriker

Das wichtigste Handwerkszeug für den Stresstypen *Chaot* ist das zweite **E** aus **BEME** und dieses **E** steht für *Entrümpeln*. Und du kannst alles Mögliche entrümpeln – anbei ein paar Beispiele:

- Fang mit dem Keller oder der Garage an,
- mach mit deiner Wohnung weiter,
- fahre fort mit deinem Kleiderschrank und
- wenn du das Berufliche einbeziehst, räum dein Büro und deinen Schreibtisch auf.

Der Reihe nach: Der Keller ist bedeutsam, weil Psychologen davon ausgehen, dass es in deinem Keller in etwa so aussieht wie in deinem Gehirn. Je unordentlicher und unaufgeräumter dein Keller, desto unstrukturierter – so die Regel – wirst du arbeiten.

- So entrümpelst du deinen Keller:

  - Verkaufe, verschenke oder wirf all das weg, was du nicht mehr benötigst und richte deinen Keller danach ordentlich ein. Anschließend bringst du deine Wohnung samt Kleiderschrank in Ordnung. Daumenregel für deine Kleidung: Alles, was du über ein Jahr lang nicht getragen hast, gibst du in die Altkleidersammlung.

- So schaffst du Ordnung in deinem Büro:

  - Als ich in mein großes neues Büro gezogen bin, habe ich doch tatsächlich aus meinem alten 18-Quadratmeter-Büro drei volle, große Müllsäcke herausgeholt – obwohl ich schon früher ein disziplinierter Zeit- und Selbstmanager war.
  - Wie du dann weiter vorgehen kannst: Hol alles aus deinen Schränken und aus deinem Schreibtisch hervor, leg das Material auf den Boden oder auf den Schreibtisch und sortiere dann radikal aus. Verschenke die vielen ungenutzten Stifte und entsorge die unbrauchbaren im Plastikmüll. Achte beim übrig gebliebenen Material sorgfältig darauf (sofern du überhaupt noch mit Papier arbeitest), dass alle Projekte ...
    - entweder in einen Ordner kommen und dann in die Schränke sortiert werden,
    - in einer kleinen überschaubaren Hängeregistratur abgelegt werden oder
    - in eine Wiedervorlagemappe gelegt werden – das ist ein einfaches und brillantes Ordnungssystem.

Meine digitale Ablage habe ich genauso organisiert, sodass on- und offline-Organisation perfekt miteinander harmonieren.

Es ist übrigens ein *fantastischer* Anblick, wenn dein Schreibtisch blitzeblank vor dir steht! Und es ist eine wunderbare Grundlage, um ab diesem Zeitpunkt immer nur ein einziges Projekt, eine einzige Aufgabe auf deinem

Schreibtisch liegen zu haben. Sobald du diese Aufgabe erledigt hast, kannst du sie abhaken oder wenn sie weiterhin aktuell ist, legst du sie dir auf Termin. Diese Methode heißt *blanke Platte*: Werde vom *Volltischler* zum *Leertischler*!

Wie es definitiv nicht funktioniert

Als ich noch Angestellter war, bat mich mein Chef zwei- bis dreimal in der Woche zu sich in sein Büro, um den aktuellen Stand der Projekte zu besprechen. Regelmäßig passierte dann Folgendes: Ich saß *vor* seinem Schreibtisch und er saß dahinter. Bevor wir miteinander sprechen konnten, musste er den mittleren Stapel, der auf seinem Schreibtisch lag, nach hinten und dann hinter den rechten anderen Stapel ziehen, weil ständig drei dieser Papierstapel auf seinem Schreibtisch lagen. Wie gesagt: Den mittleren Stapel nach hinten ziehen, hinter den rechten Papierstapel, damit wir uns beim Sprechen überhaupt sehen konnten! Während der Besprechung sagte er dann häufig: „Projekt *Messe Frankfurt*, eine Sekunde mal ...“ und wühlte dann immer in diesen Papierbergen herum. So sehr ich meinen Chef mochte, das war seine offene Flanke. Ganz offen: Mir war das eine große Lehre – spätestens nach diesem Papierstapel-Debakel war ich restlos von der Methode *blanke Platte* überzeugt.

Fazit: Ich werde regelmäßig als Coach für halbe und auch ganze Tage gebucht, um mit meinen Klienten Zeit-, Selbst- und Stressmanagement praktisch anzuwenden. Und ich habe schon öfter live erlebt, dass unter Papierbergen Unterlagen aus dem vergangenen Jahrtausend auftauchten. Gerade diese Coachingtermine sind vorzügliche Instrumente, um den Kunden so richtig den Kopf zu waschen – die meisten von ihnen verstehen das dann auch tatsächlich, was ein praktisch angewandtes Stressmanagement leisten und bewirken kann. Beispielsweise entkernte ein Geschäftsführer auf mein Anraten hin sein gesamtes Büro und strich es frisch, warf das ganze alte Büromaterial heraus und räumte nur noch das Wesentliche wieder zurück in sein Büro – das ist Stress abbauen und Freude aufbauen in Reinkultur.

- Dir wird hoffentlich klar: das ist keine graue Theorie, sondern das echte Leben!

Mein Büro beispielsweise habe ich von oben bis unten durchstrukturiert: Seitdem spüre ich mehr Freiraum, habe mehr Weitsicht und empfinde in diesem Büro eine absolute Klarheit. Deswegen kann ich hochkonzentriert arbeiten und freue mich regelrecht auf mein Büro.

Und jetzt komm ins Handeln:

- ✓ Mach regelmäßig Pausen!
- ✓ Verinnerliche Viktor Frankls Aussage „Deine letzte Freiheit: in jeder Situation seine Einstellung zu wählen"! Das heißt ab sofort für dich: Natürlich darfst du dich auch weiterhin über alles Mögliche aufregen – verpflichtet bist du dazu nicht!
- ✓ Kläre für dich, welcher Stresstyp du am ehesten bist und leite proaktiv entsprechende BEME-Maßnahmen ein!
- ✓ B wie Bewegung: Beweg dich möglichst jeden Tag – möglichst für 30 Minuten! Und wenn Laufen nicht so dein Ding ist: Eine effektive Alternative ist das Trampolinspringen!
- ✓ Achte bei deiner Ernährung auf die *Formel WOG* (Wasser, Obst, Gemüse)!
- ✓ Finde turnusmäßig Zeit für deine Entspannung: Zur Wahl stehen beispielsweise Powernaps, autogenes Training, Meditation und viele weitere Möglichkeiten – such dir deine persönlichen Favoriten aus!
- ✓ Nutze Mentaltechniken, um ruhig und gelassen durch den Tag zu kommen: ein Klassiker ist es, zu visualisieren – ein Bild sagt mehr als tausend Worte!
- ✓ Fang endlich an zu entrümpeln: Keller, Garage, Kleiderschrank und Schreibtisch (Stichwort Methode *blanke Platte*) – es ist nicht nur günstig, deinen Körper, sondern zusätzlich Wohnung und Büro zu entschlacken, das macht auch deine Seele frei!

3.8 Die Liebe – wie du Honig aus der größten Kraft des Universums saugst

> *Wir sind alle zum Lieben geboren. Es ist der Sinn unseres Seins und sein einziger Zweck.*
>
> Benjamin Disraeli, englischer Staatsmann und Schriftsteller

Ich weiß noch genau, wie ich vor einigen Jahren ein Führungstraining hielt: Teilnehmer waren der Vorstand und die Führungskräfte einer Bank, mit denen ich bereits geschätzte zehn Tagestrainings durchgeführt hatte und daher auch gut beurteilen konnte. So war ich als Trainer sicher genug, an passender Stelle diese Frage zu stellen: „Was ist denn Ihrer Meinung nach die größte Kraft im Universum?" Es entstand eine Pause und viele Augenpaare schauten mich überrascht bis irritiert an. Nach einigen Sekunden hörte ich die klare und souveräne Antwort des Vorstands: „Die größte Kraft im Universum ist die Liebe!", und ich kommentierte: „Vielen Dank, damit ist diese Frage abschließend geklärt."

Wenn du das Wissen und die Werkzeuge der vorangegangenen Kapitel begeistert in die Tat umsetzt, dann führst du schon ein außergewöhnlich erfolgreiches Leben!

Dieses letzte Thema dieses Kapitels jedoch sorgt für einen krönenden Abschluss: Das ist die entscheidende Ingredienz, mit der du Berufliches und Privates überaus erfolgreich meistern kannst. Du ahnst es schon: Wir sprechen jetzt über die (Selbst-)Liebe.

Liebe deinen Nächsten wie dich selbst

Von einem Meister hieß es, dass er jeden Tag in den Himmel aufführe. Ein Skeptiker glaubte das nicht und wollte ihn als Hochstapler entlarven.

So lauerte dieser Zweifler dem Meister eines kalten Wintermorgens auf, um ihn verfolgen und überführen zu können. Er war überrascht, als der Meister als Holzfäller verkleidet sein Haus verließ. Der Meister hackte in einem Wäldchen Holz klein, schulterte es und ging zu einem ärmlichen Häuschen. Dort klopfte er an und trat in die Wohnstube ein. Durchs Fenster sah der Skeptiker, dass der Meister einer bettlägerigen, alten Frau das Holz stapelte und den Kamin anzündete. Er brühte einen heißen Tee, gab ihn der Frau zu trinken, setzte sich zu ihr, nahm ihre Hand und erzählte ihr etwas, was Freudestrahlen in ihr Gesicht zauberte.

Am nächsten Tag wurde der Skeptiker gefragt, ob der Meister tatsächlich in den Himmel aufgefahren sei. Er antwortete: „Er ist sogar noch höher gefahren."

Kommt dir das bekannt vor? Liebe ...

*   will nicht, kämpft nicht, wird nicht –
*   Liebe ist.

Liebe lässt los und gibt ohne Erwartung. Sie erwartet keinen Dank. Sie akzeptiert, was ist und nimmt jede Situation an, wie sie ist – das ist vorbehaltlose Liebe.

Es ist in Wahrheit ganz einfach:

1. Einer, der die Liebe los ist, ist lieblos. Nur einer, der nicht mehr liebt, geht dazu über, alles und jeden zu bekritteln.
2. Einer, der voller Liebe ist, ist liebevoll. Er kann zwar Mängel entdecken – und sie sachlich ansprechen (oder sie bewusst übersehen, das kommt auf die Situation an), weil er seine Liebe nicht an Bedingungen knüpft, sondern bedingungslos liebt.

Zu lieben heißt, nicht zu bewerten, die Dinge so zu nehmen, wie sie gerade kommen. Das ist wahre Liebe und ein Leben in Freiheit. Das gilt natürlich auch und insbesondere für dich selbst. So, wie du bist, bist du gut (hättest du anders sein sollen, dann wärst du anders). Nur wenn du dich im ersten Schritt so annimmst, wie du bist, kannst du dich in einem zweiten Schritt in eine gewünschte Richtung ändern.

Dies gilt ganz grundsätzlich, nimm immer zuerst den Status an, wie er ist: Das gilt für deinen Partner und deine Kinder, für deinen Beruf, deine Kunden, deine Produkte und Dienstleistungen, deine Finanzen, deine Beziehungen, deine Gesundheit, deine Werte – dein ganzes Leben.

Du bist immer im Fluss

> *Man kann nicht zweimal in denselben Fluss steigen.*
>
> Heraklit, griechischer Philosoph

Panta rhei – nichts bleibt, alles fließt! Es ist eine nicht nur angenehme, sondern auch nützliche Sichtweise, dein Leben als Fluss zu betrachten.

Du schwimmst von deiner Geburt, der Quelle, bis hin zum natürlichen Ziel, deinem Tod, der Mündung in den großen Ozean.

Viele lieben die Illusion, in einer stabilen Welt und in einem sicheren Umfeld zu leben. Die Realität zeigt jedoch, Stichwort *Corona-Krise*, wie zerbrechlich einige vermeintliche Gewissheiten sind. Goethe stellt in Wilhelm Meisters Wanderjahren fest: „Entstehen und Vergehen, Schaffen und Vernichten, Geburt und Tod, Freud und Leid, alles wirkt durcheinander."

Konkret heißt das für dich: Du kannst deine Lebensumstände ...

1. entweder beklagen und dich damit zum Opfer machen oder
2. als gegeben hinnehmen und aus ihnen das Beste machen – du bist dann ein Schöpfer, der sein Leben gestaltet!

Du bist also dafür verantwortlich, ob du ...

- dich gehen lässt und deine Situation beklagst oder
- zielorientiert der Mündung entgegenschwimmst und dir dabei die Strömung des Wassers zur unterstützenden Kraft machst.

Du steigst nicht zweimal in denselben Fluss, weil du immer in Bewegung bist. Du kannst weder ein paar Meter zurück noch einige Meter weiter sein, es bleibt dir immer nur dieser eine Augenblick, um sinnvoll und zielorientiert zu handeln.

> *Die wahre Großzügigkeit der Zukunft gegenüber*
> *besteht darin, in der Gegenwart alles zu geben.*
>
> Albert Camus, französischer Schriftsteller und Philosoph

Wie zuvor schon ausführlich dargestellt, entscheidet der Augenblick – das Hier und Jetzt – dein Leben, weil dieser Moment die einzige reale Zeiteinheit ist. Du kannst in der Vergangenheit nicht mehr und in der Zukunft noch nicht lieben. Stell dir daher keine Fragen nach dem *Warum?* und *Wohin?*, sondern liebe und lebe jeden einzelnen Augenblick:

- Du erinnerst dich gern an deine erste Liebe? Akzeptiert, allerdings ist es sinnvoller, deinen Partner jetzt mit einem großen Strauß Lieblingsblumen zu überraschen.
- Erzählst du deinen Mitarbeitern gern, dass du vor acht Jahren mal der Top-Verkäufer deines Unternehmens warst? Passt, aber es ist produktiver, heute noch etwas für deine aktuellen Verkaufszahlen zu tun.
- Hast du ein flaues Gefühl, wenn du an die vielen Termine im nächsten Monat denkst?

  - Anstatt den Flattermann zu bekommen, ist es klüger, einfach nur den nächsten sicheren Schritt zu tun!
  - Anstatt über die drohende Dunkelheit zu jammern, ist es weiser, in diesem Moment ein Licht anzuzünden!

Liebe deine Arbeit

> *Mein ganzes Leben lang betrachte ich als wahre Helden nur*
> *diejenigen, die die Arbeit lieben und zu arbeiten verstehen.*
> *Diejenigen, die alle Kräfte des Menschen für schöpferische*
> *Arbeit, für die Verschönerung unserer Erde und für die Schaffung*
> *menschenwürdiger Lebensformen auf ihr freimachen wollen.*
>
> *Maxim Gorki, russischer Erzähler und Dramatiker*

Vielleicht klingt es in deinen Ohren etwas aufgeblasen, dass du deine Arbeit lieben sollst. Andererseits investieren viele ihre meiste Zeit in ihren Beruf. Aus diesem Blickwinkel betrachtet ist es völlig legitim, aus deiner Arbeit deine persönliche Glücksquelle zu machen. Und das ist tatsächlich möglich, wenn ...

- du deine Begabungen verwirklichen und deine Stärken leben kannst,
- deine Arbeit für dich einen Sinn ergibt,
- das berufliche Umfeld stimmt und
- du dich entfalten kannst.

Das sind die fundamentalen Rahmenbedingungen, deine Aufgaben mit Freude und Begeisterung zu erledigen – und deine Arbeit tatsächlich zu lieben: Dann lebst du dein volles Potenzial!

Liebe deine Kunden

> *Wir sehen unsere Kunden als eingeladene*
> *Gäste einer Party, die wir geben.*
>
> Jeff Bezos, US-amerikanischer Unternehmer und Investor

Vor über hundert Jahren taten sich viele Unternehmen noch schwer, ihre Kunden zu lieben: Das erste Fließbandauto, das berühmte Modell T von Ford, lief 1913 vom Band. Alle Autos glichen sich wie ein Ei dem anderen und das ärgerte einige Kunden, weil beispielsweise Kutschen damals schon mit unterschiedlichen Zierfarben produziert wurden. Als Henry Ford darauf angesprochen wurde, erwiderte er: „Natürlich, der Kunde kann jede Farbe haben, die er will, vorausgesetzt, er will Schwarz!"

Dass es auch anders geht, bewies eine Altenpflegerin, der Vera F. Birkenbihl in ihrem Buch *Birkenbihl on Service* ein Denkmal gesetzt hat: Die Pflegerin litt darunter, dass sie aufgrund des Zeitdrucks kaum noch ein freundliches Wort mit ihren ausschließlich weiblichen Patienten wechseln konnte. Der liebevolle Umgang mit den Seniorinnen war allerdings einer der Hauptgründe, warum sie diesen Beruf einst gewählt hatte. Daher suchte sie nach einer Idee, wie sie ihre Patientinnen aufheitern konnte. Sie entschied sich dafür, Sinnsprüche in großen Buchstaben auf ein großes Blatt Papier zu schreiben, sodass es die alten Damen gut lesen konnten. Bei ihren Rundgängen las sie bei der Begrüßung jeder einzelnen Patientin ein persönliches Blatt mit dem Tagesmotto einmal vor und überreichte es anschließend zum Selberlesen. Anfangs war sie unsicher, wie ihr Experiment ausgehen würde. Das war nicht nötig, wie die Reaktion der Seniorinnen zeigte: Die waren nämlich zum Teil zu Tränen gerührt, weil sie sich solche Mühe gemacht hatte, ihnen jeweils diesen Zettel zu schreiben. Die Altenpflegerin resümierte: „Es ist erstaunlich, wie so eine kleine Sache die Menschen beglückt, aber es ist so. Und ich bin nicht sicher, wer mehr profitiert: meine Damen oder ich."

Mein Eindruck: Diese Altenpflegerin liebte ihre Patientinnen aus der Tiefe ihres Herzens. Sie wollte die Freude, die sie bei ihrer Aufgabe empfand, den alten Damen zurückgeben. Leben kann so einfach sein.

Liebe deinen Partner und deine Kinder

Das Schönste aber hier auf Erden ist lieben und geliebt zu werden.

Wilhelm Busch, deutscher Dichter und Zeichner

Wer eifersüchtig ist, hat die Liebe nicht verstanden. Bedingungslose Liebe heißt, einfach zu lieben, ohne den anderen festhalten zu wollen und ihm seine Freiheit zu lassen: Das ist der sichere Weg, den Partner für sich zu gewinnen. Bedingungslose Liebe heißt ...

- zu geben, auch ohne etwas dafür zu bekommen,
- deinen Partner so anzunehmen, wie er ist, auch wenn er seine Kaffeetasse nie in den Spüler räumt,
- auf die Stimme deines Herzens zu hören.

Es ist die Liebe selbst, die bereits Glück ist.

Und jetzt komm ins Handeln:

- ✓ Fahr täglich in den Himmel auf!
- ✓ Lass los und gib ohne Erwartung:

  - – Erwarte keinen Dank,
  - – akzeptiere, was ist und
  - – nimm jede Situation an, wie sie ist –
  - – das ist bedingungslose Liebe!

- ✓ Nimm dich im ersten Schritt so an, wie du bist, nur danach kannst du dich in einem zweiten Schritt in eine gewünschte Richtung ändern!
- ✓ Nimm deine aktuellen Lebensumstände als gegeben hin und mach aus ihnen das Beste – du bist dann ein Schöpfer, der sein Leben gestaltet!
- ✓ Geh unbeirrt und zielorientiert deinem Ziel entgegen und mach dir dabei deinen *Flow* zur unterstützenden Kraft!
- ✓ Nutze den Tag, lebe dein Hier und Jetzt!
- ✓ Liebe deine Arbeit und erledige deine Aufgaben mit Freude und Begeisterung: So lebst du dein volles Potenzial!
- ✓ Mach dir klar, warum du deinen Beruf einst gewählt hast!
- ✓ Liebe deinen Partner und deine Kinder wie dich selbst!

4. Hebel: So erreichst du souverän und sicher deine Ziele

Bist du bereit, dein Leben auf ein neues Niveau zu heben? Mit einer *Löffelliste* gibst du deinem Leben eine neue Richtung. Du erfährst im ersten Abschnitt nicht nur, was eine Löffelliste ist und wie sie deine Lebensumstände positiv verändert, sondern auch, wie du sie erstellst und den maximalen Nutzen daraus ziehst. Wenn du deiner Löffelliste konkrete Taten folgen lässt, wirst du dich und die Welt mit anderen Augen betrachten und deine Leistung beträchtlich steigern.

Im zweiten Abschnitt schildere ich, wie ich mein Löffellisten-Ziel *Kilimandscharo-Besteigung* praktisch umgesetzt habe und wie es mir auf der Gipfeletappe erging. Dieses Beispiel soll dir zeigen, wie ich die in diesem Kapitel und Buch beschriebenen Strategien und Methoden praktisch angewandt habe.

Was gibt deinem Leben eine Richtung? Neben deiner Löffelliste sind das *deine konkreten und glasklaren Ziele!* Im dritten Abschnitt geht es um überaus erfolgreiche Menschen, die etwas erreichen möchten und daher immer ein Ziel vor Augen haben: ein Ziel, das sie in Wallung bringt, das sie Entscheidungen treffen lässt, das sie beflügelt und motiviert. Sobald du deine Energie auf ein Ziel richtest, kommt dir vieles entgegen. Wenn du deine Ziele aktiv angehst, entfaltest du deine Persönlichkeit sowie deine wahre Kraft und wirst schlussendlich zur optimalen Version deiner Selbst. Abgesehen davon haben nur wenige Menschen klare und konkrete Ziele: Das sind dann diejenigen, die ihr Leben erfolgreich nach ihren eigenen Vorstellungen gestalten.

Der nächste Abschnitt behandelt das Thema *Entscheidungsfreude*. Gleichgültig, ob du arbeitest oder privat aktiv bist, im Verlauf eines Tages musst du viele Entscheidungen treffen. Eher weniger erfolgreiche Menschen drücken sich vor Entscheidungen oder schieben sie auf die lange Bank. Sie haben Fracksausen vor den Konsequenzen einer falschen Entscheidung und entscheiden sich daher lieber gar nicht. Durch langes Zögern und Zaudern geht wertvolle Zeit verloren; Mitarbeiter, Familienmitglieder oder Freunde werden durch die Unentschlossenheit verunsichert. Gerade deswegen ist es umso wichtiger, dich schnell und mutig zu entscheiden!

In einem weiteren Abschnitt geht es um *die Macht des Handelns*: Eine gute Basis für Erfolg sind brillante Ideen und schnell getroffene Entscheidungen – du musst allerdings auch imstande sein, deine Ideen praktisch in die Tat umzusetzen. Dafür musst du dich meist einfach nur selbst überwinden.

Wenn du alle möglichen Stolpersteine, die deinem Handeln im Wege stehen, beiseitegeräumt hast, ist anschließend dein langer Atem gefragt. Das hast du wahrscheinlich schon von deinen Eltern gehört und es hat sich tatsächlich bewahrheitet: *Ohne Fleiß kein Preis* ist das Motto des letzten Abschnitts.

4.1 Deine Löffelliste – wie du garantiert mehr aus deinem Leben herausholst

> *Trenne dich nie von deinen Illusionen und Träumen.*
> *Wenn sie verschwunden sind, wirst du weiter*
> *existieren, aber aufgehört haben, zu leben.*
>
> Mark Twain, US-amerikanischer Erzähler und Satiriker

Anfang des Jahres 2013, ich war 44 Jahre alt, wollte ich noch einmal so richtig durchstarten. Auf der einen Seite war ich dankbar und glücklich über meine Familie, unser Haus und meine Selbstständigkeit als Trainer und lebte Francis Bacons Motto, nachdem nicht die Glücklichen dankbar sind, sondern die Dankbaren glücklich. Auf der anderen Seite kreierte ich in dieser Zeit mein neues Lebensmotto *Es geht noch mehr als mehr.* Da ich zu diesem Zeitpunkt schon gut verdiente, gönnte ich mir mit einem bekannten Coach ein Ganzjahrescoaching. Über die allererste Aufgabe unserer Zusammenarbeit war ich nicht schlecht erstaunt:

„Erstell eine Liste mit 100 Herzenswünschen, die du noch erleben möchtest, bevor du diese Welt wieder verlässt."

Diese Aufgabenstellung ist gleichzeitig die kürzeste Definition einer Löffelliste: Gemeint sind also 100 Dinge, die du noch tun, haben, erreichen oder lernen willst, bevor du den Löffel abgibst!

Wer schreibt, der bleibt: Indem du deine Ideen aufschreibst, kannst du sie auch nicht mehr vergessen. Außerdem stellst du Verbindlichkeit her – das ist die Macht des geschriebenen Wortes.

Ohne Übertreibung: Diese Löffelliste war die Initialzündung für meinen Quantensprung in eine neue Liga, sie war mein persönlicher *Gamechanger.* Mir wurde mit jedem Punkt auf der Liste immer klarer, was ich mir eigentlich vom Leben wünschte, was ich bis dahin immer aufgeschoben und welche Prioritäten ich hatte: Ich habe mich selbst näher kennengelernt.

> *Wenn du es träumen kannst, kannst du es auch tun.*
>
> Walt Disney, US-amerikanischer Trickfilmzeichner und Filmproduzent

In den letzten sieben Jahren habe ich 27 der 100 Ideen meiner Löffelliste realisiert, beispielsweise habe ich ...

- mir ein 55 qm großes Büro mit Blick über die Leipziger Skyline gemietet,
- die USA und Kanada bereist,
- dabei New York und die Niagarafälle gesehen,
- eine Kreuzfahrt durch die Karibik gemacht,
- einen eigenen Videokurs produziert,
- mit Aikido begonnen,
- mir meine Lieblingsuhr – die *Yacht-Master* – gegönnt,
- meine *Stiftung Weiterbildung* gegründet,
- das einzige Retreat von Eckhart Tolle in Deutschland besucht,
- professionelle Ausbildungen zum zertifizierten Hypnotiseur, Top-Speaker und *Menschenleser* gemacht und
- den Kilimandscharo bestiegen.

Jahre später empfahl mir ein anderer Coach den Film zur Löffelliste: *Das Beste kommt zum Schluss* (Originaltitel: *The Bucket List*) mit Jack Nicholson und Morgan Freeman. Die beiden spielen zwei Schwerkranke, die sich vor ihrem nahenden Tod noch ihre liebsten Wünsche erfüllen wollen – absolute Empfehlung!

Meine wesentlichen Erkenntnisse aus diesem Film:

- Dein Leben ist endlich, nutze jeden Tag!
- Im Gegensatz zu den beiden im Film bist du kerngesund – was für eine vorzügliche Ausgangssituation, um aus deinem Leben das Beste herauszuholen!
- Wenn du heute nicht startest, wann dann?

So erstellst du am besten deine eigene Löffelliste:

1. Nimm einen Block, dein Notizbuch oder lade dir eine Vorlage herunter:

2. Schreib auf, was dir in den Sinn kommt – selbst, wenn es im ersten Moment unrealistisch erscheint. Das ist eine gute Methode, deinen inneren Kritiker zu umgehen. Das sind die besten Tipps für eine starke Löffelliste:

   - Lass dich inspirieren: Falls du dich noch nie damit beschäftigt hast, was du in deinem Leben noch alles erleben willst, lass dich einfach von anderen inspirieren, die ihre Löffelliste bereits erstellt und im Internet veröffentlicht haben. Wichtig: Nicht kopieren, sondern nur inspirieren lassen – es ist dein Leben, nur du allein kennst deine Wünsche am besten.
   - Mach diese Übung: In meinen Zeitmanagementseminaren führe ich gern eine Übung durch, die ich dir auch empfehle. Stell dir vor, wie du als 100-Jähriger auf ein erfülltes Leben zurückschaust: Was willst du alles erlebt haben? Was beruflich? Was privat? Mit wem? Welche Länder möchtest du bereist, was alles gelernt haben?
   - Wunderfrage beantworten: Beantworte dir die Wunderfrage, um deinen Wünschen auf die Spur zu kommen: Was würdest du machen, wenn du heute 137 Millionen Euro im Lotto gewinnen würdest?

- In Kategorien aufteilen: Wenn dir 100 Punkte zu unübersichtlich erscheinen, dann teile sie in Kategorien auf. Nimm zum Beispiel einfach wieder die wichtigsten Bereiche, die das Leben der meisten ausmachen:

  a. Optimale Gesundheit (Fitness, Bewegung, Ernährung, Entspannung, Psychohygiene),
  b. erfüllende Beziehungen (Partner, Kinder, Freunde, Verwandte, Bekannte, berufliches Netzwerk),
  c. einen Beruf, für den du brennst (beruflicher Aufstieg, Selbstständigkeit, Unternehmensgründung, Weiterbildung),
  d. finanzielle Freiheit (finanzielle Ziele, zum Beispiel mit den Unterkategorien Gold, Silber, Platin, Aktien, ETFs, Bitcoin usw.),
  e. den Sinn deines Lebens sowie Werte, nach denen zu leben sich für dich lohnt (beispielsweise Spiritualität und soziales Engagement) und
  f. Hobbys: Welche Länder und Kulturen willst du noch kennenlernen, bevor du den Löffel abgibst?

- Auch kleine Dinge notieren: Es muss nicht immer der Mount Everest sein, notiere dir auch ein paar entspannte Dinge, die dir einfach am Herzen liegen. Wenn auf deiner Löffelliste nur Punkte auftauchen wie Meine Luxusvilla, meine Traumyacht und mein Flugzeugträger, wird sie unglaubwürdig und ist nicht mehr motivierend, sondern kann sogar demotivierend auf dich wirken. Deswegen finden sich auf meiner Löffelliste etwa auch Wünsche wie etwa mit einem Heißluftballon zu fahren oder auf Kellenhusens Promenade spazieren zu gehen. Es ist nicht besonders aufwendig und auch nicht spektakulär, zu dieser kleinen Gemeinde an die Ostsee zu fahren, allerdings habe ich von Kindesbeinen an mit meinen Eltern und meiner Schwester den Großteil meiner Sommerferien hier verbracht – ich verbinde damit also magische Kindheitserinnerungen.
- Kindheitswünsche erinnern: Apropos Kindheit – es ist auch hilfreich, dich daran zu erinnern, was du als Kind immer gern gemacht hast oder machen wolltest.

- Tipp für Paare: Gemeinsam wachsen. Falls du einen Partner hast, der sich auch mit der Idee einer gemeinsamen Löffelliste anfreunden kann: Erstellt die Liste gemeinsam! Gemeinsame Projekte sind eines der Geheimnisse gelingender Beziehungen.

3. Bleib am Ball, bis du in einem ersten Schwung mindestens 20 Punkte aufgeschrieben hast.

4. Verpflichte dich, die 100 Wünsche in einem festgelegten Zeitraum aufzulisten (zum Beispiel in 30 Tagen; offen gestanden habe ich länger gebraucht) – so gehst du auf Nummer sicher, etwas Begonnenes auch erfolgreich abzuschließen.

5. Für Fortgeschrittene: Erinnerst du dich an die Geschichte der Extremschwimmerin Florence Chadwick? Weil sie die Küste wegen des Nebels nicht sehen konnte, gab sie ihren Rekordversuch auf. Unser Unterbewusstsein denkt in Bildern: Ein Bild sagt mehr als tausend Worte! Ergänze deine Löffelliste also um Bilder, die du zum Beispiel im Internet herunterladen kannst. Es ist ein erhebendes Gefühl, zum Beispiel die Niagara-Fälle live zu erleben, wenn du sie vorher nur von Fotos oder aus Filmen kanntest.

6. Mach die Liste für dich (und vielleicht auch für andere) sichtbar, das heißt, du hängst sie beispielsweise an einem Whiteboard oder einem anderen leicht zugänglichen Platz auf, sodass du tagtäglich daran erinnert wirst. Meine Löffelliste führe ich mir wenigstens einmal wöchentlich über mein individuelles Wiedervorlagesystem vor Augen. Es ist übrigens ein sehr wohliges Gefühl, die erfüllten Wünsche mit einem Häkchen zu versehen.

7. Fang jetzt an: Du erfüllst deine Löffelliste nur mit Leben, wenn du sie auch praktisch umsetzt! Leg also konkret fest, mit welchem Wunsch du bis wann starten willst. Und wenn du gerade schon dabei bist, legst du direkt den zweiten Wunsch fest, den du dann anpackst, sobald du den ersten realisiert hast.

> *Eines Tages wirst du aufwachen und keine Zeit mehr haben für die Dinge, die du immer wolltest. Tu sie jetzt.*
>
> Paulo Coelho, brasilianischer Schriftsteller

Merk dir: Deine Löffelliste lebt, du kannst sie natürlich im Nachhinein verändern, Dinge streichen und natürlich auch erweitern. Bei mir sind das beispielsweise die beiden Ideen *2021 die Zugspitze besteigen* und *Polarlichter in Lappland aus einem Glas-Iglu heraus sehen*, die ich erst nachträglich als 101. und 102. Punkt auf meiner Löffelliste notiert habe.

Wichtige Erkenntnis: Bevor ich den Kilimandscharo bestiegen habe, waren meine höchsten Berge der 1.141 Meter hohe Brocken im Harz, der 1.215 Meter hohe Fichtelberg im Erzgebirge und der 1.914 Meter hohe Große Asitz in Österreich, den ich als Kilimandscharo-Trainingsberg bestiegen habe. Mit dem dann knapp 6.000 Meter höchsten Berg Afrikas habe ich meine Grenzen gesprengt, ich bin regelrecht über mich hinausgewachsen. Obendrein denke ich seitdem tatsächlich größer und nehme mir größere Ziele vor. Und jeder, der in meinem Umfeld eine Löffelliste erstellt hat, bestätigt diese Einsicht.

Also: Jede dieser Erfahrungen formt deine Glaubenssätze und diese Glaubenssätze sind maßgeblich für dein Denken, deine Gefühle und dein Handeln – sie geben damit die Richtung vor, in die du dich entwickelst und welche Realität du erlebst! Du weißt jetzt, was zu tun ist – fang endlich mit deiner eigenen Löffelliste an!

> *Betrachte den Tod als deinen Freund. Er*
> *lehrt dich im Heute zu leben.*
>
> Arthur Lassen, deutscher Autor und Erfolgstrainer

Nur für den Fall, dass du jetzt einfach weiterliest, ohne mit deiner Löffelliste begonnen oder wenigstens einen Termin mit dir selbst vereinbart zu haben, wann du sie in Angriff nehmen willst:

Anfang 2018 war ich für fünf Tage Basenfasten im kleinsten Kurhaus Sachsens: Eine Wohltat für Körper, Geist und Seele. Basenfasten wird auch *Detox ohne hungern* genannt – die rein basische Ernährung unterstützt den Körper beim Entgiften und Entschlacken.

Das Wandern durch das schöne Kohrener Land war ideal, um Luft zu holen und über den Tellerrand hinauszuschauen: Wir sind alle nur als Gast auf diesem Erdenball – für relativ kurze Zeit. Das erinnerte mich an das Buch *Fünf Dinge, die Sterbende am meisten bereuen*, in dem die australische Sterbebegleiterin Bronnie Ware das Bedauern ihrer meisten Patienten beschreibt, nicht das Leben gelebt zu haben, das sie sich gewünscht hatten:

1. Ich wünschte, ich hätte den Mut gehabt, mein eigenes Leben zu leben.

Bronnie Ware: „Das bedauern fast alle Menschen. Es gibt so viele Menschen, die durchs Leben gehen und die meiste Zeit Dinge tun, von denen sie glauben, dass andere sie von ihnen erwarten."

2. Ich wünschte, ich hätte nicht so viel gearbeitet.

Dazu die Autorin: „Fast alle haben zu viel gearbeitet und zu wenig gelebt – weil sie Angst hatten, nicht genug Geld zu verdienen oder ihrer Karriere wegen."

3. Ich wünschte, ich hätte den Mut gehabt, meine Gefühle auszudrücken.

„Viele Menschen unterdrücken ihre Gefühle um des lieben Friedens willen. Das führt dazu, dass sich viele in einer mittelmäßigen Existenz einrichten und nie zu dem werden, was sie hätten sein können", so die Pflegerin.

4. Ich wünschte mir, ich hätte den Kontakt zu meinen Freunden aufrechterhalten.

Dazu Ware: „Viele meiner Patienten bedauerten, dass sie nicht genügend Zeit in ihre Freundschaften investiert hatten. Jeder vermisst seine Freunde, wenn er stirbt."

5. Ich wünschte, ich hätte mir erlaubt, glücklicher zu sein.

Bronnie Ware sagt: „Wir haben die Freiheit zu wählen. Viele Patienten erkennen das erst zum Schluss. Sie stecken in alten Mustern und Gewohnheiten und dem Komfort der Gewohnheit."

Weißt du, was du jetzt zu tun hast, um später nichts bereuen zu müssen? Kleiner Tipp: Es fängt mit L an und hört mit Öffelliste auf.

Und jetzt komm ins Handeln:

- ✓ Schreibe eine Liste mit 100 Herzenswünschen auf, die du noch erleben möchtest, bevor du diese Welt wieder verlässt!
- ✓ Nimm dir dazu einen Block, dein Notizbuch oder lade dir meine Vorlage aus dem Internet herunter!
- ✓ Lege dann direkt los und schreib auf, was dir in den Sinn kommt – selbst, wenn es im ersten Moment unrealistisch erscheint!
- ✓ Bleib am Ball, bis du in einem ersten Schwung mindestens 20 Punkte aufgeschrieben hast!
- ✓ Verpflichte dich, die 100 Wünsche in einem festgelegten Zeitraum aufzulisten!
- ✓ Ergänze deine Löffelliste um Bilder!
- ✓ Mach sie für dich (und vielleicht auch für andere) sichtbar!
- ✓ *Betrachte den Tod als deinen Freund. Er lehrt dich im Heute zu leben!*
- ✓ Frag dich: Wenn ich jetzt nicht damit starte, wann dann?

4.2 Praxisbeispiel Ziele erreichen - wie es mir auf der Kilimandscharo-Gipfeletappe erging

> *Es geht nicht immer um den Gipfel, sondern darum, Herausforderungen anzunehmen.*
>
> *Steve Kroeger, deutscher Unternehmercoach*

Ein Gedanke vorab: Die Kilimandscharo-Expedition war absolut einmalig – und unser Team war ebenso Weltklasse. Damit ihre Persönlichkeitsrechte zu 100 Prozent gewahrt bleiben, habe ich die Namen meiner Gefährten geändert und schildere die Gipfeletappe so weit wie möglich aus meiner Perspektive. Eine Ausnahme bildet als öffentliche Person unser Bergführer, der Unternehmercoach Steve Kroeger.

Bin ich gut!

Steve weckte uns Punkt 23:00 Uhr. Wir hatten 45 Minuten, um uns startklar zu machen. Schweigend zogen wir uns an. Erstmalig zog ich sowohl eine lange Unterhose als auch meine Skihose an. Außerdem Unterhemd, Pullover, Strickjacke, Fleecejacke und Skijacke. Und ganz wichtig: ein frisches Paar dicke Socken – „aus Respekt vor dem Gipfel", hatte uns Steve augenzwinkernd empfohlen. Auf dem Gipfel sollten es bis zu –15°C sein. Anschließend packten wir letzte Kleinigkeiten in unsere Tagesrucksäcke.

Kurz nach halb Zwölf stand ich, bereit für den Abmarsch, mit einigen anderen vor den Kibo-Hütten (Gebäude des letzten Camps vor dem Gipfelaufstieg an der Marangu-Route im Kilimandscharo-Massiv auf rund 4.700 Metern Höhe). Es war eiskalt. Jetzt nur noch die norwegische Spezialwollmütze auf, die dünnen Handschuhe anziehen, die Stirnlampe anknipsen und von unten durch die Schlaufen der Wanderstöcke greifen: Ich war startklar, es konnte losgehen.

Ich war schon ein bisschen stolz auf mich, dass ich zu den Ersten zählte, die für das große Finale bereit waren. Wenn ich als Erfolgstrainer so konsequent und strukturiert unterwegs wäre wie auf dieser Tour, könnte ich meinen Umsatz glatt verdoppeln.

Diri diri dudl dö: Diarrhö!

Einige meiner Gefährten klangen leicht nervös, weil sie etwas später dran waren und deswegen hektisch an der Ausrüstung zerrten. Das sorgte natürlich dafür, dass es erst recht nicht funktionierte. Solche Szenen hat jeder schon 1.000-mal in irgendwelchen Krimis gesehen, in denen jemand aufgeregt versucht, den Schlüssel ins Schlüsselloch zu stecken, weil er verfolgt wird, und es jetzt natürlich erst recht nicht klappt.

Gedanklich ging ich noch einmal meine Checkliste für die Schlussetappe durch: „Dicke Handschuhe, Regenjacke und Regenhose sowie Gesichtshaube für Extremwetter sind im Rucksack. Halstuch habe ich um, einige Energieriegel in Griffnähe und die Sonnenbrille im Klappdeckel des Rucksacks. Außerdem eine Thermoskanne mit einem halben Liter heißen Wasser und knapp 3 Liter Wasser in der gepolsterten Trinkblase mit gepolstertem Trink-schlauch. Verdammt! Ich habe keine Wasseraufbereitungstablette gegen Durchfall in meine Trinkblase getan!" Das ging gar nicht! Mit meiner Selbst-zufriedenheit in Sachen vorbildlicher Vorbereitung war es jäh zu Ende.

In Steves Buch über seine Kilimandscharo-Expeditionen hatte ich gelesen, dass eine Teilnehmerin auf der Gipfeletappe permanent Durchfall hatte. Erstens musste die Gruppe immer wieder auf sie warten. Zweitens hatte dabei die ganze Gruppe etwas von ihrem flotten Otto, weil es am Berg auf-grund der Geografie keinerlei Privatsphäre gab. Die letzten Tage hatten mich in Sachen *Toilettenhygiene* immer schmerzfreier werden lassen, aber dieses Schreckensszenario ging mir eindeutig zu weit. Ich hatte nur eine Wahl, die-se mögliche Auswirkung auf meinen Verdauungstrakt zu vermeiden.

Also handeln: Hände aus den Schlaufen, Stöcke in den Boden rammen, Rucksack runter, Deckelklappe auf, Röhrchen auf, Tablette raus, Röhrchen zu, Deckelklappe zu, Trinkblase öffnen, Tablette in Trinkblase werfen, Trink-blase schließen, unruhig werden, weil die Gruppe inzwischen startklar war, Rucksack auf, im linken Tragegurt verheddern, noch unruhiger werden, Tra-gegurt auf die richtige Seite drehen, Hände in die Schlaufen der Stöcke und in letzter Sekunde zum Start bereit sein!

Es ging sofort los und ich war unzufrieden, weil ich aufgrund des Wasser-aufbereitungstablettendebakels nicht – wie ich es erfolgreich auf den ers-ten Etappen der Expedition gehalten hatte – im ersten Drittel der Gruppe war. Immerhin hatte diese Aktion ordentlich Adrenalin in meinen Körper gepumpt, sodass ich für diese Uhrzeit hellwach war.

Nur für Verrückte

Ziel war es, zunächst bis circa 6 Uhr den 5.681 Meter hohen *Gilman`s Point* zu erreichen. Das ist der Kraterrand des Kilimandscharos, ab diesem Punkt gilt der Berg als bestiegen.

Danach sollte es weiter zur 5.756 Meter hohen Graterhebung *Stella Point* gehen, um von dort zum höchsten Punkt des Kilimandscharos zu gelangen, den *Uhuru Peak* mit 5.895 Metern Höhe.

Der offizielle Grund dieser unwirtlichen Startzeit war der gefrorene Lavaschotter bei Nacht. So ließe sich der extrem steile Anstieg von nahezu unglaublichen 80 Prozent Steigung (das entspricht rund 40 Grad) leichter bewältigen als bei Tag, weil der Untergrund dann rutschiger sei. Mein Verdacht, dass dies nur ein vorgeschobener Grund war, sollte sich am nächsten Tag bewahrheiten: Bei Tageslicht würden diese Strecke nur Verrückte und Gehirnamputierte laufen!

Erleuchtung

Mein Kopf war schmerzfrei und ich konnte klar denken – nur Hunger hatte ich keinen. Für die Anstrengungen der letzten Tage waren das ziemlich gute Ausgangsbedingungen für die Gipfelnacht.

Wir gingen in einer Reihe hintereinander her, keiner sprach ein Sterbenswörtchen. Ich hörte nur meinen eigenen Atem und das Knirschen unter meinen Schuhen. Die flackernden Lichter der Stirnlampen hatten ein bisschen was von einem Laternenumzug. Weil aber kein Wort gesprochen wurde, hatte das Ganze auch etwas Gespenstisches. Die Steigung war heftig, es ging in kleinen Serpentinen langsam voran.

Es war eine wolkenlose Nacht und der Sternenhimmel war wieder so gigantisch wie schon in den letzten Nächten. Während ich die Sterne betrachtete, sah ich ein Leuchten: Vielleicht ein Flugzeug? Wohl eher nicht. Oder ein Satellit? Gut möglich. Oder einfach nur eine Sternschnuppe, das war am wahrscheinlichsten. Weil ich mich tatsächlich noch einigermaßen gut fühlte, machte ich auf ganz locker und sprach meinen Vordermann an: „Hast du auch gesehen, da war 'ne Sternschnuppe oder ein Satellit?" Doch der hatte mit sich selbst zu tun und neben seinem Keuchen hörte ich etwas Unverständliches, fragte aber nicht weiter nach, um auch Energie zu sparen.

Tote Hose

Ich spürte, wie meine Skihose zu rutschen anfing. „Das darf doch wohl nicht wahr sein!" dachte ich mir, blieb aber locker, weil ich wusste, dass mich jede Aufregung den Gipfel kosten könnte. Wie konnte das sein, dass mich ausgerechnet jetzt meine Hose im Stich ließ? Wahrscheinlich, weil ich seit Anfang

Januar des Jahres bis hierher aufgrund des Trainings rund 10 kg abgenommen hatte, und das war in dieser Form gar nicht eingeplant.

Wie dem sei, das war egal – die Hose rutschte. Ich versuchte sie umständlich hochzuziehen, indem ich durch die verschiedenen Jackenschichten hindurch den Gürtel zu fassen bekam und dann hochzog. Die Hose ließ das ziemlich kalt, nach wenigen Metern war sie an die alte Stelle zurückgerutscht. Was konnte man da machen? Nichts konnte man da machen. Da konnte man einfach nichts machen! So beugte ich mich der Macht der Hose und nahm die Situation so hin, wie sie gerade war. „Dann bin ich eben der erste Bergsteiger der Welt, der den Kilimandscharo mit einer Hose in den Kniekehlen und nacktem Hintern besteigt", beschloss ich und trug mit Fassung mein Schicksal.

Ich hatte also das gesamte Material kurz vor der Fahrt auf Herz und Nieren getestet, bis auf die Skihose, die ich in der alles entscheidenden Gipfelnacht tragen wollte! Hätte mir das ein Teilnehmer meiner Seminare erzählt, hätte ich ihm wahrscheinlich geantwortet: „Setze Prioritäten und achte auf alles, was wirklich wichtig ist. Gerade wenn es darauf ankommt, darfst du dir keine Schnitzer erlauben."

Ein Unglück kommt selten allein

Während die anderen und ich uns den Berg hoch kämpften, spürte ich urplötzlich einen Druck unter meinem rechten Fuß. „Nein, das gibt es doch nicht!" schoss es mir durch den Kopf. Es war unfassbar, aber wahr: Irgendwie hatte sich ein Steinchen in meinen rechten Schuh geschmuggelt. Obwohl ich die sündhaft teuren Gamaschen als Schutz vor Staub und Steinchen in den Trekkingschuhen trug. Und jetzt musste ich dieses erste und einzige Steinchen der gesamten Tour jeden einzelnen Schritt bis hoch zum Gipfel spüren und danach wieder hinunter bis zur Kibohütte – das war echt deprimierend. Zum Glück war der Schmerz aufgrund der dicken Socken erträglich und manchmal verschob sich das Steinchen im Schuh, so dass ich es wenigstens nicht permanent spürte. In Gedanken führte ich ein aufmunterndes Selbstgespräch: „Selbst wenn du Prioritäten setzt und an alles Wichtige denkst, musst du mit unvorhergesehenen und ungeplanten Situationen rechnen und umgehen. Bleib also locker." Die eher Erfolgreichen unterscheiden sich von den eher weniger Erfolgreichen tatsächlich insbesondere durch den professionellen Umgang mit diesen unvorhersehbaren Ereignissen.

Matthias hat einen an der Mütze

Waren die ersten rund 150 Höhenmeter einigermaßen erträglich, wurde es danach mit jedem einzelnen Meter anstrengender. Obwohl wir die ganze Zeit – wenn auch langsam – unterwegs waren, wurden meine Hände immer kälter. Die dünnen Handschuhe taugten tatsächlich nur zum Sonnenschutz, zum Wärmen konnte man sie in der Pfeife rauchen.

In einer der Verschnaufpausen bemerkte ich, dass Matthias weder Handschuhe trug noch eine Mütze auf dem Kopf hatte. Das war mir unerklärlich, wie er das bei dieser Eiseskälte aushalten konnte, gerade weil nur ein paar winzige Haarstoppeln sein Haupt schmückten. Das fiel auch Steve auf, der Matthias nachdrücklich empfahl: „Matthias, setz dir die Mütze auf, damit dein Kopf warm bleibt!"

„Mir ist heiß und ich schwitze", entgegnete Matthias und machte keine Anstalten, Steves Aufforderung nachzukommen.

„Du hast einen an der Mütze! Setz endlich das Ding auf!", dachte ich und meine Empathie-Neuronen feuerten. Ich fühlte intensiv mit Matthias, der mir im Verlauf unserer Expedition ans Herz gewachsen war. Wahrscheinlich hatte er seine Lage nicht mehr 100-prozentig unter Kontrolle, ich empfand die Situation als den Moment der Entscheidung für ihn. Als Matthias unbemützt weiterzog, ahnte ich, dass er es nicht schaffen würde. Und tatsächlich war er der Erste, der in der Gipfelnacht völlig erschöpft aufgab und nun – von einem Guide begleitet – abwärts statt aufwärts weiterging.

„Man, vertrau deinem Support-Team", ging es mir durch den Kopf, „sie wissen es in vielen Fällen tatsächlich besser, weil sie einfach besser ausgebildet und geübter sind als du."

Volle-Windel-Power

Auf rund 5.050 m Höhe machten wir an einem Felsvorsprung eine nächste kleine Pause. Damit hatten wir erst rund 350 Höhenmeter erwandert, die es allerdings in sich hatten: Der Sauerstoff nahm spürbar ab und auch die Kraft ließ allmählich nach. Wie die anderen verbrachte ich die Pause im Stehen, weil ich in der Vorbereitungszeit gelesen hatte, dass es bei einem schnellen Aufstehen oder Hochschnellen in dieser Höhe zu einem starken Abfall des Blutdrucks kommen konnte: In vielen Fällen bedeutete das dann Ohnmacht oder Kreislaufkollaps und darauf konnte ich gut verzichten.

Also saugte ich an meinem Trinkschlauch und nagte einige Krumen von meinem Energieriegel ab, die ich kaum heruntergewürgt bekam.

Weiter ging's: Die ohnehin schon kurzen Schritte wurden immer schwerer, die ohnehin schon dünne Luft wurde immer dünner und auch die große Anstrengung wurde immer anstrengender.

Mir ging eine Filmszene aus unserem Familienlieblingsfilm *Gregs Tagebuch* durch den Sinn, in der Gregs Bruder Rodrick mit seiner Band *Volle Windel* auf einer Geburtstagsparty eine ziemlich schlechte Performance abliefert. Um zu retten, was zu retten ist, motiviert Rodrick seine Bandmitglieder mit dem Ausruf „Volle-Windel-Power!". Sie geben alles und setzen sogar Pyrotechnik ein, aber der ganze Auftritt geht natürlich gewaltig in die Hose und am Ende stürzt die attraktive Gastgeberin – wie sollte es anders sein – in ihre eigene Geburtstagstorte.

Obwohl mir bewusst war, dass im Film der Schlachtruf „Volle-Windel-Power!" in einer Katastrophe mündet, verwende ich ihn in meinen Seminaren und Trainings umgewandelt als *Volle-Küthe-Power*. Und wenn es in einem meiner Trainings ausnahmsweise mal wirklich nicht so richtig rundläuft, wenn also in einem Seminar die Gefahr droht, dass die Luft rausgeht oder die Teilnehmer nicht mehr 100-prozentig vom Thema gefesselt sind, aktiviere ich genau diesen Motivator. Meistens setze ich dann eine Munterrichtsmethode ein mit dem durchschlagenden Erfolg, dass die Teilnehmer tatsächlich wieder Fahrt aufnehmen und sich für das Seminar begeistern.

Da ich inzwischen kaum noch Antrieb verspürte, den Berg zu erklimmen, rief ich mir im Stillen mein Motto *Volle-Küthe-Power* zu und hatte tatsächlich das Gefühl, dass es mir einen leichten Schub verlieh. Nicht, dass ich jetzt mehr Kraft gehabt hätte, es war wohl eher etwas Mentales, das mein Durchhaltevermögen stärkte.

Der verrückte Österreicher

Ermuntert von diesem kleinen Erfolg rief ich eine weitere Mentaltechnik ab, die ich für die Gipfelnacht trainiert und im Erzgebirge bei der Besteigung des höchsten Berges in Sachsen, den Fichtelberg mit seinen 1.215 Metern, bereits erfolgreich durchgeführt hatte:

Um einen echten Trainingseffekt für den Kili zu erzielen, war ich mit meinen beiden großen Töchtern im Sommer die steilste Liftstrecke hoch auf den Fichtelberg gelaufen. Und weil es sich dabei um eine knackige Steigung gehandelt hatte und ich mich vor meinen Kindern nicht blamieren wollte, hatte ich mir ganz einfach vorgestellt, dass oben auf dem Fichtelberg ein Österreicher eine Seilwinde bediente. Ich wählte in Gedanken einen Österreicher, weil ich einfach annahm, dass in Österreich aufgrund seiner geographischen Lage die wahrscheinlich beste Bergtechnik produziert wurde.

Ich stellte mir also vor, wie mich ein Stahlseil mittels Karabiner, der an einem um mein Becken gelegten breiten Riemen befestigt war, nach oben zog.

Diese Methode hatte beim Aufstieg auf den Fichtelberg tatsächlich erstaunlich gut funktioniert, dieses imaginierte Seil hatte sich wie eine unsichtbare Kraft angefühlt, die mich nach oben auf den Gipfel zog.

Ich stellte mir also auch diesmal vor, wie oben auf dem Gilman's Point der Österreicher stand und mit ruhiger Hand die Seilwinde steuerte, die mich nach oben bewegte. Schnell stellte sich heraus, dass diese mentale Technik auf dem Fichtelberg besser funktioniert hatte als hier auf dem Kili. Ich begann daher mit einem weiteren Selbstgespräch, um die Wirkung zu verstärken:

„Was für eine geniale Erfindung. Diese Seilwinde ist wirklich der Hammer. Danke, ihr lieben Österreicher, dass ihr dieses sensationelle Teil erfunden habt. Ich spüre, wie mich das Seil dabei unterstützt, immer leichter und leichter den Berg hochzugehen. Das ist echt spitze, vielen Dank. Es ist super, wie das Seil mich entlastet, mich zieht, mir neue Kraft gibt und mir dabei hilft, den Kilimandscharo zu besteigen. Es ist schon wirklich verrückt, dass da oben dieser durchgeknallte Österreicher steht, um mich auf diesen Gipfel zu führen."

Dieses Gespräch hielt ich einige Minuten durch, Zeit hatte ich schließlich genug. Obzwar ich alle Register des Mentaltrainings zog, stellte sich der erhoffte Erfolg nicht ein. Jeder einzelne Schritt blieb unendlich anstrengend, die Luft war knapper als je zuvor und von Entlastung keine Spur. Daher wurde auch mein interner Dialog etwas ruppiger:

„Los, jetzt zieh endlich! Gib Gummi, Alter! Komm schon! Mach hinne, du Arschloch!"

Es nützte nichts, der verrückte Österreicher ignorierte mich, und ich fragte mich, wie lange das noch so weitergehen solle.

Im Eimer

Zum Glück machten wir bald darauf wieder eine kleine Verschnaufpause. Obwohl wir uns die ganze Zeit bewegten, waren meine Hände immer noch eiskalt. Da Steve die Pausen immer kurzhielt, war schnelles Handeln angesagt. Also rammte ich die beiden Wanderstöcke in den Boden, streifte den Rucksack vom Rücken, stellte ihn auf den Boden, holte die dicken Skihandschuhe heraus und zog sie mir an – was für eine Wohltat! So, und jetzt den Rucksack wieder auf den Rücken, schnell einen Schluck Wasser aus der Trinkblase trinken, dann nur noch mit den Händen durch die Stockschlaufen und ich wäre wieder startklar.

Es gab nur ein Problem: Meine Hände passten mit den dicken Handschuhen nicht mehr durch die Schlaufen! Für einen Moment war ich völlig entgeistert. Mir war klar, dass ich jetzt die Nerven behalten musste und zog als erstes die dicken Handschuhe wieder aus, weil ich nur mit den dünnen Handschuhen die Schlaufen größer stellen konnte. Das funktionierte aber leider nicht. Vielleicht weil das Material in dieser Kälte erstarrt war oder ich die Finger einfach nicht mehr richtig bewegen konnte, ich wusste es nicht. Steve gab das Zeichen zum Aufbruch und mir wurde mulmig: Auf einmal zogen alle an mir vorbei, während ich noch an den Schlaufen fuchtelte und dabei dachte: „Jetzt ist es aus, jetzt bin ich im Eimer".

Mit Zähnen und Klauen

Ein Guide sah offenbar meine Verzweiflung und bot mir seine Hilfe an. Ich erklärte ihm meine Situation und er machte sich sofort an die Schlaufen. Aber es gelang auch ihm nicht, diese vermaledeiten Riemen weiterzustellen. Im Gegenteil, ich hatte den Eindruck, dass er das Band in die falsche Richtung zog und so die Schlaufen noch enger wurden. In meiner Aufregung brachte ich kaum noch einen brauchbaren englischen Satz heraus, aber es wurde ihm offenbar klar, dass diese Methode nicht funktionierte. Jetzt beugte er sich nach vorne und versuchte, die Schlaufen mit den Zähnen zu weiten – auch diese Methode scheiterte kläglich.

Die Gruppe war bereits an mir vorbeigezogen und am liebsten hätte ich mich jetzt heulend hingeschmissen und mit den Fäusten auf den Boden getrommelt. Zum Glück war mir auch in dieser kritischen Lage klar, dass dies das Ende meines Kilimandscharo-Abenteuers bedeutet hätte und ich behielt daher einen einigermaßen kühlen Kopf. Der Guide nahm einen dritten Anlauf und diesmal gelang es ihm tatsächlich, ruckartig die Schlaufen wenigstens etwas zu vergrößern. Das nahm ich als ein kleines Wunder war, ich war bass erstaunt und hielt ihm glücklich meine Hände hin. Es gelang ihm wahrhaftig, die Schlaufen über meine dicken Handschuhe zu zerren, sodass ich weitergehen konnte.

Ich bin doch nicht zur Kur hier!

„Thank you very much", bedankte ich mich erleichtert. Der Guide schaute mir in die Augen und fragte mich freundlich, ob er meinen Rucksack für mich tragen solle. Ich starrte ihn mit großen Augen ungläubig an:

„Wie verschwuchtelt ist das denn?", ging es mir durch den Kopf. „Ich bin doch nicht zur Kur hier, selbstverständlich gibt es nur einen einzigen Menschen, der mir meinen Rucksack hoch auf diesen Berg trägt und das bin natürlich ich selbst!"

„No, thank you", lautete daher meine glasklare Antwort. Jetzt hieß es, so schnell wie möglich zu den anderen aufzuschließen, die bereits einige Meter Vorsprung hatten. Ich konnte es immer noch nicht fassen, er wollte wirklich meinen Rucksack tragen. „Sehe ich etwa so aus, dass ich nicht einmal meinen *fucking* Rucksack auf den Berg geschleppt kriege?", fragte ich mich in Gedanken und war regelrecht empört, dass er auf diese völlig abwegige Idee kommen konnte.

Untragbar

Ich ging jetzt schneller als zuvor, um zu den anderen aufschließen zu können. Das Ganze dauerte vielleicht nur zwei bis drei Minuten und es stellte sich schnell heraus, dass das erhöhte Tempo keine gute Idee war. Ich hatte mich zwar wieder an die Gruppe herangekämpft, aber dieser Zwischenspurt hatte so viel Kraft gekostet, dass ich aus dem letzten Loch pfiff.

Vor mir ging jetzt Dieter, dem es offensichtlich noch schlechter ging als mir: Er schlurfte nur noch und das machte mich wahnsinnig, weil er mich damit aus dem Laufrhythmus brachte. Dummerweise war mein Zwischenspurt dermaßen energiezehrend gewesen, dass ich nicht mehr die Kraft besaß, Dieter in einer der Serpentinen zu überholen.

Die Aktion mit den Wanderstöcken, mein Zwischenspurt und jetzt hinter Dieter herlaufen zu müssen, das gab mir wirklich den Rest. Das war so dermaßen demoralisierend und demotivierend, dass ich es kaum beschreiben kann. Außerdem fiel mir auf, dass Dieter keinen Rucksack mehr trug, er hatte offenbar das Angebot eines Guides angenommen. Ich verstand die Welt nicht mehr. „Wie kann man sich nur so gehen lassen?", wunderte ich mich über dieses in meinen Augen unfassbare Verhalten.

Schlechtes Priming

Manchmal gewann ich den Eindruck, dass ich wie in Zeitlupe schwankte – schwer zu beschreiben und ganz schön abgedreht.

Ich spürte jeden einzelnen Meter und hatte außerdem das Gefühl, dass mein Tagesrucksack mit jedem einzelnen Höhenmeter schwerer wurde. Dummerweise hatte ich mir mit meiner Frau Anja und den Kindern im Sommer vor dem Aufstieg den Film *Everest* angeschaut. Ein guter Film, der mir prima gefallen hatte, allerdings blieben die meisten Hauptfiguren im Everest hängen – zumeist als Schneeleichen. Dieser Film war ein weiterer Grund für Anja gewesen, nicht gerade euphorisch auf mein Kilimandscharo-Projekt zu reagieren. Ich hatte sie damit trösten wollen, dass der Kili nur der kleine Bruder des Everest genannt wird, aber das hatte ihre Laune nicht erheblich aufheitern können. Mich hatte in *Everest* insbesondere die Szene beeindruckt, in der ein Guide den Teilnehmern der Expedition erklärte, dass auf dem Berg ein Kilo Gewicht zu gefühlten zehn Kilo werden.

„Schlechtes Priming", dachte ich, denn exakt so fühlte sich mein Tagesrucksack in diesem Moment an: gefühlte 80 Kilo auf meinem Rücken, es war gerade so, als wollte ich einen Goldschatz auf den Gipfel schleppen.

Es war schon beachtlich, wie der Berg meinen Körper forderte. Da mir klar war, dass Jammern der Beginn einer Abwärtsspirale bedeutete, richtete ich den Blick nach vorne und machte einfach den nächsten Schritt. Und danach einen Schritt nach dem anderen, ohne viel zu denken, bis zur nächsten Pause, nach der ich mich jetzt schon wieder sehnte.

Eis am Stiel

Endlich. Nach einer gefühlten Ewigkeit, die in Wahrheit vielleicht 20 Minuten dauerte, machten wir wieder eine kurze Rast. Also schnell etwas trinken, denn das hatte zwei große Vorteile: Erstens bewahrte einen das Wasser vor der Höhenkrankheit und zweitens wurde mit jedem Schluck die Trinkblase leichter. Ein nicht zu unterschätzender Faktor, der das Drücken im Rücken verminderte.

Ich griff nach dem Mundstück und mir fuhr der Schreck durch die Glieder: In der letzten Pause hatte ich vergessen, den Reißverschluss der Mundstückisolierung zu schließen, sodass ich jetzt nur noch hoffen konnte, dass dieses Teil nicht eingefroren war. Pech gehabt. Mundstück und Schlauch waren nur noch Eis am Stiel. So ein Mist: An alles gedacht, perfekt vorbereitet, sogar für den Trinkschlauch eine sündhaft teure idiotische Isolierung gekauft – für nichts und wieder nichts.

Entsetzen machte sich in mir breit. In diesem Moment boten mir nur noch zwei Dinge Trost: Fast all meinen Gefährten ging es genau wie mir, bis auf Tanyas Eigenkonstruktion waren alle Trinkschläuche eingefroren. Und zweitens: Ich hatte ja noch einen halben Liter Wasser in meiner Hi-Tech-Thermoskanne in der linken Außentasche meines Rucksacks. Das war auch der Grund, weshalb ich nicht in Panik geriet. Also trank ich einige Schlucke aus der Thermoskanne und spürte, wie sich das warme Wasser wohlig im Magen verteilte.

Soll ich oder soll ich nicht?

Die Freude währte kurz: Paul, dessen Trinksack auch zu einer Frostbeule mutiert war, sah mich und meine Thermoskanne und fragte: „Kann ich auch was abhaben?"

Auf der einen Seite musste der halbe Liter Wasser noch eine Weile halten, auf der anderen Seite könnte ich keine Freude empfinden, falls ich mit schlechtem Gewissen den Gipfel erreichen würde und Paul nicht, weil er vorher dehydriert war. Also sagte ich: „Hier, trink!" und reichte ihm die Kanne. Paul trank hastig und gab sie mir wieder zurück. Weil ich immer noch Durst hatte, langte ich auch noch einmal zu. Als ich die Flasche wieder im Rucksack verstauen wollte, meldete sich Paul wieder zu Wort: „Kann ich noch mal?" Ich stockte. „Ja, leck mich doch am Hintern, der säuft mir glatt meine letzten Reserven weg", war das Erste, was mir durch den Kopf ging.

Da ich vermutlich so ziemlich jede Persönlichkeitsanalyse dieser Welt gemacht hatte, war mir bewusst, dass es mir tendenziell schwerfällt, „Nein" zu sagen. Aber hier auf rund 5.400 Metern Höhe eine Diskussion zu führen und mir möglicherweise vorwerfen lassen zu müssen, was ich für ein Kameradenschwein sei, dafür fehlte mir wahrlich die Kraft. Wortlos gab ich ihm die Kanne, er trank, gab sie mir wieder zurück und ich verstaute sie im Rucksack. Obwohl diese Szene nicht länger als zwei Minuten dauerte, deprimierte sie mich.

Wer hat noch nicht, wer will noch mal?

„Jetzt bloß nicht setzen." Das Gedankenkarussell begann wieder zu kreisen. Gott sei Dank war Aufstützen auf die Stöcke erlaubt. Teilnahmslos schaute ich ins Rund: Durch die Bank erschöpfte und leere Gesichter. Ich erblickte Lukas, der auch noch eine Thermoskanne als eiserne Reserve dabeihatte. Das durfte doch wohl nicht wahr sein: Auch Lukas hatte einem Guide seinen Tagesrucksack gegeben. Wo war ich hier nur gelandet? Lukas wollte zwar seinen Rucksack nicht mehr tragen, dafür aber immer seine Thermoskanne in Griffnähe haben. Da der Guide jetzt zwei Rucksäcke übereinander trug, wäre es kompliziert geworden, die Kanne dort zu transportieren. Mir war natürlich klar, dass mein top-moderner Rucksack nicht nur auf der linken Seite Platz für eine Thermoskanne hatte, sondern natürlich auch auf der rechten Seite eine Tasche, die in diesem Moment noch leer war. Bevor ich überlegen konnte, hörte ich mich selbst laut sagen: „Lukas, ich habe noch Platz für deine Kanne in der Außentasche." Lukas schaute mich dankbar an und schob seine Trinkflasche in meinem Rucksack. „Er hat ja schon etwas daraus getrunken, sie wiegt wahrscheinlich nicht mehr als ein halbes Kilo", redete ich mir meine spontane Idee schön. Jetzt ging ich also nicht mit 80, sondern mit gefühlten 85 Kilo den Berg hoch. War schon O. K.

Flieht, ihr Narren!

Normalerweise fühlte ich mich nach den Pausen wenigstens ein bisschen erholt. Diesmal fühlte es sich so an, als seien die Beine während der Pause noch schwerer geworden. Mühsam ging es weiter, wieder in kleinen Serpentinen, wieder Schritt für Schritt. Meine Kräfte schwanden. Keine Mentaltechnik half mehr, mein einziges Motto lautete nur noch „Rechter Fuß, linker Fuß, rechter Fuß, linker Fuß …"

Irgendwo bei vielleicht 5.500 Höhenmetern tauchte Unruhe in der Gruppe auf. Dieters Batterien hatten schlapp gemacht, seine Stirnlampe war ausgegangen und er hatte keine Ersatzbatterien mehr dabei. Was für ein starkes Bild: Dieters Stirnlampe spiegelte meinen körperlichen und mentalen Zustand, auch mir gingen gerade die Lampen aus. Ich dachte erstmalig ans Aufgeben. Plötzlich war mir alles egal. Irgendwie quälte ich mich zur nächsten kleinen Pause und hatte keine Lust auf gar nichts mehr.

„Ihr könnt mich alle mal!" Wieder schaute ich in die völlig erschöpften Gesichter der anderen, allen ging es vermutlich so ähnlich wie mir. Und trotzdem gingen sie einfach immer weiter, diese Verrückten. In diesem Moment fühlte ich mich wie Gandalf aus *Der Herr der Ringe*, als er ein Ur-Monster ablenken will und seinen Gefährten zuruft: „Flieht, ihr Narren!"

Was soll ich nur auf Facebook posten?

Es ging fast nichts mehr. Als sich die Gruppe wieder in Bewegung setzte, verzweifelte ich. Das war Wahnsinn! Warum das Ganze? Wofür? Ich zog innerlich die Reißleinen. In diesem Moment verwarf ich den Plan, Uhuru Peak zu erreichen. „Scheiß auf Uhuru Peak", dachte ich mir und wollte nur noch den Gilman's Point erreichen, weil der Kilimandscharo ab diesem Zeitpunkt offiziell als bestiegen galt. So entging ich wenigstens der Hochnotpeinlichkeit, allen anderen und mir selbst eingestehen zu müssen, verrissen und abge*lost* zu haben. „Oh mein Gott, was soll ich nur auf Facebook posten?"

Die anderen hatten inzwischen schon einen gehörigen Vorsprung – das war mir absolut und total und vollkommen gleichgültig! „Leckt mich doch am Hintern!" In Zeitlupe setzte ich mich in Bewegung. Ich ging jetzt in meinem Tempo. Der Kopf gesenkt, der Rücken gebeugt und abgestützt auf die Wanderstöcke schlich ich wie ein 100-jähriger mit seinem Rollator los.

Kreuzigung

Vom amerikanischen Neurowissenschaftler Dr. Joe Dispenza kannte ich die sogenannte Geh-Meditation, die ich hier gerade in Superzeitlupe anwendete. Das hatte tatsächlich was von einer Trance, der Körper war schwer, doch der Geist fing an zu schweben. In mir herrschte völlige Gedankenleere. Es schien, als hätte das Unterbewusstsein das Kommando übernommen und den Autopiloten eingeschaltet, der den Körper so einigermaßen auf Kurs hielt.

Es war mir egal, wo ich gerade war, wie hoch ich gerade war und wie viel Uhr es gerade war. Das spielte alles keine Rolle mehr. Ich wusste nicht, wer vor mir ging und ich wusste auch nicht, ob überhaupt noch jemand hinter mir war. Alles total egal.

So wie Dieters Batterien war jetzt auch mein Verstand leer, ich wusste nichts mehr, ich wusste von gar nichts mehr. Irgendwann hörte ich wie in einem Fiebertraum Stimmen, die durch das Dunkle zu mir hindurchdrangen:

Mein Vater, mein Vater, und hörest du nicht,
Was Erlenkönig mir leise verspricht?
Sei ruhig, bleibe ruhig, mein Kind;
Du hörst die Bergführer im Wind:
Jambo, jambo bwana,
Habari gani,
Mzuri sana.
(Hallo, hallo Sir,
Wie geht es dir,
Sehr gut.)

Mein Verstand flackerte kurz auf, darüber hatte ich in Steves Buch gelesen. Die Guides zogen jetzt tatsächlich alle Register, die Teilnehmer zum Durchhalten zu motivieren, jetzt *sangen* sie uns sogar zum Gipfel.

Ich empfand so etwas wie einen Schub aus der Ferne. Danach verebbte das Flackern und die Dunkelheit hatte mich wieder. Stille.

Auferstehung

Es dämmerte. Ich wusste gar nicht genau, wie mir geschah. Ein starker schwarzer Arm zog mich kräftig nach oben, weil ich nicht mehr ging, sondern kletterte. Offenbar war der Guide die ganze Zeit in meiner Nähe gewesen, erinnern konnte ich mich nicht daran. Ich war wohl rund eine Stunde komatös den Berg hochgewackelt und kam jetzt wieder allmählich zur Besinnung. Und vor mir schlurfte Thomas, der auch durch den Wind war und von Zeit zu Zeit unverständliches Zeug in seinen Bart nuschelte und dann abgedreht lachte. Der Kilimandscharo war hier tatsächlich noch steiler und wir mussten echt klettern – warum hatte mir das keiner gesagt?

Zu allem Überfluss geriet Thomas wieder ins Straucheln und drohte auf mich zu stürzen: Wie in Zeitlupe sah ich, wie er auf dem Geröll ausrutschte, stolperte und wie ein gefällter Baum nach hinten stürzte – direkt auf mich zu. Natürlich hätte ich normalerweise sofort reagiert – schließlich ging ich direkt hinter ihm. Aber ich war von der Anstrengung so benommen, dass ich nur hinnehmen konnte, was sich da an Drama direkt vor meinen Augen abspielte. Mir war klar: Wenn jetzt kein Wunder geschah, würde dieser Flachland-Tiroler auf mich stürzen, uns beide in die Tiefe reißen und wir würden uns dabei vermutlich die Köpfe an irgendwelchen verdammten Steinen aufschlagen oder uns wenigstens sämtliche Knochen brechen.

Gott sei Dank war blitzschnell wieder ein helfender Arm des Guides da, der Thomas packte und über einen Felsvorsprung nach oben zog, was Thomas wieder zu einem irren Lachen bewog. Danach war ich an der Reihe: Hand ausstrecken, mit letzter Kraft abstoßen und sich vom Guide über den Felsen nach oben ziehen lassen – und erkennen, wieso Thomas so hysterisch gelacht hatte: Wir waren soeben am Gilman's Point angekommen und standen auf dem Kraterrand – wir hatten soeben den Kilimandscharo bestiegen!

Und jetzt komm ins Handeln:

✓ Beantworte dir diese Frage: Welches große und einmalige Löffellistenziel wirst du als Nächstes in Angriff nehmen?

4.3 Glasklare Ziele - wie du deinem Leben eine Richtung gibst

Klare Ziele sind die Leuchttürme deines Lebens

Beim Beginn einer Unternehmung und unweit des Zieles ist die Gefahr des Misslingens am größten. Wenn Schiffe scheitern, so geschieht es nahe am Ufer.

Ludwig Börne, deutscher Journalist, Literatur- und Theaterkritiker

Wenn du genau weißt, wohin du willst, kannst du dein Ziel auch erreichen – meine Kilimandscharo-Besteigung ist nur eins von nahezu unendlich vielen Beispielen. Wenn du nicht weißt, wohin die Reise geht, musst du damit rechnen, ganz woanders zu landen. Es gibt so viele Menschen, die tagtäglich durch den Nebel des Alltags tappen und dabei nicht bemerken, dass sie sich nur im Kreis bewegen: das ist das wenig erbauliche Leben im Hamsterrad. Eine der wichtigsten Forderungen an ein erfolgreiches Berufs- und Privatleben lautet daher: Setz dir große und klare Ziele!

Der ziellose Mensch erleidet sein Schicksal, der zielbewusste gestaltet es.

Immanuel Kant, deutscher Philosoph

Das ist eine der Kernaussagen dieses Buches:

*   Zu den wichtigsten Hebeln für deinen beruflichen und privaten Erfolg gehören deine konkreten Ziele!

Deine Ziele sind der Maßstab, an dem du jede deiner Handlungen messen kannst. Deine Planung ergibt nur dann Sinn, wenn der Endzustand – also dein Ziel – bekannt ist. Ziele dienen dir also als Fixsterne, an denen du dich ausrichten kannst. Wann immer du nicht mit deinem Herzen dabei bist, fehlen dir anspruchsvolle Ziele, die deinem Leben Sinn und Orientierung geben.

> *Zwischen Wichtigem und Unwichtigem zu*
> *unterscheiden, bildet das Geheimnis jeden Erfolgs.*
>
> Cyril Northcote Parkinson, britischer Historiker und Publizist

Und so setzt du deine Ziele konkret in die Tat um:

Nutze die Königsdisziplin des Ziel-, Zeit- und Selbstmanagements – das *Prioritätensetzen*!

1. **Im 1. Schritt** formulierst du klare und SMARTe Ziele. SMART ist ein Akronym und wird der Management-Legende Peter Drucker zugerechnet. Ursprünglich wurde es bevorzugt im Projektmanagement und in der Personalentwicklung eingesetzt, heute dient es vor allem dem schnellen Erkennen, ob es sich bei einem (beruflichen oder privaten) Ziel tatsächlich auch um ein solches handelt:

- SMART steht für

  - S wie spezifisch (also ganz konkret),
  - M wie messbar (das Endergebnis ist zählbar, wiegbar, messbar),
  - A wie attraktiv und aktivierend (im Sinne von motivierend),
  - R wie realistisch (also keine *Mondzahlen*) und
  - T wie terminiert (also mit einem klaren Endzeitpunkt).

- Ein einfaches SMART-Beispiel:

  - S wie spezifisch: *Ich verbessere langfristig meine Gesundheit und Fitness und reduziere darüber hinaus mein Gewicht.*
  - M wie messbar: *Ich reduziere das Gewicht von 90 auf 84 kg.*
  - A wie attraktiv und aktivierend: *Ich laufe 2 x in der Woche zusammen mit Maxi, Emma und Niklas.*
  - R wie realistisch: *Wir laufen jeweils 2 Runden um die kleine Talsperre, also 5,6 km.*

- T wie terminiert: *Bis 30. Juni habe ich die ersten 3 kg und bis 31. Dezember die restlichen 3 kg abgenommen.*

Sehr gut, so funktioniert's!

- Ein weiteres SMART-Beispiel, diesmal aus dem beruflichen Umfeld:

  - S wie spezifisch: *Ich verbessere langfristig mein Zeitmanagement und reduziere damit meine Arbeitszeit.*
  - M wie messbar: *Ich verringere meine Wochenarbeitszeit von 45 auf 40 Stunden.*
  - A wie attraktiv und aktivierend: *Bevor ich in den Feierabend gehe, plane ich noch im Büro meinen nächsten Arbeitstag.*
  - R wie realistisch: *Ich nehme mir für die Planung 10 bis maximal 15 Minuten Zeit.*
  - T wie terminiert: *Bis 30. März arbeite ich durchschnittlich maximal 43 und bis 30. Juni maximal 40 Wochenarbeitsstunden.* Perfekt!

- Wie lauten deine derzeit wichtigsten beiden Ziele?

2. **Im 2. Schritt** trennst du mittels Pareto-Prinzip das Wichtige vom Unwichtigen: Was sind die 20 Prozent deiner wichtigsten Tätigkeiten, mit denen du rund 80 Prozent deiner Leistung erzielst?

Zum besseren Verständnis: Das Pareto-Prinzip ist eines der stärksten Hilfsmittel für ein effektives Ziel- und Zeitmanagement und geht zurück auf den italienischen Ökonomen und Soziologen Wilfried Fritz Pareto (später Vilfredo Federico Pareto). Pareto erkannte, dass circa 20 Prozent der Italiener Eigentümer von rund 80 Prozent des italienischen Grundbesitzes waren. Ergo waren 80 Prozent der Bevölkerung Eigentümer der restlichen 20 Prozent des Landes. Er empfahl daher den Banken, sich auf exakt diese 20 Prozent der Vermögenden zu konzentrieren. Da sich dieses statistische 20-zu-80-Phänomen auch auf viele andere Gebiete übertragen ließ, wurde es das *Pareto-Prinzip* genannt. Ein Beispiel: Viele Unternehmen erzielen mit rund 20 Prozent ihrer Kunden etwa 80 Prozent ihres Ertrages. Oder: 20 Prozent ihrer Produkte und Dienstleistungen verursachen rund 80 Prozent des Umsatzes.

Wie kannst du dieses Phänomen für dein Ziel-, Zeit- und Selbstmanagement nutzen? Indem du dich sinnvollerweise auf die wichtigsten 20 Prozent deiner Aufgaben konzentrierst, mit denen du rund 80 Prozent deiner Leistung erzielst. Du kannst deine Aufgaben priorisieren und damit deine Zeit effektiver nutzen – du erreichst also mit dem Pareto-Prinzip mit weniger Zeit bessere Resultate!

• Merke dir daher: Nicht alle deine Aktivitäten sind gleich wertvoll – und diese Erkenntnis gilt auch für deine Mitarbeiter und deine Kunden.

Ein weiteres Beispiel: Ein selbstständiger Recruiter hat 100 Kunden, 20 von ihnen machen 80 Prozent seines Umsatzes aus. Die restlichen 80 Kunden bringen nur noch 20 Prozent des Umsatzes, verursachen allerdings deutlich mehr als 20 Prozent seiner Arbeitszeit. Wie lautet jetzt eine intelligente Lösung für den Recruiter?

a. Verabschiede dich von den 20 unrentabelsten Kunden: Nimm sie aus deiner Newsletterliste und stelle den aktiven werblichen Kontakt zu ihnen ein. Sag ihnen offen, dass dein Angebot für sie nicht optimal positioniert ist und empfiehl gegebenenfalls einen Wettbewerber, der sich auf sie spezialisiert hat. Ich mache das tatsächlich auch so: Beispielsweise hatte ich eine Anfrage nach Stil- und Etikette-Seminaren, die ich zur Not und mit viel Aufwand wahrscheinlich auch tatsächlich hinbekommen hätte. Sehr viel besser als ich leitet Seminare dieser Art allerdings eine Trainerkollegin, die jeden Tag nichts anderes als *Stil und Etikette* macht - natürlich habe ich die Anfrage an sie weitergeleitet.
b. Digitalisiere deine Leistung für die nächsten 60 Kunden: Automatisiere so weit wie möglich deinen Service und delegiere die Betreuung an deine Mitarbeiter beziehungsweise deine Dienstleister!
c. Konzentriere dich auf deine wichtigsten 20 Kunden: Das sind deine VIP-Kunden, sie erhalten deine persönliche Unterstützung und handgeschriebene Karten zum Geburtstag nebst individuellem Geschenk, sie bekommen deinen bevorzugten Service! Richte deine Aufmerksamkeit auf diese Zielgruppe, investiere deine Kraft in diese VIPs!

Und denke das Pareto-Prinzip konsequent zu Ende:

– Von diesen 20 Kunden sind es wiederum 20 Prozent, die 80 Prozent deines Ertrags ausmachen. Diese vier Kunden machen also 64 Prozent deines Ergebnisses aus und bekommen nicht nur ein Weihnachtsgeschenk von dir, sondern werden darüber hinaus regelmäßig von dir zum Abendessen eingeladen (zugegebenermaßen halte ich mich nicht sklavisch an dieses System – ich gehe auch mit Kunden essen, die mir einfach nur sympathisch sind).

Wenn du beharrlich diese Schritte anwendest, hast du in wenigen Jahren nur noch exzellente Kunden. Erkennst du jetzt, dass diese 20-zu-80-Regel eine Zeit- und Ergebnisrevolution in deinem Leben auslösen kann?

Das Pareto-Prinzip gilt nicht nur für deine Zeit und deinen Ertrag, sondern ganz generell für mehr Lebensfreude! Wenn du dich erst einmal von vier Fünfteln deiner Aktivitäten getrennt hast (indem du sie beispielsweise delegierst), weil sie nur zu 20 Prozent deiner Resultate führen, dann bist du ganz neu aufgestellt. Die ehemaligen wichtigsten 20 Prozent sind ab sofort deine neuen 100 Prozent. Und anschließend trennst du dich wieder von vier Fünfteln deiner Tätigkeiten. Wenn du diesen Ablauf ein paarmal wiederholst, dann gehörst du zu den wenigen außerordentlich Erfolgreichen.

- Das Pareto-Prinzip ist deine geniale Chance, wirklich frei zu sein: Frei für Wohlstand, frei für Qualitätszeit – einfach frei für mehr Leben.

3. **Im 3. Schritt** trennst du das Wichtige vom Dringenden (was ist wirklich wichtig und was ist zwar dringend, aber nicht so wichtig?):

- Wie du bereits weißt, lautet das kürzeste Zeit- und Selbstmanagementseminar dieser Welt *Mach das Wichtigste zuerst!*

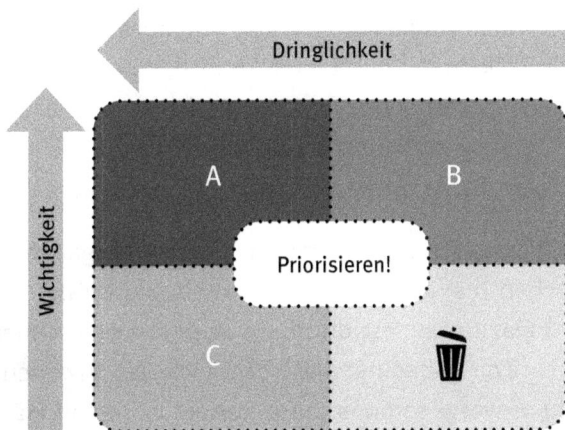

Abbildung 8: Eisenhower-Matrix

Ein starkes Tool in diesem Zusammenhang ist die sogenannte Eisenhower-Matrix. Diese Matrix geht zurück auf den US-Amerikaner Dwight D. Eisenhower, der als General und später als Präsident – unter Druck stehend – viele Entscheidungen treffen musste. Diese Entscheidungen hat er sich so einfach wie möglich gemacht, indem er bloß zwei Einflussfaktoren eingesetzt hat, nämlich zum einen die *Wichtigkeit* der Aufgabe und zum anderen deren *Dringlichkeit*, sodass am Ende eine einfache Matrix mit vier Feldern entstand:

1. Feld A: Wichtig und dringend
2. Feld B: Wichtig, aber (noch) nicht dringend
3. Feld C: Dringend, aber nicht wichtig
4. Das Feld mit dem Papierkorb: Bearbeite auf keinen Fall Aufgaben, die weder wichtig noch dringend sind.

Ein Beispiel – stell dir folgende Situation vor: Dein wichtigster Kunde ruft dich an und sagt, dass deine Vorprodukte nicht in Ordnung sind und daher sein Montageband in spätestens 24 Stunden stillstehen wird. Diese Aufgabe ist wichtig und dringend. Du erkennst diese A-Aufgaben immer daran, dass sie *notwendig* zu erledigen sind. Du musst im wahrsten Sinne des Wortes eine *Not wenden*. An diesen Aufgaben hängt das Schicksal deines Unternehmens. Erledige diese Aufgaben sofort!

Anders verhält es sich bei den B-Aufgaben, stell dir dazu diese Situation vor: Dein Steuerberater ruft dich an und erklärt dir, dass deine Umsatzzahlen erfreulich gestiegen sind und dass – wenn dieser Trend anhält – du spätestens im nächsten Jahr bilanzieren musst. Diese Aufgabe ist zwar nicht dringend, aber sehr wichtig. Denn du musst jetzt für dich, den Steuerberater und das Finanzamt eine entsprechende Software einrichten, um nachher eine ordnungsgemäße Inventur durchführen zu können. Wenn du jetzt schlau bist, gehst du diese B-Aufgabe sofort an – solang sie noch nicht dringend ist.

- Wichtig: B-Aktivitäten sind die entscheidenden Aufgaben deines Lebens! Sie verursachen maßgeblich deine Zukunft, sie verändern maßgeblich dein Leben! Dazu brauchst du die in Kapitel 3.6 beschriebenen *Stillen Stunden*: Richte dir unbedingt diese Zeitblöcke ein, in denen du exakt das tust, was du dir vorgenommen hast. Verteidige sie mit Händen und Füßen. Wenn du es nicht tust, stolperst du in die Falle des *Sägeblatteffekts* – wehre dich dagegen!

C-Aufgaben kommen meist unscheinbar daher: Urplötzlich steht dein Mitarbeiter unangemeldet in der Tür und sagt zu dir: „Du, sag mal, ich würde jetzt gerne mit dir die Agenda durchsprechen für übermorgen, wollen wir mal eben?" Das ist zwar in den Augen deines Mitarbeiters in diesem Moment für ihn wichtig, aber nicht für dich, es ist für dich höchstens dringend. Nutze die Gelegenheit, deinem Mitarbeiter zu erklären: „Du, das ist ein guter Gedanke, im Moment passt es allerdings nicht, weil ich noch das Digitalisierungs-Projekt erledigen muss. Was hältst du davon, wenn wir morgen ab 13 Uhr die Agenda durchsprechen?"

Für das Feld D lohnt es sich nicht, Zeit zu investieren, es gilt nur eins: Wenn etwas weder dringend noch wichtig ist, dann ab damit in den Papiermüll!

Zu guter Letzt - es gibt eine sehr spannende Studie aus den USA über Führungskräfte und deren Zeit- und Arbeitsverhalten: Die durchschnittliche amerikanische Führungskraft setzt ...

* 25 Prozent ihrer Zeit für A-Aufgaben ein,
* 15 Prozent für B-Aufgaben und
* satte 60 Prozent für C-Aufgaben.

Meine Erfahrungen als Trainer und Coach im deutschsprachigen Raum bestätigen dieses Bild auch für Deutschland, Österreich und die Schweiz. Die Studie ging allerdings noch einen Schritt weiter. Es wurden auch die erfolgreichsten Führungskräfte herausgefiltert und damit veränderte sich das Bild der Studie dramatisch:

Es ist diesen Spitzen-Führungskräften gelungen, ...

* A-Aufgaben von 25 Prozent Zeiteinsatz auf 20 Prozent zu senken,
* C-Aufgaben von 60 Prozent (Ergebnis der durchschnittlichen Führungskräfte) auf 15 Prozent zu reduzieren und
* 65 Prozent ihrer Zeit in B-Aufgaben zu investieren – mehr als viermal so viel wie die Durchschnittsmanager!

Fazit:

Diese Aussagen lege ich dir besonders ans Herz:

1. Eliminiere Aufgaben, die weder wichtig noch dringend sind!
2. Minimiere C-Aufgaben – du kannst sie wunderbar delegieren!
3. Reduziere A-Aufgaben – das gelingt dir am besten, wenn du B-Aufgaben rechtzeitig erledigst!
4. Maximiere B-Aufgaben, die wichtig und noch nicht dringend sind!

Wenn du deine Zeit, dich selbst und dein Leben im Griff haben möchtest, kümmere dich jetzt um die wichtigen Aufgaben, bevor sie dringend werden:

• Entweder du lernst, deine Zeit zu führen, oder der Stress wird *dich* führen.

Ein Arbeitsblatt dazu findest du unter ...

Wann immer du deine Prioritäten setzt, helfen dir diese beiden starken Selbstcoachingfragen, die du dir bei all deinen Aktivitäten immer wieder stellen kannst:

1. Bringt mich das, was ich jetzt gerade tue, meinen wichtigsten Zielen näher?
2. Wenn nicht: Was ganz konkret bringt mich jetzt meinen Zielen näher?

Wer sein Ziel kennt, findet den Weg.

Laotse, chinesischer Philosoph

Viele Menschen haben keine festen großen Ziele. Das sind häufig diejenigen, die dem Schicksal und den Umständen die Schuld dafür geben, dass sie erfolglos sind. Im Gegensatz dazu haben Erfolgsmenschen immer ein klares Bild von ihren Zielen vor Augen:

- Visualisiere jeden Tag deine Ziele, das heißt, führe sie dir bildhaft vor Augen. Diese Ziele treiben dich an und lassen dich Entscheidungen treffen. Sie liefern dir die Energie für dein persönliches Wachstum!

Wenn du deinem Ziel trotz Widrigkeiten energisch entgegengehst, hat dein Ziel die wundervolle Eigenschaft, dir entgegenzukommen. Das klingt zwar unglaublich, doch so ist es tatsächlich – überzeug dich selbst und probiere es aus!

Ein Bild sagt mehr als tausend Worte

> *... vors Auge gestellt,*
> *Hat ein magisches Recht;*
> *Weil es die Sinne gefesselt hält,*
> *Bleibt der Geist ein Knecht.*
>
> Johann Wolfgang von Goethe, deutscher Dichter und Universalgenie

Schon als Kind begeisterte sich der kleine Heinrich für die homerische Dichtung und war der festen Überzeugung, dass in Homers Geschichten mehr als nur ein Körnchen Wahrheit steckte. Deswegen glaubte er tatsächlich daran, die im wahrsten Sinne des Wortes sagenhaften Stätten als Erwachsener finden zu können. Nachdem er jahrelang als Kaufmann aktiv war und so ein beträchtliches Vermögen erwarb, unternahm er zahlreiche Bildungsreisen und studierte als 44-Jähriger Sprachen, Literatur und Altertumskunde in Paris.

Vier Jahre danach machte er sich auf den Weg, um in Kleinasien Ausgrabungen vorzunehmen: Rund 18 Monate später, ab dem Jahr 1871, grub Heinrich Schliemann das alte Troja aus!

> *Sie können Ihrer Vorstellungskraft freien Lauf lassen mit einer Visionstafel, an die Sie Bilder von all den Dingen heften, die Sie sich wünschen, und Bilder davon, wie Sie Ihr Leben gern haben wollen.*
>
> Rhonda Byrne, australische Autorin und Produzentin

Meine Frau Anja und ich hatten im Jahr 1999 auf einem Seminar im grandiosen Interalpen-Hotel Tyrol eine Methode kennengelernt, wie man angeblich auf magische Weise seine Ziele besser erreichen könnte. Die Anleitung klang in etwa wie folgt:

Schneide – idealerweise gemeinsam mit deinem Partner und deinen Kindern – noch vor Silvester aus alten Zeitungen und Katalogen Bilder und Schlagzeilen aus, die dir gefallen und die gut zu dir passen. Diese Bilder und Schlagzeilen stehen für die Ziele, die du im kommenden Jahr erreichen möchtest. Gesundheit symbolisierst du beispielsweise durch einen Jogger, finanziellen Erfolg durch eine Schubkarre voller Goldmünzen. Weitere Bereiche sind zum Beispiel Partnerschaft und Familie, beruflicher Erfolg und Werte. Die anschließend laminierte Collage hängst du an einem gut sichtbaren Ort in deiner Wohnung oder in deinem Haus auf; durch die Bilder wirst du täglich an deine Ziele erinnert und du kannst entsprechend aktiv werden. Die Collage, die auch gerne Visionboard genannt wird, hilft dir, deine Vorsätze für das kommende Jahr tatsächlich umzusetzen. Bau dir eine *Jahres-Collage* für deine kurzfristigen und eine *Sieben-Jahre-Collage* für deine langfristigen Ziele, weil viele überschätzen, was sie in einem Jahr erreichen können und unterschätzen, was sie in fünf oder sieben Jahren vollbringen können.

Gesagt, getan, bauten Anja und ich bester Laune und voller Zuversicht eine Sieben-Jahre-Collage – wir waren frisch verliebt, die Welt lag vor uns und wir wollten sie erobern! Die Bilder auf der Collage fühlten sich so wirklich an, irgendwie hatten wir sie schon bald tief verinnerlicht. Wir hängten sie im Schlafzimmer unserer Leipziger Mietwohnung auf und sahen sie daher zweimal täglich: beim Aufstehen und beim Zubettgehen. Und weil das mit der Zeit Routine wurde, beachteten wir unsere Zielcollage nicht mehr bewusst (dafür unbewusst, wie sich später zeigen sollte).

Im Juli 2000 heirateten wir, im darauffolgenden November wurde unsere erste Tochter geboren und im Juli 2003 erblickte die zweite Tochter das Licht der Welt. Im selben Monat stand ein großer Umzug an, von unserer Leipziger Wohnung in unser Haus, das wir in einem Vorort im Grünen bauten. Da wir mit dem Haus unser finanzielles Limit ausgereizt hatten, mussten wir in der ersten Zeit auf Außenanlagen verzichten und liefen immer über schwere Holzbohlen in unser neues Heim, um nicht durch den Schlamm waten zu müssen. Es dauerte Wochen, bis wir uns eingefunden und die schier unendlich vielen Kartons einsortiert hatten. Im Herbst hängten wir dann endlich wieder unsere Sieben-Jahre-Collage auf, die wochenlang zu ihrem Schutz unter einem Teppich gelegen hatte. Wir platzierten sie im Flur zwischen Schlafzimmer und Bad, um sie wieder wenigstens zweimal täglich sehen zu können. Während ich sie mir nach langer Zeit wieder anschaute, fiel mein Blick auf ein Foto, das Anja samt Überschrift aus der Zeitschrift *Country* ausgeschnitten und aufgeklebt hatte: Zu sehen war ein kleiner schöner Kräutergarten, dahinter eine weite Wiese, auf der runde Heuballen lagen und die sich bis zu einem Waldrand erstreckte. Die Überschrift lautete *Zu Füßen das eigene Land und viel Weite*. Ich ging im Flur rund sieben Schritte Richtung Panoramafenster und war sprachlos und regelrecht erschüttert: Aus unserem Fenster sah ich auf unseren kleinen Garten mit Kräuterbeet und hinter ihm die weite Auenwiese des Bauern, der auf ihr für seine Pferde Heuballen gestapelt hatte. Und ja, diese Wiese dehnt sich bis heute an den Rand des Auenwalds aus. Zu meinen Füßen lag also das eigene Land und dahinter viel Weite!

Die Krönung ist: Wie Anja mir später erzählte, berichtete der Artikel aus der *Country* darüber, wie eine Hamburger Familie mit ihren drei Kindern jedes Wochenende aus der Enge der Stadt in ihr Domizil aufs Land fuhr. Du ahnst es schon: Auf unserer ersten Sieben-Jahre-Collage von 2000 bis 2007 hatten wir drei Kinder aufgeklebt, die wir uns von Anfang an gewünscht hatten. Im Februar 2006 war es dann soweit: Unsere dritte Tochter machte unser Glück perfekt!

Um noch einen draufzusetzen: Als wir unsere zweite Sieben-Jahre-Collage bastelten, betrachteten wir ihre Vorgängerin. Wir konnten es kaum glauben: nahezu jedes Ziel war in Erfüllung gegangen, obwohl wir nicht gerade bescheiden waren. Hier ein paar Beispiele:

Status 2000 zu Beginn der Collage	Zielbild bis 2007	Ergebnis
Partnerschaft	Heiraten	Hochzeit im Jahr 2000
Keine Kinder	drei Kinder	drei Töchter, geboren in den Jahren von 2000 bis 2006
Wohnen zur Miete	Eigenes Haus im Grünen	Eigenes Haus im Grünen seit 2003
Stefan: Angestellter	Selbstständiger Trainer und Coach	Selbstständiger Trainer und Coach seit Mitte 2004
Anja: Angestellte	Unternehmerin, am besten mit einem Stoffladen	Unternehmerin, Inhaberin des *Stoffkontors* in Leipzig seit 2007

Tabelle 2: Status - Ziel - Ergebnis

Und weil das so unglaublich klingt, möchte ich das an dieser Stelle zur Sicherheit noch einmal bekräftigen: Das ist genauso wahr, wie ich gerade diese Zeilen schreibe!

Das Wunschbild, dass du suchst und erhoffst zu erreichen, wird sich nicht manifestieren, wird sich nicht verwirklichen, bis du dir vorgestellt hast, dass du bereits dieses Wunschbild bist.

Neville Goddard, US-amerikanischer Autor

Collagen basteln steht also für ein Erfolgsgeheimnis größter Bedeutung! Erfolgreiche Menschen verbindet nicht nur, dass sie ihre Ziele klar, konkret und schriftlich fixieren, sie führen sich den gewünschten Endzustand auch bildhaft vor Augen. Diese Gabe, Bilder zu visualisieren (sich Dinge *einzubilden*, also in Bildern zu denken), besitzt natürlich auch *du*.

Dein Unterbewusstsein arbeitet bildhaft, das heißt, es kann am besten Bilder verarbeiten. In der Werbung ist dieser Zusammenhang bekannt als *Ein Bild sagt mehr als 1.000 Worte*. Und falls es dir schwerfällt, dir in Gedanken Zielbilder vorzustellen, ist die Zielcollage die günstigste Lösung zur Zielerreichung.

Es ist inzwischen wissenschaftlich nachgewiesen, wie die Collagetechnik wirkt. In seinem Bestseller *Schnelles Denken, langsames Denken* beschreibt Nobelpreisträger Daniel Kahneman die Macht des *Primings* (im Sinne von im *Gehirn etwas grundieren / anbahnen*):

In der Büroküche einer britischen Universität hatten die Mitarbeiter jahrelang ihren Kaffee bezahlt, indem sie Geld in eine *Kasse des Vertrauens* legten. In einem Experiment wurde eines Tages oberhalb der Preisliste ein Poster aufgehängt. In der ersten Woche waren auf dem Poster Blumen, in der zweiten Woche Augen zu sehen, die den Betrachter anzublicken schienen.

Auch in den kommenden acht Wochen wurde jede Woche ein neues Bild gezeigt, in den ungeraden Wochen Blumen und in den geraden Wochen Augen. Haben sich in dieser Zeit die Beträge in der Vertrauenskasse verändert? Ja, und zwar deutlich: Durchschnittlich zahlten die Nutzer der Kaffeeküche in den *Augenwochen* fast dreimal so viel wie in den *Blumenwochen*. Ein simples Foto also veranlasste die Kaffeetrinker dazu, sich ehrlicher zu verhalten. Aus der Gehirnforschung ist bekannt, dass dieser Effekt eintrat, ohne dass er dem Betrachter auch nur ansatzweise bewusst wäre.

Und exakt so wirkt deine Zielcollage: Du musst die Collage nicht einmal mehr bewusst betrachten – es reicht bereits aus, wenn du sie an einem Ort aufhängst, an dem du häufig bist und sie unbewusst wahrnimmst. Anja und ich hängen unsere jeweilige Jahres-Collage daher regelmäßig in unserem Schlafzimmer auf, weil so gewährleistet ist, dass wir wenigstens zweimal am Tag die Bilder sehen. Manchmal schaue ich mir die Bilder und Schlagzeilen ganz gezielt an und manchmal beachte ich sie nicht weiter, weil ich spätestens seit dem Vertrauenskassen-Experiment weiß, dass die Zielcollage auch unterbewusst wirkt.

Mit einigen kleineren und mittelständischen Unternehmen habe ich in Visions- und Ziele-Workshops Collagen erstellen lassen. Zusammen mit ihren Mitarbeitern werden die Ziele für das nächste Jahr oder die nächsten drei oder fünf Jahre auf diesem wortwörtlich fantastischen Weg visualisiert.

Spezialtipp: Ein mindestens vergleichbar starkes Visualisierungswerkzeug wie Zielcollagen sind Zielfilme. In seinem Bestseller *Werde übernatürlich* beschreibt Dr. Joe Dispenza die sogenannten *Mindmovies*: Ein Mindmovie ist ein kurzes Video, das du selbst mit einer entsprechenden Video-Spezialsoftware erstellst. Alternativ dazu kannst du auch eine PowerPoint-Datei in ein Video umwandeln. Du wählst kraftvolle Bilder aus, die du mit positiven Affirmationen und einer motivierenden Lieblingsmusik kombinierst. So entsteht ein energiegeladener und inspirierender rund dreiminütiger Videoclip, mit dem du jeden Tag aufs Neue deine Ziele visualisierst. Idealerweise betrachtest du dein Zielvideo in einer dankbaren Geisteshaltung, als seien deine Ziele bereits Wirklichkeit geworden. Du kannst Mindmovies beispielsweise auch auf dein Smartphone oder Tablet herunterladen und jederzeit an jedem Ort anschauen. Für mich sind meine Zielfilme eine fantastische Ergänzung zu den Zielcollagen und im wahrsten Sinne des Wortes ganz großes Kino.

Wenn dich diese phänomenale Methode anspricht, hol dir die ausführlichere Anleitung dazu mit diesem QR-Code:

> *Dem Geist sind keine Grenzen gesetzt, außer*
> *denen, die wir als solche anerkennen.*
>
> Napoleon Hill, US-amerikanischer Schriftsteller

In seiner Zeit als Spitzensportler visualisierte Boris Becker ganz gezielt seine Erfolge und machte diese Technik einem breiteren Publikum bekannt. Aber nicht nur im Tennis, auch im Fußball, beim Ski Alpin und nahezu allen Sportarten, die professionell betrieben werden, werden mentale Techniken zu Recht als das entscheidende Puzzleteil für außergewöhnlichen Erfolg betrachtet. Bei in etwa gleich starken Spitzensportler ist es am Ende das Mindset, das über Sieg oder Niederlage entscheidet. Es ist daher schwer fassbar, dass sich diese Zusammenhänge bis heute noch nicht in der Geschäftswelt herumgesprochen haben – die wenigsten sind sich über diese insbesondere aus dem Sport bekannte Mentaltechnik im Klaren und noch weniger wenden diese Methode an: Mentales Training bedeutet, sich seine Zukunft im Geist zu formen.

- Wenn du dieses *Kopfkino* gezielt einsetzt, hältst du den Schlüssel für eigene Spitzenleistungen in deiner Hand: Dein Unterbewusstsein kann nicht zwischen Wirklichem und Vorgestelltem unterscheiden. Deine mental erzeugten Bilder werden als real wahrgenommen!

Dazu ein spektakuläres Beispiel: An einem Freitagnachmittag saß ich im Auto auf dem Weg in mein Leipziger Büro. Zuvor hatte ich in Chemnitz ein sehr gelungenes Coaching mit einer Geschäftsführerin gegeben, entsprechend gut gelaunt war ich also auf der Autobahn unterwegs. Während der Fahrt ging mir eine Anfrage eines Top-100-Arbeitgebers aus Hessen durch den Sinn, bei der es um einen großen Trainings- und Coaching-Auftrag ging. Umsatzvolumen: ein satter fünfstelliger Betrag, der einen Einzeltrainer über Monate forderte und auch finanziell glücklich machte. Von diesem potenziellen Auftraggeber wusste ich aus den Vorgesprächen, dass in Summe 15 Trainer und Trainings-Institute angefragt wurden und ich es unter die beiden letzten Anbieter geschafft hatte. Grund dafür war insbesondere meine Präsentation in Frankfurt, mit der ich offenbar die dort anwesende dreiköpfige Crew mit meinen Inhalten und als Trainerpersönlichkeit überzeugt hatte. Mein Ansprechpartner hatte mich am Montag informiert, dass sie sich bis Freitag entschieden und mir ein Zeichen gäben, wer den Zuschlag erhielte. Da es jetzt inzwischen bereits früher Freitagnachmittag war, begannen meine Hoffnungen zu schwinden, den Auftrag noch zu erhalten. Es entspann sich in meinem Kopf ein Selbstgespräch, das sich in etwa wie folgt anhörte:

„Mist, jetzt hat der Typ immer noch nicht angerufen, das wird wahrscheinlich nichts mehr. Wenn ich die Nummer Eins geworden wäre, dann hätte er sich höchstwahrscheinlich bis Mittag gemeldet – hat er aber nicht. Das wären nicht nur richtig spannende Seminare geworden, sondern so ein Riesenkunde wäre auch eine grandiose Referenz gewesen, mal ganz abgesehen vom schönen Umsatz und Ertrag, der mir jetzt durch die Lappen geht."

Und während ich innerlich so vor mich hin jammerte, wurde mir allmählich bewusst, dass ich momentan genau den Fehler beging, vor dem ich meine Seminarteilnehmer und Coachingklienten immer warnte:

- Wer in Problemen denkt, macht damit die Probleme größer!

Die logische Schlussfolgerung heißt natürlich:

- **DIL - d**enk **i**n **L**ösungen, damit machst du Lösungen wahrscheinlicher!

Ein bekannter Kunstgriff aus dem Mentaltraining ist, sich innerlich laut „STOPP!" zuzurufen, wenn man erkennt, gedanklich destruktiv und auf dem falschen Weg zu sein. Also tat ich genau dies und veränderte ab diesem Zeitpunkt meinen inneren Monolog, nun klang es wie folgt: „Bin ich eigentlich wahnsinnig, dass ich gerade meinen eigenen Erfolg totreite? Mag sein, dass ich in einem Paralleluniversum den Auftrag verloren habe, aber in meinem Hier-und-Jetzt-Universum ziehe ich mir diesen Auftrag noch an Land!"

Einmal in Fahrt, sprach ich in Gedanken danach meinen potenziellen zukünftigen Auftraggeber direkt an: „Jetzt pass mal gut auf: Ich fahre jetzt in mein Büro, dann rufst du mich an und erklärst mir, dass ich mich durchgesetzt habe und der Auserwählte bin!"

Da ich noch nicht zu Mittag gegessen hatte, ergänzte ich den letzten Gedanken:

„Und noch was: Lass mich erst ein Stück Kuchen essen und einen Kaffee trinken, bevor du mich anrufst, danke!"

Ich hatte sowohl ein Bild davon als auch ein Gefühl dafür, wie ich meinen Kuchen aß, meinen Kaffee trank und anschließend das Telefon klingelte.

Mit deutlich besserer Laune verließ ich die Autobahn, fuhr anschließend durch halb Leipzig zum Bäcker, holte mir den Kuchen und von dort ging es weiter ins Büro. Dort setzte ich mir einen Kaffee auf, den ich dann gemeinsam mit dem Kuchen genoss. Ganz im Ernst: Nachdem ich den letzten Bissen aufgegessen hatte, klingelte das Telefon. Es meldete sich mein Ansprechpartner und ich wusste, dass ich den Auftrag in der Tasche hatte. Er redete zwar noch eine Weile um den heißen Brei herum, um es spannend zu machen, doch für mich war das Thema längst entschieden. Und tatsächlich erhielt ich in diesem Gespräch den Auftrag und wir stimmten bereits die nächsten Termine ab.

Vielleicht denkst du jetzt, dass dies ein Zufall war. Das glaube ich nicht. Für mich gibt es keinen Zufall, es gibt aber das eherne Gesetz von Ursache und Wirkung, auf das ich im Lauf des Buches noch tiefer eingehen werde.

Übrigens schrieb ich in meiner Euphorie nach dem Telefonat die Geschäftsführerin, der ich am Vormittag das Coaching gegeben hatte, mit einer E-Mail an; ich hatte während des Coachings beiläufig erwähnt, dass noch ein wichtiger Anruf ausstand – hier der Original-Wortlaut:

„Liebe Frau X.,

erst unser starkes Coaching und dann der Kunden-Anruf: Der Auftrag ist in trockenen Tüchern – ich bin die Nr. 1 :-) – und zwar auf eine unglaubliche Art und Weise (Details dazu spätestens beim nächsten Coaching).

Jetzt gehe ich erstmal ein Sektchen trinken...

Herzliche Grüße
Stefan Küthe"

> *Vorstellungskraft ist wichtiger als Wissen,*
> *denn Wissen ist begrenzt.*
>
> Albert Einstein, deutscher Physiker

Olympia-Siegerin Heike Henkel beschreibt in ihrem Buch *Entfessle dich*, wie sie als Hochspringerin in ihrem Geist immer wieder eine bestimmte Höhe überwand: „Du bahnst mental der körperlichen Bewegung den richtigen Weg, du programmierst sie, bevor du sie ausführst." Genauso kannst du dir mit deinen Visualisierungen immer wieder jedes gewünschte Ziel vorstellen. Doch Vorsicht: Mentales Training ist ein äußerst kraftvolles Werkzeug und will wie jede Disziplin geübt sein. Besuche entsprechende Seminare oder gönn dir einen Coach, bevor du dein eigenes Training beginnst.

Übrigens: Erinnerst du dich an den letzten Arbeitstag vor deinem Urlaub? Ist es nicht verblüffend, zu welchen überragenden Leistungen du fähig bist, wenn der Urlaub unmittelbar vor der Tür steht? Schon morgens beim Zähneputzen spielst du gedanklich den Tag und die anstehenden Aufgaben durch und spätestens beim Duschen steht dein Fahrplan fest. Danach setzt du ihn eins zu eins praktisch in die Tat um und stellst am Abend freudig erstaunt fest, dass bis auf ein paar Details alles zuverlässig wie ein Schweizer Uhrwerk funktioniert hat. Es stellt sich nur die Frage: Wieso gehen die meisten Menschen immer nur am letzten Tag vor ihrem Urlaub auf diese Weise vor? Stell dir mal vor, du würdest das tagtäglich machen …

Sei geistesgegenwärtig, achtsam und hellwach

Der Weg, den du einschlägst, hängt in erster
Linie davon ab, wohin du gehen willst.

Lewis Carroll, englischer Schriftsteller

Sei permanent hellwach und aufmerksam – das ist einer der wesentlichen Schlüssel zu deinem Erfolg. Was heißt das konkret für deinen Alltag?

Sei geistesgegenwärtig, nimm all das, was du jetzt gerade erlebst, bewusst wahr. Sei dir im Klaren darüber, was du erreichen möchtest, und fokussiere deine Aufmerksamkeit auf eben diese Ziele. Ein genial einfaches Zielmodell ist schnell erklärt:

- Stell dir die Jetztzeit als Punkt A vor, dein Ziel als Punkt B und verbinde beide.
- Diese Gerade ist dein Weg zu deinem Ziel – *der Weg ist das Ziel*, geh ihn achtsam und genieße die Reise!
- Frag dich: Was ist jetzt konkret zu tun, um von A nach B zu gelangen? Wovon mache ich ab sofort mehr und wovon weniger? Womit fange ich ab sofort an und was lasse ich ab sofort bleiben? (Eine Not-to-do-Liste ist vielfach erfolgversprechender als eine To-do-Liste.)
- Sei nicht überrascht und bleib gerade auch dann am Ball, wenn der Weg im echten Leben nicht gerade, sondern auch über Umwege verläuft – das ist der Normalfall. Reflektiere, was vielleicht schiefgelaufen ist und wie du es beim nächsten Anlauf hinbekommst!
- Eine meiner wichtigsten Erkenntnisse in diesem Zusammenhang: Du wirst nicht fürs Anfangen, sondern fürs Beenden bezahlt!

Der intuitive Geist ist ein heiliges Geschenk und der rationale
Geist ein treuer Diener. Wir haben eine Gesellschaft erschaffen,
die den Diener ehrt und das Geschenk vergessen hat.

Albert Einstein, deutscher Physiker

Weißt du eigentlich, was du in deinem Leben erreichen willst?

Wenn du achtsam auf deine innere Stimme hörst, dann folgst du nicht mehr deinem Verstand, sondern deiner Intuition – und du darfst sicher sein, dass deine Intuition auch dafür geschaffen wurde, um die großen Fragen deines Lebens zu beantworten. Deinen Verstand kannst du dann dafür einsetzen, die intuitiv als richtig erkannten Ziele und deine Bestimmung folgerichtig und konsequent in die Tat umzusetzen. Und mach dann anschließend das, was genau in diesem Moment zu tun ist.

In allen Bereichen gibt es Unternehmen, die sich auf ihren Lorbeeren ausruhen und dann ums Überleben kämpfen müssen, weil sie den Anschluss an ihre agilen Wettbewerber verloren haben. Und es gibt Unternehmen, die mit leichter Hand auch in schwierigen Zeiten gegen die Marktentwicklung wachsen, weil sie einfach das tun, was sie lieben. Es gibt Anwälte, die sich mangels Talents mit Abmahnungen von unbedarften Internetanbietern durchs Leben schlagen. Und es gibt Juristen wie meine Frau, die aus Freude an ihrem Hobby ein Stoffgeschäft eröffnen und es zu einem großen Erfolg führen.

Wenn du dich ablenken lässt und unaufmerksam bist, dann gehörst du nur zum Mittelmaß. Je achtsamer und bewusster du durchs Leben gehst, desto exakter kannst du es nach deinen Vorstellungen gestalten, umso eher machst du aus deinem Leben dein persönliches Meisterwerk.

> *Der Langsamste, der sein Ziel nicht aus den Augen verliert, geht noch immer geschwinder, als jener, der ohne Ziel umherirrt.*
>
> *Gotthold Ephraim Lessing, deutscher Dichter*

Wenn du keine glasklaren und konkreten Ziele hast, kannst du logischerweise nicht erfolgreich sein, weil du ziellos deinen Erfolg nicht messen kannst. Dich bewusst für deine Ziele zu entscheiden und sie proaktiv anzugehen hingegen heißt, eine echte Chance auf das Erreichen deiner Ziele zu haben. Viele suhlen sich in Selbstmitleid und müssen jeden Cent zweimal umdrehen, während scheinbar nur wenige das Glück gepachtet haben und aus ihrem Leben ihr persönliches Meisterstück gestalten – die ein Leben führen, das sie wirklich gern leben möchten.

Zufall? Nein, natürlich auch hier nicht! Den wenigsten ist wirklich bewusst, welche überragende Rolle glasklare und konkrete Ziele für ihren individuellen Lebenserfolg spielen. Selbst diejenigen, die diese Zusammenhänge kennen, bringen nur gelegentlich ihre *PS auf die Straße*. Obwohl sie begreifen, dass sie mit einem durch schriftlich fixierte Ziele verursachten Tunnelblick deutlich fokussierter und schneller ihre Ziele erfolgreich erreichen, leben sie ins Blaue und in den Tag hinein und lassen sich von unwesentlichen Aufgaben die Zeit stehlen. Wer's mag, bitte schön – aber anschließend nicht wieder klagen und jammern, dass es vorn und hinten fehlt. Einmal totgeschlagene Zeit kehrt nie wieder zurück. Du wirst feststellen, dass du bei fix terminierten Zielen deine Zeit viel effektiver und intelligenter einsetzt!

Wenn du deine Ziele aufschreibst, eine Strategie und Einzelmaßnahmen daraus ableitest und diese dann fokussiert in die Tat umsetzt, gehörst du zwar einer Minderheit an – aber immerhin ist es die Minderheit der Super-Erfolgreichen.

Ganz konkret: Selbst wenn deine Familie und deine Freunde wegen deiner großen Ziele hinter vorgehaltener Hand munkeln, dass du den Verstand verloren hast:

- Setze, ohne mit der Wimper zu zucken, deine Vorstellung deiner Zukunft in die Tat um, und nimm dabei gelassen in Kauf, dass du nicht mehr zur Masse, sondern zur Crème de la Crème der Leistungsträger gehörst!

Plane schriftlich, das ist die Basis deiner Zielerreichung

> *Nur Ziele, die wir schriftlich festhalten, sind echte*
> *Ziele. Alle anderen sind reine Phantasie.*
>
> Brian Tracy, US-amerikanischer Autor und Erfolgstrainer

Erinnerst du dich? Es bleibt, der schreibt! Eine vorzügliche Methode, deine Gedanken zu materialisieren, ist das *Denken auf Papier*: Halte deine Ziele schriftlich fest! Das motiviert dich, deine Ziele nicht nur zu setzen, sondern auch praktisch in die Tat umzusetzen. So behältst du den Gesamtüberblick über deine Aufgaben, du entlastest dein Gedächtnis und kommst inspiriert und fokussiert ins Tun.

Nutze dabei auch folgende Fragen, die ich auf einem Brian-Tracy-Seminar kennengelernt habe. Diese Fragen sind äußerst hilfreiche und wirksame Instrumente zur Ermittlung zielführender Maßnahmen und eines entsprechenden Umsetzungsplans:

1. Was mache ich ab heute weniger? (Erinnerst du dich an die Not-to-do-Liste?)
2. Was mache ich ab heute mehr?
3. Womit höre ich ab heute auf? (Auch hier gilt wieder: Lass das ganze alte Gerümpel los, das dich vom Abheben abhält!)
4. Womit fange ich ab heute an?

Ein einfaches Arbeitsblatt zu den Zielfragen findest du unter ...

Achte jetzt gut darauf, deinem schriftlichen Plan Taten folgen zu lassen – du weißt sicherlich: Papier ist geduldig! Dein Ziel-Masterplan ist immer nur ein starker Beginn – praktisch bist du ungeachtet dessen damit deinem Ziel noch keinen Schritt nähergekommen. Der entscheidende Unterschied zwischen einem Wunschtraum und deinem verwirklichten Ziel ist die Tat. Komm so schnell wie möglich ins Umsetzen, das ist deine beste Option, dein Ziel zu erreichen.

> *Ziele zu setzen ist der erste Schritt, um das Unsichtbare in das Sichtbare zu verwandeln.*
>
> Tony Robbins, US-amerikanischer Motivationstrainer

Übrigens hat ein Plan auch Nachteile: Er kostet dich insbesondere Zeit und Arbeit. Auf der anderen Seite überwiegen fast immer die Vorteile – du wirst sie erkennen, sobald du den Plan in die Tat umsetzt:

1. Er systematisiert deine Gedanken,
2. du kannst leichter entscheiden und
3. sein roter Faden hält dich auf Zielkurs.

Lass deinen Plan keine Bleiwüste sein, sondern erstell beispielsweise eine Mindmap, die aufgrund der Bild-/Text-Kombination schneller zu erfassen ist als reine Texte. Dieses gehirngerechte Abbilden von Ideen aktiviert sowohl deine rechte als auch deine linke Gehirnhälfte, sodass du kreativ und zugleich ordnend Projekte entwerfen kannst.

> *In dem „Ich will!" liegt eine mächtige Zauberkraft, wenn es ernst damit ist und Tatkraft dahinter steht! Freilich darf man Hindernisse und Umwege nicht scheuen und darf in keinem Augenblick sein Ziel aus dem Auge lassen!*
>
> Werner von Siemens, deutscher Erfinder und Unternehmer

Ein weithin bekannter Trugschluss besagt, man müsse nur lang genug positiv denken, dann käme einem das Ziel wie eine gebratene Taube schon irgendwie zugeflogen. Häufig denken das die Leser von Rhonda Byrnes empfehlenswertem Buch *The Secret*, allerdings haben sie es dann meistens nur überflogen.

- Richtig ist: Die A-Seite auf dem Weg zum Erfolg lautet *Friede, Freude, Eierkuchen*.
- Die B-Seite wird dabei fatalerweise gerne vergessen, sie heißt *Blut, Schweiß und Tränen*.

Ich kenne keinen Super-Erfolgreichen, der es schlendernd auf den Olymp geschafft hat, im Gegenteil: Jeder dieser Spitzenleute hat dafür einen Preis bezahlt, meist in Form von überdurchschnittlichem Einsatz.

Hoffentlich ist dir jetzt klar: Die Zielplanung ist immer nur der erste Schritt, entscheidender ist, dass du dich jetzt auf den Weg machst und endlich ins Handeln kommst!

Frisch gewagt ist halb gewonnen

> *In einem Jahr wirst du dir wünschen, du hättest heute angefangen.*
>
> Karen Lamb, US-amerikanische Autorin

Du willst also gewinnen? Dann fang an mit dem Beginnen! Es ist allemal besser, ein Projekt fehlerhaft zu beginnen, als es perfekt zu verzögern:

1. Leg sofort los: Auch der längste Weg beginnt mit dem ersten Schritt!
2. Denk an die 72-Stunden-Regel: Fang in den ersten drei Tagen nach deiner Zielfestlegung damit an, diesen konkreten Schritt in Richtung Ziel zu tun!
3. Merk dir: Je eher du damit beginnst und je intensiver du dich auf dein Ziel konzentrierst, desto schneller wirst du dort ankommen!

> *Der eine wartet, dass die Zeit sich wandelt,*
> *der andere packt sie an und handelt.*
>
> Dante Alighieri, italienischer Dichter und Philosoph

Führe dir immer und immer wieder vor Augen: Wenn du dich innerhalb der ersten drei Tagen nicht aufraffen kannst und in die Gänge kommst, wird es immer unwahrscheinlicher, dass du dein gesetztes Ziel überhaupt angehen wirst. Aufgrund der Daten- und Informationsflut sowie des rast- und ruhelosen Alltags verlierst du dann dein Ziel schnell aus den Augen, wenn du dir nicht selbst zügig den Startschuss gibst.

> *Einen Vorsprung im Leben hat, wer da anpackt,*
> *wo die anderen erst einmal reden.*
>
> John F. Kennedy, 35. Präsident der USA

Wenn du weißt, wie etwas geht, dann ist das gut. Nur reicht Wissen allein nicht aus, um erfolgreich in Beruf und Privatleben deinen Weg zu gehen. Wenn du deine Träume verwirklichen willst, pack Glück und Erfolg selbst aktiv an:

- Sei also handlungsorientiert und setz dich mit ganzer eigener Kraft für das Erreichen deiner Ziele ein!
- Plane also nicht nur, deine Mitarbeiter oder Freelancer zu loben, tu es!
- Wenn du vorhast, deinem Partner mal wieder eine kleine Aufmerksamkeit mitzubringen: Besorg Blumen oder Eintrittskarten fürs Kino spätestens heute auf dem Weg nach Hause!

Alles entscheidend für deinen beruflichen und privaten Erfolg ist das zielbewusste Handeln!

> *Ist man in kleinen Dingen nicht geduldig, bringt*
> *man die großen Vorhaben zum Scheitern.*
>
> Konfuzius, chinesischer Philosoph

Willst du allerdings mit dem Kopf durch die Wand, dann entfernst du dich von deinem Ziel. Du erreichst es im Gegensatz dazu sicher mit der *Salamitechnik*:

1. Teile dein Ziel in einzelne Schritte (Meilensteine) auf und nähere dich ihm ruhig und geduldig Schritt für Schritt, so wie du eine Salami auch nur Scheibe für Scheibe isst! Ein weiteres Beispiel liefert dir dieses Buch: Ich habe das gesamte Buch in Kapitel aufgeteilt und anschließend eins nach dem anderen geschrieben. Und weil es sich um lange Kapitel handelt, habe ich sie in einzelne Abschnitte unterteilt: Das ist das ganze Geheimnis!
2. Betrachte jeden einzelnen Schritt als Weg zum Ziel, da am Ende die Summe aller Schritte das Ziel ergibt! Das lässt dich geduldig jeden einzelnen Schritt gehen.

Wie du deine Ziele sicher erreichst

> *Unsere größte Schwäche liegt im Aufgeben. Der sichere Weg*
> *zum Erfolg ist immer, es doch noch einmal zu versuchen.*
>
> Thomas Alva Edison, US-amerikanischer Erfinder und Unternehmer

Eine wesentliche Eigenschaft für überragenden Erfolg ist dein Durchhaltevermögen:

• Bring deine Aufgaben und Vorsätze zu einem guten Ende, auch wenn es kurz vor dem Ziel anstrengend wird!

Torpedieren beispielsweise Hindernisse kurz vor der Einführung deines Online-Produkts oder droht dein Neujahrsvorsatz-Lauftraining bereits im Januar wieder einzuschlafen, mach dir bitte Folgendes klar:

- Erklimmst du die letzten Stufen auf dem Weg zu deinem Ziel nicht, hat dies gravierende negative Auswirkungen auf deine Selbstachtung.
- Wenn du deine – meist inneren – Widerstände aus dem Weg räumst und durchhältst, wirkt dies zutiefst motivierend. Du stärkst dein Selbstvertrauen und erhältst Schubkraft für deine nächsten Projekte.

Das echte Leben beweist jeden Tag aufs Neue: Meistens sind es nicht die begabtesten Talente, die Spitzenerfolge feiern, sondern die hartnäckigsten Menschen, die ihre Ziele erreichen!

Ausdauer wird früher oder später belohnt – meistens aber später.

Wilhelm Busch, deutscher Dichter und Zeichner

Wenn du dich auf den Weg zu deinem Ziel gemacht hast, können dir unvorhergesehene Probleme in die Parade fahren, weil du vielleicht den geplanten Ablauf zu sehr durch die rosarote Brille gesehen hast. Setz dich dann hin und mach dir klar, woran es liegt. Schreib auf, *warum* du dein Ziel trotzdem erreichen wirst. Wenn dir klar ist, *warum* du dein Ziel erreichen möchtest, ergibt sich das *Wie* fast von selbst:

- Beiß die Zähne zusammen und halt durch!

Beherzt ist nicht, wer keine Angst kennt, beherzt ist, wer die Angst kennt und sie überwindet.

Khalil Gibran, libanesisch-US-amerikanischer Philosoph und Dichter

Wie du bereits weißt, ist Angst das unbestimmte und beklemmende Gefühl, bedroht zu sein. Es gibt sogar Leute, die Angst vor der eigenen Courage haben. Sie geraten kurz vor der Zielerreichung ins Straucheln und werden daher häufig nur Zweite oder werden kurz vor entscheidenden Terminen krank, weil das Erreichen eines großen Ziels immer auch noch nicht kalkulierte Veränderungen mit sich bringt. Dieses Phänomen wird auch *Angst vor dem Erfolg* genannt. Achte also darauf, diese Erfolgsbremsen schon im Vorfeld zu lösen – es handelt sich natürlich wieder um erfolgsverhindernde Glaubenssätze, die es aufzulösen gilt.

> *Nicht der Beginn wird belohnt, sondern*
> *einzig und allein das Durchhalten.*
>
> Katharina von Siena, italienische Mystikerin und Kirchenlehrerin

Schreib dir das deshalb in großen Lettern an deine Wand:

- Ich werde nicht fürs Anfangen, sondern fürs Beenden bezahlt!
- Ich raffe mich auf und überwinde meinen Schweinehund!
- Ich habe den Mut zum Erfolg und geh auch den letzten Schritt auf meinem Weg zum Ziel!

Feiere jeden einzelnen Erfolg, das motiviert dich zu neuen Taten. Erstell zum Beispiel eine Liste mit Anreizen, die du dir bei Erreichen deiner Ziele gönnst: z. B. ein gutes Buch für kleine Erfolge und zwei Wochen Mexiko für große.

Und wenn du auf Nummer sicher gehen willst, um deine Ziele verbindlich zu erreichen, dann schließ einen *Vertrag mit dir selbst* ab:

Eine Vertrags-Vorlage erhältst du unter ...

Und jetzt komm ins Handeln:

- ✓ Setz dir große und glasklare Ziele!
- ✓ Überlass die großen Fragen deines Lebens deiner Intuition und setz anschließend deinen Verstand dafür ein, die intuitiv als richtig erkannten Ziele folgerichtig und konsequent in die Tat umzusetzen!
- ✓ Plane deine Ziele schriftlich: Wer schreibt, der bleibt!
- ✓ Nutze für die Umsetzung deiner Ziele die Königsdisziplin des Zeitmanagements – das *Prioritätensetzen*!

  1. Formuliere SMARTe Ziele!
  2. Trenne das Wichtige vom Unwichtigen!
  3. Trenne das Wichtige vom Dringenden!

- ✓ Visualisiere jeden Tag deine Ziele, das heißt, führe sie dir bildhaft vor Augen!
- ✓ Bau dir dafür eine Jahres-Zielcollage (für deine kurzfristigen Ziele) und eine Sieben-Jahre-Zielcollage (für deine langfristigen Ziele)!
- ✓ Erstell dir ein inspirierendes und motivierendes Zielvideo!
- ✓ Setze tagtäglich ganz gezielt dein *Kopfkino* (Mentaltraining) ein, weil deine mental erzeugten Bilder vom Gehirn als real wahrgenommen werden!
- ✓ Sei permanent hellwach und achtsam – das ist einer der wesentlichen Schlüssel zu deinem Erfolg!
- ✓ Nutze für das Umsetzen deiner Ziele die Salamitechnik und die Zielfragen:

  - Salamitechnik: Teile dein Ziel in einzelne Schritte (Meilensteine) auf und nähere dich ihm ruhig und geduldig Schritt für Schritt!
  - Zielfragen: Wovon mache ich weniger, wovon mehr, womit höre ich auf und womit fange ich an?

- ✓ Fang endlich an: Es ist besser, ein Projekt fehlerhaft zu beginnen, als es perfekt zu verzögern!
- ✓ Fang nicht nur etwas an, sondern bring es auch zu einem guten Ende!
- ✓ Wenn du von deinem Ziel überzeugt bist: Beiß die Zähne zusammen und halte durch!
- ✓ Geh auf Nummer sicher und schließe einen Vertrag mit dir selbst ab!

4.4 Einfach genial - wie du intelligente Entscheidungen triffst

Nicht weil es schwer ist, wagen wir es nicht, sondern weil wir es nicht wagen, ist es schwer.

Seneca, römischer Philosoph

Gib alles dafür, nicht zu den vielen Menschen zu zählen, die sich vor wichtigen Entscheidungen drücken. Sie lassen lieber alles beim Alten und versteigen sich in den Irrglauben, dass keine Entscheidung auch eine gute Entscheidung wäre. Doch das ist ein weitverbreitetes Missverständnis: Nicht zu entscheiden ist zwar auch eine Entscheidung, allerdings in der Mehrzahl der Fälle eine schlechte.

- Merk dir: Wenn du nicht entscheidest, entscheiden meistens andere für dich!

Zaghafte und zaudernde Leute führen häufig im Wortsinn ein jämmerliches Dasein und schleppen sich von Tag zu Tag dahin: Sie stehen am Bahnsteig, sehen den Zug einfahren, dann wieder abfahren und beklagen sich anschließend, nicht eingestiegen zu sein. Das ist eine sichere Methode, zu verkümmern, sich zurückzuentwickeln, starrsinnig zu werden und bedeutet schlussendlich Stagnation und Rückschritt. Diese vage Angst vor der falschen Entscheidung lässt viele Menschen passiv in Lethargie verharren: Das ist ein gefährliches Terrain, dort gelangt man ins Abseits!

Wähle den vielversprechenderen Weg: Leg dich mit einer bewussten Entscheidung für einen bestimmten Weg fest und entscheide dich damit auch eindeutig gegen die entsprechende Alternative. Die Frage, welchen Verlauf dein Leben genommen hätte, wenn du eine andere Entscheidung getroffen hättest, kannst du getrost in die Pfeife rauchen: Hätte, hätte, Fahrradkette! Wenn du feststellst, dass etwas in die falsche Richtung geht, entscheide neu!

Stell dir vor, du hast mit Max und Alexander zwei mögliche Verantwortliche für das neue interne Projekt, um euer Geschäftsmodell zu skalieren. Du setzt Alexander ein – allerdings mit dem Ergebnis, dass bis Jahresende das Projekt ohne greifbares Ergebnis 20k gekostet hat. Falsche Entscheidung? Schwer zu sagen, weil es nie sichere Entscheidungen gibt. Vielleicht hätte Max bei gleichem überschaubarem Ergebnis 30k investiert. Und die Wahrscheinlichkeit ist hoch, dass du ohne die grundsätzliche Entscheidung für das Projekt sogar noch schlechter daständest, weil du und dein Team eine große Wachstumschance verpassen würdet! Gerade deswegen sind sogar drittklassige Entscheidungen besser als keine!

Auf der einen Seite ist es verständlich, dass sich Menschen schützen wollen und deswegen keine oder nur ungern Risiken eingehen. Andererseits schützen sie damit nur ihr *kleines* Leben, in dem sie sich auskennen und dessen weiteren Verlauf sie in etwa vorauszusehen glauben: Das ist nicht besonders weitsichtig. Mehr noch zeugt dieses ängstliche Verhalten von geringem Selbstvertrauen und fehlendem Mut.

Gewinnertypen ...

1. verfolgen konkrete Ziele und agieren risikofreudig,
2. treffen schnell klare und mutige Entscheidungen und
3. tragen anschließend auch die Konsequenzen!

Stellt sich eine deiner Entscheidungen als ungünstig heraus, kannst du immer noch korrigierend nachsteuern. Wenn es dir schwerfällt, dich zu entscheiden, dann frag dich, was du tun würdest, wenn du nur noch wenig Zeit zu leben hättest: Das schärft deinen Blick für das Wesentliche!

> *Sobald ihr handeln wollt, müßt ihr die*
> *Tür zum Zweifel verschließen.*
>
> Friedrich Nietzsche, deutscher Philologe und Philosoph

Wie viel Zeit ist schon vertrödelt worden, weil sich viele Menschen mit Entscheidungen schwertun:

- Wer lange eine Entscheidung bedenkt, ist in Wahrheit ein Bedenkenträger!
- Mach du es dir zur Aufgabe, lieber die Verantwortung zu tragen als Bedenken:
- Dich schnell für oder gegen etwas zu entscheiden ist deine Eintrittskarte in den Club der *Super-Erfolgreichen!*

> *Ihre Zeit ist begrenzt, also verschwenden Sie sie nicht damit,*
> *das Leben eines anderen zu leben. Lassen Sie sich nicht*
> *von Dogmen in die Falle locken. Lassen Sie nicht zu, dass*
> *die Meinungen anderer Ihre innere Stimme ersticken. Am*
> *wichtigsten ist es, dass Sie den Mut haben, Ihrem Herzen und*
> *Ihrer Intuition zu folgen. Alles andere ist nebensächlich.*
>
> Steve Jobs, US-amerikanischer Unternehmer

Es gibt zwei Formen der Entscheidungsfindung: Du kannst große Entscheidungen sowohl intuitiv aus dem Bauch heraus treffen oder bewusst mit deinem Verstand abwägen. Ideal ist es, wenn du für einen Entschluss sowohl dein Bauchgefühl als auch deinen Intellekt einsetzt. Da dein Unterbewusstsein bedeutend leistungsfähiger ist als dein bewusster Verstand, ist es ...

1. ganzheitlicher,
2. ökonomischer und
3. schneller,

dich gerade bei großen Themen wie Partner- oder Mitarbeiterwahl intuitiv zu entscheiden – nachdem du dich zuvor bewusst mit der anstehenden Entscheidung beschäftigt hast, um dein Unterbewusstsein zu aktivieren. Die meisten Entscheidungen triffst du in Standardsituationen ohnehin unbewusst, wenn du zum Beispiel in dein Auto steigst, ohne darüber nachzudenken, wann genau du vom zweiten in den dritten Gang schaltest. Diese Entscheidung nimmt dir dein Autopilot in deinem Kopf ab – also die in deinem Gehirn gespeicherten Gewohnheiten.

In deinem Unterbewusstsein sind alle Erfahrungen gespeichert, die du im Lauf deines Lebens gemacht hast, jedoch nicht von A bis Z bewusst abrufen kannst. Allerdings strukturiert, filtert und bewertet das Unterbewusste auf Grundlage dieses Erfahrungsschatzes in rasender Geschwindigkeit die aktuelle Situation. Meist kommt es dann bedeutend schneller zu einem Ergebnis als der Intellekt und sendet die Lösung an dein Bewusstsein, also an deinen wachbewussten Verstand. Dieses Resultat der internen Datenverarbeitung nimmst du als Bauchgefühl, innere Stimme oder innere Bilder wahr. Je mehr du loslässt und je entspannter dein Zustand, desto kreativer ist diese Gehirntätigkeit im Hinterkopf. Sei offen für eine intuitive Lösung: Nicht etwa, indem du dich auf ein bestimmtes Problem konzentrierst und dir den Kopf zerbrichst, sondern während du beispielsweise duschst oder durch den Wald gehst beziehungsweise läufst, kommen dir die besten Ideen für eine gute Entscheidung.

> *Wer sich entschieden hat, etwas zu tun, und an nichts anderes denkt, überwindet alle Hindernisse.*
>
> Giacomo Girolamo Casanova, italienischer Schriftsteller

Es gibt eine einfache und effektive Methode, deine Fähigkeit, gute Entscheidungen zu treffen, zu verbessern:

- Trainiere so oft wie möglich deinen *Entscheidungsmuskel*, also dich schnell und gern zu entscheiden!

Dazu kannst du jede Alltagssituation nutzen, zum Beispiel im Restaurant: Entscheide dich spätestens nach 30 Sekunden nach Erhalt der Karte, was du bestellen wirst. Oder erinnere dich an die Drei-Minuten-Regel:

- Entscheide dich, einen Rückruf sofort zu erledigen, falls er nicht länger als drei Minuten in Anspruch nimmt!
- Kostet er voraussichtlich mehr Zeit, entscheidest du dich sofort, ihn zu einem konkret festgelegten Termin zu erledigen!
- Und wenn der Anruf unwichtig ist, entscheidest du dich, nicht zurückzurufen!

Je mehr Entscheidungen du triffst, desto mehr Erfahrungen sammelst du; je mehr Erfahrung du hast, umso bessere Entscheidungen triffst du.

Es ist fast immer eine ausgezeichnete Angewohnheit, die Anliegen anderer so schnell wie möglich zu entscheiden: Dein Kunde hat eine Frage zum neuen Angebot oder ein alter Schulfreund ist in der Stadt und möchte dich treffen? Kläre diese Themen sofort oder leg dir einen konkreten Termin dafür fest. Jede nicht getroffene Entscheidung kostet Kraft und lässt dich und deine Arbeit erlahmen.

Wie du dich schnell besonders in schwierigen Situationen entscheiden kannst

Wie kannst du dich schnell in schwierigen Situationen entscheiden?

In diesen Fällen halte ich mich an ein starkes Lebensmotto, das dem US-amerikanischen Theologen und Philosophen Reinhold Niebuhr zugerechnet wird:

Gott, gib mir die Gelassenheit, Dinge hinzunehmen, die ich nicht ändern kann, den Mut, Dinge zu ändern, die ich ändern kann, und die Weisheit, das eine vom anderen zu unterscheiden.

Die US-Amerikaner haben es in ihrer pragmatischen Art wie folgt auf den Punkt gebracht:

Love it, change it or leave it! lautet ihr Motto, wenn es darum geht, eine Entscheidung zu treffen.

1. *Love it* – liebe es: Weil du in aller Regel mehr Zeit im Büro als zu Hause verbringst, entspricht deine berufliche Aufgabe idealerweise deinen Stärken und deiner Passion, die du voll und ganz in deine Tätigkeit einbringst, die dich glücklich macht und die dich erfüllt.
2. *Change it* – ändere es: Wenn du mit deiner Aufgabe nicht mehr richtig zufrieden bist, frag dich, wie du deine Situation ändern kannst:

   - Es gibt auch Aufgaben, die du nicht magst. Kannst du sie trotzdem lieben, wenn du dich und deine Aufgabe jeden Tag ein wenig weiterentwickelst?
   - Kannst du deinen Widerwillen zum *wieder wollen* wandeln?
   - Was liebst du wirklich?
   - Was kannst du an der Aufgabe verändern?
   - Wie steht womöglich dein Chef dazu (falls du einen hast)? Was würdest du tun, wenn du wüsstest, dass du morgen sterben würdest?

3. *Leave it* – verlasse es: Wenn nichts mehr geht, wenn du die Arbeit nur noch machst, weil du ja irgendwie Geld verdienen musst, bist du deutlich weniger effektiv und deine Leistung sinkt dramatisch. Wenn du deine Arbeit nicht mehr liebst, dann mach besser etwas anderes und finde eine Aufgabe, die du mit Lust und Liebe angehen willst und die dir neuen Schwung verleiht!

Und jetzt komm ins Handeln:

- ✓ Merk dir: Wenn du nicht entscheidest, entscheiden meistens andere für dich!
- ✓ Sei offen für intuitive Lösungen!
- ✓ Verfolge konkrete Ziele und agiere risikofreudig, triff schnell klare und mutige Entscheidungen und trage anschließend auch die Konsequenzen!
- ✓ Leg dich mit einer bewussten Entscheidung für einen bestimmten Weg fest und entscheide dich damit auch eindeutig gegen die entsprechende Alternative!
- ✓ Wenn du feststellst, dass etwas in die falsche Richtung geht, entscheide neu!
- ✓ Trag lieber Verantwortung als Bedenken!
- ✓ Trainiere so oft wie möglich deinen *Entscheidungsmuskel*!
- ✓ Liebe es, verändere es oder verlasse es!

4.5 Macher-Modus - wie du schnell ins Handeln kommst!

Die Kunst des effektiven Handelns

> *Ich habe fleißig sein müssen; wer ebenso fleißig ist,*
> *der wird es ebenso weit bringen können.*
>
> Johann Sebastian Bach, deutscher Komponist

Johann Sebastian Bach wurde 1685 als jüngstes von acht Kindern in eine Musikerfamilie hineingeboren. Schon als kleines Kind wird ihm durch den Cousin seines Vaters und seinen Vater Kirchen- und Orgelmusik und das Violinspiel vermittelt. Da in Fachkreisen davon ausgegangen wird, dass nur ein Bruchteil seiner Kompositionen erhalten geblieben ist, wird aktuell geschätzt, dass Bach über 11.000 Musikstücke komponiert hat. Damit gilt er als einer der bekanntesten und bedeutendsten Musiker überhaupt, gerade Berufsmusiker sehen in ihm den größten Komponisten der Musikgeschichte.

Wenn du auf deinem Gebiet ähnlich herausragend erfolgreich sein willst wie Bach in der Musik, wirst du fleißig sein müssen, denn wenn du ebenso fleißig bist, wirst du es ebenso weit bringen. Und wenn du für dein Unternehmen Verantwortung trägst, sei es als Projektverantwortlicher, Teamleiter oder als Start-up-Gründer, dann rede und plane nicht zu viel, sondern komm ins Handeln!

- Führe dir vor Augen: *Macht* kommt von *machen* und über echte Macht verfügen nur Entscheidungsträger – sag du, was zu tun ist, wo es lang geht und dann mach was draus!

> *Grau, teurer Freund, ist alle Theorie,*
> *Und grün des Lebens goldner Baum.*
>
> Johann Wolfgang von Goethe, deutscher Dichter und Universalgenie

Als ich noch Angestellter war, musste ich an den berüchtigten Montagmorgen-Besprechungen meines Arbeitgebers teilnehmen – von 8.30 bis rund 12 Uhr. Teilnehmer kamen aus allen Unternehmensabteilungen und viele wollten erst einmal reden und endlose Diskussionen führen. Ich erinnere mich gut daran, dass ich mich gegen Ende dieser Besprechungen völlig erschöpft und mit brummendem Schädel in die Kantine schleppte, um meine Arbeitsfähigkeit wiederherzustellen.

Das ist wichtig: Dieses nicht enden wollende Reden bringt dich und dein Unternehmen nicht weiter, wenn du und deine Mitarbeiter nicht bereit zum Handeln seid und aktiv etwas für eure Ziele tut. Ihr seid euren Wettbewerbern um ein Vielfaches voraus, wenn ihr da schon handelt, wo andere noch diskutieren.

Ist dir eigentlich der Unterschied zwischen Wissen und Weisheit klar?

- Der Wissende weiß, dass er weiß.
- Der Weise *tut*, was er weiß: Qualität kommt nicht von Qual, aber Handeln kommt von Hand – und nicht von Maul.

Nur theoretisch stark zu sein hilft dir wenig, du führst dann ein Leben als der bereits erwähnte Erfolgstheoretiker.

- Merk dir: Wirklich gelernt hast du nicht das, was du weißt, sondern nur das, was du auch tust!
- Wissen aus Seminaren, Vorträgen und Büchern anzuhäufen ist immer nur der erste Schritt. Es geht dann insbesondere darum, dass du dieses wertvolle Wissen auch praktisch anwendest!

Wann immer du wissen willst, ob etwas funktioniert oder nicht:

- Probiere es aus, werde aktiv! Der beste Zeitpunkt dafür ist heute.
- Was immer du erfahren und erreichen möchtest: Pack es heute, pack es jetzt an!

> *Wir leben in einem Zeitalter der Überarbeitung und der Unterbildung, in einem Zeitalter, in dem die Menschen so fleißig sind, dass sie verdummen.*
>
> Oscar Wilde, irischer Schriftsteller

Achte allerdings darauf, dass du dich nicht übernimmst. Es gab Berichte zum Beispiel aus dem Silicon Valley, nach denen junge Gründer auch ihre Nächte im Büro verbracht haben, um ihre Unternehmen so schnell wie möglich marktfähig zu machen. Irgendwann ist jedoch das Arbeitspensum zu hoch und neben den vielen Überstunden droht auch eine totale Verzettelung. Denk ans Prioritätensetzen:

- Wenn du beispielsweise an einem Nachmittag fünf Aufgaben zu erledigen und nur noch Zeit für zwei hast, dann schließe die beiden wichtigsten ab und verzichte auf den Rest!
- Nimm dabei bewusst in Kauf, dass du für die noch nicht erledigten Aufgaben von Mitarbeitern aus anderen Bereichen und Kunden kritisiert werden kannst! *Du* weißt: Das Wichtigste ist getan!

Wie du besser mit Kritik umgehst

> *Der letzte Beweis von Größe liegt darin,*
> *Kritik ohne Groll zu ertragen.*
>
> Victor Hugo, französischer Schriftsteller und Politiker

Wenn du viel arbeitest, musst du auch mit Kritik rechnen. Damit kannst du gut leben, ohne den Kopf hängen lassen zu müssen. Dein souveräner Umgang mit Kritik, also selbst konstruktives Feedback zu geben und auch professionell Feedback zu nehmen, zählt idealerweise zu deinen markanten Eigenschaften als Entscheider und Macher.

Wenn du dich allerdings mit Zähnen und Klauen verteidigst, bietest du deinen Kritikern möglicherweise ungewollt eine neue Angriffsfläche:

1. Sei lieber offen und fasse die Kritik als Rückmeldung auf, die wertvolle Hinweise enthält, die dich weiterbringen und von denen du lernen kannst!
2. Mach dir auch klar, dass jede noch so sachliche Kritik etwas über die Persönlichkeit, Vorlieben und Wertvorstellungen des Kritikers aussagt (das ist die sogenannte *Selbstaussage*, die früher auch *Selbstkundgabe* oder *Selbstoffenbarung* genannt wurde). Teilst du seine Wertmaßstäbe? Wenn nicht, dann frag dich, ob dir sein Feedback wichtig ist oder ob du dich von seiner Kritik distanzierst.
3. Lass dich also von Kritik nicht ins Bockshorn jagen und bleib entschlossen und selbstbewusst am Ball, um deine Ideen erfolgreich umzusetzen: Du wirst sehen, dass deine Kritiker mit der Zeit Ruhe geben!

Vielfach werden Maßnahmen kritisiert, die der Kritiker gar nicht einschätzen kann. Je höher dein Selbstvertrauen ist, desto gelassener und konstruktiver gehst du mit der Bewertung anderer um. Du gibst bei deinen Themen den Ton an, am Ende zählt ohnehin nur, dass du dein Ziel erreichst. Wenn du kritisiert wirst, machst du irgendwas richtig – es wird nur derjenige angegriffen, der den Ball hat!

Sei fleißig – ohne Fleiß kein Preis!

> *Erfolg hat immer das gleiche Prinzip: Fleiß, Ausdauer,*
> *Begabung und Glück.*
>
> Heiner Lauterbach, deutscher Schauspieler

Der vielfach ausgezeichnete österreichische Dirigent Nikolaus Harnoncourt war felsenfest davon überzeugt, Wolfgang Amadeus Mozart sei ein Genie von einem anderen Stern mit göttlicher Begabung gewesen. Näher an der Wahrheit sind – bei allem gebührenden Respekt – diese Erkenntnisse über das *Wunderkind* Mozart:

Der kleine Wolfgang Amadeus wuchs in einem Haushalt auf, in dem das gesamte Leben von Musik bestimmt war. Der Vater war Kapellmeister, Musiklehrer und Autor für Musikpädagogik. Musizieren war bei den Mozarts an der Tagesordnung. Es ist bekannt, dass Kinder erstaunliche Ergebnisse erzielen, wenn sie bereits im frühen Alter intensiv üben und genau das galt auch für den kleinen Mozart. Und sein Vater war geschickt genug, die durch Talent und permanentes Üben entstandene Spitzenleistung seines Sohnes – und übrigens auch seiner musikalisch gleichermaßen außerordentlich begabten Tochter Nannerl – erfolgreich zu vermarkten.

> *Die Talente sind oft gar nicht so ungleich, im Fleiß*
> *und im Charakter liegen die Unterschiede.*
>
> Theodor Fontane, deutscher Schriftsteller und Journalist

Den eigenen Begabungen auf die Spur kommen und entwickeln, die eigenen Stärken stärken – das sind die tragenden Säulen deines beruflichen Erfolgs. Wenn du jetzt jedoch annimmst, du könntest deswegen zum Erfolg promenieren, wirst du eines Besseren belehrt werden:

- Alle außerordentlich Erfolgreichen gehen ihren Zielen unter Dampf stehend und mit viel Herzblut entgegen!

Seit Jahrzehnten heißen die beiden wichtigsten Erfolgsfaktoren für beruflichen Erfolg *Einsatz* und *Fleiß*. Gerade deswegen steht für erfolgreiche Unternehmer, Selbstständige und Führungskräfte besonders in den ersten Jahren das Berufsleben an erster Stelle. Übrigens: Je eher du in deiner Lieblingsbranche arbeitest, desto höher ist die Wahrscheinlichkeit für deinen überragenden Erfolg.

> *Ich habe dreißig Jahre gebraucht, um über*
> *Nacht berühmt zu werden.*
>
> Harry Belafonte, US-amerikanischer Sänger und Schauspieler

Herausragende Menschen wie eben Goethe, Einstein oder Bach – das zeigen gleich mehrere Untersuchungen – weisen bei näherer Betrachtung bemerkenswerte Gemeinsamkeiten auf: Ob Dichterfürst, Nobelpreisträger oder größter Komponist der Musikgeschichte – bei Überfliegern ist es weniger das Geniale als vielmehr Fleiß und Zielstrebigkeit, die sie Bestleistungen erreichen lassen.

> *Ich bin nicht gescheitert – ich habe 10.000 Wege*
> *entdeckt, die nicht funktioniert haben.*
>
> Thomas Alva Edison, US-amerikanischer Erfinder und Unternehmer

Mit seinem Bestseller *Überflieger* hat Malcom Gladwell die 10.000-Stunden-Regel populär gemacht. Sie basiert auf einer Studie von Anders Ericsson, nach der durchschnittlich rund 10.000 Stunden Übung nötig sind, um eine Begabung zu einer außergewöhnlichen Fähigkeit zu trainieren: Das ist die entscheidende Gemeinsamkeit herausragender Leistungsträger. Dabei spielt es keine Rolle, ob du Sportler, Musiker oder Unternehmer bist, da jedes Gehirn rund 10.000 Stunden braucht, um eine bestimmte Fähigkeit ins Langzeitgedächtnis zu übertragen. Diese 10.000 Stunden entsprechen in etwa zehn Jahren, bis ein Mensch durch ausdauerndes Training in seinem Fachgebiet Spitzenleistungen erbringt. Und wie kannst du jetzt die 10.000-Stunden-Regel in einer Kurzformel zusammenfassen? Übung macht den Meister!

Wichtig ist allerdings die Intensität, mit der du dich einer bestimmten Tätigkeit zuwendest. Um nicht nur erfolgreich, sondern überragend erfolgreich zu werden, musst du etwas tun, das die Masse eben nicht zu tun bereit ist: immer wieder das üben, was du noch nicht beherrschst. Arbeite energisch daran, deine Grenzen auszuweiten (wie war das noch mit deiner *Komfortzone*?). Wenn du dagegen immer wieder das machst, was du schon kannst, arbeitest du nicht besser, sondern nur mechanischer.

Hast du beispielsweise Angst, vor einer Kamera zu sprechen, obwohl du vom Marketing- und Verkaufseffekt guter YouTube-Videos überzeugt bist? Deine Stimme klingt in den Videos so komisch und du weißt nie so recht, was du mit deinen Händen oder Armen machen sollst, weil sie immer irgendwie im Weg sind? Lass dich von einem Profi beraten, wie du dich und dein Geschäft vor der Kamera präsentierst und wende das Gelernte danach permanent an: Auch du wirst feststellen, dass dein zehntes Video um Klassen besser ist als dein erstes und deine Stimme auf einmal richtig sympathisch klingt. Wenn du häufig genug geübt hast, fällt es dir später leicht, auch spontan vor eine Video- oder Fernseh-Kamera zu treten und etwas Sinnvolles zu sagen.

Zum Abschluss dieses Kapitels eine kleine Erinnerung, weil sie erfolgsentscheidend für deine Zielerreichung ist: Denk daran, dir tagtäglich selbst die richtigen Fragen zu stellen!

- Welches (wichtigstes) Ziel möchte ich mit den vor mir liegenden Aufgaben und Gesprächen konkret erreichen?
- Und: Bringt mich das, was ich jetzt gerade mache, meinen wichtigsten Zielen näher?

Und jetzt komm ins Handeln:

- ✓ Sag du, was zu tun ist, wo es lang geht und dann mach etwas daraus!
- ✓ Handle schon, wenn andere noch diskutieren!
- ✓ Du profitierst erst dann von deinem wertvollen Wissen, wenn du es praktisch anwendest!
- ✓ Lass dich von ungerechtfertigter Kritik nicht ins Bockshorn jagen und bleib entschlossen und selbstbewusst am Ball, um deine Ziele erfolgreich umzusetzen!
- ✓ Geh deinen Zielen unter Dampf stehend und mit viel Herzblut entgegen!
- ✓ Arbeite energisch daran, deine Grenzen auszuweiten!
- ✓ Was immer du erfahren und erreichen möchtest: Pack es heute, pack es jetzt an!

5. Hebel: So ziehst du mit einem konstruktiven Mindset außergewöhnlichen Erfolg an

Was konkret führt dich zu einem außergewöhnlich erfolgreichen und erfüllten Leben? Diese Frage ist der Leitfaden des fünften Kapitels. Du findest inspirierende Zitate in Verbindung mit aktuellen und zukunftsweisenden Ideen und Impulsen zum Thema *Herausragender beruflicher und privater Erfolg*.

Der erste Abschnitt behandelt deine *Programmierung*: Schon in der Kindheit hast du in erster Linie von deinen Eltern den Glauben an deinen eigenen (Miss-)Erfolg und generelle Glaubenssätze übernommen, die einen bedeutenden Einfluss auf dein Mindset haben. Deine Gedanken und die daraus verursachten Gefühle und Handlungen formen dein Glaubenssatzsystem und damit deine innere Einstellung, die dein Bild von dir selbst und der Welt prägt. Destruktive Glaubenssätze, die sich oft unbewusst in der Kindheit einprägen, können ein erfülltes und von Erfolg gekröntes Leben vollständig verhindern.

Aber nicht nur diese negativen Glaubenssätze, sondern gerade auch schlechte Gewohnheiten wirken oft wie Fallstricke: Der nächste Abschnitt erklärt, wieso du eine alte Gewohnheit nicht so leicht loswirst. Deswegen erhältst du Antworten auf die Frage, welche Möglichkeiten und überzeugenden Methoden es gibt, sich nur noch gute, erfolgreiche Gewohnheiten zu eigen zu machen.

Ein negativer Glaubenssatz kombiniert mit einer negativen inneren Einstellung muss zwangsläufig zu negativen Ergebnissen führen – das ist eine der wesentlichen Erkenntnisse des dritten Abschnitts. Mach dir diesen Effekt so zunutze, dass er für dich positiv wirkt: Ein klares Mindset und eine konstruktive innere Einstellung ebnen dir den Weg für beruflichen und privaten Erfolg.

Gewonnen und verloren wird zwischen den Ohren! Nur wenn du dir mit klaren Gedanken dein Ziel vorstellst, du dir ein Bild davon machst, kannst du es auch verwirklichen. Der vierte Abschnitt beschreibt deine Realitäts-Spirale, das heißt, dass deinen Gedanken entsprechende Gefühle folgen und die Gefühle dein Motivator dafür sind, dein Denken schlussendlich auch zu materialisieren: Jede Erfindung, jedes Ziel, jedes Produkt und jede Dienstleistung musst du erst einmal denken, bevor du sie in die Tat umsetzt! Denken ist laut Henry Ford die härteste Arbeit, die es gibt, das ist auch der Grund, weshalb sich so wenige damit beschaftigen – sei du Vorbild und nimm die Herausforderung an.

Die weiteren Abschnitte des Kapitels liefern dir darüber hinaus nützliche Hinweise, wie du durch Nachahmen lernst, wie dir der Zufall zufällt und wie du die Kraft der Motivation nutzt.

Wie gern wärst du deines Glückes Schmied, doch wie oft sind die Umstände dagegen oder etwas ganz Unvorhergesehenes tritt ein. Glücksrezepte gibt es zuhauf – doch was tun, wenn die richtigen Ingredienzien fehlen? Was ist das höchste Glück des Menschen? Antworten auf diese Fragen liefert der finale Abschnitt dieses Kapitels und gleichzeitig des Buches.

5.1 Berge versetzen - wie dein Glaube entsteht

Glück hängt nicht von den äußeren Verhältnissen ab, sondern von der inneren Einstellung. Nicht was du hast oder wer du bist oder wo du bist oder was du tust, macht dich glücklich oder unglücklich. Entscheidend ist, wie du darüber denkst.

Dale Carnegie, US-amerikanischer Autor

Im Jahr 2020 war ich viel unterwegs, mehrere Wochen hintereinander schulte ich für einen schwedischen Weltmarktführer über 200 Führungsnachwuchskräfte in Berlin. Wir hatten für die Präsenztrainings *DiMiDo* (Dienstag, Mittwoch und Donnerstag) vereinbart, das heißt, ich reise immer montagabends im Hotel an und führte von Dienstag bis Donnerstag die Führungs- und Kommunikationstrainings durch. Das beschwerlichste am Anreisetag ist regelmäßig der Transport meiner Siebensachen vom Hotelparkplatz ins Zimmer: Koffer, Arbeitstasche, Reise-Kulturtasche, Laptoptasche und Kleidersack – wenn möglich in einem Rutsch. Da ich im Hotelzimmer immer als Erstes den Fernsehstecker ziehe und mich auf die kommende Schulung vorbereite, habe ich ständig wenigstens vier oder fünf Bücher dabei, sodass bei meinem Gepäck jedes Mal einige Kilogramm zusammenkommen.

Bei einem der ersten Termine kam ich gegen 22 Uhr im Hotel bei Kälte und Regen und daher durchnässt an der Rezeption an. Da ich als Geschäftsreisender keine Bettensteuer bezahle, allerdings immer mit Bettensteuer buchen muss, lasse ich mir bei meiner Anreise diesen Betrag immer sofort zurückzahlen. Da die Mitarbeiter an der Rezeption häufig mit diesem Procedere überfordert sind, dauert das Einchecken gern auch mal eine Viertelstunde – sehr zur Freude der Hotelgäste, die nach mir einchecken möchten. Du kannst dir die Situation wahrscheinlich gut vorstellen: Um diese Uhrzeit ohnehin nicht mehr besonders gut drauf, mit Gepäck überladen, durchnässt und leicht frierend, ein überforderter Rezeptionist und hinter mir murrende weitere Anreisende. Als ich meine Zimmerkarte endlich in Händen hielt, machte ich mich zügig auf den Weg zum Aufzug, um so schnell wie möglich ins Hotelzimmer zu kommen. Während ich mit dem Aufzug in die dritte

Etage fuhr, dachte ich darüber nach, dass ausgerechnet ich als schwerbepackter Trainer häufig in den letzten Hotelwinkeln untergebracht werde, gerade so, als hätten sich alle Hotels dieser Welt gegen mich verschworen, um mich wie ein Lastesel durch die langen Gänge ihrer Etagen schleppen zu lassen. Ich dachte: „Jede Wette, dass mich dieser Hoteltroll wieder im hinterletzten Zimmer eingebucht hat, um sich für die Bettensteuer zu revanchieren." Also schaute ich auf den kleinen Umkarton der Zimmerkarte und entdeckte die handgeschriebene Zimmernummer 345, die mir sofort nicht geheuer vorkam. Als sich die Fahrstuhltür öffnete, packte mich das Grauen: Die Zimmer 301 bis 345 lagen links vom Aufzug und meins war offensichtlich das letzte! Ich konnte mein Unglück nicht fassen. Aber was soll's: Den mit kleinen Rädern bereiften Koffer drapiert mit Arbeits- und Kulturtasche bewegte ich mit der rechten Hand rollend durch den Gang. Die Laptoptasche über der linken Schulter hängend und den Kleidersack in der erhobenen linken Hand (damit er nicht über den Boden schleifte) war ich mir sicher, dass mein Zimmer das allerletzte sei und brummelte so vor mich hin. Dabei ging mir ein alter Kalauer durch den Sinn: Wo befindet sich in einem indischen Café das Klo? Am Ende des Ganges! Das galt also jetzt auch für mein Zimmer. Und auf die Zimmernummer achten: 318, 319, 320 – hier stimmt doch was nicht!

Der Gang musste nach diesen Zimmernummern viel länger sein, als er in Wahrheit war. Bei 322 war Schluss und auf der gegenüberliegenden Seite ging es mit der 323 weiter. Ich erkannte, dass ich mich im wahrsten Sinne des Wortes verrannt hatte. Irritiert ging ich den Gang wieder zurück und achtete jetzt auf die Nummern der anderen Seite, bis ich bei der 345 angelangt war: dieses Zimmer lag direkt schräg dem Aufzug gegenüber!

Ich war gedanklich so felsenfest davon überzeugt, ein hinterletztes Zimmer zu erhalten, das ich zu 100 Prozent sicher und nur auf die linke Reihe der Zimmer fixiert war. Bei logischer Betrachtung der Zimmernummern hätte ich ziemlich schnell dahinterkommen können, dass mein Zimmer das allererste am Aufzug hätte sein müssen. Mein fester Glaube, wieder einmal den schwarzen Hotelzimmerpeter gezogen zu haben, hatte mich auf die falsche Fährte geführt.

In Bezug auf deinen beruflichen und privaten Erfolg besitzt meine kleine Hotel-Anekdote eine außerordentliche Bedeutung:

- Du bist das, was du glaubst zu sein.

Ob du dir lange genug einredest, ein Verlierer zu sein, oder ob du glaubst, ein Gewinner zu sein, ist völlig gleichgültig: Du wirst in beiden Fällen recht behalten. Ein bekannter und wahrer Spruch bringt diesen Zusammenhang in einem kleinen Reim auf den Punkt:

- Gewonnen und verloren wird zwischen den Ohren!

> *Ändere deine Einstellung zu den Menschen, und*
> *die Menschen ändern ihre Einstellung zu dir.*
>
> Samy Molcho, israelisch-österreichischer Körpersprache-Experte

Dein Glaube setzt sich zusammen aus unendlich vielen einzelnen Überzeugungen und Glaubenssätzen, die du überwiegend unbewusst in dir trägst. Er bringt daher auch deine *innere Einstellung* zu Gott und der Welt zum Ausdruck. Dein Denken und die daraus resultierenden Gefühle und Handlungen formen deinen Glauben, sie gestalten dein Bild von der Welt: Es gibt Menschen mit dem Glauben, die Erde sei eine flache Scheibe und auf der Rückseite des Mondes gäbe es einen Flugscheibenstützpunkt.

- Mach dir klar: Auch du bist nicht im Besitz der absoluten Wahrheit, deine Realität ist nur eine von rund acht Milliarden Menschen.

> *Kinder machen nicht das, was wir sagen, sondern das, was wir tun.*
>
> Jesper Juul, dänischer Familientherapeut

Wohl eine der wichtigsten Aussagen aus Vera F. Birkenbihls umfangreichem Werk ist diese:

- Jeder Mensch startet mit einem riesigen POTENZial in sein Leben, jeder trägt alle notwendigen individuellen Begabungen in sich, um aus seinem Dasein ein glückliches und erfolgreiches Leben und damit sein persönliches Meisterwerk zu gestalten.

Auf der anderen Seite setzt direkt nach dem Startschuss für das Leben ein Prozess namens *Erziehung* ein, der bei genauerer Betrachtung auch präzise *Programmierung* genannt werden kann. Vor allem leben dir deine Eltern und dein soziales Umfeld Verhaltens- und Glaubensmuster vor, die du dir in deinen ersten Jahren – ohne sie zu hinterfragen – einfach zu eigen machst. Wenn du als Kind von deinen Eltern immer von *den Mächtigen da oben* hörst, ist es leicht verständlich, dass du dich dann mit deinen Eltern zu den *Untergebenen* oder *Untertanen* zählst.

Haben dir deine Eltern ganz im Gegensatz dazu über die Regierung gesagt, dass ...

- du eben nicht deren Untertan bist, sondern ihr Arbeitgeber, die du mit deinem Steuergeld bezahlst und
- du es bist, der über ihr Tun und Lassen entscheidet und
- du sie darüber hinaus austauschst, wenn sie nicht spuren,

dann hast du einen ganz anderen Blick auf das Thema *Politik*.

Gleichgültig, was du als Kind zu hören bekamst: Diese Glaubensmuster brennen sich tief in dein Unterbewusstsein ein und walten von dort zeit deines Lebens.

Ich erinnere mich gut, als ich erstmals als Jugendlicher zu einem Freund nach Hause eingeladen wurde, dessen Eltern nicht nur eine Villa mit großem Garten besaßen, sondern darüber hinaus wohlhabende Unternehmer waren. Damals wohnte ich noch bei meinen Eltern in einer Mietwohnung und am Wochenende fuhren wir gern ins Gartenhäuschen, das rund zwölf Quadratmeter groß war. Nicht, dass der Freund glücklicher war, er hatte allerdings über sein soziales Umfeld ganz andere Startbedingungen als ich: Wenigstens 20 Jahre habe ich gebraucht, um mein Mietwohnung- und Gartenhäuschen-Mindset aus dem Kopf zu bekommen. Um Missverständnissen vorzubeugen: Ich habe über 35 Jahre ein *Mittelklasse-Leben* geführt und war damit glücklich und zufrieden – es war zu 100 Prozent in Ordnung! Es wird allerdings dann zu einer echten Erfolgsbremse, wenn du etwas anderes erleben und erfahren willst!

Die ungute Nachricht ist also, dass du als Kind keinen Einfluss auf dein soziales Umfeld hast und bedingungs- und kritiklos dessen Gedanken und Werte aufsaugst wie ein Schwamm. Die gute Nachricht allerdings lautet, dass du als Jugendlicher oder spätestens jetzt erkennst, dass es die Gedanken insbesondere deiner Eltern waren, die dich im Wortsinn *geprägt* haben, und dass du jetzt die Möglichkeit hast, eigene Gedanken zu denken, mit denen du dich von nun an selbst *programmieren* kannst:

- Wähle Gedanken, mit denen du die alten und Erfolg verhindernden Glaubenssätze auflösen und durch neue und Erfolg verursachende Ideen ersetzen kannst.

  - Ein Beispiel: Den alten Glaubenssatz *Geld macht nicht glücklich* wandelst du am Anfang vielleicht in *Ich kann reich und glücklich sein* und später in *Ich bin reich und glücklich*. Hilfreich ist dabei, dir zunächst die bedingungslose Erlaubnis zu geben, reich und glücklich zu sein. Darüber hinaus darfst du deinen Glaubenssatz auch intensiv jetzt schon fühlen, wie es ist, reich und glücklich zu sein. Ohne dieses *vorweggenommene Fühlen* läufst du Gefahr, dass dein Verstand dazwischenfunkt und dich kritisiert „Papperlapapp, so ein Unsinn, reich und glücklich! Der hat schon wieder bizarre Ideen."
  - Oder: Der alte Glaubenssatz *Man kann nur reich werden auf Kosten anderer* änderst du in *Mein Reichtum macht auch andere glücklich*. Wie gesagt: Ich habe eine Stiftung gegründet, die jedes Jahr insbesondere Kinder in Sachen Bildung und Weiterbildung unterstützt – das kannst *du* auch!

Fazit:

Früher musstest du die teilweise destruktive *Programmierung* durch deine Eltern hinnehmen, heute kannst du die erfolgsverhindernden Glaubenssätze aus deinem Gehirn waschen, du bist jetzt dein eigener Programmierer und Meister deiner eigenen positiven und konstruktiven Realität.

Und zur Ehrenrettung aller Eltern: Die meisten von ihnen erziehen ihre Kinder nach bestem Wissen und Gewissen. Falls du einen erfolgsverhindernden Glaubenssatz abbekommen haben solltest, steckt fast nie eine böse Absicht dahinter. Niemand ist perfekt, auch ich nicht.

- Merk dir also:
  - Kreiere und verankere neue Glaubenssätze in dir selbst!
  - Entlasse dich selbst aus der *Opferrolle,* übernimm Verantwortung für dich selbst und schlüpfe in die *Schöpferrolle:* Gestalte endlich ein Leben nach deinen Vorstellungen!

Wie du jetzt konkret weiter vorgehen kannst:

1. Reflektiere, welche Dinge du sowohl *gut* als auch *gerne* machst: Das sind die Tätigkeiten, für die du genetisch prädestiniert (= vorherbestimmt) bist!
2. Überprüfe deine jetzigen und zukünftigen Ziele: Welche dieser Ziele erlauben es dir, so oft wie möglich Dinge zu tun, die du gut und gerne machst?
3. Entferne die Ziele, bei denen das nicht der Fall ist und fokussiere dich auf diejenigen, bei denen du deine Talente und Stärken voll zur Geltung bringen kannst!

> *Glaubenssätze sind die Brille, durch die wir die Wirklichkeit sehen.*
>
> *Stefanie Stahl, deutsche Psychologin und Autorin*

Auf einem Seminar habe ich diese Anekdote kennengelernt: Zu einem wissenschaftlichen Experiment luden Psychologen zwei Gruppen mit Probanden ein, in der einen Gruppe waren übergewichtige und in der anderen normalgewichtige Versuchspersonen. Beide wurden gebeten, an einem Essen teilzunehmen, das scheinbar nichts mit dem Experiment zu tun hatte – doch gerade dieses Essen war für diese Studie entscheidend. Jede Testperson erhielt einen Teller Suppe, der an einem Tisch befestigt war. Keiner von ihnen ahnte, dass durch eine für die Teilnehmer nicht sichtbare Konstruktion unterhalb des Tisches für jeden gegessenen Löffel die gleiche Menge Suppe wieder in den Teller nachfloss: Die Gruppe der Übergewichtigen aß deutlich mehr Suppe als die der Normalgewichtigen – offenbar hatten sie den Glaubenssatz „Iss deinen Teller auf, sonst gibt es morgen kein gutes Wetter" tief in sich verankert.

Glaubenssätze bestimmen unser Verhalten, indem sie an deinem Verstand vorbei im Unterbewusstsein wirken. Dein Glaubenssatzsystem in deinem Kopf bringt dir Sicherheit und schützt dich (manchmal nur vermeintlich) vor Fehlern; du schaffst dir eine Welt, in der du ganz in deinem Element bist und dich geborgen fühlst. Du weißt zum Beispiel, dass dein Auto nach vorne schnellt, wenn du auf das Gaspedal trittst. Was bei Naturgesetzen sinnvoll ist, ist bei generellen Vorannahmen und inneren Haltungen gefährlich. Mit deinen vielen Glaubenssätzen baust du eine meist unbewusste innere Erwartungshaltung auf, die dein Handeln und deine Wahrnehmung maßgeblich beeinflusst:

- Du siehst das, was du zu sehen erwartest und filterst andere Informationen aus deiner bewussten Wahrnehmung heraus! (Erinnerst du dich? Das ist das Phänomen der selektiven Wahrnehmung.)

Das Verhalten der anderen deutest du so, dass es zu deiner Erwartung passt. Über die Art und Weise deines Auftretens nimmst du derart Einfluss auf die Reaktion der anderen, dass deine Zukunftserwartungen sich aller Voraussicht nach erfüllen: Deine Erwartungshaltung wirkt wie eine *sich selbst erfüllende Prophezeiung*. Es erhält meist genau der Anbieter den Zuschlag für einen lukrativen Auftrag, der bewusst oder unbewusst damit gerechnet hat.

In der Medizin ist die sich selbst erfüllende Prophezeiung als *Placebo-Effekt* bekannt: Placebos sind beispielsweise Tabletten, die keine medizinisch wirksamen Inhaltsstoffe enthalten. Wenn sich nach Einnahme eines solchen

Placebos der Zustand des Patienten verbessert, wird dies Placebo-Effekt genannt. Schmerz entsteht typischerweise direkt an der Wunde und die entsprechende Information gelangt in kürzester Zeit in das auf den Schmerz reagierende Gehirn. Beim Placebo-Effekt dagegen erwartet das *Stirnhirn* ein Abschwächen des Schmerzes. Aus diesem Grund sendet es Signale an die Bereiche des Gehirns aus, in denen sich Opioide bilden und durch das Rückenmark zur Wunde transportiert werden. Ein Placebo-Patient verdrängt also nicht den Schmerz, sondern die Opioide schwächen ihn wirklich.

Demnach reicht die positive Erwartung des Patienten aus, dass ihn beispielsweise eine Operation gesunden lässt, um ihn tatsächlich zu heilen – auch, wenn nur eine Scheinoperation (der Patient wird also gar nicht operiert) durchgeführt wird! Das zeigt im Übrigen auch, dass konstruktives Denken annähernd die gleiche Wirkung erzielt wie der Placebo-Effekt. In sogenannten *Doppelblind-Studien* wissen weder der behandelnde Arzt noch der Patient, dass es sich um ein Scheinmedikament handelt. Wenn also *beide* glauben, dass es sich um ein wirksames Medikament handelt, obwohl beispielsweise Traubenzucker verabreicht wird, liefert der Placebo-Effekt noch bessere Ergebnisse.

Ein spektakuläres Beispiel für eine sich selbst erfüllende Prophezeiung im Bereich Wirtschaft und Finanzen ist der hollywoodreife Zusammenbruch des Medienimperiums des damaligen Medienmoguls Leo Kirch, zu dem beispielsweise ProSieben, Sat.1 und der Bezahlsender Premiere gehörte: In einem Fernsehinterview hatte Anfang des Jahres 2002 der damalige Vorstandschef der Deutschen Bank, Rolf Breuer, der Nachrichtenagentur Bloomberg über Kirchs Medienkonzern gesagt: „Was alles man darüber lesen und hören kann, ist ja, dass der Finanzsektor nicht bereit ist, auf unveränderter Basis noch weitere Fremd- oder gar Eigenmittel zur Verfügung zu stellen." Die Aussage führte zu der berühmten sich selbst erfüllenden Prophezeiung: Der Finanzsektor stellte Kirch tatsächlich keine Mittel mehr zur Verfügung und war damit Auslöser für Kirchs aufsehenerregende Pleite wenige Monate nach Breuers Interview.

Der Vollständigkeit halber: Kirch verklagte deswegen die Deutsche Bank, erlebte aber den Ausgang der zwölf Jahre andauernden Prozesse nicht mehr; er verstarb 84-jährig im Juli 2011. Freuen dahingegen konnten sich Anfang

2014 seine Erben – sie erhielten von der Deutschen Bank 775 Millionen Euro zuzüglich Zinsen. In Summe kostete Breuers Interviewaussage die Deutsche Bank satte 925 Millionen Euro.

Und jetzt komm ins Handeln:

✓ Du bist immer der, der du zu sein *glaubst* – mach also *Gewonnen und verloren wird zwischen den Ohren* zu deinem neuen Leitsatz!
✓ Mach dir klar: Auch du bist nicht im Besitz der absoluten Wahrheit, deine Realität ist nur eine von rund acht Milliarden Menschen!
✓ Entlasse dich selbst aus der *Opferrolle* (sonst tut es keiner), übernimm Verantwortung für dich selbst und schlüpfe in die *Schöpferrolle:* Gestalte endlich ein Leben nach deinen Vorstellungen!
✓ Geh danach diese drei weiteren Schritte:

1. Reflektiere, welche Dinge du sowohl *gut* als auch *gerne* machst!
2. Überprüfe deine jetzigen und zukünftigen Ziele und kläre die Frage: Welche dieser Ziele erlauben es dir, so oft wie möglich Dinge zu tun, die du gut und gerne machst?
3. Entferne die Ziele, bei denen das nicht der Fall ist und fokussiere dich auf diejenigen, bei denen du deine Talente und Stärken voll zur Geltung bringen kannst!

✓ Weil du das siehst, was du zu sehen erwartest (und daher andere Informationen aus deiner bewussten Wahrnehmung herausfilterst): Erwarte ab sofort durch die Bank konstruktive Ergebnisse!

5.2 Erfolgreiche Gewohnheiten – wie du den Autopiloten in deinem Kopf aktivierst

Du kannst Intelligenz lernen!

> *Der Kluge lernt aus allem und von jedem, der Normale aus seinen Erfahrungen und der Dumme weiß alles besser.*
>
> Sokrates, griechischer Philosoph

Die Kernaussage des Denkmodells der *lernbaren Intelligenz* von Harvard-Professor Dave Perkins lautet: Es gibt drei Faktoren, die unsere Intelligenz bestimmen (früher wurde von nur zwei Einflussgrößen ausgegangen: die angeborenen und die anerzogenen). Zwei der Faktoren können wir selbst beeinflussen, einer jedoch ist angeboren und unveränderbar.

1. Dieser erste Aspekt Perkins' Denkmodells behandelt unsere angeborene *neuronale Geschwindigkeit*, das heißt wie schnell unsere Neuronen (Nervenzellen) im Gehirn arbeiten (der Fachbegriff lautet *feuern*).

   a. Neuronal langsame Menschen tun sich anfangs mit neuem Wissen schwer, lernen allerdings tendenziell gründlicher als die neuronal schnellen Menschen. Wenn du zu ihnen zählst, achte darauf, dass du feste Endzeiten für deine Aufgaben und Projekte vergibst, da neuronal Langsame zu übermäßiger Gründlichkeit tendieren!

   Der besondere Nachteil für die neuronal langsamen Menschen besteht darin, dass Eltern, Lehrer und Chefs mit ihrer Kritik an der Geschwindigkeit deren Selbstwertgefühl angreifen.

   Bei bereits Bekanntem werden neuronal Langsame natürlich schneller. Das ist auch der Grund dafür, warum es neuronal Langsame gibt, die sehr schnell sprechen können. Die Sprechgeschwindigkeit spiegelt also immer auch die Kenntnis der Materie wider.

b. Umgekehrt gilt: Neuronal schnelle Menschen verarbeiten neue Informationen zügig und leicht und gelten aus diesem Grund als besonders begabt, laufen allerdings Gefahr, das jeweilige Thema nur oberflächlich zu erfassen. Gehörst du in diese Kategorie, tendierst du wahrscheinlich dazu, wichtige Details zu vernachlässigen, die dich Kopf und Kragen kosten können. Achte entweder selbst gezielt auf wichtige Details oder delegiere diese Aufgabe an einen Mitarbeiter oder Dienstleister deines Vertrauens!

2. Perkins' zweiter Intelligenzfaktor heißt *Erfahrungen und Wissen*:

Je mehr du weißt und kannst, desto schneller kannst du denken, sprechen und reagieren – du kannst also leichter hinzulernen. Wenn du dich vor der Lektüre dieses Buches schon mit *außergewöhnlichem ganzheitlichem Erfolg* beschäftigt hast, fällt dir das Umsetzen der Ideen leichter als jemandem, der zum Beispiel noch nie etwas von Lebensrad, Löffelliste und Zielcollage gehört hat.

3. Perkins' dritter Intelligenzfaktor heißt *reflexive Intelligenz*:

Dieser dritte Faktor meint damit deine Fähigkeit, über dein eigenes Denken zu reflektieren und anschließend die beste Methode für ein bestimmtes Ergebnis auswählen zu können. Du kannst also über deine Art und Weise, wie du etwas tust, nachdenken und dann entscheiden, was jetzt zu tun ist. Das ist der Knackpunkt:

- Du kannst deine Resultate ändern, indem du dein Vorgehen änderst!
- Das ist das Gesetz von Ursache und Wirkung: Wenn du eine neue Ursache setzt, erhältst du eine neue Wirkung!

Ein einfaches Beispiel: Zum Grillen habe ich mir schon vor Jahren einen Thüros II – ein Kaminzuggrill – zugelegt. Die Holzkohle habe ich immer angezündet, indem ich rund sechs Grillanzünder aus Holzwolle zwischen die (auf dem Kohlerost liegende) Kohle gelegt, danach entzündet und bei Windstille mit einem Föhn zum Glühen gebracht habe (ich war jung).

Als mir ein Freund erzählte, dass er einen schnelleren und effektiveren Weg kenne, dachte ich zuerst, er wolle mich auf den Arm nehmen:

- Den Kohlerost mit Holzkohle befüllen, die Kohle mit wenig flüssigem Grillanzünder benetzen und nach rund drei Minuten entzünden,
- anschließend zwei bis drei Grillanzünder aus Holzwolle unten in den Kaminzug legen und entzünden (die Kohle erhält jetzt auch durch den Zug von unten nach oben Hitze),
- sodass nach rund 20 Minuten die Holzkohle glüht,
- jetzt Rost und Würste darauflegen.

Seitdem er mir gezeigt hat, wie es funktioniert, bin ich überzeugter und leidenschaftlicher Anhänger dieser Technik – seitdem grille ich eindeutig intelligenter und schneller.

Perkins' dritter Intelligenzfaktor heißt also zusammengefasst in einem Satz:

- Indem du die Methode wechselst, wirst du intelligenter!

Und was heißt das konkret für dich?

- Du machst deine Arbeit schon seit Langem nur noch freud- und lustlos? Dann such dir eine neue Aufgabe! (Ich habe mich von meinem Chef monatelang demotivieren lassen, bis ich mich endlich selbstständig gemacht habe.)
- Wenn dein Projekt nicht so funktioniert, wie du dir das erhofft hattest, wähle eine neue Methode! (Das Suchen, Sammeln und Sortieren der Belege meiner Buchhaltung ging mir jahrelang auf die Nerven, bis ich die gesamte Buchhaltung digitalisiert habe.)
- Deine Sportart oder dein Hobby faszinieren dich nicht mehr? Such dir etwas Neues! (Ich habe über zwei Jahrzehnte Tischtennis gespielt, sogar ganz erfolgreich, aber irgendwann hatte ich einfach keine Lust mehr: Seitdem fahre ich mehr Fahrrad, habe Aikido ausprobiert und wandere besonders gern auf Berge.)

> *Die Gewohnheit ist ein Seil. Wir weben jeden Tag einen Faden, und schließlich können wir es nicht mehr zerreißen.*
>
> Horace Mann, US-amerikanischer Erzieher und Staatsmann

„Ich muss immer alles perfekt machen" und „Ich muss es anderen immer recht machen" sind typische – meist unbewusste – generalisierende Glaubenssätze, die in vielen Gehirnen ihr Unwesen treiben. Einschränkende Glaubenssätze wie „Ich bin nichts wert", „Ich bin nicht gut genug" und „Ich bin nicht liebenswert" hindern dich daran, dein Leben so zu gestalten, wie du es dir wünschst, und werden dir zu *Autopiloten*, die dein Auftreten und Verhalten unbewusst steuern.

Als du noch ein Kind warst, hast du Tag und Nacht gelernt, weil du unendlich neugierig warst. Als Kind bist du voller Forscherdrang und Experimentierfreude, stellst unendlich viele Fragen und bist gedanklich flexibel. Immer neue Impressionen verursachen in dir endlos neue Gedanken, die in deinem Gehirn zu neuronalen Verbindungen verknüpft werden: In deinem Kopf entsteht ein gigantisches Wissens-Netz. Deswegen nimmt gerade in deiner Kindheit das Gehirn so schnell an Gewicht zu: Bei deiner Geburt wog es rund ¼ Kilogramm und fünf Jahre später bereits mehr als das Fünffache.

Jetzt als Erwachsener nutzt du die bestehenden Verbindungen aus Sparsamkeitsgründen: Dein Gehirn weiß, dass neue kreative Gedanken Denkleistung kosten und greift daher gern auf altbewährte Denkrillen zurück. Wer überwiegend diese Denkrillen nutzt, bewegt sich bewusst oder unbewusst in seinem vertrauten Denkschema, das aus diesem Grund auch *Denk-Komfortzone* genannt wird. Das ist der entscheidende Grund für die Macht der Gewohnheiten, deswegen sind wir Menschen Gewohnheitstiere. Das ist auch der Grund, warum sich so wenige Menschen mit kreativem und innovativem Denken beschäftigen: Gewohnte Gedanken denken sich leicht, ideenreiche und schöpferische Gedanken sind für in ihren Denkrillen gefangene, harte und unbequeme Arbeit.

Übrigens: Einschränkende Glaubenssätze kannst du natürlich auflösen und ins Gegenteil kehren. Wann immer du dich innerlich „Ich bin nicht gut genug" sagen hörst, dann ändere die Aussage sofort um in beispielsweise „Ich bin gut so, wie ich bin" oder „Ich bin wertvoll". Du ahnst es wahrscheinlich schon: Das funktioniert nicht über Nacht, sondern dann, wenn du am Ball bleibst.

> *Alle Dinge, die in unserem Leben passieren, sind an das Unbewusste gebunden. Dies liegt daran, dass es vor allem die Matrix unserer Wiederholungen ist, seien diese gesund oder nicht.*
>
> Gabriel Rolón, argentinischer Psychologe und Autor

Unsere geistigen Prozesse laufen zu 15 Millimeter bewusst und zu 11 Kilometer unbewusst ab – Vera F. Birkenbihls bekannte Metapher meint damit Folgendes:

- Sowohl deine Wahrnehmung und Verarbeitung von Sinnesreizen als auch dein Denken erfolgt zu einem winzigen Bruchteil bewusst und zu einem großen Teil unbewusst.

  - Ein Beispiel: Das Unterbewusstsein verarbeitet jede Sekunde rund 11.000.000 Info-Bits an über die Sinneskanäle aufgenommenen Informationen. Von dieser riesigen Datenmenge verarbeitet dein bewusst wahrnehmender Teil hingegen nach aktuellen Schätzungen nur etwa 80 Info-Bits pro Sekunde - der sogenannte *80-Bit-Kanal*. Damit kannst du einen Satz wie diesen lesen und verstehen – mehr aber nicht!

Unbewusste und bewusste Wahrnehmung pro Sekunde nach Sinnesorganen

Sinn	Bandbreite in Bit pro Sekunde	Bewusste Wahrnehmung in Bit pro Sekunde
Auge	10.000.000	40
Haut	1.000.000	30
Ohr	100.000	5
Geruch	100.000	1
Geschmack	1.000	1

Tabelle 3: Wahrnehmung pro Sekunde nach Sinnesorganen nach Tor Nørretranders

Die nachfolgenden Gedanken gehören zu den wichtigsten dieses Buches, lies sie sicherheitshalber gern auch ein zweites Mal:

1. Dein Verstand arbeitet wie eine Sicherheitsfachkraft: Er entscheidet darüber, was du mit deinen rund 80 Bits bewusst wahrnimmst und worauf du damit deine Aufmerksamkeit lenkst.
2. Darüber hinaus folgt deine Energie immer deiner Aufmerksamkeit! Oder wie es der Grandseigneur der Erfolgstrainer, Nikolaus B. Enkelmann, gern nannte: Beachtung schafft Verstärkung! Worauf du deine Aufmerksamkeit richtest, das wächst!
3. Mach deinen Verstand zu deinem Verbündeten: Mit seiner Hilfe in Form von bewusstem Denken fokussierst du dich gezielt auf die jeweils glänzende Seite einer Medaille, also der jeweiligen Situation, in der du dich befindest. Andererseits weißt du, dass es eine matte, destruktive Seite gibt, du konzentrierst dich jedoch auf die Chancen, die jede Situation für dich bereithält. Lösch daher sensationslüsterne Internetseiten aus deiner Lesezeichenliste und überblättere das Zeitungsressort *Vermischtes*, aus dem regelmäßig Blut aus den Seiten quillt – und das aus guten Gründen:

   Du kannst ...

   a. an den vielen Katastrophen, die sich jeden Tag irgendwo auf der Welt ereignen, meist nichts mehr ändern und
   b. würdest langfristig ein negatives Weltbild entwickeln.

Zum richtigen Verständnis: Wenn du noch etwas ändern kannst, dann mach das selbstverständlich! Ich wollte während der Jahrhundertflut im Jahr 2002 dem schönen Städtchen Grimma an der Mulde zu Hilfe eilen, doch die Stadt stand bereits unter Wasser. Deswegen änderte ich meinen Plan: In Arbeitsklamotten und mit Schnittchen von der Schwiegermutter fuhr ich mit Vollgas nach Bitterfeld, um dort mit anderen Freiwilligen, Soldaten der Bundeswehr und Einsatzkräften der Feuerwehr Sand in Säcke zu schaufeln: Die Sandsäcke wurden anschließend zu einem Wall aufgeschichtet, der Bitterfeld vor dem überlaufenden Goitzschesee schützte.

Ansonsten: Bei vielen Informationen und Nachrichten handelt es sich um unnützen geistigen Unrat, den du am besten mit deinem Verstand ganz gezielt abblockst, bevor er in deinem Langzeitspeicher Unterbewusstsein landen kann. Die beiden größten Müllproduzenten sind unzweifelhaft das Fernsehen und das Internet – das hindert allerdings viele Menschen nicht daran, aus ihren Wohnzimmern und Büros Schuttabladeplätze zu machen. Gewöhne es dir lieber an, regelmäßig konstruktive Videos im Internet anzuschauen, aufbauende und hilfreiche Podcasts zu hören und den Ratgeber- oder Wirtschaftsteil deiner Zeitung zu lesen – und schau dir im Fernsehen nur anspruchsvolle Sendungen an, die dich inspirieren und weiterbringen.

> *Eine Angewohnheit kann man nicht aus dem Fenster werfen.*
> *Man muss sie die Treppen hinunter prügeln! Stufe für Stufe.*
>
> Mark Twain, US-amerikanischer Erzähler und Satiriker

Deine Angewohnheiten sind vom Verstand vorgefilterte Programme, die du meist unbewusst über Jahre tief in deinem Unterbewusstsein verankert hast. Nachgewiesenermaßen gute Gewohnheiten wie beispielsweise ...

- kalt duschen,
- genügend Wasser trinken,
- Obst und Gemüse bevorzugen und
- sich regelmäßig bewegen
- eignen sich vorzüglich, sie zu hegen und zu pflegen.

Schlechte Gewohnheiten wie ...

- rauchen,
- übermäßig Alkohol trinken und
- Chips abends vor der *Glotze* auf dem Sofa essen

lassen sich nicht so leicht ablegen: Du musst sie Stufe für Stufe die Treppe hinunterboxen!

Was genau macht eigentlich dein Unterbewusstsein?

Stell dir dein Unterbewusstsein als riesige Festplatte eines Computers mit einer unendlich großen Speicherkapazität vor: Jedes Mal, wenn du etwas über deine Sinneskanäle aufnimmst, wird eine kleine Datei dafür angelegt und entsprechend abgespeichert. Die Festplatte bewertet diese Datei nicht, sie ist weder gut noch schlecht – sie ist einfach da:

- Dein Unterbewusstes ist dein treuer Diener, der dich dabei unterstützt, die Daten seiner Festplatte, ohne darüber zu urteilen, in die Tat umzusetzen.

  - Ein Beispiel: Je häufiger du dein Kind für seine Fortschritte lobst (unsere große Tochter spielt beispielsweise Harfe, die mittlere baut spektakuläre Dioramen und die jüngste spielt Klavier), desto mehr Dateien mit positivem Inhalt werden im Unterbewusstsein deines Kindes angelegt. Alle Dateien ergeben in Summe ein neues unterbewusstes Programm beziehungsweise Glaubenssatzsystem, das zum Beispiel „Ich bin eine gute Harfespielerin" lautet. Nun sorgt das Unterbewusstsein dafür, dass dieses Programm realisiert wird; es unterstützt dein Kind in dem Prozess, eine gute Harfespielerin (oder was auch immer) zu werden. Wenn du im Gegensatz dazu dein Kind ständig bekrittelst und an den Pranger stellst, dann sorgt sein Unterbewusstsein genau so zuverlässig dafür, dass dieses negative Programm umgesetzt wird: Dein Kind wird die Lust am Sport oder Hobby verlieren und am Ende aufgeben. Das gilt natürlich auch für deinen Partner und deine Mitarbeiter: Je häufiger du gute Leistungen würdigst, desto positiver die Auswirkung auf den Gelobten („Der Chef schätzt mich und meine Leistungen, ich bin ein wichtiger und angesehener Mitarbeiter"). Das Unterbewusstsein zieht jetzt alle Register, diese Glaubenssätze auch in der Realität in Erscheinung treten zu lassen.
  - Hochgradig intensive Eindrücke und Erlebnisse werden als besonders große Dateien angelegt: Sowohl meine Schwester als auch ich und unsere Eltern können uns bis heute gut daran erinnern, als sie (meine Schwester) im Kleinkindalter neugierig ihre Hand auf die *berühmte* heiße Herdplatte gelegt hat. Bis heute gehen wir alle äußerst sensibel mit Kochherden um und unsere eigenen Kinder haben eine Spezial-

einweisung im Umgang mit heißen Herdplatten erhalten. Auch ein schmerzvoller Wespenstich in der Kindheit kann ein ganzes Leben lang – meist unbewusst – für einen gewissenhaften Umgang mit Eis und anderen Süßigkeiten im Freien sorgen.

- Das zeichnet also dein Unterbewusstsein aus: Selbst wenn die erstellten Dateien nicht bewusst benötigt werden, beeinflussen sie in Form von Gewohnheiten und Routinen dein tägliches Denken, Fühlen und Handeln.

Und wie kannst du jetzt dieses Wissen konkret nutzen?

1. Kooperiere bewusst und gezielt mit deinem Unterbewusstsein und lade es mit konstruktiven Gedanken auf, die positive Gewohnheiten verursachen!
2. Dein Verstand ist nur die Spitze des Eisbergs, mach den unter der Wasseroberfläche liegenden Teil – dein Unterbewusstsein – zum tragenden Element deines Lebens: Vermeide alles, was dich vom Weg zu deinen Zielen abbringt, zum Beispiel den Umgang mit destruktiven Menschen!
3. Fokussiere dich so weit wie möglich auf Menschen und Dinge, die dich aufbauen und sowohl beruflich als auch privat nach vorn bringen – das ist die beste Gewohnheit, die du dir angewöhnen kannst!

> *Bis du dem Unbewussten bewusst wirst, wird es dein Leben steuern und du wirst es Schicksal nennen.*
>
> *Carl Gustav Jung, Schweizer Psychiater*

Vielleicht bist du hoch motiviert mit dem guten Vorsatz ins neue Jahr gestartet, ab sofort ein Vermögen aufzubauen, weil du direkt am Monatsbeginn 10 Prozent deines Einkommens auf ein Extrakonto überweist. Du hast am 1. Januar überwiesen, am 3. Februar, am 7. März und wolltest eigentlich auch im April, aber da musstest du dir diesen neuen Rechner kaufen, dann war die Kasse knapp und im Mai war dir dein Vorsatz endgültig entfleucht …

Welchen Einfluss haben deine Gewohnheiten nun auf deinen Vorsatz?

Weil die Gewohnheiten tief im Unterbewusstsein verankert sind, scheitern die meisten Menschen in den ersten Tagen eines neuen Jahres mit ihrem Vorsatz und nehmen lieber weiterhin Armut und Übergewicht in Kauf, als konsequent zu sparen, sich gesünder zu ernähren und mehr Sport zu treiben:

Wenn deine neuronale Verbindung *was Neues kaufen* in deinem Kopf einer achtspurigen Autobahn entspricht und deine bewussten Gedanken an ein besseres Leben mit hohem Vermögen durch Konsumverzicht und Sparen eher nur als neuronaler Trampelpfad in deinem Gehirn existiert, dann wird sich *was Neues kaufen* auf lange Sicht immer durchsetzen. Im direkten Vergleich bedeutet Sparen nämlich auf der einen Seite schmerzhafter Verzicht auf gewohnten Konsum und auf der anderen Seite ein nicht wirklich greifbares Experiment mit noch unbekanntem Ausgang. Da das normale menschliche Gehirn Veränderungen von Natur aus reserviert gegenübersteht (weil es Denkleistung und damit Energie kostet), fällt die Entscheidung zugunsten von übermäßiger Konsumlaune leicht.

Wann also gelingen dir Veränderungen?

1. Wenn eine alte Gewohnheit mehr Schmerzen als Freude bereitet und eine neue Gewohnheit mehr Freude als Schmerzen bringt. Das heißt im konkreten Beispiel: Erst wenn du *was Neues kaufen* mit Ballast und Armut und ein Leben mit konsequentem Sparen mit Sportwagen, Villa und Yacht in Verbindung bringst, wirst du deinen guten Vorsatz in die Tat umsetzen.

2. Veränderungen gelingen dir dann, wenn du den Vorsatz jeden Tag aufs Neue bewusst in die Tat umsetzt, in aller Regel einen Monat lang: Dann hast du aus dem anfänglich schmalen neuronalen Pfad eine solide Straße gebaut; du hast eine neue Gewohnheit in deinem Gehirn etabliert. Wenn du 30 Tage hintereinander jeden Tag beispielsweise Joggen gehst oder Trampolin springst (auch wenn es nur 10 Minuten sind), ist die Wahrscheinlichkeit hoch, dass du am 1. Tag des nächsten Monats weitermachst.

In einigen Fällen geht es auch schneller, zum Beispiel wenn starke Gefühle im Spiel sind: Randaliert ein Alkoholiker im betrunkenen Zustand immer wieder vor seiner Familie oder seinen Nachbarn, können seine Angehörigen oder Freunde über Nacht dauerhaft auf jeden Alkohol verzichten.

> *Die Gewohnheit ist so mächtig, daß sie uns selbst*
> *aus dem Bösen ein Bedürfnis macht.*
>
> Théodore Simon Jouffroy, französischer Philosoph

Gedankenapathie und geistige Lethargie sind verantwortlich für sich zurückbildende neuronale Verbindungen – viele führen ein Leben von der Stange und stecken in ihren gewohnten Denkrillen fest. Der Preis dafür ist hoch: Geistesschwäche begünstigt Alzheimer und Demenz.

Das ist deine langfristige Lösung:

- Zweifle Altes an!
- Denk um die Ecke!
- Sei offen für neue Ideen!
- Belasse es nicht beim Denken, sondern probiere neue Ideen auch aus!

Damit produzierst du neue Verbindungen im Gehirn und sorgst dafür, dass du ...

1. immer einen Schritt schneller bist als alle anderen,
2. dein Leben abwechslungsreich gestaltest und
3. deine Persönlichkeit entfaltest!

Aber was ist zu tun, wenn einige der erfolgsverhindernden Gewohnheiten doch so lauschig und gemütlich sind?

1. Nimm dir felsenfest vor, nur noch gute Gewohnheiten beizubehalten – das ist eine der wichtigsten Aussagen für deinen Weg zu außergewöhnlichem Erfolg:

   a. Gewöhne dir destruktive Gewohnheiten ein für alle Mal ab!
   b. Gewöhne dir nachhaltig konstruktive Gewohnheiten jetzt endlich an!

2. Lebe die Zauberformel vom lebenslangen Lernen:

a. Bist du auf einem Gebiet Meister geworden, fang auf einem anderen als Lehrling wieder an!

b. Wenn du dich regelmäßig weiterbildest, bleibst du geistig fit bis ins hohe Alter!

Übrigens: Für das Thema *Etablieren zielführender Gewohnheiten* hat mir James Clears Bestseller *Die 1%-Methode* viele gute Impulse geliefert. Clears Methode besagt, dass du deine Ziele am besten erreichst, wenn du jeden einzelnen Tag ein wenig besser wirst. Aus gutem Grund lautet eine seiner Kernaussagen: Für gute Gewohnheiten bezahlst du in der Gegenwart, für schlechte in der Zukunft.

Und jetzt komm ins Handeln:

✓ Das Gesetz von Ursache und Wirkung besagt: Wenn du eine neue Ursache setzt, erhältst du eine neue Wirkung. Wenn du also ab sofort andere Ergebnisse erzielen willst, dann ändere dein Vorgehen! Das heißt konkret:

- Wenn du deine Arbeit schon seit Langem nur noch freud- und lustlos machst, dann such dir eine neue Aufgabe!
- Wenn dein Projekt nicht so funktioniert, wie du dir das erhofft hattest, wähle eine neue Methode!
- Wenn deine Sportart oder dein Hobby dich nicht mehr faszinieren, dann such dir etwas Neues!

✓ Löse einschränkende Glaubenssätze auf und kehre sie ins Gegenteil um: Wann immer du dich innerlich „Ich muss perfekt sein" sagen hörst, dann ändere die Aussage sofort um in beispielsweise „Ich bin gut so, wie ich bin" oder „Ich bin in hohem Maß erfolgreich, ohne perfekt sein zu müssen"!

✓ Wende die neuen zielführenden Glaubenssätze täglich und langfristig an, dann hast du den Weg zu außerordentlichem Erfolg eingeschlagen!

✓ Mach deinen Verstand zu deinem Verbündeten: mit seiner Hilfe in Form von bewusstem Denken fokussierst du dich gezielt auf die jeweils glänzende Seite einer Medaille, also der jeweiligen Situation, in der du dich befindest!

- ✓ Prügle schlechte Gewohnheiten wie *schlaff vor der Glotze sitzen* Stufe für Stufe die Treppe hinunter!
- ✓ Gewöhne dir konsequent und diszipliniert konstruktive Gewohnheiten an, wie z. B. *ich mache täglich mindestens 15 Minuten Sport!*
- ✓ Vermeide alles, was dich vom Weg zu deinen Zielen abbringt, zum Beispiel den Umgang mit destruktiven Menschen!
- ✓ Fokussiere dich so weit wie möglich auf Menschen und Dinge, die dich aufbauen und sowohl beruflich als auch privat nach vorn bringen!
- ✓ Bleib beim Etablieren guter und beim Beseitigen schlechter Gewohnheiten konsequent und täglich am Ball – mindestens 30 Tage, danach fällt es dir immer leichter!
- ✓ Gewöhne dir destruktive Gewohnheiten ein für alle Mal ab und konstruktive Gewohnheiten ab sofort an!
- ✓ Zweifle Altes an! Denk um die Ecke! Sei offen für neue Ideen! Belasse es nicht beim Denken, sondern probiere neue Ideen auch aus!
- ✓ Lebe die Zauberformel vom lebenslangen Lernen!

5.3 Menschen formen
– wie deine innere Einstellung andere beeinflusst

> *Versuchen wir, das Beste eines jeden Menschen zu erkennen, den anderen im bestmöglichen Licht zu sehen. Diese Einstellung erzeugt sofort ein Gefühl der Nähe, eine Art Geneigtheit, eine Verbindung.*
>
> Dalai Lama, buddhistischer Mönch und geistliches Oberhaupt Tibets

Die inzwischen mehrfach angesprochene sich selbst erfüllende Prophezeiung ist ein Phänomen mit erstaunlichen und zum Teil spektakulären Auswirkungen. Deine positiven (und natürlich auch negativen) Erwartungen können nicht nur dich selbst, sondern auch andere maßgeblich beeinflussen. Dazu ein Beispiel:

Schon in den 1960er Jahren entdeckten die Psychologen Robert Rosenthal und Leonore Jacobson einen inzwischen berühmt gewordenen Effekt, mit dem der Einfluss von Lehrern auf Schüler beeindruckend nachgewiesen wurde, den sie Pygmalion-Effekt nannten (Pygmalion war ein Steinmetz aus der griechischen Mythologie. Er schuf die Marmorstatue einer Frau, in die er sich verliebte. Aufgrund dieser tiefen Liebe gaben die Götter seinem Wunsch nach und erweckten seine Statue zum Leben).

Im Rahmen des Experiments erklärte Rosenthal den Lehrern, dass bestimmte Schüler überdurchschnittlich begabt seien, obwohl es sich dabei um eine zufällige Auswahl ganz normaler Schüler handelte. Der Unterschied zu anderen Schülern existierte also nur im Bewusstsein der Lehrer (also im 80-Bit-Kanal). Nach acht Monaten stellte sich heraus: Bei den als überdurchschnittlich bezeichneten Schülern fanden deutliche Leistungssteigerungen statt.

Rosenthal brachte diesen Pygmalion-Effekt auf eine einfache Formel:

• Menschen, die eine positive Erwartung an andere haben, beeinflussen diese entsprechend über positive Körpersprache, höhere Anforderungen sowie mehr Lob und Zuwendung.

Bezogen auf dein Leben heißt das: Was du von anderen erwartest, werden sie auch in etwa leisten. Du hast beispielsweise eine ganz bestimmte innere Einstellung zu einem Mitarbeiter, die du unbewusst ausstrahlst. Er passt sein Verhalten, wiederum unbewusst, an – mit dem Resultat, dass er deine Erwartung erfüllt. Diese Erwartungshaltung wirkt im Positiven wie im Negativen. Wünschst du dir konstruktive Ergebnisse deiner Mitarbeiter, dann beginne mit einer konstruktiven Einstellung zu deinen Mitarbeitern:

• Lobe und wertschätze deine Mitarbeiter ehrlich und aufrichtig, hiermit signalisierst du dein Vertrauen und vor allem die (sich voraussichtlich selbst erfüllende) Erwartung, dass sie selbst hochgesteckte Ziele erreichen können!

Auch hier gilt: Selbstverständlich gilt der Pygmalion-Effekt auch in der Familie.

> *Wahrnehmung ist unsere Sicht auf die Welt und*
> *uns durch die Brille unserer Überzeugungen.*
>
> Mike Dooley, US-amerikanischer Autor und Redner

Viele unserer Glaubenssätze betrachten wir als unabänderliche Wahrheiten. Das gilt insbesondere für die erfolgsverhindernden und einschränkenden Glaubenssätze. Und doch kannst du sie ändern, indem du sie hinterfragst und wiederholt andere Erfahrungen machst.

In der Praxis ist die *Als-ob-Strategie* die wirkungsvollste Methode, wie du in ungewohnten Situationen erfolgreich abschneidest: Du tust einfach so, als ob du über eine bestimmte Fähigkeit bereits verfügst. So schaffst du dir konstruktive Glaubenssätze, die dir deine wahren Fähigkeiten aufzeigen. Ob im Vorstellungsgespräch, in wichtigen Telefonaten oder Verhandlungen: Du stehst immer vor der Wahl zwischen den Annahmen „Ich bin ein schlechter Verhandlungsführer" und „Ich bringe die Verhandlung zu einem guten Ende mit zwei Gewinnern". Wenn du kompetent auftrittst, halten die anderen dich auch für kompetent.

Fazit:

1. Gib Glaubenssätze auf, die dich einschränken, und
2. bau Glaubenssätze auf, die dir förderlich sind.

> *Ob du denkst, du kannst es, oder ob du denkst, du kannst*
> *es nicht, du wirst in beiden Fällen recht behalten.*
>
> Henry Ford, US-amerikanischer Unternehmer

Dein Mindset entscheidet: Eine konstruktive innere Einstellung ist der alles entscheidende Schlüssel für deinen beruflichen und privaten Erfolg!

1. Wenn du erwartest, dass du ein bestimmtes Projekt versemmelst, findest du auch immer genügend Beweise dafür.
2. Wenn du jedoch von deinem Projekt überzeugt bist, wirst du auch deine Mitarbeiter und deine Kunden davon überzeugen.

Erwartest du Erfolg, so wirst du ihn wahrscheinlich erzielen; glaubst du an deinen Misserfolg, so wirst du ihn mit Sicherheit erreichen: Am Anfang stehen deine Gedanken, die gute oder ungute Gefühle produzieren, und dein anschließendes Handeln richtet sich unbewusst an ihnen aus.

1. Sind deine Gedanken konstruktiv, wirst du alles daransetzen, das gesteckte Ziel zu erreichen.
2. Sind deine Gedanken destruktiv, programmierst du dich selbst auf Misserfolg.

Mit deiner inneren Einstellung hast *allein du* die Macht, dich für das eine oder andere zu entscheiden, du bist deines Glückes Schmied.

- Ergo: Je intensiver du für ein konstruktives Mindset trainierst, desto eher erfährst du auch Glück und Erfolg. Ganz einfach, oder? (O. K., ich habe auch einige Jahre gebraucht, aber am Ende ist es exakt so: Richte dich konsequent konstruktiv aus, komm ins Handeln, steck dabei Niederlagen weg, steh wieder auf, habe einen langen Atem, machen, machen, machen, halte durch, bleib beharrlich am Ball, sei ausdauernd, auch Hartnäckigkeit hilft, sei zäh, bohre dicke Bretter und beweise Charakterstärke und Stehvermögen – dann stellen sich Sieg und außerordentlicher Erfolg wie von allein ein.)

Und jetzt komm ins Handeln:

- ✓ Erwarte Positives von anderen, damit beeinflusst du sie über positive Körpersprache, höhere Anforderungen sowie mehr Lob und Zuwendung!
- ✓ Lobe und wertschätze deine Mitarbeiter (deinen Partner, deine Kinder, ...) ehrlich und aufrichtig, hiermit signalisierst du dein Vertrauen und die Erwartung, dass sie selbst hochgesteckte Ziele erreichen können!
- ✓ Gib destruktive Glaubenssätze auf, die dich einschränken, und bau konstruktive Glaubenssätze auf, die dich auf deinem Zielkurs unterstützen!

✓ Über alles betrachtet ist es dein konstruktives Mindset, also deine positive innere Einstellung, die dich auf deinem Weg zum Ziel beflügelt!

5.4 Die Realitäts-Spirale – wie du dich auf herausragenden Erfolg programmierst

Glück bedeutet Bewusstsein und Unterbewusstsein in Einklang bringen.

Ulrich Rose, deutscher Aphoristiker

Erinnerst du dich? Am 13. Juli 2014 übernimmt ein junger Mann mit konzentriertem Gesichtsausdruck einen goldenen Pokal aus den Händen einer Frau und eines älteren Herrn. Er braucht rund fünf Sekunden, bevor er seine Mannschaftskameraden erreicht und reißt jetzt den Pokal in die Höhe mit einem Jubelschrei, in den die gesamte Mannschaft und der Trainer mit einstimmen – Phillip Lahm hat sein lang ersehntes Ziel erreicht: Er ist jetzt Fußballweltmeister – und nach Franz Beckenbauer der erste Spieler, der als Kapitän mit der Nationalmannschaft und seinem Verein die wichtigsten Trophäen im Fußball gewonnen hat.

Was war das Geheimnis seines Erfolgs? Als Deutschland 1990 Weltmeister wurde, war Lahm sechs Jahre alt. Die WM in Italien wurde zu seinem ersten prägenden und unvergesslichen Schlüsselerlebnis. Als Kinder hatten er und seine Freunde sämtliche Szenen des WM-Triumphs nachgespielt und er kannte jedes Detail auswendig. „Ich habe es mir 100-mal in der Wiederholung angeschaut", sagte er auf einer Pressekonferenz in Brasilien. „Wie Lothar Matthäus den Pokal in den Händen hält, das ist was Besonderes." Diese Erinnerung hatte sich tief in sein Gedächtnis eingegraben. Fast auf den Tag genau 24 Jahre später reißt er wie sein Vorbild den Pokal mit einem Freudenschrei in die Höhe. Hammer, oder?

Das Glück deines Lebens hängt von der Beschaffenheit deiner Gedanken ab. Unser Leben ist das Produkt unserer Gedanken.

Marc Aurel, römischer Kaiser und Philosoph

Am Anfang waren deine Gedanken – die Geburtsstunde deines Erfolgs ist dein konsequent angewandtes konstruktives Denken! Was auch immer du erreichen möchtest, musst du zu Beginn erst einmal denken. Der großartige Gewinn der Fußballweltmeisterschaft der deutschen Nationalmannschaft begann auch 24 Jahre zuvor im Gehirn des sechsjährigen Phillip Lahm! Solange du dir gedanklich etwas Bestimmtes nicht vorstellen kannst, solange wird es dir auch im echten Leben verschlossen bleiben. Alles, was du mit deinen Gedanken nicht fassen kannst, kannst du auch nicht in die Tat umsetzen.

- Positiv formuliert heißt das: Nur wenn du dir etwas mit klaren Gedanken vorstellen kannst – wenn du also ein Bild davon hast, welches Ziel du erreichen möchtest –, kannst du es auch verwirklichen.

Deine Realitäts-Spirale: Dein Erfolg ist nichts anderes als geronnener Geist

Primär existiert nur Zusammenhang, das Verbindende ohne materielle Grundlage. Wir könnten es auch Geist nennen. (...) Materie und Energie treten erst sekundär in Erscheinung – gewissermaßen als geronnener, erstarrter Geist.

Hans-Peter Dürr, deutscher Physiker und Essayist

Materie folgt dem Geist – das ist ein physikalisches Gesetz. Deine Gedankenenergie ist zuerst da, ihr folgt dann die Materie. Diese Realitäts-Spirale – sie ist das Herzstück für deinen Erfolg – läuft wie folgt ab:

1. In deiner Kindheit übernimmst du ungefiltert und kritiklos die Werte und Glaubenssätze deines sozialen Umfeldes – in den meisten Fällen sind es die deiner Eltern.
2. Daraus entwickelst du ein Bild von dir selbst und der Welt (dein Selbst- und Weltbild).
3. Das *retikuläre Aktivierungssystem,* kurz *RAS,* in deinem Gehirn filtert aus den über die fünf Sinneskanäle wahrgenommenen rund 11.000.000 Info-Bits pro Sekunde insbesondere drei Informationen heraus, damit du dich mit deinem bewussten 80-Bit-Kanal in deinem Leben zurechtfinden kannst:

    a. Neue Informationen
    b. Lebenswichtige Informationen
    c. Wichtige emotionale Informationen

Das RAS ist allerdings nicht objektiv, sondern wird von deinem Selbst- und Weltbild beeinflusst, das wiederum von deinen Glaubenssätzen gespeist wird. Dazu ein Beispiel:

Als Anja und ich im Jahr 2000 das erste Kind erwarteten, sahen wir von diesem Zeitpunkt an überall schwangere Frauen, alle Varianten von Kinderwagen und an allen Ecken und Enden Familien mit kleinen Kindern. Ich war sogar der Überzeugung, dass der demographische Niedergang Deutschlands nicht nur gestoppt, sondern ins Gegenteil gekehrt würde. Im darauffolgenden Jahr habe ich mir die Statistik dazu angeschaut mit der ernüchternden Erkenntnis, dass auch im Jahr 2000 wieder weniger Kinder geboren wurden als in den Vorjahren. Wie konnte ich mich derart täuschen? Mit der Veränderung einer Lebenssituation verändert sich auch deine Wahrnehmung. Du siehst nur, was aktuell für dich interessant ist. Mit anderen Worten: Das RAS sorgt dafür, dass Uninteressantes und Unwichtiges für dich nicht sichtbar werden.

- Und das ist entscheidend: Du legst also mit deinem Fokus und deiner selektiven Wahrnehmung fest, was interessant und wichtig für dich ist und was deswegen in deinem Leben erscheint – oder eben nicht.

Weil diese Zusammenhänge das A und O deines Erfolges bedeuten, hier noch ein weiteres Beispiel: Im Jahr 2015 habe ich Pam Grouts Buch *E²* gelesen und die in ihm empfohlenen Experimente gemacht. Grout behauptet unter anderem, dass du dasjenige in dein Leben ziehst, was deinen Glaubenssätzen und Erwartungen entspricht. Sie ermuntert ihre Leser, ihr nicht blind zu vertrauen, sondern die Probe aufs Exempel zu machen: Sie rät dazu, in wissenschaftlicher Manier ein Laborprotokoll zu führen, um eigene Erfahrungen exakt zu protokollieren. Hier der Auszug aus meinen Original-Notizen meines Laborprotokolls vom 30.08.2015, 12:18 Uhr:

Die Hypothese: Wenn ich mich dafür entscheide, nach Schmetterlingen Ausschau zu halten, werde ich sie finden.

Anzahl beobachteter Schmetterlinge am 29.08.2015: 56

Forschungsnotizen: Die 56 beobachteten Schmetterlinge sprechen eindeutig für sich. Gerade gestern habe ich sie an nahezu jeder Ecke gesehen. Fazit / Erkenntnis: Wer suchet, der findet – was auch immer.

An diesem Augusttag habe ich tatsächlich diese unglaublichen 56 Schmetterlinge gezählt – natürlich, weil ich mich auf sie fokussiert hatte! Nie davor und nie wieder danach habe ich an einem Tag (bewusst) so viele von ihnen gesehen. Vermutlich gab und gibt es Tage, an denen mehr Schmetterlinge zu sehen wären, aber wenn ich beispielsweise in einem Führungstraining zu 100 Prozent auf die Teilnehmer und die Inhalte fokussiert bin, nehme ich maximal einige wenige Schmetterlinge – wenn überhaupt – in den Pausen wahr.

- Mach dir also klar: Das RAS sorgt dafür, dass nur wesentliche Informationen in deinem Bewusstsein ankommen.

Deswegen gelingt es dir auch, dich auf eine Sache zu konzentrieren und andere Dinge auszublenden.

Abhängig von deinem Selbstbild erhältst du also permanent Informationen, die dir entweder bestätigen, dass du ein Trottel oder ein Glückskind bist. Impulse, die deinem Selbstbild zuwiderlaufen, sind zwar jederzeit vorhanden, werden vom RAS jedoch herausgefiltert – weil sie das Selbstbild bedrohen: Aus dieser Perspektive betrachtet ist tatsächlich jeder seines Glückes Schmied! Dir wird hoffentlich deutlich, dass dir viele Chancen und gute Gelegenheiten entgehen, wenn du dich zu sehr auf das Negative konzentrierst. Dazu ein abschließendes Beispiel:

Als die Kinder noch klein waren, hatten wir unserer mittleren Tochter zu ihrer großen Freude ein Kinder-Holzhäuschen geschenkt, welches wir auf einem rund zwei Meter hohen Holzgestell montierten, so dass die Gesamtkonstruktion in etwa drei Meter hoch war.

Neben den beiden Schaukeln war dieses Holzhäuschen für viele Jahre einer der Lieblingsaufenthaltsorte unserer Kinder. Als sie dann größer wurden, nahm das Interesse ab und so verschenkten wir das Haus an den nahegelegenen Kindergarten. Das Holzgestell jedoch behielten wir und ließen eine kleine Outdoor-Sauna darauf montieren, um den herrlichen Blick über die Auenwiesen genießen zu können.

Es kam, wie es kommen musste: Ein gewaltiger Sturm, der auch an den Dächern der Nachbarschaft einen beträchtlichen Schaden anrichtete, zerstörte auch unsere Holzsauna. Anja arbeitete in ihrem Stoffgeschäft, ich gab auswärts ein Seminar. Wie Anja mir abends berichtete, riefen nachmittags die Kinder während des Sturms an und berichteten live: „Jetzt hebt gerade das Dach ab und fliegt weg. Und jetzt die rechte Außenwand. Und da fliegt die nächste Wand in unseren Garten." Als ich abends nach Hause kam, wurde ich vom Nachbarsjungen mit den Worten begrüßt: „Weißt du schon, dass eure Sauna weggeflogen ist?"

Notdürftig stellte ich mit den Kindern eine Grundordnung im Garten her, indem wir die flachen Wände aufhoben und in die Garage schafften und an die Wand lehnten. Der schwerste Teil, die Saunavorderwand mit der Eingangstür und den Heizstrahlern, hatte sich in den Rasen gebohrt und war kaum zu bewegen. Für meine Töchter und mich war sie eindeutig zu schwer, es hätten schon mindestens drei starke Männer vor Ort sein müssen und deswegen ließen wir sie vorerst gezwungenermaßen auf der Wiese liegen.

An einem der kommenden Tage fuhr ich morgens in Richtung Büro und wurde bereits nach 50 Metern ausgebremst: Ein Transporter hatte sich einfach auf die einspurige Straße unserer Siedlung gestellt, sodass ich nicht ohne Weiteres an ihm vorbeikam. Es war niemand zu sehen und so fuhr ich leicht verärgert und leise fluchend über den Schotterstandstreifen am Transporter vorbei, um so schnell wie möglich ins Büro zu kommen.

Etwas später rief mich Anja an und erzählte mir sinngemäß diese Geschichte: „Was für ein glücklicher Zufall, du glaubst es nicht: Nur 50 Meter von uns entfernt befanden sich drei Dachdecker, die den Nachbarn die Schindeln ersetzten. Ich musste an ihrem Transporter halten, bin ausgestiegen, habe die Handwerker angesprochen und sie gefragt, ob sie mir freundlicherweise die schwere Saunavorderwand in die Garage tragen können, was sie für einen Kaffee und ein Trinkgeld gerne gemacht haben."

Ich hatte das Hindernis gesehen, Anja die Chance!

- – Sicherheitshalber an dieser Stelle nochmals ein wesentlicher Gedanke aus dem vorangegangenen Kapitel: Unser Unterbewusstsein arbeitet mit Bildern und du beeinflusst mit glasklaren Bildern deine Wahrnehmung: denk also ans Visualisieren deiner Ziele, intelligenterweise mit Löffelliste, Zielcollage und Zielfilm.

4. Von deinem Selbst- und Weltbild geprägt hast du also bestimmte Denkmuster entwickelt, durch die du die Welt wahrnimmst und mit denen du dich und deine Umwelt interpretierst. Mit diesem Denken legst du die Ursache für die Zukunft deines Lebens.
5. Deine Gedanken erzeugen Emotionen, indem in deinem Gehirn Botenstoffe Glücks- oder Stressreaktionen verursachen. Als Glückshormone werden vereinfachend bestimmte Botenstoffe in deinem Gehirn bezeichnet, die Wohlbefinden oder Glücksgefühle hervorrufen können. Häufig geschieht das durch eine stimulierende, entspannende oder schmerzlindernd-betäubende Wirkung. Zu den Glückshormonen gehören beispielsweise Dopamin und Serotonin. Im Gegensatz dazu sind Stresshormone biochemische Botenstoffe, die in Stresssituationen ausgeschüttet werden. Das wohl bekannteste Stresshormon ist Adrenalin.
6. Diese Emotionen bringen dich ins Handeln (oder Nicht-Handeln).
7. Mit deinem Handeln produzierst du Ergebnisse und Erfahrungen, die du beWERTest und die meist deine Glaubenssätze bestätigen. Deine Werte wirken als unbewusste Filter: Sie lenken deinen Fokus und legen fest, wofür du deine Zeit investierst. Übrigens: Wenn du schon vor Beginn

eines Projekts glaubst, das Ganze hätte ohnehin keinen Sinn, weil du das Ziel nicht erreichen könntest, schüttet dein Gehirn Glückshormone aus, wenn du es tatsächlich nicht erreichst - du hast schließlich recht behalten („Siehste, hab ich doch gleich gewusst"). Dieses Phänomen wird aus gutem Grund auch die *Verliererfalle* genannt.

8. Die Ergebnisse beeinflussen also deine Glaubenssätze, die wiederum dich mit deinem Selbst- und Weltbild bestätigen: Du wirst also langfristig zu dem, was du denkst! Was ist also zu tun, wenn du erfolgreicher sein willst? Verändere deine Denkmuster und die darauf basierenden Verhaltensweisen!

Konstruktive Gedanken erzeugen eine Aufwärtsspirale, während destruktive Gedanken eine Abwärtsspirale verursachen. Das ist die Macht deiner Gedanken. Wenn du keine Zukunftsvision hast, lebst du wahrscheinlich nicht dein ideales Leben. Wenn du allerdings positiv aufgeladen bist mit Vorfreude und einer Passion für das, was du dir für deine Zukunft vorstellst, dann ist es sehr wahrscheinlich, dass du ein erfolgreiches, glückliches und erfülltes Leben führst.

Im Zusammenhang mit deinen Zielen heißt das: Deine gewünschte Realität entsteht durch deine glasklaren Ziele. Allerdings nicht durch Ziele, die andere aus Medien oder Gesellschaft für dich erdacht haben, sondern durch Ziele, die aus deinem tiefen Inneren stammen und positive Gefühle in dir auslösen und die dich morgens vor Begeisterung aus dem Bett springen lassen.

Zurück zum Ur-Ursprung deiner Realitäts-Spirale: Den Gedanken folgt die Umsetzung, der Idee des Rades folgt der Bau desselben. Deinen Gedanken folgen die Konzepte für deine Produkte und Dienstleistungen sowie für deinen privaten Lebensentwurf. Verschiedene Studien belegen, dass ein Mensch rund 60.000 Gedanken an einem Tag denkt. Deine derzeitige Situation ist daher auch ein Ausdruck deiner vergangenen Gedanken – deine zukünftige Situation ist demnach ein Ausdruck deiner gegenwärtigen Gedanken! Wenn du ab sofort etwas anderes denkst und machst als bisher, wirst du feststellen, dass dein Leben anders verläuft als bisher. Wer ist verantwortlich dafür, was du denkst und tust? Nur du allein!

Die Qualität deiner Gedanken ist die Ur-Ursache der Qualität deines Lebens: Deinen Gedanken folgen Gefühle, dann Gesagtes und Handeln, daraus ergeben sich deine Gewohnheiten, die wiederum deinen Lebenserfolg bestimmen – das ist deine Realitäts-Spirale!

Dein Denken ist das Fundament deiner MACHsals-Produktionsmaschine: Deine gesamte Lebenssituation ist ein Produkt deiner Gedanken; du bist immer das, was du zu sein glaubst!

Die Realitätsspirale

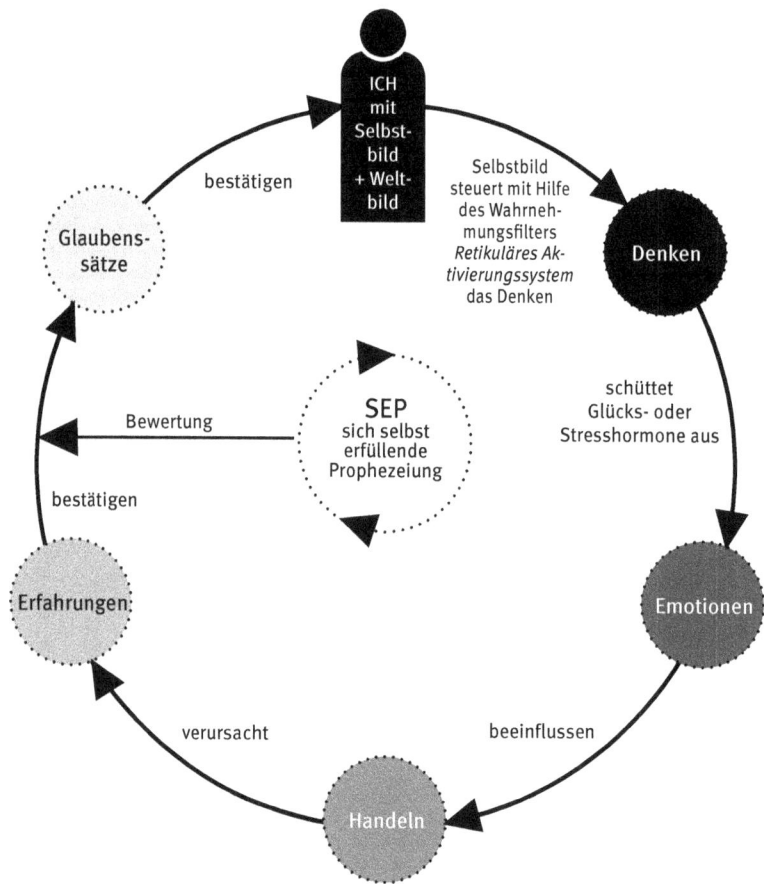

Abbildung 9: Realitäts-Spirale

Dein Selbstbild und deine wahren Möglichkeiten

> *Unser Selbstbild entscheidet darüber, wozu wir in der Lage sind.*
> *Jeder gelangt dorthin, wo er glaubt, hinkommen zu können.*
> *Ein mangelhaftes Selbstbild ist vergleichbar mit einem Lebenszug*
> *bei angezogenen Bremsen.*
>
> Maxwell Maltz, US-amerikanischer Chirurg und Psycho-Kybernetiker

Wie jeder andere Mensch hast du ein bestimmtes Bild von dir selbst. Es gibt Auskunft darüber, wie du dich selbst siehst und wie du über dich denkst. Wenn du nach eigener Ansicht gar kein Erfolgstyp bist, helfen dir auch die allerbesten Tipps der schlausten Köpfe der Welt nicht weiter. Die mächtigste Kraft in dir ist das Bedürfnis, auf lange Sicht mit dem Bild von dir selbst – deinem Selbstbild mit den dahinterliegenden Glaubenssätzen – übereinzustimmen. Dein Denken und Tun decken sich fast immer mit diesem Selbstbild:

- So wie ein Thermostat die Raumtemperatur immer wieder auf das voreingestellte Maß zurückregelt, gleicht dein Gehirn dein Leben mit deinem aktuellen Selbstbild ab und lässt es immer wieder auf dem Niveau deiner aktuellen Überzeugungen einpendeln!

Wenn du beispielsweise seit Jahren 70 kg auf die Waage bringst, wiegst du auch mal 68 und dann wieder 72 Kilo – dein inneres Gewichts-Thermostat regelt dich immer wieder auf dein – meist unbewusst voreingestelltes – 70-kg-Selbstbild zurück. Wird dir das deutlich? Das heißt also ganz konkret, dass du mit deinem Selbstbild auch deine Grenzen festlegst, in denen du dich bewegst. Das gilt natürlich auch für dein Einkommen und deinen beruflichen Erfolg.

Entscheidend ist: Dein Selbstbild und deine Grenzen stimmen nicht immer mit deinen wahren Möglichkeiten überein, sie können dich im wahrsten Sinne des Wortes begrenzen. Du nimmst beispielsweise an, kein großer Verkäufer zu sein, obwohl erfolgreiche Unternehmer, Selbständige und Führungskräfte immer auch gut verkaufen können: Ihre Produkte, Dienstleistungen und ihre Ideen, mit denen sie Kunden, Mitarbeiter und Banken überzeugen. Wenn du dich dann *gezwungenermaßen* um deine Kunden kümmern musst, zum Beispiel im Rahmen einer Messe, kann dies natürlich auch gut funktionieren. Du hast zum Beispiel deine Kunden mit deiner Begeisterung für deine Produkte entzündet und jede Menge neue Aufträge gemacht. Du hast dann eine Grenze überschritten beziehungsweise deine Komfortzone verlassen: Damit hast du dein Selbstbild und gleichzeitig dein Denken, Handeln und dich selbst in Bezug auf das Thema *Verkaufen* verändert.

Wenn du also mit deinem Leben oder einzelnen Aspekten unzufrieden bist und dich daher verbessern willst, dann beginne damit, dein Selbstbild mit einem interrogativen Selbstgespräch zu verändern:

- Wie sehe ich mich zurzeit selbst, was denke ich über mich selbst und wo will ich in Zukunft stehen?
- Welche Ressourcen benötige ich für die Zielerreichung und welche Maßnahmen ergreife ich daher konsequenterweise?
- Wie sieht mein erster ganz konkreter Schritt aus, um in Richtung Ziel loszugehen?

Das klingt leichter gefragt als getan – doch mit diesem dich selbst fragenden Selbstgespräch hast du einen ersten sehr wichtigen Schritt in die richtige Richtung getan, weil du über diese Fragen unbewusst die richtigen Antworten erhältst.

Was du hast, weißt du; was kommen wird, weißt du nicht. Es erfordert daher auch immer deinen Mut zur Veränderung:

- Du weißt zwar nicht, ob es besser wird, wenn du dich änderst, aber du weißt, dass du dich ändern musst, damit es besser wird.

> *Manche Menschen würden eher sterben als*
> *nachdenken. Und sie tun es auch.*
>
> Bertrand Russel, englischer Philosoph und Mathematiker

Aus gutem Grund werden Gedanken auch Gedankenstrom oder Gedankenenergie genannt: Sie sind Energien, die mit empfindlichen Aufnahmegeräten im Gehirn gemessen werden können. Ein Elektro-Enzephalogramm (EEG) beispielsweise misst die Hirnstromwellen im Gehirn, indem 20 kleine Metallplättchen (Elektroden) gleichmäßig auf dem Kopf verteilt werden. Ein Computer zeichnet die gemessenen Ströme des Gehirns auf. Alles, was dein Gehirn über deine Sinneskanäle wahrnimmt, verarbeitet es durch elektrische Signale: Alle Geräusche und Bilder sowie jede Berührung wandelt dein Gehirn in elektrische Impulse um und transportiert sie über die Nervenzellen und -bahnen.

Die Physik lehrt uns, dass Energie nicht verloren gehen kann. Das hat beachtliche Konsequenzen: Wenn du intensiv und fokussiert an das Erreichen deines Ziels denkst, unterstützt dich diese Energie auch tatsächlich bei deiner Zielerreichung.

- Denkst du begeistert und voller Überzeugung an deinen Erfolg und gehst du deine Ziele energisch an: Dann stehen die Chancen sehr gut, dass du sie auch realisierst!

Manchmal reagieren einige Leute auf diese Aussage skeptisch, weil ihnen dieser Erfolgsweg zu einfach erscheint. Aber anstatt es einfach auszuprobieren, weichen sie auf Ausreden aus: Sie fangen an zu schwurbeln und zerstreuen damit ihre Energie. Wenn du also deine Gedanken nicht bündelst wie einen Laserstrahl, lösen sie sich in kraft- und wahllose Gedankenfetzen auf.

Eine der wichtigsten Erkenntnisse deines Lebens lautet also ab sofort:

- Wenn du deine Gedanken auf ein bestimmtes Thema fokussierst, dich dafür begeisterst und dann entsprechend handelst, schlägst du damit den bestmöglichen Weg zum Erreichen deiner Ziele ein!

Zwei Dinge sind unendlich, das Universum und die menschliche Dummheit, aber bei dem Universum bin ich mir noch nicht ganz sicher.

Albert Einstein, deutscher Physiker

Nur die Dummheit wächst auch ohne Bündelung der Gedanken und permanente Konzentration auf ein Ziel:

Die Massenmedien beeinflussen Sprache sowie Informationsauswahl und machen damit Meinung, die vom gemeinen Publikum vielfach kritiklos übernommen wird, anstatt sie abzuwägen, zu durchdenken und kritisch zu hinterfragen. Beispielhaft genannt sei hier der Skandal rund um das im Jahr 2019 von der ARD in Auftrag gegebene und finanzierte Strategiepapier *Framing Manual*: Mit einem ursprünglich geheim gehaltenen Sprachregelungs-Katalog wollte der Sender die öffentliche Stimmung manipulieren, indem ...

- Fakten verdreht,
- Gegner der GEZ als Demokratiefeinde diskreditiert und
- Konkurrenten des öffentlich-rechtlichen Rundfunks abgewertet werden sollten.

Ein weiteres Beispiel: Die meisten Länder der Welt sind bis unters Dach verschuldet – und Deutschland ist mit rund 2,25 Billionen Euro Schulden Anfang 2021 *mittendrin statt nur dabei*. In den sich immer deutlicher abzeichnenden mageren Jahren machen die Länder dieser Welt einfach munter noch mehr Schulden, als gäbe es kein Morgen. Wer soll den jährlich anwachsenden Schuldenberg, der sich Anfang 2021 weltweit auf rund 280 Billionen Dollar (das ist eine Zahl mit 15 Ziffern – vor dem Komma!) beläuft, jemals zurückbezahlen? Wieso wird über die unkomfortablen Auswirkungen kaum öffentlich nachgedacht?

Tipp: Da auch diesmal kein Land dieser Erde die Mathematik überlisten kann, ist eine Inflation und damit eine Entwertung des Geldes wahrscheinlich. Wenn du also die Möglichkeit hast, ist jetzt (Stand August 2021) einer der letzten günstigen Zeitpunkte, Geldmittel in Sachwerte zu verwandeln. Das sind zum Beispiel die Klassiker wie Gold und Silber sowie das *Küken* Bitcoin (sei dir im Klaren darüber, das Kryptowährungen einerseits größere Gewinnchancen erwarten lassen, andererseits deutlich volatiler sind als Edelmetalle – das heißt, dass die Kurse stärker schwanken).

- Intensives Denken kostet Zeit und Mühe, führt dich am Ende jedoch meistens zu ungewöhnlichen Einsichten.

Auf Verkaufstrainings beispielsweise zeigt sich immer wieder, wie wenig engagiert sich einige Verkäufer systematisch auf ihre Verkaufsgespräche vorbereiten und sich die passenden Argumente für Einwände zurechtlegen. Kommen vom Kunden auch nur schwache Einwände, weht nur ein leiser Gegenwind, haben viele Verkäufer wenig entgegenzusetzen. Statt den Kunden nach Beweggründen und Hintergrundinformationen zu fragen („Woran liegt es?"), reagieren einige Verkäufer immer noch unbeholfen oder geben den Besserwisser („Sie verstehen es einfach nicht, ich erkläre es Ihnen nochmal").

Da diese Verkäufer wenig selbst (vor-, mit- und nach-)denken und sich daher kaum noch weiterentwickeln, gibt es ein Heer an Durchschnittsverkäufern und nur eine kleine Bestenauslese von Top-Verkäufern.

> *Was du heute denkst, wirst du morgen sein.*
>
> Siddharta Gautama, Begründer des Buddhismus

- Du bist, was du denkst.

Diese Einsicht von essenzieller Bedeutung hat es verdient, in großen Buchstaben am schwarzen Brett aufgehängt zu werden. Wenn du zum Beispiel über mehr Zeit verfügen oder dein Vermögen erhöhen willst, dann fang mit konstruktivem Denken an. Es ist genauso einfach, wie es klingt – für viele *zu* einfach. Alle außergewöhnlich Erfolgreichen wenden bewusst oder unbewusst dieses alles entscheidende Motto an:

- Denk vom Ende her! Wenn du von deinen Zielen her rückwärts denkst, ist das der kürzeste Weg zum Erreichen deiner Ziele.
- Nimm dein Ziel gedanklich bereits in Besitz!
- Erlebe bereits heute, wie sich die erreichten Ziele für dich anfühlen!
- Triff eine Entscheidung, handle danach und lebe nachhaltig in dem Bewusstsein, dieses Ziel bereits erreicht zu haben!
- Frag dich: Was mache ich heute ganz konkret mit Freude, um meine Ziele auf elegante Weise zu erreichen?

Wesentliche Elemente dieses konstruktiven Denkens sind ...

1. Selbstdisziplin und
2. entsprechendes proaktives Handeln (nur aktiv zu sein mündet manchmal im blinden Aktionismus, proaktives Handeln erfordert eine Vorausplanung und eine Erwartungshaltung).

Und Disziplin heißt in diesem Zusammenhang, einen Gedanken nicht nur einmal zu denken, sondern kontinuierlich, und zwar bestenfalls als sogenannte Autosuggestionen oder Affirmationen (dann beeinflusst du dich mit positiven Sprachmustern selbst). Dein Unterbewusstsein nimmt diese Suggestionen wertfrei auf und setzt nun alles daran, deine Gedanken in die Tat umzusetzen. Das heißt, dass du dir so oft wie möglich am Tag ein bestimmtes Ziel vorsprichst, zum Beispiel: „Ich bin erfolgreich und sympathisch." Erinnere dich an die im Abschnitt *Stress abbauen* besprochene 3-P-Formel. Hier einige weitere Beispiele für wirkungsvolle Autosuggestionen:

- Meine Arbeit macht mir große Freude.
- Mit meinen Mitarbeitern und Kunden gehe ich freundlich und sympathisch um.
- Ich bin beruflich außerordentlich erfolgreich.
- Ich gebe jeden Tag mein Bestes.
- Ich bin dankbar, dass ich mich permanent weiterentwickle.
- Ich bin vollkommen gesund.
- Ich bin wohlhabend und vermögend.

Oder wähle die bewährte *Generalformel* des Begründers der Autosuggestion, Émil Coué:

- Es geht mir mit jedem Tag in jeder Hinsicht immer besser und besser!

Wichtiger Tipp: Wir Menschen sind jeden Tag mindestens zweimal im sogenannten Theta-Zustand (das ist der *Dämmerzustand*, wenn in deinem Gehirn Thetawellen auftreten; du befindest dich dann an der Schwelle zwischen Schlaf- und Wachzustand):

1. Morgens beim Aufwachen und
2. abends beim Einschlafen.

Nachgewiesenermaßen wirken Suggestionen am besten, wenn sie im Theta-Zustand eingesetzt werden. Logische Schlussfolgerung: Setze deine Suggestionen am besten direkt morgens beim Erwachen und abends beim Zubettgehen an, wenn du laut Biofeedbackforscher *hyper-beeinflussbar* bist. Ich nutze diese starke Methode besonders abends im Bett, bis ich tatsächlich eingeschlafen bin. Laut Coué erzielst du demnach die größten Erfolge, wenn du dir seine Autosuggestion (oder eine deiner selbst formulierten Autosuggestionen) beim Aufwachen und beim Einschlafen rund 20-mal halblaut vorsagst oder eine zuvor aufgenommene Audiodatei anhörst, damit die Suggestionen ohne deine mentalen Filter und kritischen Abwehrmechanismen über den Gehörsinn im Unbewussten verankert werden.

Der Vollständigkeit halber: Coué beschreibt in seinem Buch *Die Selbstmeisterung durch bewusste Autosuggestion* die beiden Kerngedanken seiner Lehre:

1. Jeder Gedanke in uns ist bestrebt, wirklich zu werden.
2. Nicht unser Wille, sondern unsere Einbildungskraft (Imagination; die Fähigkeit, innere Bilder geistig zu entwickeln oder sich an solche zu erinnern, sie zu kombinieren und diese mit dem inneren geistigen Auge anschaulich wahrzunehmen), ist die bedeutsamste Eigenschaft in uns.

> *Beginnen Sie immer mit dem letzten Schritt, dem Schritt ins Ziel. Wenn Sie nicht am Ziel sind, bevor Sie den ersten Schritt tun, brauchen Sie sich gar nicht erst auf den Weg machen.*
>
> Kurt Tepperwein, deutscher spiritueller Lehrer und Autor

Zusammengefasst heißt das:

1. Setz dir in Gedanken ein Ziel,
2. schreibe es auf,
3. visualisiere dein Ziel vor deinem inneren Auge, mit einer Zielcollage und / oder einem Zielfilm (mach sicherheitshalber alles),
4. spüre mit all deinen Sinnen, wie du dein Ziel bereits erreicht hast,
5. flankiere die Zielerreichung morgens und abends mit Autosuggestionen und / oder mit einem interrogativen Selbstgespräch und

6. komm endlich entsprechend ins Handeln!

Nur fürs Protokoll: Es ist natürlich sinnfrei, wenn du dich in deiner Vorstellung als erfolgreicher und sympathischer Chef siehst und dir parallel dazu täglich hinter geschlossenen Türen über deine *idiotischen* Mitarbeiter das Maul zerreißt.

Und jetzt komm ins Handeln:

- ✓ Sieh – wie Phillip Lahm – mit deinem inneren Auge in klaren Bildern, welches Ziel du erreichen möchtest – das ist die Basis, es auch zu verwirklichen!
- ✓ Führe dir täglich die Realitäts-Spirale vor Augen mit der fundamentalen Erkenntnis, dass deine Welt mit der Zeit die Farbe deiner Gedanken annimmt!
- ✓ Mach dir auch immer wieder klar, dass dein Denken von deinem Selbst- und Weltbild abhängt: Wenn dir zu kalt ist, stell deinen Thermostaten höher ein!
- ✓ Fokussiere deine Gedanken auf ein gewünschtes Ziel, begeistere dich dafür und handle dann entsprechend – das ist der bestmögliche Weg zum Erreichen deiner Ziele!
- ✓ Du bist, was du denkst – denk also konstruktiv, ziel- und lösungsorientiert!
- ✓ Denk deine Ziele vom Ende her, sei selbstdisziplinert und handle entsprechend proaktiv!
- ✓ Unterstütze deine Zielerreichung mit Affirmationen und Autosuggestionen wie *Es geht mir mit jedem Tag in jeder Hinsicht immer besser und besser!*
- ✓ Fazit: Setz dir in Gedanken ein Ziel, schreibe es auf, visualisiere dein Ziel vor deinem inneren Auge, mit einer Zielcollage und einem Zielfilm, spüre mit all deinen Sinnen, wie du dein Ziel bereits erreicht hast, flankiere die Zielerreichung morgens und abends mit Autosuggestionen sowie einem interrogativen Selbstgespräch und komm endlich entsprechend ins Handeln!

5.5 Dein Weg an die Spitze – wie du nachahmst und dich kontinuierlich verbesserst

> *Der Mensch hat dreierlei Wege, klug zu handeln;*
> *erstens durch Nachdenken, das ist das Edelste,*
> *zweitens durch Nachahmen, das ist das Leichteste, und*
> *drittens durch Erfahrung, das ist das Bitterste.*
>
> Konfuzius, chinesischer Philosoph

Tagtäglich werden weltweit neue brillante Gedanken geboren. Diese genialen Einfälle fallen allerdings nicht vom Himmel, sondern beruhen meist auf bereits gedachten Erkenntnissen:

- Vernetze eine bekannte Idee mit einer neuen, dann entsteht in Summe etwas Neues, etwas Einzigartiges, eine Innovation!
- Kurzum: Das Rad wurde bereits erfunden, wie kannst du etwas Unvergleichliches daraus machen?

Beispiel: Bergwandern mit Unternehmern, Selbstständigen und Führungskräften gab es bereits, ich habe *Norddeutschlands höchstes Motivationsseminar* daraus gemacht.

Nimm gute Ideen einfach als Basis für Neues, das auf ihnen aufbaut. Dieses Buch ist dafür das beste Beispiel: Zum Teil 2.600 Jahre alte Gedanken auf die Jetztzeit übertragen ergeben in Summe eine Anleitung für hochgradigen ganzheitlichen Erfolg im 3. Jahrtausend!

- Welche wesentlichen Maßnahmen ergreifen die bekannten Unternehmenslenker, Wissenschaftler, Musiker und Sportler, die seit Jahren die Besten ihres Gebiets sind?
- Was machen sie besser als all ihre Wettbewerber?
- Wo genau liegt der Unterschied?

Komm ihnen auf die Spur und ahme sie dann nach! Deine Spiegelneuronen werden schon dann aktiv, wenn du dich gedanklich damit beschäftigst, wie beispielsweise Apple, Amazon und Google oder auch hidden champions (das sind eher unbekannte Weltmarktführer in Nischenbranchen) wie etwa der Tunnelvortriebsmaschinenbauer Herrenknecht, der Luxusyachtenbauer Lürssen oder der Orthopädiespezialist Otto Bock ihre Ziele erreicht haben.

So wie die chinesische Autoindustrie der europäischen nacheifert, indem sie deren Erfolgskonzepte übernehmen – und anschließend verbessern. Sich an den Besten zu orientieren wird *Modeling of Excellence* genannt und bedeutet *Lernen von den Besten*. Wenn du also in der Formel 1 durchstarten willst, stimmst du dich am besten zuvor mit Lewis Hamilton ab.

> *Nachahmung ist die höchste Form der Anerkennung.*
>
> Oscar Wilde, irischer Schriftsteller

Lerne von den Champions: Das ist der sicherste Weg, um selbst die Nummer 1 auf deinem Gebiet zu werden. Das Erfolgskonzept der Spitzenleute zu erkennen und nachzuahmen ist die schnellste, leichteste und motivierendste Methode, selbst schnell zu wachsen.

- Suche dir einen echten Experten als Vorbild aus, der eine gewünschte Handlungsweise erwiesenermaßen am besten beherrscht: Du kannst genauso erfolgreich sein wie dein Vorbild!

Mein Erfolg ist auch nicht vom Himmel gefallen: Ich habe zum Beispiel viel von Vera F. Birkenbihl, Alexander Munke und Bodo Schäfer gelernt.

Dem Beispiel eines anderen zu folgen ist jedem hinlänglich bekannt: Uns ist nämlich der Nachahmungstrieb angeboren. Unbewusst hast du bereits als Baby und Kleinkind deine wichtigsten Bezugspersonen nachgeahmt.

Stell dir drei Fragen:

1. Was genau möchte ich lernen?
2. Wer bringt Spitzenleistungen auf diesem Gebiet?
3. Wer davon ist mir sympathisch, wen wähle ich als *Idol*?

Ich hatte das große Glück, meinen Vorbildern persönlich zu begegnen, indem ich zum Beispiel Veranstaltungen mit Birkenbihl und Munke organisiert habe. Tony Robbins fehlt mir beispielsweise auf meiner Liste: Dafür habe ich sein Denken und seine Strategien über Bücher und Online-Videos kennengelernt und viele seiner Impulse übernommen. Wenn du beispielsweise dieses Buch liest, dann betrachte es als meinen intensiven Brief an dich mit der Aufforderung, danach sofort die wichtigsten Impulse und besten Ideen schnellstmöglich in die Tat umzusetzen.

Wie man einen angeschlagenen Konzern zum wertvollsten Unternehmen der Welt macht, hat beispielsweise der ehemalige Applechef Steve Jobs demonstriert. Eine seiner Maximen lautete:

- Strenge dein Gehirn an, sei aufmerksam und nutze es!

> *Der beste Rat überhaupt: Denke ununterbrochen darüber nach,*
> *wie Du Dinge verbessern kannst und hinterfrage Dich selbst.*
>
> Elon Musk, südafrikanischer Unternehmer

Aber Achtung! Nachahmen ist immer nur der erste Schritt auf deinem Weg zu überragendem Erfolg. Geh anschließend unbedingt auch den zweiten Schritt:

- Verbessere dich kontinuierlich weiter!

Das ist auch die Denkweise des *Kontinuierlichen Verbesserungsprozesses (KVP)*, den viele westliche Unternehmen dem weltweit bekannten japanischen *Kaizen* nachgeahmt haben. Gemeint ist ein ständiger Verbesserungsprozess in kleinen Schritten. Mach diese leicht verständliche und umsetzbare Methode zu deiner Geisteshaltung, die du ab sofort permanent lebst:

1. Vermeide Verschwendung, Überlastung und Unausgeglichenheit!
2. Halte deinen Arbeitsplatz sauber!
3. Schaffe Ordnung, indem du das Notwendige vom Unnötigen trennst. Wirf alles Unnötige danach weg!
4. Erhalte diszipliniert die geschaffene Sauberkeit und Ordnung!

Und jetzt komm ins Handeln:

✓ Vernetze eine bekannte Idee mit einer neuen, dann entsteht in Summe etwas Einzigartiges – eine Innovation!
✓ Lerne von den Besten, indem du dir einen echten Experten als Vorbild aussuchst, der eine gewünschte Handlungsweise erwiesenermaßen am besten beherrscht: Du kannst dann genauso erfolgreich sein wie dein Vorbild – oder erfolgreicher!
✓ Übernimm Erfolgskonzepte und optimiere sie anschließend!
✓ Strenge dein Gehirn an, sei aufmerksam und nutze es!
✓ Verbessere dich kontinuierlich weiter!

5.6 Erfolge erfolgen – wie du das magische Gesetz von Ursache und Wirkung nutzt

> *Der Erfolg ist eine Folgeerscheinung,*
> *niemals darf er zum Ziel werden.*
>
> Gustave Flaubert, französischer Schriftsteller

Extrem erfolgreich sein – was heißt das denn jetzt genau? Gemeinhin wird darunter verstanden, dass du ein hohes Ziel definierst und es durch energisches Handeln auch erreichst. Dein Ziel soll dich natürlich begeistern und ist daher auch dein Motivationsturbo Nummer 1! Auf der anderen Seite ist selbstverständlich alles Erfolg, denn dem Wortsinn nach ist Erfolg ganz unspektakulär das, was erfolgt.

Nach dieser originären Definition ist Erfolg eine neutrale Betrachtung eines Resultats, das einer Ursache folgt. Aus dieser Perspektive besehen gibt es keinen Misserfolg, sondern immer nur Erfolg, der manchmal einfach nur anders als gewünscht eintritt:

• Reflektiere *Misserfolg* deshalb als Lernchance und mach es beim nächsten Mal besser!

Die Basis für Erfolg sind deine Gedanken, die einen chemischen Cocktail produzieren und sich in Gefühle wandeln, die Einfluss auf unseren Körper nehmen. Gedanken und Gefühle sind also die Ursache für dein Handeln und deine Ergebnisse:

- Begeistere dich also für das, was du tust, und genieße deinen Weg zum Ziel – das ist dein Weg zu großem Erfolg!

> *Es sind nicht die Dinge selbst, die uns beunruhigen, sondern die Vorstellungen und Meinungen von den Dingen.*
>
> *Epiktet, griechischer Philosoph*

- Für dich heißt das: Es sind nicht die Dinge selbst, die dich beunruhigen, sondern deine Beurteilung der Dinge!

Die Sonne ist, wie sie ist. Und der Regen ist, wie er ist. Beiden ist es egal, ob du dich über sie freust oder aufregst.

- Erinnere dich an Albert Ellis' ABC-Modell: Eine Situation wirkt nicht direkt auf dein Verhalten, sondern in einem zweiten Schritt über deine Bewertung dieser Situation.

Vielleicht kennst du Paul Watzlawicks legendäre Hammer-Geschichte aus seinem Buchklassiker *Anleitung zum Unglücklichsein*, sie ist ein starkes Beispiel für diesen mittelbaren Glauben (Bewertung) und der anschließenden Reaktion (Auswirkung):

Ein Mann will ein Bild aufhängen. Den Nagel hat er, nicht aber den Hammer. Der Nachbar hat einen. Also beschließt unser Mann, hinüberzugehen und ihn auszuborgen. Doch da kommen ihm Zweifel: Was, wenn der Nachbar mir den Hammer nicht leihen will? Gestern schon grüßte er mich nur so flüchtig. Vielleicht war er in Eile. Aber vielleicht war die Eile nur vorgeschützt, und er hat etwas gegen mich. Und was? Ich habe ihm nichts angetan; der bildet sich da etwas ein.

Wenn jemand von mir ein Werkzeug borgen wollte, ich gäbe es ihm sofort. Und warum er nicht? Wie kann man einem Mitmenschen einen so einfachen Gefallen abschlagen? Leute wie dieser Kerl vergiften einem das Leben. Und dann bildet er sich noch ein, ich sei auf ihn angewiesen. Bloß weil er einen Hammer hat. Jetzt reicht's mir wirklich. – Und so stürmt er hinüber, läutet, der Nachbar öffnet, doch noch bevor er „Guten Tag" sagen kann, schreit ihn unser Mann an: „Behalten Sie Ihren Hammer, Sie Rüpel!"

- Du siehst: Zwischen Ursache und Wirkung liegen deine programmierten Glaubenssätze, die entscheidenden Einfluss auf dein Verhalten nehmen – mach dir daher deine Glaubenssätze bewusst und verwandle destruktive in konstruktive Überzeugungen!

> *Wenn du eine Entscheidung treffen sollst, und triffst keine, so ist das selbst eine Entscheidung.*
>
> William James, US-amerikanischer Psychologe und Philosoph

Mach dir bewusst: Triffst du eine längst fällige Entscheidung *nicht*, dann bist du im wahrsten Sinne des Wortes *ohnmächtig*. Diese Ohnmacht (ohne Macht) stellt nur eine Auswirkung der weitverbreiteten Ursache dar, dich nicht entschieden zu haben.

Pack also den Stier an den Hörnern und erledige kraftvoll die wichtigen Aufgaben und nimm Fehler als wertvolle Zwischenergebnisse ruhig in Kauf: Das sind deine wertvollen Ursachen für die Folgeerscheinung Erfolg.

> *Der schlimmste Fehler im Leben ist, ständig zu befürchten, dass man einen macht.*
>
> Elbert Hubbard, US-amerikanischer Schriftsteller und Verleger

Ein großer Bremsklotz auf deinem Weg zu Glück und Erfolg in deinem Leben ist die Angst vor Fehlern. Weit verbreitet ist der (meist unbewusste) Glaube:

- „Wenn ich es nicht richtig mache, bin ich ein Versager und die anderen lachen mich aus und zeigen mit dem Finger auf mich."

Dazu solltest du wissen, dass die größten Erfindungen der Menschheitsgeschichte, wie beispielsweise die Glühbirne, das Ergebnis unzähliger Fehlversuche waren. Allerdings waren ihre Erfinder derart ambitioniert, so lange zu experimentieren, bis sie es trotz der vielen Misserfolge schafften. Ich liebe diese Weisheit: *Nichts ist erfolgreicher als der Erfolg!*

Und jetzt komm ins Handeln:

✓ Pack den Stier an den Hörnern und erledige kraftvoll die wichtigen Aufgaben und nimm Fehler als wertvolle Zwischenergebnisse ruhig in Kauf!

✓ Korrigiere einen Fehler sofort, wenn du merkst, dass etwas schiefgelaufen ist!

✓ Weigere dich regelmäßig, aufgrund von Fehlern aufzugeben, und lerne, an ihnen zu wachsen: Betrachte sie als deine Lernerfahrungen!

✓ Reflektiere *Misserfolg* deshalb als Lernchance und mach es beim nächsten Mal besser!

✓ Zwischen Ursache und Wirkung liegen deine programmierten Glaubenssätze, die entscheidenden Einfluss auf dein Verhalten nehmen – mach dir daher deine Glaubenssätze bewusst und verwandle destruktive in konstruktive Überzeugungen!

✓ Begeistere dich für das, was du tust und genieße deinen Weg zum Ziel – das ist dein Weg zu großem Erfolg!

✓ Schreibe deinem persönlichen Erfolg die höchste Bedeutung zu, mach ihn wichtig!

✓ Glaub an dich und an deinen Erfolg!

✓ Mach den Glauben an ihn zu deinem Leitstern bei all deinem Handeln!

5.7 Gott würfelt nicht – wie du deine Realität frisierst

Es gibt keinen Zufall.

Friedrich Schiller, deutscher Dichter und Dramatiker

Es gibt keinen Zufall heißt mit anderen Worten: Alles, was geschieht, hat eine Ursache, einen Grund. Häufig können wir Menschen diese Ursache nicht erkennen und glauben daher an einen Zufall des Schicksals. Diejenigen, die sich etwas näher mit diesem Thema beschäftigen, kommen zu der weisen Erkenntnis, dass alles Geschehen auf der Gesetzmäßigkeit von Ursache und Wirkung beruht. Der Schweizer Erfolgsautor René Egli etwa hat in seinem Buch *Das Lol²a-Prinzip* diesen Zusammenhang als *Gesetz von Aktion und Reaktion* bezeichnet: Der Zufall ist eine gut getarnte Notwendigkeit – er ist so etwas wie das Pseudonym Gottes, wenn er nicht selbst unterschreiben will, wie der französische Schriftsteller Théophile Gautier erkannte.

*O göttliche Notwendigkeit, du zwingst alle deine Wirkungen,
auf kürzestem Wege deinen Ursachen zu folgen!*

Leonardo da Vinci, italienischer Universalgelehrter

Ursache und Wirkung lautet das wohl wichtigste Lebensgesetz für uns Menschen. Es besagt, dass jedem Auslöser eine Auswirkung folgt. Ob du dich beruflich nach vorne katapultierst oder ob du dich auf ein Abstellgleis schieben lässt, ob dich eine innige Liebe mit deinem Partner verbindet oder ob er inzwischen anderweitig liiert ist: Jede Lebenslage ist eine Wirkung, die du verursacht hast – es gibt keinen Zufall.

- Du zeichnest mit dem, was du tust, und mit dem, was du unterlässt, verantwortlich für dein gesamtes Leben.

Alles, was wir nicht erklären können, nennen wir weithin Zufall. Von einer höheren Warte aus betrachtet ist der Zufall eine logische Wirkung auf eine Ursache, die wir selbst gesetzt haben. René Egli beschreibt dieses Zusammenspiel in einem eingängigen Gleichnis:

Bauern sind sehr weise. Sie wissen: Möchten sie Weizen ernten, dann müssen sie Weizen säen. Ein Bauer freut sich über den wachsenden Weizen, nie würde er zu schimpfen beginnen und Roggen fordern. Er weiß ja, dass er dafür Roggen hätte säen müssen. Viele denken, sie müssten erst einmal selbst erfolgreich sein, um dann auch anderen ein wenig Erfolg zu wünschen, aber so geht es nicht. Die Landwirte zeigen dir, wie es funktioniert, und das kannst du auch auf dein Leben übertragen: Wenn du Erfolg möchtest, dann überlass ihn nicht dem Zufall! Säe Erfolg, indem du allen, die dir begegnen, auch Erfolg wünschst!

• Mach dir diese wesentlichen Erkenntnisse für dein Berufs- und Privatleben zunutze, sie wirken auf deinen Erfolg wie ein Turbo-Strahltriebwerk!

> *Zufall ist ein Wort ohne Sinn; nichts kann ohne Ursache existieren.*
>
> Voltaire, französischer Philosoph und Schriftsteller

Dieses einfache Gesetz von Aussaat und Ernte hat sich offenbar noch nicht sehr weit herumgesprochen. Viele möchten zwar gern große Erfolge feiern, obwohl sie Druck und Geringschätzen säen. Und wundern sich dann, dass sie von ihren Mitarbeitern nur Arbeit nach Vorschrift ernten.

Logisch: Weil jeder Ernte die Saat vorausgeht, muss jeder Verbesserung deiner Situation – ob in der Familie oder im Beruf – eine Änderung deines Handelns vorausgehen:

• Säe ehrliche Anerkennung und du erntest überdurchschnittliche Leistung!

Führe dir vor Augen: Du kannst die Welt nicht ändern – sie ist, wie sie ist. Ändern jedoch kannst du dein Denken, das deinem Handeln vorausgeht: Möchtest du eine Situation ändern, dann ändere ...

1. deine Gedanken und danach
2. deine Taten.

Nach dem Gesetz von Ursache und Wirkung wird die Gedankenenergie, die du aussendest, zu dir zurückkehren. Ängstliche Gedanken lassen dich abwarten und nichts riskieren, mutige Gedanken lassen dich energisch handeln und übermäßig erfolgreich sein – merke: es gibt keinen Zufall, es gibt nur Aussaat und Ernte.

Und jetzt komm ins Handeln:

✓ Mach dir immer wieder aufs Neue klar: Es gibt keinen Zufall – alles beruht auf dem Gesetz von Ursache und Wirkung!
✓ Mach dir deswegen bewusst: Was immer du tust oder lässt – du bist verantwortlich für dein gesamtes Leben!
✓ Dein Turbo-Strahltriebwerk: Säe Erfolg, indem du allen, die dir begegnen, auch Erfolg wünschst!
✓ Für den Umgang mit anderen heißt das: Säe ehrliche Anerkennung und du erntest überdurchschnittliche Leistung!
✓ Denke mutige Gedanken: Sie lassen dich energisch handeln und übermäßig erfolgreich sein!

5.8 Intrinsische Motivation – wie du dich kraftvoll auf deine Ziele zubewegst

> *Wessen wir am meisten im Leben bedürfen ist jemand,*
> *der uns dazu bringt, das zu tun, wozu wir fähig sind.*
>
> Ralph Waldo Emerson, US-amerikanischer Schriftsteller

Nachhaltig motivierte und leistungsbereite Mitarbeiter stellen den Dreh- und Angelpunkt für den Unternehmenserfolg dar. Zufriedene und ausgeglichene Mitarbeiter ...

- verursachen weniger Fluktuation,
- sind weniger krank,
- leistungsfähiger und
- engagieren sich für ihr Unternehmen.

Aus diesem Grund wurde insbesondere im vergangenen halben Jahrhundert das Phänomen Motivation eingehend untersucht – mit dem Ergebnis, dass weder mangelnde Selbstdisziplin noch andauernder Druck verantwortlich sind für motiviertes Verhalten.

Was bedeutet eigentlich Motivation und wie kannst du dich und dein Umfeld motivieren? Sinngemäß übersetzt heißt Motivation in etwa *auf ein Ziel hinbewegen*. Jeder Mensch findet diese innere Kraft in sich angelegt, die ihn bewegt und antreibt, aktiv handelnd auf ein angestrebtes Ziel zuzugehen.

Weg-von- und Hin-zu-Typen

Warum treiben dich bestimmte Dinge an und bremsen dich andere aus? Was genau sind die Ursachen für Motivation und Demotivation?

- Tief in dir stecken zwei Hauptantriebe, die dein Überleben sichern: Du möchtest Schmerz vermeiden und Freude erlangen.
- Alles, was du tust und lässt, hat seinen Ursprung in diesem Schmerz-Freude-Prinzip.

Von anderen Menschen unterscheidest du dich nur darin, was du als Schmerz oder Freude bewertest:

Der eine liebt seine Aufgabe und arbeitet bis in die tiefe Nacht und verbindet damit große Freude, weil er sich beruflich weiterentwickelt und darüber hinaus ein Vermögen anhäuft. Der andere empfindet vielleicht schon bei dem Gedanken an seine ungeliebte Arbeit Schmerzen, weil er sie nur wegen des Geldes erledigt.

Dinge, die den Menschen Angst machen und Schmerzen bereiten, möchten sie vermeiden. Negative Erfahrungen wie Verletzungen, Trennungen oder Arbeitsplatzverlust werden im Unterbewusstsein als Programm abgespeichert, zum Beispiel als *Sportverletzung-vermeiden-Programm*. Je intensiver ein Mensch beispielsweise seine Verletzung beim Fußball miterlebt, desto nachdrücklicher ist die dabei entstandene Programmierung und desto nachhaltiger ändert er sein Verhalten, indem er sich zukünftig in einer vergleichbaren Situation defensiver verhält. Sobald also eine vergleichbare unangenehme Situation droht, meldet sich das bei der Verletzung angelegte Programm und sorgt dafür, dass er sich diesmal anders verhält.

> *Unentschlossenheit, Ängstlichkeit ist für Geist*
> *und Seele, was Folter für den Körper.*
>
> Nicolas Chamfort, französischer Dramatiker

Zu den vielen menschlichen Unterscheidungsmerkmalen gibt es unter anderem sogenannte *Weg-von-* und *Hin-zu-Typen*:

- Weg-von-Typen können detailliert ihre eigenen Probleme und die der anderen beschreiben. Ängste aller Art und wie man sie sich wieder vom Hals schafft sind ihr Steckenpferd. Was sie nicht wollen, wissen sie sehr genau. Ziele haben dagegen nur wenige von ihnen. Typisch ist ihre Eigenart, erst lange zu zögern und dann kurz vor Toresschluss zu handeln.

Wie aber gehst du nun idealerweise mit diesen Menschen um? Weg-von-Typen kannst du mit fixen Terminen zum Handeln motivieren, sie reagieren eher auf leichten Druck als auf Anreize.

> *Die Welt macht dem Menschen Platz, der weiß, wohin er geht.*
>
> Ralph Waldo Emerson, US-amerikanischer Schriftsteller

Das Gegenteil der Weg-von-Typen bilden die Hin-zu-Typen:

- Auf Dinge, die ihnen Spaß machen, gehen sie zu. Positive Erfahrungen, zum Beispiel Liebe, Beziehung und beruflicher Aufstieg, speichern sie unbewusst als starke Programme ab.

Wie kannst du einen Hin-zu-Typ motivieren? Wann immer du ihm die Aussicht auf etwas Positives bietest – wenn du beispielsweise die Möglichkeit einer Beförderung, die als starker Antrieb wirkt, ansprichst – wird sich der Hin-zu-Typ aktiv darauf zubewegen.

> *Der Kluge trachte nach Schmerzlosigkeit, nicht nach Lust.*
>
> Aristoteles, griechischer Philosoph

Alles, was du tust, entsteht aus deinem Bedürfnis heraus, Schmerz zu vermeiden oder Freude zu gewinnen. Die Natur hat in dir dieses Schmerz-Freude-Prinzip zur Art- und Selbsterhaltung eingerichtet. Plakativ formuliert wollen wir den Tod vermeiden und unser Leben erhalten. Welcher dieser beiden Motivatoren ist nun der stärkere?

Gehst du nach einem anstrengenden und verregneten Tag noch zum Joggen oder legst du dich lieber auf die Couch und schaust Fernsehen? Was ist realistischer: Dass dein Finanzamt dich anruft und lobende Worte für deine mustergültigen Überweisungen auf das Konto des Fiskus findet oder dass dir dein Finanzamt beispielsweise eine Umsatzsteuer-Sonderprüfung an den Hals hängt?

Du gerätst insbesondere in Wallung, um Schmerzen zu vermeiden! Schmerzen werden als ein allzu unangenehmes Gefühl wahrgenommen, das dein Unterbewusstsein unbedingt verhindern will. Musst du dich zwischen zwei ungünstigen Gefühlen entscheiden, wählst du die weniger unangenehme Variante.

Bist du also dann am stärksten motiviert, wenn du alles daransetzt, Schmerzen zu vermeiden? Nein! Du bist es dann, wenn du sowohl Schmerzen vermeidest als auch Freude erlangen willst. Erreichst oder übertriffst du kontinuierlich deine Umsatzzahlen, dann heißt das konkret: Es fühlt sich gut an, wenn es wieder einmal geklappt hat, aber es geht dir regelrecht schlecht, wenn deine Zahlen im Keller sind. Im Verkauf gibt es genügend Standardmitarbeiter, die aus Angst vor Sanktionen gerade mal ihre Umsätze erreichen und dann mangels inneren Antriebs nicht bereit sind, einen einzigen Finger mehr zu krümmen als nötig.

Die bewährte Motivationsformel lautet: Du und dein Unternehmen laufen zur Bestform auf, wenn du deinen Mitarbeitern nicht nur bei verfehlten Zielen ein konstruktives Feedback gibst, sondern auch im Erfolgsfall lobst und anerkennst.

Die Motivation aus deinem Inneren

Unsere Möglichkeiten sind begrenzt. Von dem, was wir für unmöglich halten.

Ernst Ferstl, österreichischer Lehrer und Schriftsteller

Erinnerst du dich an Felix Baumgartners spektakulären Sprung aus 39.045 Metern Höhe, mit dem er weltweite Bekanntheit erzielte?

Als erster Mensch raste er am 14. Oktober 2012 im US-Bundesstaat New Mexico aus über 39 km Höhe mit rund 1.343 km/h im freien Fall auf die Erde zu – damit war er rund 265 Stundenkilometer schneller als der Schall.

Damit durchbrach Felix Baumgartner als erster Mensch die Schallmauer – und stellte mit diesem riskanten Kunststück unter Beweis, dass der menschliche Körper den Kräften rasender Geschwindigkeit standhält. Millionen von Menschen hielten vorm Fernseher und im Internet den Atem an, als er zum Absprung bereit an den Rand seiner Kapsel trat und in die Tiefe sprang. Kurz nach dem Absprung begann Baumgartner gewaltig zu taumeln, er überschlug sich ein ums andere Mal – es gelang ihm aber, nach 4 Minuten und 19 Sekunden sicher zu landen.

Er brach mit seinem Sprung drei Weltrekorde:

1. Die höchste bemannte Ballonfahrt,
2. den höchsten Fallschirmsprung sowie
3. den schnellsten freien Fall.

Wie lässt sich so ein Phänomen erklären? Auf seine Motivation angesprochen, erklärte er vier Tage vor seinem Sprung in einem Interview:

Ich liebe Herausforderungen. Für mich gibt es keine größere Herausforderung als jene, als erster Mensch in der Geschichte im freien Fall Überschallgeschwindigkeit zu erreichen. Was die Motivation betrifft, ist das aber nur die Spitze des Eisbergs. Durch Red Bull Stratos werden wir Daten sammeln, die künftigen Astronauten und Piloten – und vielleicht sogar eines Tages auch Weltall-Touristen – das Leben retten könnten. Wenn wir zeigen, dass ein Mensch in der Stratosphäre die Schallmauer durchbrechen und anschließend sicher auf der Erde landen kann, wäre das ein wichtiger Beitrag zur Schaffung von Rettungsmaßnahmen im erdnahen Bereich, die es so noch nicht gibt.

Interessanterweise klang das in einem seiner Interviews nach dem Sprung anders:

Wenn man da oben steht, wird man demütig. Du denkst nicht mehr daran, Rekorde zu brechen, du denkst auch nicht mehr daran, wissenschaftliche Daten zu sammeln. Du willst nur noch lebend zurückkommen.

Auch wenn es nur bedingt vergleichbar ist: Mir ging es auf dem Kilimandscharo ähnlich – völlig erschöpft auf dem Kraterrand stehend war mein erster Wunsch, gesund wieder am Fuße des Berges anzukommen und dann ausschlafen zu dürfen. Erst im Nachhinein konnte ich die Leistung richtig einordnen: Es geht in erster Linie darum, sich zu überwinden, Herausforderungen anzunehmen und an ihnen zu wachsen.

> Motivation hängt zusammen mit Begeisterungsfähigkeit, mit
> Sinngebung, mit Visionen – und zwar aus mir selbst heraus.
>
> Reinhold Messner, Südtiroler Extrembergsteiger und Buchautor

Deine Motive, ein Ziel zu erreichen, sind die Basis deiner Motivation. Aus diesen Beweggründen heraus entspringt dein Antrieb, ein bestimmtes Ziel zu erreichen. Wenn du beispielsweise wie ich begeistert wanderst, bist du intrinsisch motiviert: Dann kommt deine Motivation von innen heraus. Wenn dich mehr Geld vom Chef aktiviert, mehr zu leisten, bist du extrinsisch motiviert, die Motivation kommt von außen.

Freust du dich eher auf deine Arbeit oder doch mehr auf dein Wanderwochenende? Falls du jetzt ans Wandern gedacht hast, zeigt dir dies die Macht deines inneren Antriebs: Äußere Motivation aktiviert nur begrenzt zum Handeln, wahre Motivation kommt von innen!

Dinge, die du ohne Lust und Liebe tust und die dich nicht überzeugen, kosten dich Kraft und wirken frustrierend: Eine Arbeit, die du nur noch aus Gewohnheit erledigst oder gar als Strapaze empfindest, schadet dir und deinem Unternehmen:

- Lass besser alles los, was dich über einen längeren Zeitraum mehr Kraft kostet, als es dir bringt – das gilt auch für Beziehungen!

> *Alles ist miteinander verbunden, und hat einen Sinn. Obwohl dieser Sinn meist verborgen bleibt, wissen wir, dass wir unserer wahren Mission auf Erden nah sind, wenn unser Tun von der Energie der Begeisterung durchdrungen ist.*
>
> Paulo Coelho, brasilianischer Schriftsteller

Immer wenn du von etwas begeistert bist, gehen dir die Dinge leicht und schnell von der Hand. Wenn du für ein Thema brennst, fällt dein Schweinehund vom Schlitten. Deine Passion für ein bestimmtes Projekt oder Ziel beflügelt dich und du entwickelst eine ungeheure Ausdauer dafür:

- Handle begeistert und hingebungsvoll von innen heraus, das ist ein wesentliches Element für deinen beruflichen und privaten Erfolg!
- Je stärker deine Ziele aus deinem Herzen kommen, desto schneller erreichst du sie!
- Je klarer du das Zielbild vor Augen hast, desto stärker bist du motiviert!

Und jetzt komm ins Handeln:

- ✓ Bewege dich proaktiv auf dein Ziel hin, dann bist du aus dir selbst heraus motiviert!
- ✓ Freudeerlanger entwickeln auf dem Weg zu ihren Zielen mehr Energie als Schmerzvermeider – entwickle dich zu einem Hin-zu-Typen!
- ✓ Gib deinen Mitarbeitern sowohl konstruktives Feedback (wenn es etwas zu kritisieren gibt) als auch Lob und Anerkennung (wenn es etwas zu loben gibt)!
- ✓ Überwinde dich, nimm Herausforderungen an und lerne, an ihnen zu wachsen!
- ✓ Was dich über einen längeren Zeitraum mehr Kraft kostet, als es dir bringt, lässt du besser los!
- ✓ Führe dir deine Herzensziele bildhaft vor Augen, das ist einer der stärksten Motivatoren!
- ✓ Sei und handle begeistert!

5.9 Hier und jetzt – wie du deines Glückes Schmied bist

Ein Kind erscheint im frohen Kreise, holdes Glück erwecket lauten Jubel, und sein Strahlenblick lässt aller Augen strahlen.

Victor Hugo, französischer Schriftsteller und Politiker

Gegen Ende des Buches möchte ich noch einige Gedanken mit dir rund um das Thema ganzheitlicher Erfolg teilen: Es geht in deinem Leben nicht nur um außergewöhnlichen beruflichen Erfolg, sondern in Summe um dein persönliches Glück. Kleine Kinder zeigen uns täglich, wie das Glücklichsein funktioniert. Sie leben im Hier und Jetzt und gehen ohne Vorurteile an Menschen und Dinge heran. Etwas Neues zu entdecken, zu erfahren und neugierig auszuprobieren ist für sie das höchste Glück.

Du bist deines Glückes Schmied

> *Mut steht am Anfang des Handelns, Glück am Ende.*
>
> Demokrit, griechischer Philosoph

Wie gern wäre jeder tatsächlich seines Glückes Schmied und würde das Glück am liebsten aktiv initiieren, manchmal sogar erkaufen – nur haben die meisten keine Schmiede.

Das Glück bekommst du nicht so einfach zu fassen. Dieses begehrte Hochgefühl, der berauschende Glücksmoment, das intensive Flow-Erlebnis, all das sind flüchtige Erscheinungen. Glück ist ein Zustand, für den du bereit sein musst, den du dir aneignen kannst.

Die These, dass Glück ein erlernbares Gut ist, stammt vom griechischen Philosophen Aristoteles: Er war der Auffassung, dass es unter dem Strich das höchste Ziel des Menschen sei, glücklich zu leben.

Lerne nur das Glück ergreifen

> *Willst du immer weiter schweifen?*
> *Sieh, das Gute liegt so nah.*
> *Lerne nur das Glück ergreifen,*
> *Denn das Glück ist immer da.*
>
> Johann Wolfgang von Goethe, deutscher Dichter und Universalgenie

Die grundsätzliche Fähigkeit zum Glücklichsein steckt in jedem Menschen und damit auch in dir. Ironie des Schicksals ist nur, dass viele die Glücksmomente oft gar nicht richtig erkennen. Vor allem dann nicht, wenn sie auf leisen Sohlen daherkommen:

Es sind gerade die vielen kleinen Dinge, die dich glücklich machen. Welche drei solcher Dinge fallen dir spontan dazu ein?

Wahrscheinlich sehnst du dich auch nach Momenten, die dich glücklich machen. Doch Glück ist nicht gleich Glück. Was für den einen pures Glück bedeutet, ist für den anderen vielleicht eine grauenhafte Vorstellung: Ich kann zum Beispiel bis in die tiefe Nacht begeistert und hellwach an Details eines Seminars tüfteln, das ich am kommenden Tag halten werde; ein Kunde erzählte mir, dass es ihn anöden würde, Präsentationen vorzubereiten.

Viele sehen in der Liebe zum Partner oder den eigenen Kindern das höchste Glück. Andere bekommen einen seligen Gesichtsausdruck, wenn im Frühling das Eis schmilzt und die ersten Blumen sprießen. Für wieder andere ist Freiheit das größte Glück – oder der Beruf. Du siehst: Jeder empfindet Glück anders.

> *Bedenke stets, dass alles vergänglich ist; dann wirst du im Glück nicht zu fröhlich und im Leid nicht zu traurig sein.*
>
> Sokrates, griechischer Philosoph

Die Antworten auf die Frage, was denn Glück nun bedeutet, sind höchst individuell. Wie jeder andere Mensch auch mischst du dir in deinem Gehirn deinen ganz eigenen Glückscocktail aus Sinneswahrnehmungen, Erinnerungen und Gedanken zusammen. Nur eins scheint eindeutig zu sein: Glück ist meist kurz und du kannst es nur in kleinen Häppchen genießen. Wäre das Glück ein Dauerzustand, dann würde es dich in kein Hochgefühl mehr versetzen: Wenn du zum Beispiel im Urlaub in Finnland oder Norwegen Polarlichter siehst, wirst du völlig fasziniert sein; wären sie hingegen Nacht für Nacht zu sehen, dann wären sie dir gleichgültig.

Über Reiche und Lottogewinner

> *Das Geld, das man besitzt, ist das Mittel zur Freiheit,*
> *dasjenige, dem man nachjagt, das Mittel zur Knechtschaft.*
>
> Jean-Jacques Rousseau, schweizerisch-
> französischer Schriftsteller und Philosoph

Wenn du über viel Besitz verfügst, bist du nicht automatisch glücklicher, haben viele Glücksforscher festgestellt. Es ist eher so, dass *Reiche* nur unwesentlich glücklicher sind als andere. Natürlich gibt es Unerfreulicheres als eine Villa, einen Porsche und eine Luxus-Yacht, aber Materielles wirkt nicht automatisch als Glücksgarantie.

Wohlhabende Menschen sind nur dann zufriedener als andere, wenn sie aufgrund ihrer finanziellen Freiheit sich mit den Dingen und Themen beschäftigen können, die ihnen am Herzen liegen. Geld nimmt dir im wahrsten Sinne des Wortes die Arbeit ab, um in deiner Natur liegenden Begabungen zu folgen und in deinem Talent begeistert aufzugehen.

Für unter dem Existenzminimum lebende Leute bedeutet mehr Geld natürlich auch mehr Glück. Sobald allerdings die Grundbedürfnisse gesichert sind, nimmt das Glücksempfinden durch Geld ab.

> *Ein Mensch ist erfolgreich, wenn er zwischen Aufstehen*
> *und Schlafengehen das tut, was ihm gefällt.*
>
> Bob Dylan, US-amerikanischer Musiker und Lyriker

Ein eindrückliches Beispiel für Glück durch einen Lottogewinn beschreibt Rainer Zitelmann in seinem Buch *Reich werden und bleiben*: Der Arbeitslose David Lee Edwards aus Kentucky knackte im August 2001 den Lotto-Jackpot und gewann 41 Millionen Dollar. Knapp zwölf Jahre nach dem Lottogewinn starb er mittellos und vereinsamt – in einer Lagerhalle hausend.

Sein Motto nach dem Lottogewinn: „Ich werde jetzt nicht anfangen, mir eine Villa zu kaufen oder teure Autos. Ich werde das Geld in großer Demut annehmen und empfinde es als Zeichen Gottes." Motto und tatsächliches Verhalten waren auch in seinem Fall zwei verschiedene Paar Stiefel: Von dem Gewinn, von dem nach Steuern 27 Millionen Dollar übrig blieben, kaufte er sich ...

- eine Pracht-Villa in Florida, viele teure Autos (seine Nachbarn glaubten, er betreibe einen illegalen Autohandel),
- eine zweite Pomp-Villa in Kalifornien, vor der er auch einige seiner Luxuskarossen parkte,
- einen Fernseher für 30.000 Dollar,
- einen Gold- und Diamantenring für 78.000 Dollar sowie
- eine Sammlung von 200 Schwertern, Ritterrüstungen und Waffen, für 150.000 Dollar und
- darüber hinaus Rennpferde, Privatflugzeuge und Drogen.

Nach nur einem Jahr hatte er mit 12 Mio. Dollar schon knapp die Hälfte seines Gewinnes verjubelt. Als das Geld dann voll und ganz ausging, beschlagnahmte die Bank seine Häuser, und er zog vereinsamt in eine Lagerhalle. Nach seinem Tod stellte seine Tochter fest: „Es gibt kein Geld mehr. Alles ist weg."

Dieses Beispiel bestätigt eine Untersuchung der Warwick University, nach der viele Lottogewinner nach kurzer Euphorie in Niedergeschlagenheit versinken. Drei Jahre nach dem Geldregen übersteigt die Zahl der Depressiven unter ihnen den Durchschnitt der Bevölkerung. Eine wesentliche Erkenntnis lautet:

- Die meisten Lottogewinner verlieren das Geld, weil sie nicht über die mentalen Voraussetzungen verfügen.

> *Glück ist kein Geschenk der Götter; es ist die*
> *Frucht einer inneren Einstellung.*
>
> Erich Fromm, deutsch-US-amerikanischer Philosoph und Psychoanalytiker

Mentale Voraussetzungen sind insbesondere ...

- Risikobereitschaft,
- Nonkonformismus,
- hohe psychische Stabilität und
- Offenheit für neue Erfahrungen.

Merke: Viel Geld nützt dir wenig, wenn du nicht weißt, wie du es sinnvoll und rentabel investierst.

Warum macht demnach übermäßig viel Geld nicht glücklich? Weil sich Glück nicht ausschließlich auf der materiellen Ebene abspielt, sondern auch in anderen, nicht materiellen Ausprägungen auftritt. Glücksforscher vermuten, dass wir uns sehr schnell (nach rund einem halben Jahr) an einen Zustand gewöhnen, wenn bestimmte Mindestbedürfnisse befriedigt sind. Viel Geld, zum Beispiel durch einen Lottogewinn, kann vielfach zu einer tiefen Enttäuschung darüber führen, dass die Erfüllung materieller Wünsche weder Erleichterung noch Frieden zur Folge hat, ja nicht einmal das Gefühl von Sicherheit. Diese Gründe können dann zu Depressionen führen.

PS zum Thema Lottogewinn: Bei meiner Recherche zu diesem Thema habe ich kein Beispiel gefunden, dass jemand sein im Lotto gewonnenes Geld sinnvoll investiert hat. Für mich heißt das: Jemand, der intelligent investieren kann, spielt einfach kein Lotto, weil er weiß, dass sein Geld beispielsweise in Bitcoin oder ETFs besser aufgehoben ist.

Deine innere Einstellung und wie Glück ansteckend wirkt

> *Das Glück Deines Lebens hängt von der Beschaffenheit deiner Gedanken ab. Unser Leben ist das Produkt unserer Gedanken.*
>
> Marc Aurel, römischer Kaiser und Philosoph

Wenn es nicht die vielen Millionen auf deinem Konto sind, die glücklich machen, was ist es dann?

Kaiser Marc Aurels bekannte Weisheit stammt aus dem 2. Jahrhundert nach Christus. Damit ist er ein früher Anhänger des ABC-Modells: Glück und Erfolg sind nicht abhängig von äußeren Einflüssen und Ereignissen, sondern davon, wie du sie deutest.

Glück ist demnach ein innerer Zustand. Glück kannst du erkennen am Gefühl der inneren Freude und Wärme. Du kannst einem Menschen im Gesicht ablesen, wenn er glücklich ist.

Marc Aurels vielfach von anderen weisen Köpfen bestätigte Weisheit besagt beispielhaft: Wenn du *glücklich* denkst, wirst du tendenziell glücklich sein. Wenn du dagegen *unglücklich* denkst, wirst du eher unglücklich sein. Auch hier gilt also:

- Mit der richtigen Einstellung ist jeder Tag ein glücklicher Tag!

> *Deine erste Pflicht ist, dich selbst glücklich zu machen.*
> *Bist du glücklich, so machst du auch andere glücklich.*
> *Der Glückliche kann nur Glückliche um sich sehen.*
>
> Ludwig Feuerbach, deutscher Philosoph

Nach einer Langzeitstudie von US-amerikanischen Forschern ist Glück ansteckend und kann sich unter Mitarbeitern, Familienangehörigen und Freunden wellenförmig verbreiten: Durch diesen Effekt entstehen *Menschentrauben* von glücklichen oder unglücklichen Menschen in bestimmten Regionen oder sozialen Gruppen.

So landete im Jahr 2021 laut *World Happiness Report* Finnland zum dritten Mal hintereinander auf dem ersten Platz der glücklichsten Länder der Welt: Hier sind die Menschen mit ihrem Leben und ihrem Umfeld am glücklichsten. Demnach sind die Schweizer glücklicher als Deutsche und Österreicher, die sich in den vergangenen Jahren ein Kopf-an-Kopf-Rennen auf hohem Niveau liefern. Unter den zehn *unglücklichsten* Ländern befinden sich vier asiatische Staaten wie Indien und Jordanien und sechs afrikanische Staaten wie Tansania und Simbabwe.

Das wellenförmige Verbreiten von Glück zeige, so die Forscher, dass Menschen zwar in erster Linie selbst für ihre Zufriedenheit verantwortlich seien, aber eben nicht ausschließlich: Dein Glück und dein gesundheitlicher Zustand hängen also auch von deinem Umfeld ab.

Sind in deinem Umfeld also viele glückliche Menschen, überträgt sich das auch auf dich. Umgekehrt gilt das natürlich ebenso! Diese Erkenntnisse bestätigen eine alte Regel:

- Umgib dich mit glücklichen und erfolgreichen Menschen!

> *Freude an der Arbeit lässt das Werk trefflich geraten.*
>
> Aristoteles, griechischer Philosoph

Zwei der zentralen Erkenntnisse des bereits erwähnten Glücksforschers Mihály Csíkszentmihályi lauten:

1. Menschen können nur glücklich sein, wenn sie *ganz* sind und
2. Glück ist erlernbar.

Erinnerst du dich? Csíkszentmihályi erforschte das *Flow*-Glücksphänomen. Damit beschreibt er das völlige geistige Eintauchen in eine Tätigkeit, die dich fordert, aber nicht überfordert. Ein Flow-Erlebnis kann dir das Gefühl vermitteln, eins zu sein mit dir selbst und deiner Umgebung. Da die Aufgabe deine volle Aufmerksamkeit erfordert, werden alle Bewegungsabläufe in harmonischer Einheit durch Körper und Geist mühelos erledigt.

Auch du kennst das wahrscheinlich:

- Wenn du dich gänzlich in eine Aufgabe vertiefst, nimmst du anscheinend gar nichts mehr um dich herum wahr,
- wenn du das Gefühl für die Zeit verlierst,
- wenn du die Selbst-Aufmerksamkeit nicht mehr mühsam aufrechterhalten musst,
- wenn alles von selbst geschieht.

Flow findet sowohl bei rein geistigen Tätigkeiten statt als auch bei Sportarten, in denen du aufgehst und die du beherrschst, zum Beispiel beim Wandern, Klettern oder Bergsteigen. Das Flow-Erlebnis lässt dich Kraft schöpfen und weiterentwickeln. Genau dieses persönliche Wachstum spielt für dein dauerhaftes Glück eine zentrale Rolle.

> *Die schwierigste Zeit in unserem Leben ist die beste Gelegenheit, innere Stärke zu entwickeln.*
>
> *Dalai Lama, buddhistischer Mönch und geistliches Oberhaupt Tibets*

Im Jahr 2018 empfahl mir ein guter Trainerkollege einen Internet-Marketing-Guru, der mir das Online-Paradies auf Erden versprach. Ich unterschrieb daraufhin den Vertrag, der mich einen fürstlichen fünfstelligen Betrag kosten sollte. In den ersten vier Wochen der Zusammenarbeit fiel mir schnell auf, dass diese Zusammenarbeit eher auf ein laues Lüftchen mit einem D-Promi der Online-Marketingszene hinauslief. Als ich morgens in der Hauptverkehrszeit eine knappe Stunde durch Leipzig gezuckelt war, um wie vereinbart mit ihm eine Strategiebesprechung durchzuführen, war er nicht zugegen, weil er den Termin vergessen hatte. Das wurde mir zu bunt und ich kündigte daraufhin schriftlich. Da er mit Engelszungen auf mich einredete und versicherte, dass ab sofort alles besser würde, nahm ich – im Widerspruch zu meiner Intuition – die Kündigung wieder zurück. Um es kurz zu machen: Auch in den folgenden Wochen und Monaten gestaltete sich die Zusammenarbeit mehr als schwierig, sodass ich nach rund einem halben Jahr die Reißleine zog und die Zusammenarbeit endgültig kündigte. Du ahnst es schon: mein Geld war natürlich weg und ich hatte keine Nerven für einen Gerichtsprozess. Darüber hinaus war mein alter Internetauftritt vom Netz genommen worden und der neue existierte noch nicht – das war für mein Online-Geschäft ein herber Rückschlag. Worauf ich hinauswill:

- Dir gibt keiner die Garantie, dass immer alles glatt läuft.
- Die Wahrheit ist: Es gilt, dich jeden Tag aufs Neue zu behaupten, das eigene Glück zu schmieden und deine Freiheit täglich aufs Neue zu erringen!

Das gelingt dir am ehesten, wenn du hellwach, energisch und produktiv tätig bist. Du kannst nur dann dein Bestes geben, wenn du ...

1. im Flow bist,
2. begeistert einer sinnvollen Arbeit nachgehst und
3. intuitiv das tust, was der Augenblick erfordert.

Eine sinnvolle Tätigkeit, die auf deinen Talenten und Stärken aufbaut und die du im Lauf deines Lebens permanent weiterentwickelst und verfeinerst und die du mit Lust und Liebe ausführst:

- Kontinuierliches Streben nach optimalen Lösungen bilden das Fundament für dein persönliches Glückserleben, das zugleich die Basis für das Glück und Erfolg einer freien Gesellschaft bildet! (Tipp: Schau dir dazu den Film *Das Streben nach Glück* mit Will Smith an.)

Wenn du tagtäglich wiederholt nach dieser Maxime handelst, ist das nicht nur das Sinnvollste, was du tun kannst:

- Du wirst auch erfahren, was es heißt, ganzheitlich glücklich und erfolgreich zu sein.

Und jetzt komm ins Handeln:

✓ Beantworte dir immer wieder aufs Neue die Frage, was dich glücklich macht!

✓ Sei immer wohlhabend genug, um in deiner Natur liegenden Begabungen zu folgen und in deinem Talent begeistert aufzugehen!

✓ Trainiere dir für deinen Wohlstand die mentalen Voraussetzungen an, nämlich Risikobereitschaft, Nonkonformismus, hohe psychische Stabilität und Offenheit für neue Erfahrungen!

✓ Dein Geldvermögen nützt dir nur dann, wenn du weißt, wie du es sinnvoll und rentabel investierst! (Schau dir dazu noch einmal im 1. Kapitel den Abschnitt *Mehr Geld – wie du finanziell frei wirst* an.)

✓ Lotto ist für Loser: Investiere dein Geld besser in ETFs oder Bitcoin!

✓ Mach dir dauerhaft bewusst: Mit der richtigen Einstellung ist jeder Tag ein glücklicher Tag!

✓ Umgib dich mit glücklichen und erfolgreichen Menschen!

- ✓ Finde immer wieder Aufgaben und Hobbys, mit denen du in den Flow-Zustand eintauchen kannst – das ist wahres Glück!
- ✓ Geh begeistert einer sinnvollen Arbeit nach und tue intuitiv das, was der Augenblick erfordert!
- ✓ Strebe kontinuierlich nach optimalen Lösungen, indem du in Lösungen denkst und handelst: das ist dein Weg zu ganzheitlichem Glück und Erfolg!

Autor

Stefan Küthe, Betriebswirt und Kommunikationswirt, ist Trainer, Speaker und Coach für die Themen *hochwirksam kommunizieren, professionell verkaufen* und *souverän führen* mit langjähriger Erfahrung im Verkauf und Marketing für renommierte Markenartikler.

Seit 1999 trainiert und begleitet er Unternehmer, Führungskräfte und deren Mitarbeiter für namhafte Unternehmen aus der Industrie, dem Handel sowie dem Dienstleistungs- und Bankensektor.

Darüber hinaus hält er als Referent Motivationsvorträge auf Kongressen und Veranstaltungen und ist Autor des Management-Bestsellers „Goethe für Manager".

Stefan Küthe hat in den vergangenen rund 20 Jahren über 2.000 Seminare und Vorträge vor insgesamt mehr als 30.000 Teilnehmern gehalten.

Für weitere Informationen wenden Sie sich bitte an:

Stefan Küthe Trainer|Speaker|Coach
Büro Leipzig
Wiesenring 2
04159 Leipzig
Fon + 49 341 200 85 97
Fax + 49 341 200 85 99
info@stefan-kuethe.com
www.stefan-kuethe.com

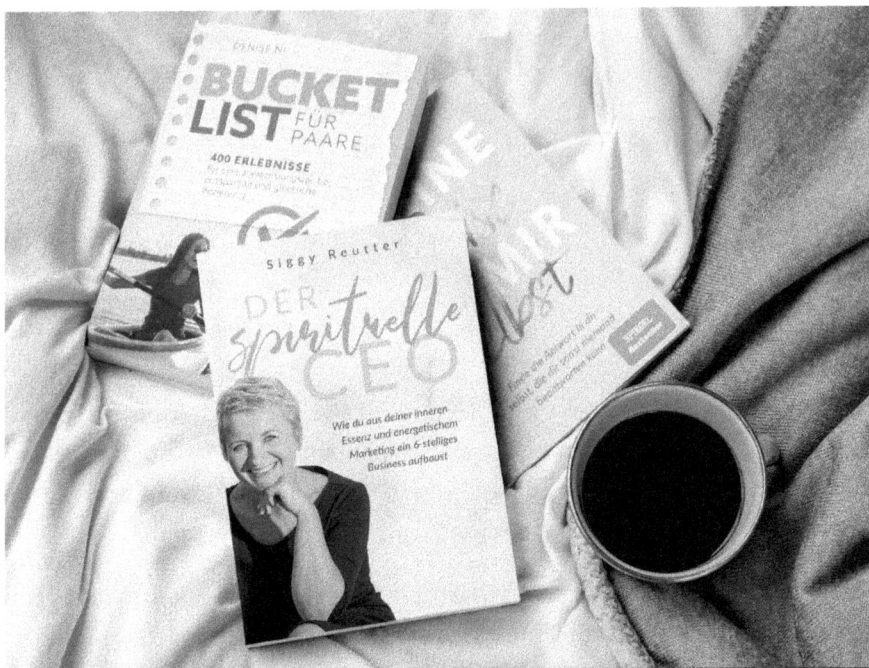

Gestalte mit uns!

Werde Remote Club Member, nimm Einfluss auf unsere zukünftigen Bücher und profitiere von exklusiven Member Vorteilen.

SCAN ME

✔ Nimm an **Umfragen zu Titeln & Covern** teil und gestalte unsere Bücher aktiv mit

✔ Zugang zu **exklusiven Vorbestellungen** und vorzeitiger Lieferung vor Verkaufsstart

✔ Erfahre **als erstes** von neuen Büchern und erhalte Einblicke hinter die Kulissen

✔ **..und vieles mehr!**

STEFAN **KÜTHE**

GIPFEL HELDEN

*BROCKEN GIPFELHELDEN –
NORDDEUTSCHLANDS HÖCHSTES
MOTIVATIONSSEMINAR*

MEHR INFO UNTER
HTTPS://WWW.STEFAN-KUETHE.COM/
GIPFELHELDEN

www.ingramcontent.com/pod-product-compliance
Lightning Source LLC
Chambersburg PA
CBHW070347200326
41518CB00012B/2165